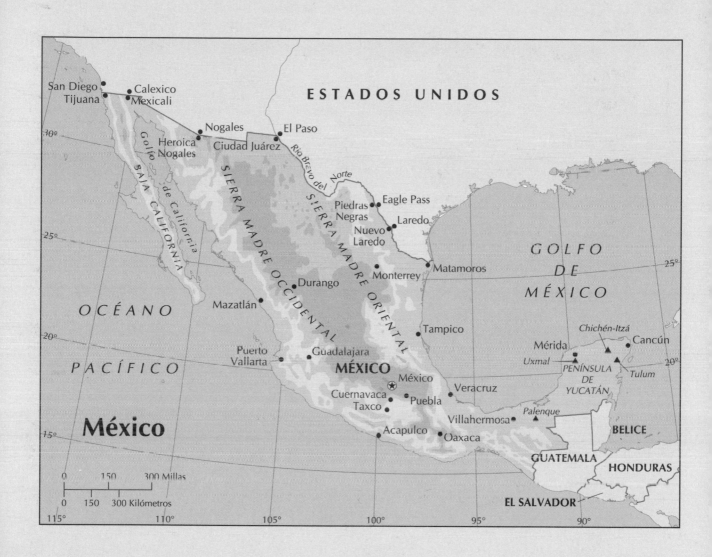

ESTADOS UNIDOS

San Diego
Tijuana
Calexico
Mexicali
Nogales
El Paso
Heroica Nogales
Ciudad Juárez
Río Bravo del Norte
Golfo de California
BAJA CALIFORNIA
30°
25°

SIERRA MADRE OCCIDENTAL
SIERRA MADRE ORIENTAL

Piedras Negras
Eagle Pass
Laredo
Nuevo Laredo
Monterrey
Matamoros
Durango

GOLFO DE MÉXICO
25°

OCÉANO
Mazatlán
Tampico
20°

PACÍFICO
Puerto Vallarta
Guadalajara
MÉXICO
México
Cuernavaca
Taxco
Puebla
Veracruz
Villahermosa
Acapulco
Oaxaca

Mérida
Chichén-Itzá
Cancún
Uxmal
PENÍNSULA DE YUCATÁN
Tulum
Palenque

México
15°

BELICE
GUATEMALA
HONDURAS
EL SALVADOR

0   150   300 Millas
0   150   300 Kilómetros

115°   110°   105°   100°   95°   90°

América del Sur

Dicho y hecho

SIXTH EDITION

Dicho y hecho

Beginning Spanish

Laila M. Dawson
University of Richmond

Albert C. Dawson
University of Richmond

with
Gorky Cruz
Georgetown University

JOHN WILEY & SONS, INC.

New York • Chichester • Weinheim • Brisbane • Singapore • Toronto

EXECUTIVE PUBLISHER   Joe Heider
DEVELOPMENT EDITORS   Nancy Perry, Kristin Swanson
ASSISTANT EDITOR   Samantha Alducin
NEW MEDIA EDITOR   Martha Fay
SENIOR SUPPLEMENT PRODUCTION EDITOR   Lenore Belton
MARKETING MANAGER   Ilse Wolfe
ASSOCIATE PRODUCTION DIRECTOR   Lucille Buonocore
SENIOR PRODUCTION EDITOR   Christine Cervoni
TEXT DESIGNER   Kenny Beck
ILLUSTRATION EDITOR   Anna Melhorn
PHOTO MANAGER   Hilary Newman
PHOTO RESEARCHER   Elyse Rieder
COVER DESIGNER   Carol C. Grobe
COVER PHOTOS   Group of college students: ©Strauss/Curtis/The Stock Market.
Young woman on phone: ©David Young Wolff/Tony Stone Images, New York.
Men working with laptop: ©Terry Vine/Tony Stone Images, New York. Bride
and groom: ©Kaluzny/Thatcher/Tony Stone Images, New York. Globe:
©Mark Andrews/Tony Stone Images, New York.

Wiley Nonce
PUBLISHER   Steve Debow
EDITORIAL DIRECTOR   Bob Hemmer
EDITOR   María F. García

This book was set in 10/12 New Aster by UG / GGS and printed and bound by
Von Hoffmann Press. The cover was printed by Phoenix Color Corp.

This book is printed on acid free paper.

To order books or for customer service please call 1(800)225-5945.

ISBN 0-471-32353-5

Printed in the United States of America

10   9   8   7   6   5   4   3   2   1

A nuestras queridas madres, Gerd e Ione Roselle.

Laila y Al Dawson

A Marina y María Fátima que siempre me han dado tanto de sí.

Gorky Cruz

Preface

Dicho y hecho is a carefully crafted and sequenced, classroom-tested Beginning Spanish program that has been enthusiastically praised by over 100,000 students and instructors for its straightforward, easy-to-implement, lively, and highly successful approach to teaching and learning Spanish. Since its first edition in 1981, users and non-users have participated actively in the development of the program. *Dicho y hecho* changes from edition to edition, but never deviates from its core objective: to be the **easiest to understand**, **easiest to use**, and **easiest to adapt** Beginning Spanish program available.

Hallmarks of the *Dicho y hecho* program

Why *Dicho y hecho* works

- **Easy to understand** *Dicho y hecho*'s award-winning **design** features crisp, clean, and uncluttered pages. The design highlights key grammatical structures and important information, making the text an easy study guide. The grammar is carefully sequenced, and explanations are clear and concise and concentrate only on a minimum of exceptions to the rules. Ample opportunities for in-class and out-of-class practice ensure student mastery.

- **Easy to use** The **streamlined organization** of the chapters makes *Dicho y hecho* one of the easiest and most accessible Spanish programs available today. Rather than complicating the chapter structure with myriad optional material, *Dicho y hecho* adheres to a simple, straightforward presentation with practical and creative application activities. Every aspect of every chapter has been thoroughly class-tested with successful results.

- **Easy to supplement or adapt for any type of course** *Dicho y hecho*'s streamlined approach **focuses on the essentials** that students need to study, while leaving the text flexible and adaptable for any kind of course in the curriculum. Whether you supplement with transparencies or technology, *Dicho y hecho*'s clean, streamlined approach to the basics helps you maintain a clear course for your students.

How *Dicho y hecho* works

- **Practical active vocabulary** Thematic vocabulary is presented visually and then becomes active through multiple and progressive phases of application, ranging from identification in the chapter-opening illustrations to personal expression and situational conversations. *Dicho y hecho* offers the most thorough and varied practice and application of vocabulary of any text available today.

- **Dramatic chapter opening two-page spreads and an ongoing story line** A cast of likeable, real characters offers students opportunities to relate and react to situations that reflect the theme, vocabulary, functions, and structures of every chapter. The main characters consist of twelve students with varying interests and personalities, two instructors, and a family. The characters come alive in the chapter-opening art, in subsequent spots throughout each chapter, and in the ***Conversaciones***. Together, these sections tell life's story—a birth, an engagement, a wedding, a death (the cat), and all of the ups and downs along the road of life.

- **Exemplary step-by-step presentation of grammar with support on the Internet** A clear, uncomplicated, classroom-tested presentation of structures allows students to study easily on their own.

- **Ample, varied opportunities for structured, guided, and open-ended practice** *Dicho y hecho* presents a broader variety of time-tested exercises and activities than any text of its kind. As always, *Dicho y hecho* presents its exercises and activities to provide a varied pace and rhythm to every class—individual and whole group exercises and activities are interwoven with paired and smaller group activities.

- **An exciting Web-extended culture strand** Teaching and learning about culture have become more important as national borders fade. ***Noticias culturales*** encourage students to reflect on their own heritage and culture as they learn about the cultures of Hispanic peoples. ***Panorama cultural*** sections are streamlined, flexible, and interactive for in-class use. The *Sixth Edition* offers country-specific home pages with a mix of textual information, maps and graphics, streamed brief video clips, and Web-based discussion and research activities. The numerous links on every page offer virtual experiences in any land and culture. New to the *Sixth Edition*, ***Encuentro cultural*** sections feature authentic readings and visual materials that focus region by region, on varied aspects of the creative expression of the Hispanic peoples. Students encounter the arts in varying forms—literary, visual, textile, folk, culinary, and so on.

Chapter Organization

Each of the fourteen chapters is organized into easy-to-teach sections, which offer maximum flexibility.

Overview   The ***Overview*** spells out the goals for communication, structures, and areas of cultural exploration in the chapter.

Bien dicho   The theme of each vocabulary unit is applicable to the student's life and to survival situations in the Spanish-speaking world. A beautiful two-page illustration presents much of the chapter's vocabulary visually. Items are identified in both Spanish and English for ease of use. ***Práctica y comunicación*** exercises practice vocabulary with visual cues and the application of the vocabulary to areas of personal and general reference.

Conversación   The ***Conversaciones*** provide concise, practical and natural contexts in which to apply the functions, themes, vocabulary and grammar of the chapter, without sacrificing authentic language. These short situational conversations, designed for oral practice, are followed by a brief exercise to check retention of the content.

Estructuras   Each grammar point is introduced by an icon so users can find it easily for study or review. A description explains its purpose and use. Each grammatical structure is presented in its most commonly used form without complex ramifications. Grammatical structures, functions, and chapter topics are integrated whenever possible, and structures are reintroduced, recycled, and practiced in subsequent chapters.

Práctica y comunicación   Practice exercises and activities follow all vocabulary and grammar presentations. The exercises are designed to move the student gradually from controlled to open-ended communication, with frequent student feedback along the way. A variety of exercises and activities provide ample opportunity for student interaction in pairs and groups. Activities include mini-dramas (both prepared and spontaneous), role-playing activities and presentations, and mime. All direction lines beginning with Chapter 2 are in Spanish.

Noticias culturales   These short readings in Spanish expand on a cultural aspect of the chapter theme. They are followed by a set of questions and/or a short comprehension activity to help reinforce the content of the passage. Each ***Noticias culturales*** section concludes with ***Conexiones y contrastes***, which asks students to make cultural contrasts and comparisons as they build bridges among cultures and peoples.

Así se dice   A pronunciation section (Chapters 1–6) systematically reviews key points presented in the Preliminary Chapter.

Dicho y hecho   This section of the chapter integrates the theme, functions, grammar, and vocabulary of the chapter. Activities range in type and include structured conversations, role-play, and situational dramatizations. Carefully directed writing (ranging from brief descriptions to postcards and letters to dramatic skits), listening, and video- and Web-based activities also present opportunities for integrating and extending what students have learned.

Web-expanded *Panorama cultural*   Portions of this appealing combination of readings, maps, photos, and intriguing *Curiosidades* are available in the text and on the Web. They acquaint students with "Big C" Hispanic culture—the geography, history, and other facets of the different countries and regions of the Spanish-speaking world. In-text and online comprehension exercises and *Adivinanzas* activities help students synthesize and apply the information.

Encuentro cultural   After reading and discussing background information on a country or region, students encounter authentic selections representing an example of the artistic and creative expression of the country in focus.

Repaso de vocabulario activo   At the end of each chapter, active vocabulary (without translations) is presented in a checklist, alphabetized by parts of speech. To provide an additional context, nouns and expressions are presented in thematic subgroups. All vocabulary entries are recorded on cassette/CD.

Autoprueba y repaso   Review exercises at the end of each chapter in the text and on the Web may be used by students individually or in groups as excellent preparatory work for tests. An answer key appears in the Appendix.

Highlights of the *Sixth Edition*

We believe the *Sixth Edition* is the best edition ever. We have fine-tuned the scope and sequence, and, based on user feedback about what works and what might work even better, we have enriched the program in some extraordinary ways:

[www.wiley.com/college/dicho]

Dicho's Online Communication Center   Students can access [www.wiley.com/college/dicho] all day, every day to experience authentic Spanish at **Dicho's Online Communication Center**. The Web site features online grammar help and support, exciting Web-based vocabulary and communication exercises and activities, and Web-extended *Panorama cultural* sections.

A New and Exciting Web-extended Culture Strand

Teaching and learning about culture have become more important as national borders fade. Thanks to the participation of Gorky Cruz at Georgetown University, all cultural components of the program have taken on a new look.

- The revised *Noticias culturales* now include a *Conexiones y contrastes* discussion section to instill in today's students an appreciation of their own heritage and culture as well as that of others.

- *Panorama cultural* sections are more streamlined, flexible, and interactive for in-class use. They present an attractive collage of maps, map questions, historical highlights, and visually-based information. The *Sixth Edition* offers country-specific home pages with a mix of textual information, maps and graphics, streamed brief video clips, and Web-based discussion and research activities. The numerous links on every page offer virtual experiences in any land and culture.

- The new *Encuentro cultural* sections feature authentic readings and visual materials. These authentic texts focus region by region, on varied aspects of the creative expression of the Hispanic peoples. Students encounter the arts in varying forms—literary, visual, textile, folk, culinary, and so on.

Increased Opportunities for Communicative Practice

We've added new and exciting dimensions to the communicative exercises and activities in every chapter of the text, with greater emphasis on student feedback, student interaction, collaborative work, and creative expression. A greater variety of exercises and activities now include photo- and realia-based materials. Structures are reinforced through a mini in-class writing strand that appears in the body of the chapters.

Listening Exercises   Lively listening clips that include conversations, telephone messages, radio ads, and a radio soap-opera have been added to the *Dicho y hecho* section. All listening texts and activities are recorded on the student tape or CD that accompanies each text.

Additional features of the *Sixth Edition*

- *Estructuras*   The grammatical scope and sequence have been slightly modified for better balance and distribution. The illustrations that introduce and model each *Estructuras* section feature many new Antonio Tucán cartoons.

- **Revised and updated vocabulary**   The *Sixth Edition* includes a new or restructured presentation of timely themes: *La universidad de hoy* (Chapter 2) with emphasis on vocabulary related to technology, *La naturaleza y el medio ambiente* (Chapter 8), *Las amistades y el amor* (Chapter 11), and *El siglo 21: Desafíos y oportunidades* (Chapter 14).

- *Conversaciones* **have been rewritten or revised**   The *Sixth Edition Conversaciones* highlight the characters in the text. Designed as mini-plays, each *Conversación* can be acted out by students to enhance the natural flow of the dialog and to incorporate the cultural and personal experiences of the text characters.

- **Brief *Así se dice* Pronunciation Check sections**   These appear in Chapters 1–6 in order to recycle key points presented in the preliminary *La pronunciación* section. These sections include bits of poetry and other rhymes and tongue-twisters to help students work on important pronunciation points.

- *Dicho y hecho*   This section, formally called *En resumen*, presents new summary activities in each of the skill areas.

- More extensive recycling throughout the text.

The *Dicho y hecho* Program

Dicho y hecho is a complete teaching and learning program and includes the following components. Please check Dicho's Online Communication Center for updates and availability of *new* components.

- The **Student Textbook** of 14 chapters. A **student tape/CD** including the pronunciation materials and the listening activities from the *Dicho y hecho* sections of every chapter.

- **Annotated Instructor's Edition** with suggestions for presentation and reinforcement of material.

- The **Instructor's Resource Manual** includes the printed testing program, video and audio script, answer key to the Lab Manual, sample syllabi, and an array of suggestions and tips for using *Dicho y hecho*.

- **Dicho's Online Communication Center** [www.wiley.com/college/dicho] Students can access [www.wiley.com/college/dicho] all day, every day to experience authentic Spanish at **Dicho's Online Communication Center**. The Web site features online grammar help and support, exciting Web-based vocabulary and communication exercises and activities, and Web-extended *Panorama cultural* sections.

- **Transparencies** of all drawings and maps used in exercises and activities, including the chapter-opener illustrations without the vocabulary labels.

- An **Activities Manual** composed of a **workbook**, designed to practice writing skills and to reinforce classroom activity, a **laboratory manual**, which coordinates with the laboratory tape program to provide practice and reinforcement of the vocabulary and grammar for each chapter as well as practice in listening comprehension, and **Internet Discovery** activities.

- A **laboratory audio program** coordinates with the listening exercises in the *Manual de laboratorio*. The Lab Program is available on cassette or CD. The *Repaso de vocabulario activo* sections are recorded on cassettes that are included in the Lab Program.

- **Testing Program** tests chapter structures, vocabulary, and cultural information. The program is available on diskette, online through the Instructor's Resources section of the Online Communication Center, or as printed pages in the Instructor's Resource Manual.

- A 60-minute **video** is coordinated with the text. Pre-viewing, while-viewing, and post-viewing activities are included.

- **Supplementary oral exercises and activities** for use in class and in small-group practice sessions.

- The **Instructor's CD/tape** includes recordings of the *Conversaciones* and the *¡A escuchar!* sections.

Acknowledgments

The professional and personal support of many individuals has been instrumental and indispensable in the development of this *Sixth Edition* of *Dicho y hecho*.

A very special and separate commendation should be paid to Gorky Cruz of Georgetown University for his development of the **Conversaciones** and the cultural information for the **Noticias culturales, Panorama cultural** sections, and the new **Encuentro cultural**. His gentle spirit and his expertise in multiple areas were greatly appreciated.

We are grateful to the loyal users of *Dicho y hecho* who over the years have continued to provide valuable tips, insights, and suggestions for improvements of the text.

For their critically important observations and comments, and for their creative ideas, we wish to thank the following reviewers from across the nation for their assistance on the *Sixth Edition*:

Serge M. Ainsa, *Yavapai College*
Renée Andrade, *Mt. San Antonio College*
Jennifer Barr-Alcorn, *Anderson University*
Isabel Bustamante-López, *California State Polytechnic University, Pomona*
Manuel Castillejos, *Mt. San Antonio College*
Hilde F. Cramsie, *Mt. San Antonio College*
Debora J. Cristo, *Arizona State University*
Thomas C. Farias, *San Antonio College*
Anthony Farrell, *St. Mary's University, Nova Scotia*
Edmée Fernández, *Pittsburgh State University, Pittsburg, KS*
Marcela Fierro, *Mesa Community College*
Ellen Friedrich, *Presbyterian College*
M. Eliza González, *Mesa Community College*
Mary Ann Gosser-Esquilin, *Florida Atlantic University*
James Grabowska, *University of Minnesota at Mankato*
Ana Hansen, *Pellissippi State Technical Community College*
Terry Hansen, *Pellissippi State Technical Community College*
Deane Hetric, *Southern Connecticut State University*
Diane Hobbs, *University of North Carolina at Wilmington*
Hanna Kaufmann, *San Antonio College*
Marianna Appel Kunow, *Southeastern Louisiana University*
Paloma LaPuerta, *Central Connecticut State University*
Linda S. Maier, *University of Alabama at Huntsville*
Enrique Manchen, *University of British Columbia*
Americo Marano, *Mt. San Antonio College*
Li McLeod, *University of Saskatchewan*
Carmen de Miguel, *Paradise Valley Community College*
Michael Morris, *Northern Illinois University*
Patricia Meoño-Picado, *Montclair State University*
David O'Dell, *Angelo State University*
Sonia Rivera-Valdés, *City University of New York, York College*
Sharon D. Robinson, *Virginia Polytechnic Institute*
Silvia Gutiérrez Vidrio, *Universidad Autónoma Metropolitana-Xochimil, México*
José Villalobos, *Northwestern College*
Guillermo Villarreal, *Mt. San Antonio College*

Over the years, previous editions of the program have benefited from the significant contributions and astute comments of instructors and students. We gratefully acknowledge María Mabrey of the University of South Carolina, Columbia, and Dulce Garciá of the City College of New York, contributing authors the the fourth and fifth editions of *Dicho y hecho*, respectively. We also acknowledge and thank:

Renée Andrade, *Mt. San Antonio College*
Nelson Arana, *University of South Dakota*
Franklin Attoun, *College of the Desert*
Michael Beykirch, *Corning Community College*
Sarah E. Blackwell, *University of Georgia, Athens*
Carolyn Bruno, *University of New Haven*
William J. Calvano, *Temple University*
Gwyn E. Campbell, *Washington and Lee University*
Antonio Candau, *Southwest Texas State University*
Sharon Cherry, *University of South Carolina, Spartanburg*
Daisy Defilipis, *City University of New York, York College*
Carole Demmy, *Butler University*
Tony Dutton, *Angelo State University*
Bruce Gamble, *Owens Technical College*
Dulce M. García, *City College of New York*
Trinidad González, *California State Polytechnic University*
Lisa Donde Green, *Bucks County Community College*
Paula Heuskinveld, *Clemson University*
Mary Anne Kucserik, *Cedar Crest College*
John Lipski, *University of Florida*
Beth Markowitz, *Brandeis University*
Carmen De Miguel-Márquez, *Paradise Valley Community College*
Sivya Molins, *Community College of Philadelphia*
Terry Mount, *University of North Carolina at Wilmington*
Joanne Olson-Biglieri, *Lexington Community College*
Marilyn Platinus, *Pellissippi State Technical Community College*
Rubén Pelayo, *Southern Connecticut State University*
Louise Rozwell, *Monroe Community College*
Stephen A. Sadow, *Northeastern University*
Cándido Tafoya, *Eastern New Mexico State University*
Robert M. Terry, *University of Richmond*
Mirtha Toledo, *Valparaiso University*
Aida Toplin, *University of North Carolina at Wilmington*
David Torres, *Angelo State University*
Carmen Vidal-Lieberman, *University of Maryland, College Park*
Ann S. White, *Virginia Commonwealth University*
Ingrid Watson-Miller, *Hampton University*
Jeanne Yanes, *University of Missouri, Kansas City*

For their invaluable assistance with multiple aspects of this project, we are also indebted to many colleagues and students at the University of Richmond and beyond. A heartfelt thanks goes to María Vidal for her assistance in finding *realia*, to Ted Peebles for his Internet research contributions, to Dulce Lawrence and students Kristen Kincaid and Charles Caldrone for their ideas for the opener spreads, to Susana Rubio, Aurora Hermida-Ruiz, and students Bret Myers and Alvaro Fraile for their contributions to the listening activities, to Bob Terry for his work on the text dictionary, to Claudia Ferman for her patient assistance with multiple vocabulary and grammar queries, and Kit Decker for his help locating cultural information. For the technical assistance and support of Andrew Ross, Director of the Multimedia Language Lab the University of Richmond, Fran White, our computer doctor, and Monica Tinoco, director of the lab at CEDEI in Cuenca, Ecuador, we will be forever grateful.

We feel very fortunate for having been able to work with such an extraordinarily talented artist as Carlos Castellanos, whose artistic renderings bring a wonderfully vibrant and Hispanic flair to the text illustrations. Also, Jeff Hall, a respected Richmond artist, has added his gifts of interpretation through the cartoons accompanying and introducing each grammatical structure. Thanks to Eric Dawson for his gift of wit in conceptualizing the cartoons, and to Sheila Dawson for her superb artistic interpretations of the literary selections in the text. Our thanks go to Kenny Beck and Karin Kincheloe for their extraordinary work in developing a unique and beautiful design for the *Sixth Edition* of the text.

Throughout the years, we have greatly appreciated the professionalism and expertise of all members of the Wiley team that have worked hands-on with the authors. Much appreciation goes to Lyn McLean for her vision in initiating the *Sixth Edition*, and to Nancy Perry, Senior Developmental Editor and Kris Swanson, Developmental Editor, for their invaluable contributions to the development of the *Sixth Edition*, their collegiality, and their constant moral support. We applaud the arrival of our new editors, Steve Debow, Bob Hemmer, and María García and want to express appreciation for the depth and breadth of their experience, their enthusiasm for the project, and their tireless efforts on our and the project's behalf.

Also, special thanks go to Anna Melhorn, Senior Illustrations Coordinator, for her cheerful disposition, insights, and efficiency in coordinating *Dicho y hecho*'s complex art component, to Hilary Newman, Photo Editor, and Elyse Rieder for helping us find great photos for the text, to Ernst Schrader, meticulous Copy Editor and long-time devotee of *Dicho y hecho*, to Christine Cervoni, Senior Production Editor, for her expertise, flexibility, and positive spirit, and to the countless behind-the-scenes contributors to the project.

Scope and Sequence

ESTRUCTURAS

CULTURA

ESTRUCTURAS

CULTURA

ESTRUCTURAS

CULTURA

ESTRUCTURAS

CULTURA

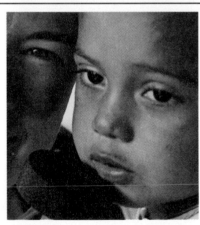

ESTRUCTURAS

CULTURA

¡Bienvenidos!

 In an effort to establish closer connections, experience other cultures, and interact with other communities, each region and country presented in the *Panorama cultural* section has its own unique home page, with a mix of textual information, maps and graphics, streamed video clips, and Web-based discussion and research activities. Log on to **[www.wiley.com/college/dicho/panorama]**— the Spanish-speaking world is only a click away!

"What can I do as a language learner with Internet access?"

How you use the Internet to learn more about a language and culture will depend on you—your needs, your interests, and your schedule. You could find a summer job overseas through an international online employment agency, read your favorite fashion, news, or sports magazine, take a virtual tour of a famous art museum. Perhaps you would like to talk with native speakers? You could join a language discussion group about something that interests you.

Untangling the Web by Carl S. Blyth
[www.onlang.com/blyth.html]

Capítulo preliminar

A s í   s e   d i c e°

It's said like this

La pronunciación

*Note: The information presented in this chapter and the accompanying pronunciation exercises are recorded on the student tape or CD that accompanies each textbook. They are also on the **Capítulo preliminar** tape or CD, which is part of the lab program.*

1. *A sampling of Spanish you already know*

Spanish has long been a major influence on the English language. Of the many words drawn from Spanish that English speakers use as their own today, the majority were absorbed during the early period of the Spanish colonization of the Americas. English-speaking settlers were especially given to borrowing the Spanish names for places, animals, and plants that they encountered for the first time in the New World. Take a look at a few examples—they may be quite familiar to you. Listen to the contrast between the pronunciations of these words in English and Spanish.

Places: *rodeo, ranch/o, pueblo, plaza, patio, Colorado, Nevada, Florida, Las Vegas*

Animals: *iguana, mosquito, barracuda, burro, bronco, armadillo, jaguar*

Plants/foods: *banana, chocolate, tapioca, tortilla, salsa, taco, enchilada*

Things: *sombrero, poncho, machete, fiesta, siesta, tornado, vista*

In the centuries since the Spanish conquest, the influence of Spanish on English has steadily increased. Many newer words absorbed into English come from the fields of international communications and the shifting world of politics, reflecting the importance of U.S. relations with Spanish[1] America. *Guerrilla, contra, zapatista, junta, embargo, cargo* are some examples. You probably know many more. So you see, you already have a "foot in the door" . . . **¡Pase adelante** (*Come on in*)!

---

[1]The term Spanish America refers to the Spanish-speaking countries of Latin America. Latin America also includes non-Spanish-speaking countries such as Brazil.

A. ¿Qué más sabe usted (*What else do you know*)**?** What other words of Spanish origin do you know? Where did you learn them? Share a couple of them with the class.

2. *Cognates*

A number of words in Spanish and English are cognates—words that are identical or similar in both languages and have the same root word in common. Repeat the following cognates. Listen for the differences in sounds, such as **r** and the silent **h** in Spanish.

> **Adjetivos:** importante, interesante, popular, sentimental, terrible, cruel, responsable, inteligente, independiente, arrogante, rebelde, flexible, liberal, famoso, romántico, fantástico, ridículo, tímido, dinámico
>
> **Animales:** elefante, tigre, león, hipopótamo, gorila, chimpancé
>
> **Lugares** (*places*)**:** hospital, hotel, restaurante, bar, cafetería, rancho
>
> **Instrumentos musicales:** piano, violín, guitarra, clarinete, flauta, saxofón
>
> **Deportes** (*sports*)**:** béisbol, vólibol, fútbol americano, tenis
>
> **Profesiones:** dentista, doctor, profesor, secretaria, actor, artista, mecánico, político

B. ¿Es usted muy sentimental (*Are you very sentimental*)**?** Answer the following questions affirmatively or negatively. The adjectives in the above list that end in **-o** change the **-o** to **-a** when referring to a female.

MODELO: (*to a male*) ¿Es usted muy romántico?
   Sí, soy (*Yes, I am*) **muy romántico.** *o* (*or*)
   No, no soy muy romántico.
   (*to a female*) ¿Es usted muy romántica?...

1. ¿Es usted muy romántico/a?
2. ¿Es usted famoso/a?
3. ¿Es usted tímido/a? ¿Dinámico/a?
4. ¿Es usted muy sentimental?
5. ¿Es usted independiente? ¿Rebelde?
6. ¿Es usted flexible?
7. ¿Es usted muy responsable?

¡Ustedes son fantásticos!

Vowels

3. Las vocales°

Unlike English vowels, each Spanish vowel has only one basic sound, even though slight variations are sometimes created by its position within a word or phrase. Spanish vowels are short and clipped, never drawn out. Listen carefully and repeat each sound and word. (The English equivalents in italics are only approximations.)

a	*bah*	**banana**
e	*let*	**bebé**
i	*machine*	**sí**
o	*more*	**loco**
u	*flu*	**Lulú**

C. Arbolito del Perú (*Little tree from Perú*). Line by line, repeat the following children's verse, focusing on the vowel sounds.

> a e i o u
> Arbolito del Perú
> Yo me llamo... (*add your name*).
> ¿Cómo te llamas tú?

4. Los consonantes

*Note: The information that follows is reviewed in segments in the **Así se dice** sections found in Chapters 1–6.*

Some consonants in Spanish are pronounced differently from their English counterparts. Others vary within the Spanish-speaking world itself. Below you will find general guidelines for pronouncing some of the consonants that may be problematic to English-speaking persons. Repeat each sample word.

b/v In Spanish, the letters **b** and **v** are pronounced in the same way. However, they both have two possible pronunciations. At the beginning of a phrase or sentence and after **m** or **n,** the letters **b** and **v** are pronounced like the English *b* in *boy*.

    banana   **sombrero**   **invitación**   **violeta**

    In most other positions, and particularly between vowels, **b** and **v** are pronounced with the lips barely touching, allowing air to pass through them.

    liberal   **aventurero**   **rebelde**

c In Spanish America, **c** before **e** or **i** has the English *s* sound as in *sister*.

    cero   **chimpancé**   **círculo**   **gracias**

    In most regions of Spain, **c** before **e** or **i** is pronounced with a *th* sound as in *thanks*.

    cero   **chimpancé**   **círculo**   **gracias**

    Before **a**, **o**, **u**, or a consonant, **c** has the English *k* sound as in *cat* in both Spanish America and Spain.

    café   **cucaracha**   **americano**   **clase**

d In Spanish the letter **d** has two sounds. At the beginning of a phrase or sentence and after **n** or **l**, the letter **d** has a pronunciation similar to the English *d* in *door*.

    doctor   **dentista**   **independiente**   **banda**

    In most other positions, particularly between vowels and at the end of a word, **d** has a slight *th* sound as in *this* or *brother*.

    adiós   **universidad**   **tímido**

g Before **e** or **i**, the letter **g** has the English *h* sound as in *help*.

generoso   **inteligente**   **mágico**

In other positions (except between vowels, where it is slightly softened), **g** is hard as in *goat*.

gracias   **galería**   **amigo**

In the combination **gue** and **gui**, the **u** is silent as in *guest*.

guitarra   **guerra**   **guía**

With the addition of the dieresis (**ü**), the **u** is pronounced, producing a sound resembling a *w*.

pingüino   **bilingüe**

h Not pronounced; silent as in *honest*.

hotel   **hospital**   **alcohol**   **deshonesto**

j Approximates the pronounced *h* sound of English as in *help*.

Jamaica   **ejecutivo**   **garaje**   **José**

ll Double **l** most commonly approximates the English *y* sound as in *yes*.

millón   **amarillo**   **llama**

ñ Is similar to the *ny* sound in *canyon*.

mañana   **montaña**   **cañón**

q Occurs only in the combinations **que** and **qui**, which have a silent **u**. The combination **qu** is pronounced as a *k*.

queso   **Don Quijote**   **chiquita**

r If not used at the beginning of a word, the single **r** approximates the sound of *tt* as in *Betty likes butter better* or *dd* as in *Eddy*.

bar   **cafetería**   **pirata**

rr Has a trilled or rolled sound as in mimicking a motor; initial **r** has the same sound.

correcto   **carrera**   **Roberto**   **rifle**

z In Spanish America, **z** is pronounced the same as *s*. The English *z* sound is never used in Spanish.

zafiro   **Arizona**

In most regions of Spain, **z** is pronounced with a *th* sound as in *thanks*.

zafiro   **Arizona**

D. Vamos a practicar (*Let's practice*). Read each sentence on your own. Focus on the highlighted consonants or consonant–vowel combinations.

c/q **C**ompro **c**inco **c**ocos y **qui**nce **que**sos.
b/v **V**endo **v**einte **b**uenas **v**acas y un **b**urro.
g El **g**urú, el **guí**a y el **gi**tano son **g**olosos y **ge**nerosos.
h/j **H**éctor es el **j**oven **h**otelero **j**aponés.
r/rr **R**ita co**rr**e **r**ápidamente por la ca**rr**etera.
z/s La **s**eñorita **Z**elda **s**irve **z**umo de **z**anahorias.

5. El alfabeto

The present day Spanish alphabet has 27 letters, the 26 letters found in English plus **ñ**. In the past, three two-letter combinations—**ch** (che), **ll** (elle), **rr** (erre)—were part of the Spanish alphabet. Now they are considered part of the letters **c**, **l**, and **r** and will be listed that way in most dictionaries. However, these two-letter combinations are still used in spelling words out loud. (In many older dictionaries, **ch** and **ll** will still be found as separate letters.)

The letters and their names in Spanish follow. Repeat each letter.

a (a)	**j** (jota)	**r** (ere)
b (be)	**k** (ka)	**s** (ese)
c (ce)	**l** (ele)	**t** (te)
d (de)	**m** (eme)	**u** (u)
e (e)	**n** (ene)	**v** (ve) (uve)
f (efe)	**ñ** (eñe)	**w** (doble ve) (doble uve)
g (ge)	**o** (o)	**x** (equis)
h (hache)	**p** (pe)	**y** (i griega)
i (i)	**q** (cu)	**z** (zeta)

E. ¿Cómo se escribe (*How is it spelled*)**?**

1. Move about the classroom with notebook and pen/pencil in hand, asking five classmates to spell their first and last names. (**¿Cómo se escribe tu nombre?**) Write each letter. Then call out the name as it is spelled.
2. Your instructor will ask you to spell a name from your list. (**¿Cómo se escribe** *un nombre***?**) Your classmates will then identify the person whose name has been spelled.

6. La acentuación⁰

Accents and stress

- In Spanish, if a word has a written accent mark (called in Spanish **acento**), the accented syllable is stressed.

  di-ná-mi-co   ri-dí-cu-lo   chim-pan-cé

- In words without a written accent, the next to the last syllable is stressed if the word ends in a vowel, **n**, or **s**.

  pa-tio   re-su-men   gra-cias

- The last syllable is stressed if the word ends in a consonant other than **n** or **s**.

  a-ni-mal   doc-tor   u-ni-ver-si-dad

F. Vamos a practicar. Pronounce the following words, stressing the correct syllable.

1. pro-fe-sor
2. den-tis-ta
3. pre-si-den-te
4. per-so-nal
5. di-ná-mi-co
6. es-pa-ñol
7. di-fí-cil
8. se-cre-ta-ria
9. flo-res

G. Danza negra. **Luis Palés Matos** is considered one of the great Puerto Rican poets (1898–1959). A good portion of his poetry highlights the customs and manner of speech of the Caribbean population of African descent. In these lines from his poem "**Danza negra,**" he evokes the sounds and natural environment of both Africa and the Caribbean islands. Repeat each line focusing on the vowel sounds and the rhythm.

> Calabó y bambú.
> Bambú y calabó.
> El Gran Cocoroco dice: tu-cu-tú.
> La Gran Cocoroca dice: to-co-tó.
> Es el sol de hierro que arde en Tombuctú.
> Es la danza negra de Fernando Póo.
> El cerdo en el fango gruñe: pru-pru-prú.
> El sapo en la charca sueña: cro-cro-cró.
> Calabó y bambú.
> Bambú y calabó.
>
> Rompen los junjunes en furiosa ú.
> Los gongos trepidan con profunda ó.
> Es la raza negra que ondulando va
> en el ritmo gordo del mariyandá.
> Llegan los botucos a la fiesta ya.
> Danza que te danza la negra se da.
>
> Calabó y bambú.
> Bambú y calabó.
> El Gran Cocoroco dice: tu-cu-tú.
> La Gran Cocoroca dice: to-co-tó.

Dicho y hecho and the World Wide Web

How much time do you spend online every day? How many Web sites written in Spanish do you visit? Maybe you would like to travel to Uruguay, Spain, the Dominican Republic? The World Wide Web is a great source of information and provides myriad opportunities to bring the Spanish-speaking world to you.

The *Dicho y hecho* program offers you outstanding ways to experience Spanish via the Web. The authors have developed fabulous Web pages, one for each Spanish-speaking country you will study in the Panorama cultural sections at the end of every chapter. Take a look now and see what awaits you on the Dicho Web sites: www.wiley.com/college/dicho/panorama.

In the *Dicho y hecho* Activities Manual, you will be introduced to one fun, language-related Web site per chapter. Did you know that there are Web sites that help you conjugate verbs? Do you need a bilingual, online dictionary? Would you like to listen to music in Spanish? There are lots of helpful language learning tools at your disposal on the Web.

In fact, whatever you're looking for . . . with the Web, consider it *Dicho y hecho!*

En la clase

Repeat the following classroom instructions and useful expressions.

Abra el libro.	*Open (singular, formal command—to one person) the book.*
Abran los libros en la página uno (dos, tres, cuatro, cinco).	*Open (plural, formal command—to more than one person) the books to page one (two, three, four, five).*
Cierre(n) los libros.	*Close the books.*
Repita(n) la palabra/las palabras	*Repeat the word/words.*
Traduzca(n) la oración/las oraciones.	*Translate the sentence/sentences.*
Conteste(n) la pregunta/las preguntas.	*Answer the question/questions.*
Escriba(n) la respuesta/las respuestas en el cuaderno.	*Write the answer/answers in the notebook.*
Estudie(n) el vocabulario.	*Study the vocabulary.*
Lea(n) en voz alta.	*Read aloud.*
¿Cómo se dice... en español?	*How do you say . . . in Spanish?*
¿Qué significa la palabra...?	*What does the word . . . mean?*
Tengo una pregunta.	*I have a question.*
No comprendo.	*I don't understand.*
Repita, por favor.	*Repeat, please.*

H. Instrucciones en acción. Follow the instructions.

1. Cierre(n) el libro/los libros.
2. Repitan la oración **Somos muy inteligentes.**
3. Abran los cuadernos.
4. Escriban la palabra **generoso** en el cuaderno. Traduzcan la palabra.
5. Escriban la pregunta **¿Cómo está usted?** en el cuaderno.
6. Escriban la respuesta **Muy bien, gracias.**
7. Abran los libros en la página (2).
8. Lean las instrucciones del Ejercicio **B** en voz alta.
9. Contesten la pregunta número uno del Ejercicio **B**.
10. ...y..., pasen a la pizarra.
11. Escriban una palabra en español en la pizarra.
12. Gracias. Siéntense.

I. ¿Qué dicen (*What do they say*)**?** Complete the instructions that an instructor might give to her/his class. Provide as many options as possible.

MODELO: la palabra
Repitan la palabra. Traduzcan la palabra.
Escriban la palabra en la pizarra/en el cuaderno.

1. el libro   2. la oración   3. la pregunta   4. la respuesta   5. la palabra

What might a student say to follow up the statement **No comprendo**?

CAPÍTULO 1

¿Qué hay de nuevo? Estudiantes universitarios.

Nuevas caras, nuevas perspectivas

Goals for communication

- To meet and greet Spanish speaking people
- To state where you are from and learn the origins of others
- To ask and respond to yes/no questions
- To indicate days of the week and dates
- To tell time

Cultural focus

- Greetings in the Hispanic world
- The diversity of the Spanish-speaking world

Structures

1. Los pronombres personales, **ser** y **ser** + **de**
2. Preguntas y declaraciones afirmativas y negativas
3. Adjetivos de nacionalidad
4. Los días de la semana
5. ¿Qué hora es?
6. Las fechas y los cumpleaños

Pronunciation

La consonante **d**

¡Bien dicho!

Nuevas caras, nuevas perspectivas

Informal greetings and introductions (used in most first-name basis relationships)

1. Hi, how are you? My name is. . . . What's your name?   2. My name is. . . .   3. . . . , I want to introduce you to my friend (f.) . . . .   4. Delighted (f.) to meet you. **Encantado** (m.).   5. Nice meeting you, too.

10

Formal greetings and introductions (used in most last-name basis relationships)

6. Good morning. My name is. . . . What's your name? 7. My name is. . . .

8. . . . , I would like to introduce you to my friend (m.) . . . . 9. Pleased to meet you. 10. The pleasure is mine.

Práctica y comunicación

A. Nuestros personajes. In this exercise you will become acquainted with some of the principal characters whose activities you will follow throughout this text. Answer the questions referring to the drawings on pages 10–11.

1. ¿Qué dice Linda (*What does Linda say*)? **Linda dice...**
    ¿Cómo contesta Manuel (*How does Manuel answer*)? **Manuel contesta...**

2. ¿Qué dice Javier?
    ¿Qué dice Pepita?
    ¿Cómo contesta Natalia?

3. ¿Qué dice Alfonso?
    ¿Cómo contesta Carmen?

4. ¿Cómo se llama la profesora (*What is the professor's name*)?
    Se llama...
    ¿Qué dice Inés?
    ¿Qué dice la profesora Falcón?
    ¿Cómo contesta Octavio?

B. Las presentaciones. Move about the classroom introducing yourself and learning the names of at least five of your classmates and your instructor.

1. With your classmates, use the following expressions: **Hola, me llamo...**; **¿Cómo te llamas?**; **Encantado** (said by males)/**Encantada** (said by females). Shake hands as you say that you are delighted to meet him or her.

2. With your instructor, use the following expressions: **Buenos días**; **Me llamo...**; **¿Cómo se llama usted?**; **Mucho gusto.** Shake hands as you say that you are pleased to meet him or her.

Can you identify your classmates? Respond as your instructor indicates various students and asks their names.

MODELO: ¿Cómo se llama?
        Se llama George.

Un paso más: Now, moving about the classroom in pairs, introduce several classmates and the instructor to your partner. Use the following constructions:

(*A classmate's name*), **te presento a mi amigo/a** (*partner's name*).
Profesor/a..., **me gustaría presentarle a mi amigo/a** (*partner's name*).
Each party should respond to the introduction appropriately.

Conversación

El primer día de clases

Es el primer día de clases en la universidad. Natalia y Javier, dos estudiantes, conversan.

NATALIA: Hola, Javier. ¿Qué tal?°   *How are you?*

JAVIER: Bien, ¿y tú?

NATALIA: Super bien. Acabo de ir° a mi clase de Literatura de los Andes. La profesora es fenomenal.   *I have just gone*

JAVIER: ¿Cómo se llama?

NATALIA: Ana Falcón. Es de Perú.

JAVIER: ¿A qué hora° es la clase?   *At what time?*

NATALIA: A las 10:30 (diez y media) de la mañana°.   *in the morning*

JAVIER: ¿Los martes° y los jueves°?   *Tuesdays / Thursdays*

NATALIA: Sí. ¿Vas a matricularte° en la clase?   *register*

JAVIER: Creo° que sí. Me gusta° la literatura de Latinoamérica y me gusta la hora de la clase. ¡Trato de evitar° las clases de las 8:00 (ocho)!   *I think / I like*   *I try to avoid*

NATALIA: Perfecto. Nos vemos más tarde.°   *See you later.*

JAVIER: Hasta pronto.

¿Qué pasa?

Complete las oraciones.

1. Natalia y Javier son... universitarios.
2. La profesora de la clase de literatura se llama...
3. La profesora es de...
4. La clase es a las... los martes y...
5. Javier va a matricularse en la clase porque (*because*) le gusta...

Estructuras

1. Identifying yourself and telling where you are from: Los pronombres personales, **ser** y **ser** + **de**

Los pronombres personales

¿De dónde eres?

Soy de Guatemala.

Antonio

Julia

singular		plural	
yo	*I*	**nosotros/nosotras**	*we*
tú	*you (informal)*	**vosotros/vosotras**	*you (informal, Spain)*
usted	*you (formal)*	**ustedes**	*you*
él	*he*	**ellos**	*they (m.)*
ella	*she*	**ellas**	*they (f.)*

- Note that some subject pronouns have both masculine and feminine forms. The masculine forms **nosotros** and **vosotros** refer to two or more males as well as to a combination of males and females. The corresponding feminine forms refer to two or more females.[1]

- Spanish has two different words to express *you* (*singular*) and their usage varies from region to region. In general, **tú** is used to indicate informal, first-name basis relationships (for example, when addressing friends, classmates, children, and most relatives). **Usted** generally indicates formal, more distant, last-name basis relationships (for example, when addressing strangers, persons with titles such as **señor**, **señorita**, **profesor**, or persons much older than yourself).

- In Spain, the plural of **tú** is **vosotros/vosotras**. In most of Spanish America and in the United States, **ustedes** is the plural form for both **tú** and **usted**.

- **Usted** is often abbreviated to **Ud.** and **ustedes** is often abbreviated to **Uds.** The abbreviated forms are always capitalized, while the unabbreviated ones are not, unless they begin a sentence.

to be **El verbo *ser*°**

(yo)	**soy**	*I am*
(tú)	**eres**	*you are*
(usted, él, ella)	**es**	*you are, he/she is*
(nosotros/nosotras)	**somos**	*we are*
(vosotros/vosotras)	**sois**	*you are*
(ustedes, ellos/ellas)	**son**	*you are, they are*

- Since Spanish verb forms usually indicate the subject of a sentence by themselves, subject pronouns are frequently omitted. For that reason, the verb charts in this text present subject pronouns in parentheses. However, subject pronouns *are* used to clarify (**Él es de México.** vs. **Ella es de México.**) or to stress or contrast (**Yo** soy de California. **Él** es de Nuevo México.).

- Spanish does not have a subject pronoun equivalent to *it*. The verb form **es** is used to convey this idea. **Es mi radio** (*It's my radio*).

to be from **¿De dónde es usted? ¿De dónde eres? *Ser + de*°**

One use of the verb **ser** is to ask about or to express origin. Study the following formal and informal conversations.

Formal

—**¿De dónde es usted?**	*Where are you from?*
—**Soy de Colorado. ¿Y usted?**	*I'm from Colorado. And you?*
—**Soy de Nueva Jersey.**	*I'm from New Jersey.*

Informal

—**¿De dónde eres?**	*Where are you from?*
—**Soy de Arizona. ¿Y tú?**	*I'm from Arizona. And you?*
—**Soy de Nuevo México.**	*I'm from New Mexico.*

---

[1]The Real Academia Española de la Lengua has recently indicated that the gender of the pronoun should reflect the majority. For example: **nosotros** if there are more men than women, and **nosotras** if vice-versa.

Práctica y comunicación

C. ¿De dónde es usted? ¿De dónde eres? First, practice the above *formal* and *informal* conversations in pairs. Then, move about the classroom learning the origin of at least five of your classmates and your instructor. Once you have gotten the necessary information, your instructor will ask you where some of your classmates are from. Report back what you discover.

MODELO: ¿De dónde es...?
 Es de...

Un paso más: Move about the classroom asking your classmates once again where each is from and as you do so, group yourselves according to place of origin (cities/states/countries). Then answer your instructor's questions and try to remember the origin of each group/person.

1. ¿De dónde son ustedes? **(Nosotros/Nosotras) Somos de...** ¿Y ustedes/usted?
2. Clase, ¿de dónde son ellos/ellas? ¿De dónde es él/ella?

D. Personas famosas. Using the information provided, try to match the profession (**Es...**) and the origin (**Es de...**) to each of the people in the photos. You will need the information later to complete Exercise **E**.

Profesiones: escritora (*writer*), cantante (*singer*), actor, actriz, jugador de béisbol
 Origen: la República Dominicana, España, los Estados Unidos[2], Cuba, Chile

1. Gloria Estefan

2. Enrique Iglesias

3. Sammy Sosa

4. Melanie Griffith,
 Antonio Banderas

5. Isabel Allende

---

[2]The use of the article with the names of certain countries, e.g., **la** República Dominicana and **los** Estados Unidos, is generally diminishing in daily speech. In more formal situations and in written Spanish, however, you will often still find the articles included.

2. *Yes/No questions and affirmative and negative statements:*
Preguntas y declaraciones afirmativas y negativas

Preguntas de sí y no

When asking yes/no questions, the subject may either follow or precede the verb. In both cases, the intonation rises at the end of the question.

¿Es usted de California?	*Are you from California?*
¿Linda es de Nuevo México?	*Is Linda from New Mexico?*
Tom y José, ¿son de Tejas?	*Are Tom and Joe from Texas?*
¡Sí! ¡Son de El Paso!	*Yes, they are from El Paso!*

As you have seen, in addition to the expected punctuation mark at the end, Spanish uses an upside-down question mark at the beginning of a question. (Note that Spanish also uses an upside-down exclamation point to mark the beginning of an exclamation.)

Declaraciones afirmativas y negativas

To answer yes/no questions affirmatively, place **sí** (*yes*) before the statement.

> **Sí**, soy de California.

To make a negative statement, place **no** before the verb. In answering a yes/no question with a negative statement, repeat the **no**.

El profesor **no** es de España.	*The professor is not from Spain.*
¿Sonia es de Costa Rica?	*Is Sonia from Costa Rica?*
No, ella **no** es de Costa Rica.	*No, she is not from Costa Rica.*
Es de Panamá.	*She is from Panama.*

Práctica y comunicación ━━━━━━━━

E. ¿Sí o no? Answer the questions referring to the photos on page 15 and the information you gathered about each famous person. If your answer is negative, give the correct information.

MODELO: ¿Gloria Estefan es de España?
No, no es de España. Es de Cuba.
¿Es cantante?
Sí, es cantante.

1. ¿Sammy Sosa es de Cuba? ¿Es jugador de tenis?
2. ¿Enrique Iglesias es de Francia? ¿Es actor?
3. ¿Isabel Allende es de Argentina? ¿Es escritora?
4. ¿Antonio Banderas es de España? ¿Melanie Griffith es de España? ¿Son actores?

F. Mi personalidad. Form groups of three or four students. Ask each other yes/no questions to determine each other's personality traits. The adjectives provided may be used to describe males or females.

admirable	flexible	materialista	rebelde
arrogante	independiente	optimista	responsable
conformista	inteligente	paciente	sentimental
eficiente	liberal	pesimista	terrible

MODELO: ESTUDIANTE 1: (*Nombre*), ¿eres sentimental?
No
ESTUDIANTE 2: **Sí, soy muy sentimental. ¿Y tú?** *o*
No, no soy sentimental. ¿Y tú?

Report back to the class some of the personality traits of your classmates: (*Nombre*) **es... y...**

Bien dicho Expresiones de cortesía°

Expressions of courtesy

Con permiso.	*Pardon me, excuse me. (to seek permission to pass by someone or to leave)*
Por favor.	*Please.*
Perdón.	*Pardon me, excuse me. (to get someone's attention or to seek forgiveness)*
Lo siento (mucho).	*I'm (so) sorry.*
(Muchas) Gracias.	*Thank you (very much).*
De nada.	*You're welcome.*

Práctica y comunicación

G. ¡Son muy corteses! Study the drawings and determine what each character should be saying under the circumstances.

Rubén a Camila

El profesor Marín-Vivar
a Natalia y Alfonso

Esteban a Inés y Pepita

Linda a Manuel

Bien dicho
Los saludos, el bienestar y la despedida

Examine the following two conversations. The first introduces certain formal greetings (**los saludos**) and expressions of well-being (**el bienestar**). The second presents their informal equivalents, as well as expressions of farewell (**la despedida**). Expressions given in parentheses may be used to substitute for the expression first presented (for example, *Good morning* vs. *Good afternoon*).

Formal

PROF. RUIZ:	**Buenos días, señorita.**	*Good morning, Miss.*
	(Buenas tardes, señora.)	*(Good afternoon, Ma'am.)*
	(Buenas noches, señor.)	*(Good evening, Sir.)*
SUSANA:	**Buenos días. ¿Cómo está usted?**	*Good morning. How are you?*
PROF. RUIZ:	**Muy bien, gracias. ¿Y usted?**	*Very well, thanks. And you?*
SUSANA:	**Bien, gracias.**	*Fine, thanks.*

Informal

LUIS:	**¡Hola!**	*Hello!/Hi!*
OLGA:	**¡Hola!**	
	¿Cómo estás? (¿Qué tal?)	*How are you? (How's it going?)*
LUIS:	**Muy bien, gracias. ¿Y tú?**	*Very well, thanks. And you?*
OLGA:	**Regular.**	*Okay./So-so.*
LUIS:	**¿Qué pasa?**	*What's happening?*
	(¿Qué hay de nuevo?)	*(What's new?)*
OLGA:	**Nada nuevo.**	*Nothing new./Nothing much.*
	Voy a la clase de historia.	*I'm going to history class.*
LUIS:	**Bueno (Pues), hasta luego.**	*Well, see you later.*
	(Hasta mañana.)	*(See you tomorrow.)*
	(Hasta pronto.)	*(See you soon.)*
	(Chao.)	*(Bye, So long.)*
OLGA:	**Adiós.**	*Good-bye.*

¡Un momento, por favor!

You may have noticed that Spanish has two verbs expressing *to be*: **ser** (**Soy** de México.) and **estar** (¿Cómo **está** usted?). You will study **estar** and the differences between **ser** and **estar** in Chapter 3.

Práctica y comunicación

H. ¿Cómo estás? In pairs, practice both the formal and informal conversations presented above. Read expressively! Use some of the alternate expressions in parentheses where appropriate (**Buenas tardes** vs. **Buenos días**, etc.). Then switch roles.

I. ¿Cómo contestas? Your instructor arrives on the first day of class. Give an appropriate response to each of her/his greetings or inquiries.

1. Buenos días, señorita (señora/señor).
2. ¿Cómo está usted?
3. ¿Cómo se llama usted?
4. ¿De dónde es usted? *where are you from*
5. Me gustaría presentarle a...
6. Hasta luego.

A student from another school joins your study-abroad group. Give an appropriate response to each of her/his greetings or inquiries.

7. ¡Hola!
8. ¿Qué tal?
9. ¿Cómo te llamas?
10. ¿De dónde eres?
11. Te presento a...
12. ¿Qué pasa?
13. Hasta pronto.

J. Saludos (*Greetings*). In pairs, skim the following advertisement.

1. Can you guess what the following note cards say? **¿Cómo te va? Una nota para ti. Con amor.**
2. Now select your favorite cards. **Mis tarjetas favoritas son...**

K. Situaciones. Imagine that you find yourself in the following situations. What might you say? With a classmate, create a conversation appropriate to each setting. Begin with a greeting.

1. En la universidad. Usted y un amigo o una amiga conversan. **¡Hola!...**
2. En una conferencia en la ciudad de México. Usted y una colega conversan. Son las 9:00 de la mañana (A.M.).
3. En la universidad. Usted desea conocer (*want to meet, get to know*) a la profesora García. Son las 4:00 de la tarde (P.M.).
4. En una fiesta. Usted desea conocer a Jaime, un estudiante de Perú. Son las 10:00 de la noche (P.M.).

Un paso más: Write a dialogue that takes place between yourself and a person your age that you want to get to know. Begin with a greeting and end with your good-byes.

LOS SALUDOS ENTRE HISPANOS

everyone
children / strangers
even if

among

Los saludos son muy importantes en la cultura hispana. Todo el mundo°
se saluda —adultos, niños°, amigos y desconocidos°. Las personas se
saludan en todas las ocasiones, aun si° es necesario interrumpir una
actividad o conversación. En la cultura hispana la gente generalmente
se saluda con contacto físico. Entre° los hispanos, existen diversas
maneras de saludarse:

Es muy común **darse la mano.**

little pats on the back
soft kiss

Entre amigos, y aun entre
hombres, también es común
darse un abrazo y
palmaditas en la espalda°.

Entre las mujeres, o entre
un chico y una chica, es
usual **darse un beso
suave°** en la mejilla.

¿Qué hay de nuevo?

Indicate if the statements are true or false (**cierto o falso**). If the
information is false, provide the correct information.

1. Los hispanos no interrumpen sus actividades para saludarse.
2. El contacto físico es importante cuando los hispanos se saludan.
3. Entre los hombres es común darse un abrazo.
4. Entre las mujeres hispanas es usual darse un beso en la mano.

Un paso más: In groups of five, dramatize each of the following: **darse
la mano, darse un abrazo, darse palmaditas en la espalda, darse un
beso suave en la mejilla.** Accompany each physical expression with
appropriate verbal greetings, questions, etc.

Conexiones y contrastes

¿Qué diferencias existen entre los saludos hispanos y los saludos de su
país (*your country*)? En parejas (*In pairs*), determinen si (*if*) en su país
es común (o **no es común**): saludarse con contacto físico, darse la
mano, darse un abrazo, darse un beso suave, interrumpir una
conversación para saludarse, saludar a desconocidos.

3. *Indicating nationality:* **Adjetivos de nacionalidad**

Most adjectives of nationality have four possible forms (masculine or feminine, singular or plural) to agree with the noun or pronoun they modify.

- Adjectives of nationality that end in **-o** change **-o** to **-a** to modify a feminine singular noun or pronoun. Add **-s** to form the plural adjective.

	singular	*plural*
masculino	Él es **mexicano**.	Ellos son **mexicanos**.
femenino	Ella es **mexicana**.	Ellas son **mexicanas**.

- Adjectives of nationality ending in a consonant add **-a** to the final consonant to agree with the feminine singular noun or pronoun. To form the plural, add **-es** to the masculine adjective or **-s** to the feminine adjective.

	singular	*plural*
masculino	Él es **español**.	Ellos son **españoles**.
femenino	Ella es **española**.	Ellas son **españolas**.

- Adjectives of nationality that end in **-e** have no feminine form. Add **-s** to form the plural adjective.

singular	*plural*
Él/Ella es **canadiense**.	Ellos/Ellas son **canadienses**.

Bien dicho Las nacionalidades

Las nacionalidades del mundo hispano[3]:

argentino/a	**hondureño/a**
boliviano/a	**mexicano/a**[4]
chileno/a	**nicaragüense**
colombiano/a	**panameño/a**
costarricense	**paraguayo/a**
cubano/a	**peruano/a**
dominicano/a	**puertorriqueño/a**
ecuatoriano/a	**salvadoreño/a**
español/española	**uruguayo/a**
guatemalteco/a	**venezolano/a**

Otras nacionalidades:

alemán/alemana (*German*)	**inglés/inglesa**
canadiense	**italiano/a**
chino/a	**japonés/japonesa**
estadounidense	**portugués/portuguesa**
francés/francesa	**ruso/a**

¡Un momento, por favor!

Alemán, chino, español, francés, inglés, italiano, japonés, portugués, and **ruso** in the masculine form also function as the name of the language. Neither adjectives of nationality nor languages are capitalized in Spanish. Names of countries are capitalized.

> Enrique Iglesias habla (*speaks*) **inglés** y **español.**
> Él es **español.** Es de Madrid, **España.**

Hay comida (*food*) de muchas nacionalidades. ¿Cuál (*which*) prefiere usted?
[Madrid.lanetro.com/comerbeber]

---

[3]The term **hispano** describes all that pertains and relates to Spanish-speaking countries. (See map, p. 64.)

[4]In modern Spanish, the letter **x** in **mexicano/México** is pronounced like a Spanish **j**. The word is of indigenous origin.

Práctica y comunicación ───────────

L. ¿De dónde son? Read aloud the statements that indicate the country where each person is from. Then give the nationality. Use the correct form of the adjective.

MODELO: La artista Frida Kahlo es de México, ¿verdad (*right*)?
    Sí, es mexicana.

1. El cantante Ricky Martin es de Puerto Rico, ¿verdad?
2. El ganador (*winner*) del Premio Nobel de la Paz, Oscar Arias, es de Costa Rica, ¿verdad?
3. La ex-presidenta Violeta Chamorro es de Nicaragua, ¿verdad?
4. Las actrices Jennifer López y Rosie Pérez son de los Estados Unidos, ¿verdad?
5. El cantante Elton John y los Rolling Stones son de Inglaterra, ¿verdad?
6. El rey (*king*) Juan Carlos y el príncipe Felipe son de España, ¿verdad?
7. La tenista Arantxa Sánchez Vicario es de España, ¿verdad?
8. El actor Rubén Blades es de Panamá, ¿verdad?

M. Autores y personajes famosos de la historia. Can you identify the nationalities of the following famous authors and historical figures? In groups of four, see how many you can identify in four minutes. Jot down your answers. Which group can correctly identify the highest number of nationalities correctly?

Autores famosos

1. Miguel de Cervantes
2. Fyodor Dostoevsky
3. Gabriel García Márquez
4. Isabel Allende
5. Jane Austen y Virginia Woolf
6. Edgar Allan Poe
7. Voltaire y Jean-Paul Sartre
8. Goethe y Hermann Hesse
9. Confucio

Personajes famosos de la historia

10. Juan y Evita Perón
11. Juana de Arco
12. Pancho Villa y Emiliano Zapata
13. Harriet Tubman y Martin Luther King, Jr.
14. Josef Stalin y Vladimir Ilyich Lenin
15. Adolfo Hitler
16. la princesa Diana y la reina Isabel
17. el emperador Hirohito
18. el Generalísimo Francisco Franco

4. Indicating days of the week: Los días de la semana

What day is it today?   **¿Qué día es hoy?°**

			abril			
lunes	**martes**	**miércoles**	**jueves**	**viernes**	**sábado**	**domingo**
1 *(Monday)*[5]	**2**	**3**	**4**	**5**	**6**	**7**

└─el **día**─┘   └─el **fin de semana**─┘

└─────────────────la **semana**─────────────────┘

- The word **día**, though ending in **-a**, is masculine: **el día.**
- The days of the week are not capitalized in Spanish.
- All the days of the week are masculine. With the day of the week, the definite article **el** or **los** is used to indicate *on.*

El sábado vamos a una gran fiesta.	**On Saturday** *we are going to a big party.*
Los miércoles vamos al gimnasio.	**On Wednesdays** *we go to the gym.*

- The plural of **el sábado** and **el domingo** is **los sábados** and **los domingos**. The other days use the same form in the singular and in the plural: **el lunes → los lunes.**

Práctica y comunicación ────────

N. ¿Qué día es? Complete the statements with the appropriate day(s).

1. ¿Qué día es hoy? Hoy es...
2. Mañana es...
3. Los días favoritos de los estudiantes son...
4. El peor (*worst*) día para los estudiantes es...
5. En los Estados Unidos, el peor día para los supersticiosos es el... 13.
6. Un día bueno para hacer fiestas es...
7. Un día bueno para ir a la iglesia (*church*)/sinagoga es...
8. La clase de español es **los**...

---

[5]In Hispanic calendars, the week most commonly begins on Monday.

Bien dicho Los números del 0 al 59

cero	0
uno	1
dos	2
tres	3
cuatro	4
cinco	5
seis	6
siete	7
ocho	8
nueve	9
diez	10
once	11
doce	12
trece	13
catorce	14
quince	15
dieciséis	16
diecisiete	17
dieciocho	18
diecinueve	19
veinte	20
veintiuno	21
veintidós	22
veintitrés	23
veinticuatro	24
veinticinco	25
veintiséis	26
veintisiete	27
veintiocho	28
veintinueve	29
treinta	30
treinta y uno...	31 ...
cuarenta	40
cuarenta y uno...	41 ...
cincuenta	50
cincuenta y uno...	51 ...

¿Cuál es la temperatura máxima (en grados Centígrados) en Bogotá? ¿Y en Madrid? ¿Y en Panamá?

¡Un momento, por favor!

Uno is used for counting. When **uno** modifies a masculine noun, use **un**. When it modifies a feminine noun, use **una**. The same holds true for **veintiuno**, **treinta y uno**, and so on.

Un profesor es de Nuevo México.	**One** professor (m.) is from New Mexico.
Una profesora y **veintiún** estudiantes son de Tejas.	**One** professor (f.) and **twenty-one** students are from Texas.

Práctica y comunicación

Ñ. Vamos a sumar (*Let's add*). Repeat the following children's verse.

Dos y dos son cuatro,
cuatro y dos son seis,
seis y dos son ocho,
y ocho, son dieciséis.

O. Las matemáticas. Read the following math problems aloud. Then give the answer. Work in pairs. (**Y** is equivalent to +; **son** is equivalent to =.)

1. 9 + 5 =
2. 7 + 4 =
3. 8 + 7 =
4. 6 + 6 =

5. 15 + 13 =
6. 17 + 16 =
7. 31 + 18 =
8. 40 + 10 =

P. Mini-censo. Try to recall where your classmates are from. Make notes below. Your instructor will ask: **¿De dónde son los estudiantes de esta clase?** Call out the states/cities/countries to your instructor. She/He will write them on the board, then ask how many students are from a given place. As students raise their hands, count how many there are.

MODELO: INSTRUCTOR/A: **¿Cuántos estudiantes son de...? Vamos a contar** (*Let's count*).

ESTUDIANTES: **...estudiantes son de...**

ESTUDIANTE	¿DE DÓNDE ES?

5. *Telling time:* ¿Qué hora es?

When you want to know what time it is, ask: **¿Qué hora es?**

● For telling time on the hour, use **es** for *one o'clock* only.
  Use **son** for all other times.

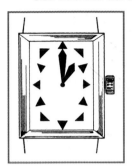

Es la una. **Son las ocho.**

● To state the number of minutes past the hour, say the name
  of that hour plus (**y**) the number of minutes.

      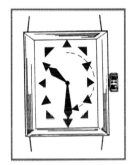   

Es la una y diez. **Son las cinco y cuarto.** **Son las diez y media.** **Son las once y cuarenta[6].**
  Son las cinco y quince. **Son las diez y treinta.**

● To state the number of minutes before the coming hour, give the next
  hour less (**menos**) the number of minutes to go before that hour.

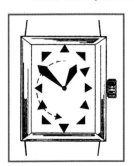   

Es la una <u>menos</u> diez. **Son las nueve <u>menos</u> veinticinco.**

----
[6]In Spanish, trends in telling time have been affected by the increase in popularity of digital watches and clocks. This presentation on telling time reflects these changes.

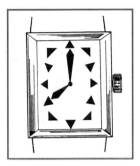

Nuevas caras, nuevas perspectivas

Bien dicho La hora

¿Qué hora es?	*What time is it?*
Es la una./Son las dos...	*It is one o'clock./It's two o'clock . . .*
cuarto/media	*a quarter/half*
¿A qué hora...?	*At what time . . . ?*
A la una./A las dos...	*At one o'clock./At two'clock . . .*
de la mañana	*A.M. (in the morning)*
de la tarde[7]/de la noche	*P.M. (in the afternoon)/P.M. (in the evening)*
Es (el) mediodía./Es (la) medianoche.	*It's noon./It's midnight.*

¡Un momento, por favor!

Note that **Es la una/Son las dos**, etc. is used for telling the time, and **A la una/A las dos**, etc. is used for telling *at what time* something occurs.

Práctica y comunicación

Q. ¿Qué hora es? First your instructor will tell the time on each clock in random order. Identify the clock that tells the given time.

MODELO: Son las ocho y media de la mañana.
Reloj (*clock*) **3.**

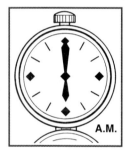
1.

2.

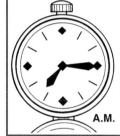
3.

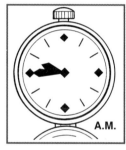
4.

5.

6.

7.

8.

9.

Un paso más: In pairs, tell the time on each clock. Where applicable, try to say each time as many ways as you can.

---

[7]In most Spanish-speaking countries, **tarde** is used while there is still daylight, and thus may extend until 7:00 or even 8:00 P.M.

R. El mundo (*The world*). According to the information on the map, tell what time it is in the following cities.

MODELO: ¿Qué hora es en Tokio?
Son las 22 horas. *o* **Son las 10:00 de la noche.**

1. ¿Qué hora es en Anchorage, Alaska?
2. ¿Qué hora es en Los Ángeles, California? ¿Y en Nueva York?
3. ¿Qué hora es en Buenos Aires, Argentina? ¿Y en Madrid, España?
4. ¿Qué hora es en Moscú, Rusia? ¿Y en Beijing, China?

¡Un momento, por favor!

The times on the map that follows are given according to the 24-hour clock, which is often used for transportation schedules, TV and movie times, etc. To convert time on the 24-hour clock to a 12-hour clock, subtract 12. (For example, 14:00 minus 12 equals 2:00 P.M.) All A.M. times are the same in both systems.

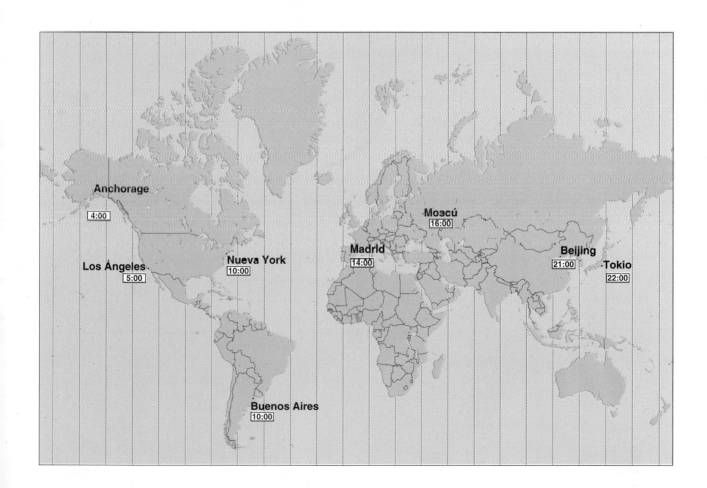

S. Programas de televisión. As a class, generate a list of the most popular television shows. Your instructor will write it on the board. In pairs, ask each other what day the program is shown and at what hour.

MODELO: ESTUDIANTE 1: **¿Qué día dan** (*show*) **«60 Minutes»? ¿Y a qué hora?**

ESTUDIANTE 2: **Dan «60 Minutes» los domingos a las 7:00 de la noche.**

6. *Indicating dates and birthdays:* Las fechas y los cumpleaños

- To express days of the month in Spanish, use cardinal numbers (**dos, tres, cuatro,** etc.) except to express the first, in which case **el primero** is used.

  Es el cuatro de julio.
  Es el primero de abril.

- Written dates in Spanish are shown with the day, then the month, as opposed to English, where the month comes before the day.

  (*Spanish*)   **4-7-99 = el cuatro de julio**
  (*English*)   **4-7-99 = April 7**

- There are several ways to ask for the date. Two options follow:

  ¿Cuál es la fecha?   *What's the date?*
  ¿Qué fecha es hoy?   *What's today's date?*

- To ask the date of a friend's birthday, use:

  ¿Cuándo es tu cumpleaños?   *When is your birthday?*

Months   **Bien dicho Los meses°**

enero[8]	**julio**
febrero	**agosto**
marzo	**septiembre**
abril	**octubre**
mayo	**noviembre**
junio	**diciembre**

---

[8]In Spanish, the months of the year are not capitalized.

Práctica y comunicación

T. Los cumpleaños y otras (*other*) **fechas importantes**. Move about the classroom with a notebook and pen or pencil in hand. Ask five or six of your classmates and the instructor the dates of their birthdays. Write down their names and birthday dates.

MODELO: ESTUDIANTE 1: **¿Cuándo es tu cumpleaños?**

ESTUDIANTE 2: **Mi cumpleaños es el ocho de octubre.**

Now answer your instructor's questions.

1. ¿Cuándo es el cumpleaños de...? ¿Y de...?
2. ¿Cuándo es el cumpleaños de la profesora/del profesor?
3. ¿Qué fecha es hoy?
4. ¿En qué fecha se[9] celebra la independencia de los Estados Unidos? **Se celebra...**
5. ¿En qué fecha se celebra la Navidad (*Christmas*)? ¿Y el Año Nuevo (*New Year's*)?

¡Un momento, por favor!

In Spain and in most other countries in the Hispanic world, it is common to celebrate your birthday and your saint's day (based on the Catholic tradition). If your parents give you the name of the saint honored on the day of your birth, then your birthday and your saint's day are one and the same. If they give you the name of a saint honored on a different day of the year, you have two celebrations!

U. El día de su santo. Answer the following questions based on the calendar.

MODELO: Imagine que su amiga se llama Ángela.
¿Cuál es el día de su santo?
Es el 27 de enero.

Imagine que...

1. Su amiga se llama Elvira.
¿Cuál es el día de su santo?
2. Su amigo se llama Alberto.
3. Su amigo se llama Tomás.
4. Su amigo se llama Timoteo.
5. Su amiga se llama Martina.

Can you find a saint's day that corresponds to someone in the class, yourself, or a family member? Share the date with the class.

MODELO: **El ... de enero es el día del santo de** (*nombre*)**.**

ENERO

LUNES MONDAY	MARTES TUESDAY	MIERCOLES WEDNESDAY	JUEVES THURSDAY	VIERNES FRIDAY	SABADO SATURDAY	DOMINGO SUNDAY
○ LUNA LLLNA FULL MOON 1st-31st – DIA 1-31	◑ C. MENGUANTE LAST QUARTER 9th DIA 9	○ LUNA NUEVA NEW MOON 17th – DIA 17	◐ C. CRECIENTE FIRST QUARTER 24th – DIA 24	**1** LA CIRCUNCISION NEW YEAR'S DAY	**2** SAN BASILO M.	**3** S. ANTERO PAPA
4 SAN PRICDO	**5** S. TELESFORO	**6** LOS S. REYES EPIPHANY	**7** SAN RAYMUNDO	**8** SAN APOLINAR	**9** SAN MARCELINO	**10** SAN GONZALO
11 S.HIGINIO PAPA	**12** S. ARCADIO M.	**13** S. HILARIO OB.	**14** SAN FELIX M.	**15** S. MAURO ABAD ADULT'S DAY	**16** SAN MARCELO	**17** S. ANTONIO ABAD
18 STA. PRISCA V. MARTIN L. KING DAY (US)	**19** SAN MARIO (EID) AL FITR (END OF RAMADAN)	**20** SAN FABIAN	**21** SAN FRUCTUOSO	**22** SAN VICENTE M.	**23** SAN ALBERTO	**24** SAN FRANCISCO DE S.
25 STA. ELVIRA V.	**26** S. TIMOTEO OB.	**27** STA. ANGELA V.	**28** STO. TOMAS DE A.	**29** SAN VALERIO	**30** STA. MARTINA	**31** S. JUAN BOSCO

[9]The word **se** before the verb slightly changes the meaning of the verb: **celebra** = *he/she, etc. celebrates*; **se celebra** = *is celebrated*.

V. Idiomas (*Languages*) **Plus, cursos de español**. Imagine that you are going to Madrid and want to study at the institute **Idiomas Plus**. Study the information and decide what type of course you want to take, and why the course is appealing to you. Then fill out the **Hoja de inscripción** (*Application Form*). Use the context to guess the meaning of words that you do not understand.

TIPOS DE CURSO

- Curso Plus
- Curso Standard
- Curso Intensivo
- Clases alternas
- Clases individuales
- Curso D.E.L.E.

CURSO PLUS

1h 30 min. de clase, de lunes a viernes.
Duración:
de 2 a 12 semanas.

CURSO STANDARD

3 horas de clase, de lunes a viernes.
Duración:
de 1 a 12 semanas.

CURSO INTENSIVO

4h 30 min. de clase, de lunes a viernes.
Duración:
de 1 a 12 semanas.

CLASES ALTERNAS

1h 30 min. dos días por semana. Perfectas para los que no tienen mucho tiempo.

CLASES INDIVIDUALES

Este curso se adapta a las necesidades especiales de cada estudiante.

CURSO D.E.L.E.

Clases especiales para preparar el examen oficial "Diploma de Español como lengua Extranjera".

Nuestro horario
normal es:
09:00 - 10:30
11:00 - 12:30
13:00 - 14:30
19:00 - 20:30
(clases alternas)

Idiomas Plus - 6º Dcha.
Calle Arenal 21
E-28013 Madrid
Tel.: 548 11 16-548 10 43
Fax: 559 29 04
E-mail: madrid.plus@jet.es

HOJA DE INSCRIPCION

APELLIDO _____
NOMBRE _____
FECHA DE NACIMIENTO _____
HOMBRE ( ) MUJER ( )
NACIONALIDAD _____
DIRECCION _____
CIUDAD _____ PAIS _____
TELEFONO _____ FAX _____
Deseo inscribirme en:
( ) CURSO PLUS
( ) CURSO STANDARD
( ) CURSO INTENSIVO
( ) CURSO POR LAS TARDES (Dos días por semana)
( ) CLASES PRIVADAS
DESDE _____ HASTA _____ [ ] SEMANA/S

NIVEL APROXIMADO
( ) PRINCIPIANTE   ( ) ELEMENTAL
( ) INTERMEDIO   ( ) AVANZADO

ALOJAMIENTO
( ) HAB. DOBLE   ( ) HAB. INDIVIDUAL
( ) APARTAMENTO
( ) FAMILIA   ( ) CON DESAYUNO
                ( ) CON MEDIA PENSION
( ) HOTEL

PRECIO TOTAL [   ]

DEPOSITO DE _____
POR   ( ) EUROCHEQUE (escribir su nº de pasaporte)
              25.000 Ptas. por eurocheque.
      ( ) TRANSFERENCIA BANCARIA
      ( ) EFECTIVO

Palabras útiles: **apellido** = *last name*; **desde** = *from*; **media pensión** = *room and breakfast + another meal*

Now, working in pairs, imagine that one of you is a student seeking to study in the institute, and the other is the director of the institute. The director asks the questions and the student answers, referring to the **Hoja de inscripción** as necessary. Then reverse roles.

1. ¿Cómo se llama usted?
2. ¿De dónde es usted?
3. ¿Qué curso le gustaría tomar? **Me gustaría tomar...** (*and tell why per the course description*) **porque...** ¿Por cuántas semanas? ¿En qué fechas?
4. ¿Cuál es su nivel aproximado? ¿Avanzado?...
5. ¿Qué tipo de alojamiento le gustaría a usted? ¿Una habitación doble/individual? ¿Apartamento/familia?...

Así se dice

La pronunciación de la consonante *d*

Remember that in Spanish the letter **d** has two sounds. At the beginning of a phrase or sentence, and after **n** or **l**, the letter **d** has a pronunciation similar to the English *d* in *door*.

dos   diecis<u>é</u>is   respon<u>d</u>an   el <u>d</u>ía

In most other positions, particularly between vowels and at the end of a word, **d** has a slight *th* sound as in *this* or *brother*.

cana<u>d</u>iense   Buenos <u>d</u>ías.   Buenas tar<u>d</u>es.   ¿De <u>d</u>ónde eres?

Repeat the following children's verse, paying close attention to the **d** with a slight *th* sound.

...Y aserrín°
aserrán
los ma<u>d</u>eros° <u>d</u>e San Juan
pi<u>d</u>en queso°
pi<u>d</u>en pan°.

sawdust

the woodcutters
ask for cheese
ask for bread

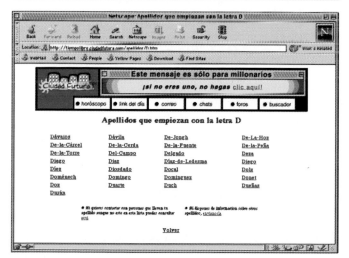

Unos apellidos (*last names*) que empiezan (*begin*) con la letra D.
[www.tiempolibre.ciudadfutura.com/apellidos/D.htm]

Dicho y hecho

Conversando

Study Hints

See what you have learned! Turn to pp. 38–39 to review the active vocabulary (**Repaso de vocabulario activo**) and take the self-test (**Autoprueba y repaso 1**) for this chapter.

A conocernos (*Getting acquainted*)

Converse with a classmate. Pretend that you are meeting for the first time. In your conversation be sure to:

- Greet each other
- Ask names
- Inquire about origin (where from)
- Ask about what's happening
- Ask the time
- Say good-bye

Let's listen!

¡A escuchar!°

Camila y Pepita conversan

Camila and Pepita are on campus on their way to class. They are talking about Octavio. First, listen to the conversation for the general content. You do not need to understand every word to understand what they are saying. Then answer the two general questions that follow by choosing the appropriate response.

1. ¿Camila y Pepita admiran a Octavio? _____ sí _____ no

2. ¿Octavio oye (*hears*) la conversación? _____ sí _____ no

Now scan questions 3–7 to see what information they require. Then listen to the conversation again for more specific details. Answer the questions by choosing the appropriate response or responses.

3. Camila saluda a Pepita. ¿Qué dice (*What does she say*)?
   _____ ¿Cómo estás? _____ ¿Qué tal? _____ ¿Cómo te va?

4. ¿Cómo están Camila y Pepita?
   _____ Bien _____ Regular
   _____ Fenomenal

5. ¿De dónde es Octavio?
   _____ de los Estados Unidos
   _____ de Argentina

6. ¿A qué hora va (*does he go*) al gimnasio?
   _____ a las 6:00 de la mañana _____ a las 6:00 de la tarde

7. ¿Qué palabras usan Camila y Pepita para describir a Octavio?
   _____ fenomenal _____ atractivo _____ atlético _____ diligente
   _____ inteligente _____ perfecto

De mi escritorio°

From my desk

Mi retrato (*My portrait*)
Write a brief description of yourself.

- Tell your name. **Me...**
- Indicate your nationality and where you are from (city, state, etc.)
- Tell your birthday
- Describe yourself using the verb **ser** and cognates from Section **2** of the Preliminary Chapter (p. 2) and from Exercise **F** (p. 17)

HELPFUL STRATEGIES FOR READING

In this textbook you will read many types of passages. The primary ones include the *Noticias culturales*, the *Panorama cultural*, and the *Encuentros culturales*. (The *Encuentros culturales*, when focusing on literary content, have their own reading strategies.) Use the helpful reading strategies that follow whenever you read in Spanish—in this textbook, in Spanish magazines, on the Web, and so on.

Skimming for general content

Read the entire passage quickly to get a general idea of content. Do not attempt to translate word for word.

Scanning for cognates

Glean information about the content by finding words that are cognates—words that look the same and have similar meanings in both English and Spanish. Watch out for "false cognates." *Example*: **embarazada** = *pregnant*, <u>not</u> *embarrassed*!

Guessing the meaning of new words

In addition to identifying cognates, you will also recognize and know many other words in a text. Use these words *and the context of the sentence* to help you guess the meaning of new words. You do not need to know every word to understand a text!

Identifying key words and phrases

Identify and focus on key words and phrases in each paragraph. These key words and phrases are useful for understanding, remembering, and reviewing content.

PANORAMA CULTURAL

Nuevas caras, nuevas perspectivas

[www.wiley.com/college/dicho/panorama]

El mundo hispano es una fusión de la herencia[1] de las civilizaciones europeas y africanas en España, y las precolombinas[2], europeas y árabes en Hispanoamérica. Las diversas caras del mundo hispano representan una rica variedad de perspectivas raciales y culturales.

Hoy[3] la mayoría de los hispanos es una combinación de dos o más razas. La presencia indígena es evidente en todos los países[4] de Hispanoamérica, especialmente en Bolivia, Ecuador, Guatemala, México y Perú. En Bolivia y Guatemala, la población indígena es más del 50% de la población total.

La influencia africana es predominante en la región Caribe y en las costas orientales[5] de Centro y Sudamérica. La influencia europea en América no se limita a España: gran parte de la población de Argentina, Chile y Uruguay es de origen italiano y alemán.

Muchos latinoamericanos celebran esta diversidad racial y cultural el día de la Raza (el 12 de octubre).

---

[1]heritage   [2]Indigenous cultures in the Americas prior to the arrival of Columbus.   [3]Today   [4]countries   [5]eastern

3

1

2

Tres hispanos celebran festivales en sus países de origen. ¿Cuál (*Which*) de estas personas hispanas es de origen africano? ¿De origen indio? ¿De origen español?

Artes pictóricas: Las pinturas[1] de castas

En el período colonial, la sociedad hispanoamericana agrupaba españoles, indígenas, africanos y combinaciones de los tres grupos. Las combinaciones eran llamadas[2] castas. Las pinturas de castas creadas en México y Perú en el siglo[3] XVIII presentan grupos de familiares de diferentes orígenes étnicos. Las pinturas documentan la diversidad que caracteriza al mundo hispano hasta hoy[4].

Examine estas pinturas de castas:

De español y negra, mulato, circa 1760–1770 (**mulato** = una combinación de español y africano)

De español e india, mestizo, circa 1725 (**mestizo** = una combinación de español e indígena)

¿Qué descubrimos (What did we discover)?

Complete the following statements in Spanish with information from the reading.

1. Las civilizaciones ... y ... forman parte de la herencia de España.

2. La presencia indígena es evidente especialmente en...

3. En Bolivia y Guatemala la población ... es más del 50% de la población total.

4. En el Caribe y en las costas orientales de Centro y Sudamérica es predominante la influencia...

5. Gran parte de la población ... es de origen italiano y alemán.

Preguntas

1. ¿Qué elementos étnicos presentan las pinturas? Identifique el origen étnico de cada (each) persona.
   (Palabras útiles: el **hombre** = man; la **mujer** = woman; el **niño** = child, m)

2. ¿Qué grupos étnicos existen en su país (your country)?

3. ¿Qué combinaciones de nacionalidades u orígenes étnicos existen en su familia?

[1]paintings   [2]were called   [3]century   [4]until today

Saludos y expresiones comunes

Buenos días, señorita (señora, señor).
Buenas tardes.
Buenas noches.
¡Hola!
¿Cómo está usted? ¿Cómo estás?
¿Qué tal?
Muy bien, gracias.
Regular.
¿Qué pasa?
¿Qué hay de nuevo?
Nada nuevo.
Me gustaría presentarle a... (*formal*)
Te presento a... (*informal*)
Mucho gusto.
Encantado/a.
Igualmente.
El gusto es mío.
¿Cómo se llama usted? ¿Cómo te llamas?
Me llamo...
¿De dónde es usted? ¿De dónde eres?
Soy de...
Perdón.
Lo siento mucho.
Con permiso.
Por favor.
Muchas gracias.
De nada.
Adiós.
Hasta luego.
Hasta pronto.
Hasta mañana.
Chao.

Verbo

ser

Nacionalidades

...del mundo hispano

argentino/a
boliviano/a
chileno/a
colombiano/a
costarricense
cubano/a
dominicano/a
ecuatoriano/a
español/española
guatemalteco/a
hondureño/a
mexicano/a
nicaragüense
panameño/a
paraguayo/a
peruano/a
puertorriqueño/a
salvadoreño/a
uruguayo/a
venezolano/a

Otras nacionalidades

alemán/alemana
canadiense
chino/a
estadounidense
francés/francesa
inglés/inglesa
italiano/a
japonés/japonesa
portugués/portuguesa
ruso/a

Los días de la semana

lunes
martes
miércoles
jueves
viernes
sábado
domingo

La hora

¿Qué hora es?
Es la una.
Son las dos.
¿A qué hora?
A la una.
A las dos.
cuarto
media
de la mañana/tarde/noche
Es (el) mediodía.
Es (la) medianoche.

Los meses

enero
febrero
marzo
abril
mayo
junio
julio
agosto
septiembre
octubre
noviembre
diciembre

I. Saludos y expresiones comunes. Complete las conversaciones. En algunos casos, hay más de una respuesta posible.

1. PROFESORA: Buenos días. ¿Cómo está usted?

    PEPITA: _____. ¿Y usted?

    PROFESORA: _____

2. PROFESORA: ¿_____?

    PEPITA: Me llamo Pepita.

3. CARMEN: ¡Hola, Pepita! ¿_____?

    PEPITA: Regular. ¿Y tú?

    CARMEN: _____.

4. PEPITA: Profesora, me gustaría presentarle a Carmen Martínez.

    PROFESORA: _____.

    CARMEN: _____.

5. PEPITA: ¿Cómo te llamas?

    MANUEL: _____. ¿Y tú?

    PEPITA: _____.

    MANUEL: Encantado, Pepita.

    PEPITA: _____.

6. CARMEN: ¿_____?

    PEPITA: Son las 9:30.

    CARMEN: Pues, tengo una clase ahora. Hasta luego.

    PEPITA: _____.

II. Pronombres personales y el verbo *ser*. ¿De dónde son las personas? Complete las oraciones. Use la forma correcta del verbo **ser**.

MODELO: yo/de México; ella/de Panamá
          Yo soy de México pero (*but*) **ella es de Panamá.**

1. ellos/de Chile; nosotras/de México
2. tú/de Colombia; ustedes/de España
3. Luis/de El Salvador; Juan y Elena/de Honduras

III. Preguntas y declaraciones afirmativas y negativas. Conteste las preguntas de una manera afirmativa o negativa.

MODELO: ¿Es usted de Boston?
          Sí, soy de Boston. *o*
          No, no soy de Boston.

1. ¿Es usted de Tejas?
2. ¿Es usted muy sentimental?
3. ¿Es usted pesimista?
4. Usted y sus (*your*) amigos, ¿son responsables?
5. ¿Son ustedes arrogantes?

IV. Adjetivos de nacionalidad. Indique la nacionalidad.

MODELO: Ellas son de París.
          Son francesas.

1. Ellas son de Tokio.
2. Aurora es de Madrid.
3. David es de Toronto.
4. Dulce y Rosita son de Acapulco.
5. Hans y Fritz son de Berlín.

V. Los días de la semana. Complete las oraciones.

1. Vamos (*We go*) a la clase de español los

    _____, _____ _____, _____

    _____, ...

2. Muchos estudiantes van (*go*) a fiestas _____

    _____ y _____ _____.

VI. ¿Qué hora es? ¿A qué hora?

A. Indique la hora.

MODELO: 1:10 P.M.
          Es la una y diez de la tarde.

1. 1:15 P.M.
2. 9:30 P.M.
3. 5:50 A.M. (*Give two ways.*)
4. 11:40 P.M. (*Give two ways.*)
5. 12:00 P.M.

B. Haga una pregunta. Luego (*Then*), conteste para indicar a qué hora son las clases.

MODELO: la clase de arte/1:30 P.M.
          ¿A qué hora es la clase de arte?
          Es a la una y media de la tarde.

1. la clase de historia/8:15 A.M.
2. la clase de español/9:20 A.M.
3. la clase de religión/2:30 P.M.

VII. Las fechas. Escriba las fechas en español. Incluya el día y el mes.

MODELO: 2/1/00 (= *día/mes/año*)
          Es el dos de enero.

1. 14/2/00
2. 1/4/00
3. 4/7/00
4. 23/11/00
5. 25/12/00

VIII. Repaso general del Capítulo 1. Conteste las preguntas con oraciones completas.

1. ¿Cómo se llama usted?
2. ¿Cómo está usted?
3. ¿De dónde es usted?
4. ¿De qué nacionalidad es usted?
5. ¿Cuál es la fecha de su cumpleaños?
6. ¿Qué día es hoy?
7. ¿Qué hora es?

_____

Answers to the **Autoprueba y repaso** are found in **Apéndice 2**.

CAPÍTULO 2

¿Cuál es tu sitio-web favorito? Una manera moderna de estudiar.

La universidad de hoy

Goals for communication

- To talk about computers, the language lab, and the classroom
- To say where you are going on campus
- To talk about your class schedule
- To talk about activities related to university life

Cultural focus

- University life in the Hispanic world
- The Spanish language: the axis of the Hispanic world

Structures

1. **Hay** para expresar *there is* o *there are*
2. Artículos y sustantivos
3. **Ir** + **a** + destino
4. El presente de los verbos regulares **-ar**
5. El presente de los verbos regulares **-er**, **-ir**; **hacer** y **salir**

Pronunciation

Las consonantes **g** y **z**

41

¡Bien dicho!

La universidad de hoy

1. EL LABORATORIO
2. la impresora
3. imprimir
4. el papel
RECICLAR
Alfonso

5. la pantalla
6. el profesor
profesor Marín Vivar

8. sacar fotocopias
7. la fotocopiadora
Esteban

9. los audífonos
10. escuchar
11. la grabadora
12. el casete, la cinta
Carmen

13. navegar por Internet
14. el ratón
Natalia

15. usar
16. la computadora
17. el teclado
18. el disco compacto, el CD-ROM
19. el disque
Javier

1. laboratory   2. printer   3. to print   4. paper   5. screen   6. professor (m.)   7. photocopier   8. to make photocopies   9. headphones   10. to listen to   11. tape recorder   12. cassette, tape   13. to explore (surf) the Internet   14. mouse   15. to use   16. computer   17. keyboard   18. CD, CD-ROM   19. disk

20. LA CLASE DE ESPAÑOL
24. el mapa
21. la ventana
25. el correo electrónico
26. la dirección electrónica
27. la pizarra
28. la tiza
29. el borrador
30. el televisor
31. la videograbadora, el VCR
32. el video
22. la mesa
23. la silla
33. la profesora
profesora Falcón
34. el estudiante, el alumno
Manuel
45. la puerta
35. la estudiante, la alumna
36. el libro
Linda
37. el cuaderno
Octavio
38. el pupitre
Inés
Camila
44. la mochila
43. la calculadora
40. el diccionario
41. el lápiz
42. el bolígrafo
39. el escritorio

20. Spanish class   21. window   22. table   23. chair   24. map (m.)   25. e-mail   26. e-mail address
27. chalkboard   28. chalk   29. eraser   30. television set   31. VCR   32. video   33. professor (f.)   34. student (m.)
35. student (f.)   36. book   37. notebook   38. student classroom desk   39. (teacher's) desk   40. dictionary
41. pencil (los **lápices**, pl.)   42. ballpoint pen   43. calculator   44. backpack   45. door

Práctica y comunicación ════════════

A. **¡Todos están ocupados** (*Everyone is busy*)**!** Estudie el vocabulario presentado en los dibujos (*drawings*), páginas 42–43. Luego (*Then*), complete las oraciones con las palabras apropiadas.

En el laboratorio

1. Alfonso usa la _____ para (*in order to*) _____ una composición. Los estudiantes reciclan el _____.

2. El profesor Marín-Vivar observa la diapositiva (*slide*) de las ruinas mayas de Chichén-Itzá, México. La imagen aparece en la _____.

3. Esteban necesita muchas copias de un mapa para la clase de geografía. Usa la _____ para sacar las _____.

4. Carmen practica el español. Pone (*She puts*) el _____ del Capítulo 2 en la _____. Usa los _____ para _____ el casete.

5. Natalia usa el _____ para navegar por _____.

6. Javier está muy ocupado. Usa la _____ y el _____.
   Pone el _____ _____ en la computadora.

En la sala de clase

7. Para enseñar (*to teach*) la clase, la profesora Falcón utiliza el _____ de América del Sur, la _____ y el televisor.
   En este momento, ella pone el _____ en la _____.

8. La _____ _____ de la profesora es *afalcon@esu.edu*.

9. El _____ que tiene (*has*) tres libros en el pupitre se llama Manuel.

10. La _____ que tiene un libro en el pupitre se llama Linda.

11. Inés escribe en el _____.

12. Octavio tiene una _____ muy grande.

13. Hay (*There are*) _____ pupitres en la sala de clase.

14. El escritorio de la profesora Falcón es grande. Ella permite que los estudiantes usen el _____, la _____, el _____ y el _____ de su (*her*) escritorio.

B. **Juego de palabras** (*Word game*). ¿Qué palabras asocia usted con las siguientes (*following*) referencias?

MODELO: el estudiante > **el profesor, la clase**

1. la impresora
2. la fotocopiadora
3. la grabadora
4. la computadora

5. la videograbadora
6. la puerta
7. la mesa

8. la tiza
9. el bolígrafo
10. la mochila

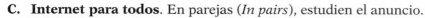

C. Internet para todos. En parejas (*In pairs*), estudien el anuncio.

1. El servicio Internet de Telmex ofrece muchas ventajas (*advantages*). ¿Qué ventajas del servicio son importantes para (*for*) ustedes? Mencionen tres o cuatro.
2. ¿Qué sitios-web o tipo de información en Internet representan las imágenes que aparecen en el anuncio? Identifíquenlas. *Categorías*: **música**, **teatro**, **aviación**, **deportes** (*sports*), **naturaleza**, **tecnología y espacio**, **historia**. ¿Qué sitios-web son interesantes para ustedes?
3. ¿Cuál es la dirección electrónica de Telmex? (**.** = **punto**)

Palabra útil: **gratis** = *free*

Bien dicho En la clase

el **maestro**[1]	*teacher* (m.)
la **maestra**	*teacher* (f.)
el **aula**	*classroom*
el **capítulo**	*chapter*
la **lección**	*lesson*
la **página**	*page*
la **página-web**	*Web page*
el **sitio-web**	*Web site*
el **ejercicio**	*exercise*
la **oración**	*sentence*
la **palabra**	*word*
la **pregunta**	*question*
la **respuesta**	*answer*
la **tarea**	*assignment*
el **trabajo (escrito)**	*paper (academic)*
el **examen**	*exam*
la **prueba**	*test*
la **nota**	*grade*
sacar una nota	*to get a grade*
los **apuntes**	*notes*
tomar apuntes	*to take notes*

D. ¿Qué palabra corresponde? En parejas, lean las siguientes (*following*) descripciones. Identifiquen las palabras que les corresponden. Refiéranse a la lista de vocabulario.

MODELO: una serie de palabras
  la oración

1. una serie de palabras con puntos de interrogación (¿?)
2. una serie de preguntas en el libro para practicar el español
3. una prueba grande
4. una «A» en el examen
5. la información importante que los estudiantes escriben en los cuadernos
6. el instructor de una escuela primaria
7. la impresora los imprime; generalmente son de muchas páginas
8. una parte o sección de un libro
9. **¿Cómo estás?** es la pregunta. **Muy bien, gracias** es la...
10. «Para mañana, estudien el vocabulario y contesten las preguntas.»

---

[1]**Maestro/maestra** refer to elementary and high school teachers. **Profesor/a** refer to college and university teachers/professors. **Instructor/a** is also used at this level.

E. ¡Ustedes son los profesores! Imagine que usted es el profesor/la profesora. Déle (*Give*) instrucciones a la clase. Complete las siguientes instrucciones. Incluya varias opciones cuando sea apropiado.

MODELO: Cierren...
Cierren la puerta (la ventana/el libro).

1. Abran...
2. Contesten...
3. Lean...
4. Repitan...
5. Pasen a...
6. Siéntense en...
7. Escriban con...
8. Escriban...
9. Traduzcan...
10. Completen...

Conversación

Un pequeño° accidente

En un corredor de la universidad. Alfonso va muy de prisa° y choca° con Camila. Sus libros, cuadernos y otras cosas se caen° al suelo°.

ALFONSO
Y CAMILA: ¡Ay!

CAMILA: ¡Hombre! ¡Qué rápido vas!

ALFONSO: Perdón, Camila. Es que todas las mañanas llego° tarde a clase.

CAMILA: No es tarde. Son las 9:20. ¿Adónde vas?

ALFONSO: Voy al laboratorio. Tengo° una clase de computación a las 9:30.

CAMILA: Hum... Yo necesito imprimir un trabajo de historia del arte. ¿Hay° una impresora láser en el laboratorio?

ALFONSO: Sí, hay dos.

CAMILA: ¡Qué bien! Y ¿dónde está el laboratorio?

ALFONSO: Allí. Es el aula con la puerta grande.

CAMILA: Entonces vamos juntos°.

(Comienzan a recoger° las cosas del suelo.)

CAMILA: ¿Dónde están mis disquetes y mis bolígrafos?

ALFONSO: Aquí están. ¿Es tuyo este libro de matemáticas?

CAMILA: No. Es tuyo. Mi libro está aquí.

ALFONSO: ¡Ah, sí! Bueno. Vamos al laboratorio.

CAMILA: ¡Yo necesito un café! ¿Vamos a la cafetería un momento?

ALFONSO: Ay, Camila... Lo siento, pero sólo° tengo cinco minutos.

small

is in a big hurry / collides
fall / floor

I arrive

I have

Is there

together

pick up

only

¿Qué pasa?

1. ¿Quién (*Who*) llega tarde a clase todas las mañanas?
2. ¿Qué hora es? ¿A qué hora es la clase?
3. ¿Qué trabajo necesita imprimir Camila?
4. ¿Hay impresoras en el laboratorio?
5. ¿Alfonso va con Camila a la cafetería?

Estructuras

1. *Indicating the existence of persons, places, and things:*
Hay para expresar *there is* o *there are.*

Hay is a special form of the verb **haber**, which denotes existence. It means *there is* and *there are* in a statement, or *is there* and *are there* in a question. It can be used with just one item or several without changing its form.

Hay una ventana en el aula.	***There is*** *a window in the classroom.*
Hay treinta pupitres.	***There are*** *thirty desks.*

Be careful not to confuse **Es** (*It is*) or **Son** (*They are*) with **Hay** (*There is, there are*).

Es una computadora Macintosh.	***It's*** *a Macintosh computer.*
Hay una computadora Macintosh en el laboratorio.	***There is*** *a Macintosh computer in the laboratory.*

Práctica y comunicación

F.   ¿Hay o no hay? Trabajen en parejas. Un/a estudiante pregunta si (*if*) **hay** o **no hay** lo siguiente en la universidad. El otro/La otra (*The other*) estudiante contesta la pregunta.

MODELO: muchos profesores buenos
   ESTUDIANTE 1: **¿Hay muchos profesores buenos en la universidad?**
   ESTUDIANTE 2: **Sí, hay muchos profesores buenos.** *o*
      No, no hay muchos profesores buenos.

1. muchos profesores interesantes
2. muchos estudiantes extranjeros (*foreign*)
3. laboratorios/salas de computadoras
4. computadoras IBM/computadoras Macintosh/impresoras en los laboratorios
5. computadoras en las residencias estudiantiles (*dorms*)
6. una cafetería excelente
7. un gimnasio

Y en las aulas (por lo general)...

8. videograbadoras/pantallas/mapas
9. mesas/pupitres/escritorios grandes para los profesores

G. ¿Cuántos (*How many*) **hay?** En parejas, determinen cuántos hay. Apunten (*Jot down*) el número.

1. ¿Cuántos pupitres hay en el aula? **1, 2,... Hay ... en total.**
2. ¿Cuántas alumnas hay en la clase?
3. ¿Cuántos alumnos hay en la clase?
4. ¿Cuántas ventanas hay en el aula?
5. ¿Cuántas mochilas hay?

2. *Identifying gender and number:* Artículos y sustantivos

Artículos definidos e indefinidos

All nouns in Spanish, even those referring to nonliving things, are either masculine or feminine (gender) and singular or plural (number). Consequently, the definite article (*the*) or indefinite article (*a, an, one*) that accompanies each noun must also be either masculine or feminine and singular or plural to agree with the noun.

Artículos definidos: **el, la, los, las** = *the*		
	singular	*plural*
masculino	**el** alumno	**los** alumnos
femenino	**la** alumna	**las** alumnas

Artículos indefinidos: **un, una** = *a, an, one;* **unos, unas** = *some*		
	singular	*plural*
masculino	**un** alumno	**unos** alumnos
femenino	**una** alumna	**unas** alumnas

Sustantivos° masculinos y femeninos

Nouns

- Most nouns that end in **-o**, as well as nouns referring to male, are masculine.

Hay **un alumno** colombiano en la clase.	*There is **a** Colombian **student (m.)** in the class.*
El profesor es de Panamá.	*The **professor (m.)** is from Panama.*
Hay **un libro** en **el escritorio**.	*There is **a book** on **the desk**.*

Study Hints
Always learn a new word by saying the article with the noun. Remember them as a unit.

- Most nouns that end in **-a** and **-ción**,[2] as well as nouns referring to female, are feminine.

Hay **una alumna** japonesa en la clase.	*There is **a** Japanese **student (f.)** in the class.*
La maestra necesita **una silla**.	*The **teacher (f.)** needs **a chair**.*
Lean **la oración**.	*Read **the sentence**.*

- All other nouns must be learned as masculine or feminine.

El lápiz está sobre **el pupitre**.	*The **pencil** is on **the desk**.*
Vamos a **la clase** de español.	*Let's go to Spanish **class**.*
Hay **un examen** por la tarde.	*There is **an exam** in the afternoon.*

---

[2]Most nouns that end in **-ad**, **-ud**, **-ez**, and **-umbre** are also feminine. Examples: la **ciudad** (*city*), la **salud** (*health*), la **vejez** (*old age*), la **costumbre** (*custom*).

¡Un momento, por favor!

- In Spanish, the definite article **el** or **la** is used with titles (**señor**, **señora**, **señorita**, **profesor/a**, etc.) when not speaking to the person directly.

  Buenos días, **señor Gómez**. ¿Cómo está **la señora Gómez**?

- Note that some nouns that end in **-a** are actually masculine.

  el mapa   el día   el problema   el programa

- **Aula** is feminine even though it uses the article **el**. The plural form is **las aulas**.

Plural nouns
Sustantivos en el plural°

- To form the plural of nouns ending in a vowel, add **-s**.

  Los estudiantes están en la clase.
  Los ejercicios están en la página dos.
  Las preguntas están en el cuaderno de ejercicios.

- To form the plural of nouns ending in a consonant, add **-es**.

  Los profesores están en la oficina.
  Repitan **las oraciones**[3].
  ¿Dónde están **los lápices**?

Práctica y comunicación

H. ¡Hay mucha tarea! Complete las instrucciones. Use el artículo definido **el** o **la**.

MODELO: Escriba... (ejercicio)
        Escriba el ejercicio.

1. Escriba... (pregunta, respuesta, ejercicio, dirección electrónica)
2. Estudie... (vocabulario, lección, mapa, Capítulo 2)
3. Traduzca... (palabra, diálogo, oración, párrafo)
4. Use... (computadora, grabadora, casete, ratón, impresora)

Complete las instrucciones. Use el artículo definido **los** o **las**.

MODELO: Escriban... (ejercicios)
        Escriban los ejercicios.

5. Escriban... (preguntas, respuestas, oraciones, ejercicios A, B y C)
6. Estudien... (Lecciones 6 y 7, mapas, apuntes)
7. Lean... (Capítulos 4 y 5, diálogos, listas de vocabulario)
8. Traigan (*Bring*) a clase... (mochilas, lápices, bolígrafos, cuadernos, calculadoras, libros)

I. ¿Qué hay en el laboratorio? ¿Y en la sala de clase? Contesten las preguntas según los dibujos (*according to the drawings*) en las páginas 42–43. Trabajen en parejas.

1. ¿Qué hay en el laboratorio? **Hay un/una... Hay tres...**
2. ¿Cuántos estudiantes hay en el laboratorio? ¿Y cuántos profesores?
3. ¿Qué hay en la sala de clase?
4. ¿Cuántos estudiantes hay en la clase?
5. ¿Qué hay en el escritorio de la profesora?

---

[3]Words ending in **-ción** lose the accent in the plural.

3. *Talking about going places:* **Ir + a + destino**

Miguelito   Antonio

To state where you are going, use a form of the verb **ir** (*to go*) + **a** (*to*) + your destination.

ir *to go*		
(yo)	**voy**	**Voy** a la universidad.
(tú)	**vas**	¿**Vas** a la universidad?
(usted, él, ella)	**va**	Ella **va** a clase.
(nosotros/as)	**vamos**[4]	**Vamos** a la cafetería.
(vosotros/as)	**vais**	¿**Vais** a la cafetería?
(ustedes, ellos, ellas)	**van**	Ellas **van** al gimnasio.

The present tense in Spanish is used to talk about actions that occur in the present or that commonly reoccur.[5] The forms of **ir** can be translated according to context in three different ways (*I go, I do go, I am going*).

Voy a la cafetería todos los días.	***I go*** *to the cafeteria every day.*
Voy a la cafetería ahora.	***I am going*** *to the cafeteria now.*
¿**Vas** con frecuencia?	***Do you go*** *frequently?*

 Bien dicho ¿Adónde van?

¿Adónde?   *(To) Where?*

Vamos a la clase de...

español/inglés
arte/música/literatura
religión/filosofía
historia/ciencias políticas
psicología/sociología
biología/física/química
    (*chemistry*)
matemáticas/álgebra/cálculo
computación, informática
    (*computer science*)
contabilidad (*accounting*)
economía

Vamos...

a la residencia estudiantil (*to the dorm*)
a la biblioteca (*to the library*)
a la librería (*to the bookstore*)
a la cafetería
a la oficina del profesor/de la profesora
a la universidad
a la fiesta
al cuarto (*to the room*)
al apartamento
 al centro estudiantil
al gimnasio
a casa (*home*)

---

[4]**¡Vamos!** also means *Let's go!*
[5]The present tense, accompanied by phrases indicating future time, may also be used to talk about actions in the near future. **María va a la discoteca esta noche.** (*María will go/is going to the disco tonight*).

¡Un momento, por favor!

- Note that **a** (*to*) combines with **el** (*the*) to become **al**. In the combinations **a** + **la**, **los**, **las**, no change takes place.

    a + **el** = **al**   Vamos **al** cuarto.

- Note that **de** (*from, about, of*) combines with **el** to become **del**. In the combinations **de** + **la**, **los**, **las**, no change takes place.

    de + **el** = **del**   Vamos a la oficina **del** profesor.

Práctica y comunicación

J.   La vida universitaria. Indique con qué frecuencia usted va a los lugares (*places*) mencionados. Apunte sus respuestas. **(F) = con mucha frecuencia**; **(V) = a veces** (*sometimes*); **(N) = casi nunca** (*almost never*).

1. Voy a la biblioteca.
2. Voy al laboratorio para usar las computadoras. ¿Y escuchar casetes?
3. Voy al centro estudiantil.
4. Voy a la oficina de mi profesor/a de español.
5. Voy a la librería de la universidad.
6. Voy al gimnasio.
7. Voy a fiestas.

En parejas, comparen sus respuestas. Luego, díganle (*tell*) a la clase si tienen las mismas (*same*) respuestas.

MODELO: **... y yo vamos al gimnasio con mucha frecuencia.**

K.   ¿A qué clase va? Según el objeto, indique a qué clase va la persona. Refiérase a la lista de clases en la página 51.

MODELO: Manuel: su calculadora
          Va a la clase de matemáticas.

1. nosotros: los microscopios
2. Alfonso: sus disquetes para la computadora
3. Inés: su violín
4. yo: mi tubo con ácido sulfúrico
5. Camila: un libro sobre Picasso
6. Natalia y Linda: sus copias de *Hamlet*
7. tú: un libro sobre Abraham Lincoln
8. nosotros: los libros sobre Freud
9. Javier: una Biblia y un libro sobre Ghandi
10. tú: un libro sobre la política de los Estados Unidos
11. yo: un libro sobre finanzas

L.   ¿Adónde vas después de (*after*) **la clase de español?** Con sus cuadernos y sus bolígrafos, caminen por (*walk around*) la clase haciendo (*asking*) la siguiente pregunta a varios estudiantes. Escriban los nombres (*names*) de las/los estudiantes y sus respuestas en los cuadernos.

MODELO: ESTUDIANTE 1:   **¿Adónde vas después de la clase de español?**

          ESTUDIANTE 2:   **Voy a la clase de biología,** etc.

          (*Estudiante nº 1 escribe el nombre de la persona y adónde va.*)

Ahora, contesten la pregunta de la profesora/del profesor.

MODELO: ¿Adónde va ... después de la clase de español?
          ... va al centro estudiantil.

M. Mi horario (*schedule*) **de clases**. Escriba una lista de sus clases. Pase la lista a un/a compañero/a de clase (*classmate*). Luego, él/ella le hace preguntas, según la lista, para averiguar (*find out*) los días y las horas de las clases. Él/Ella apunta la información. Al final, cambien de papel (*change roles*).

MODELO: ESTUDIANTE 1: **¿Qué días vas a la clase de química? ¿Y a qué hora?**

ESTUDIANTE 2: **Voy los martes y los jueves a las 8:15 de la mañana.**

(*Estudiante n° 1 apunta la información.*)

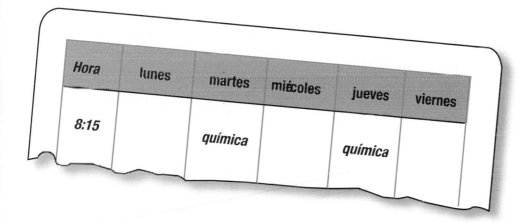

Hora	lunes	martes	miécoles	jueves	viernes
8:15		química		química	

Al final, varios estudiantes presentan parte del horario de su compañero o compañera de clase a la clase.

MODELO: **... va a la clase de química los martes y los jueves a las 8:15 de la mañana.**

Bien dicho ¿Cuándo?

¿Cuándo?	*When?*
hoy/mañana/pasado mañana	*today/tomorrow/the day after tomorrow*
ahora/más tarde	*now/later*
esta mañana/esta tarde	*this morning/this afternoon*
esta noche	*tonight*

Práctica y comunicación ————————

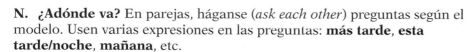

N. ¿Adónde va? En parejas, háganse (*ask each other*) preguntas según el modelo. Usen varias expresiones en las preguntas: **más tarde**, **esta tarde/noche**, **mañana**, etc.

MODELO: ESTUDIANTE 1: **¿Adónde vas esta tarde?**
ESTUDIANTE 2: **Voy a la biblioteca, etc.**

Un paso más: Escriba tres oraciones indicando adónde va usted esta mañana/tarde/noche. Luego, lea sus oraciones a otro/a estudiante.

Noticias culturales

LA VIDA UNIVERSITARIA EN EL MUNDO HISPANO

Although
Aunque° la mayoría de las universidades hispanas son instituciones públicas, también existen universidades privadas. En muchos países, el
government gobierno° financia el costo de la educación en la universidad pública
buy —los estudiantes sólo necesitan comprar° libros.

old
Frecuentemente, las universidades antiguas° son pequeñas y están
buildings / together en el centro de las comunidades. Los edificios° no están todos juntos° en
Nevertheless un campus. Sin embargo°, en las universidades nuevas, generalmente hay más edificios y frecuentemente están agrupados en un campus.

Muchas universidades hispanas tienen más de 15.000 (quince mil)
live estudiantes. Los estudiantes viven° con sus padres, en casa de otros
boarding houses familiares, en pensiones° o en apartamentos porque, por lo general, en las universidades no hay residencias estudiantiles. Los estudiantes hispanos
have to / before tienen que° decidirse por una carrera antes de° comenzar sus estudios.
From Desde° el comienzo de la carrera, las clases son muy especializadas. Los programas son muy rígidos, con muchos requisitos y pocas clases
elective optativas°.

La Universidad Iberoamericana. México, D.F.
¿Es similar al campus de su (*your*) universidad?

Universidad de Barcelona, una de las más antiguas de España. ¿De qué hablan (probablemente) los estudiantes?

¿Que hay de nuevo?

Decida si las siguientes oraciones son ciertas o falsas. Luego, dé (*give*) la información correcta para las oraciones falsas.

1. Generalmente las universidades hispanas son instituciones privadas.
2. Las universidades nuevas están en el centro de las comunidades.
3. En muchas universidades hispanas no hay residencias estudiantiles.
4. Los estudiantes financian el costo de sus estudios universitarios.

Conexiones y contrastes

¿Qué diferencias existen entre su (*your*) universidad y las universidades hispanas? En parejas, identifiquen dos o tres.

4. Talking about actions in the present: El presente de los verbos regulares de -ar

All verbs in Spanish fall into three groups:

1. verbs ending in **-ar**, for example, **estudiar** (*to study*)
2. verbs ending in **-er**, for example, **aprender** (*to learn*)
3. verbs ending in **-ir**, for example, **escribir** (*to write*)

Thus far you have learned two irregular verbs, **ser** and **ir**. These verbs are irregular because they *do not* follow a set pattern and must be learned separately. However, in this chapter you will learn how to conjugate regular **-ar** verbs in the present tense, followed by **-er** and **-ir** verbs. These verbs *do* follow a set pattern. Thus, once you have learned to conjugate one kind of regular verb, you will be able to express yourself using many other verbs of the same kind.

- To form the present tense of regular **-ar** verbs, drop the **-ar** and replace it with the following endings.

hablar *to speak* hablar > habl-	
(yo)	habl**o**
(tú)	habl**as**
(usted, él, ella)	habl**a**
(nosotros/as)	habl**amos**
(vosotros/as)	habl**áis**
(ustedes, ellos, ellas)	habl**an**

You have seen and used regular **-ar** verbs earlier in this chapter: **escuchar**, **usar**, **navegar** por Internet, **sacar** fotocopias, **sacar** una nota, **tomar** apuntes. Following are some additional examples of **-ar** verbs. Study the sample sentences or questions. When a subject is not given, identify the subject according to the verb conjugation.

Los verbos regulares -ar		
cenar	*to have dinner*	**Ceno** en casa.
comprar	*to buy*	**Compro** mis cuadernos en la librería.
desayunar	*to have breakfast*	**Desayunamos** en la cafetería.
estudiar	*to study*	Eva **estudia** en la biblioteca.
hablar	*to speak*	**¿Hablas** italiano?
llegar	*to arrive*	**Llegamos** a las dos.
tomar	*to take, drink*	Los estudiantes **toman** apuntes. La profesora **toma** café durante la clase.
trabajar	*to work*	**¿Trabajan** ustedes en el centro estudiantil?

Study Hints

Practice conjugating each of the verbs listed using the **-ar** endings presented with the model verb **hablar**.

As you can see, the Spanish infinitive corresponds to the English infinitive form *to + action*. For example, *to buy* = **comprar**.

Práctica y comunicación

Ñ. Un sondeo (*poll*) **de la clase.** Escuchen las preguntas del profesor/de la profesora. Levanten la mano (*Raise your hand*) para contestar afirmativamente. Cuenten (*Count*) los estudiantes en cada categoría. Apunten los números.

¿Quién (*Who*) **...**

1. ... estudia con frecuencia en la biblioteca?   _____
2. ... toma muchos apuntes en la clase de español?   _____
3. ... usa el correo electrónico con mucha frecuencia?   _____
4. ... compra discos compactos con mucha frecuencia?   _____
5. ... escucha casetes o CDs de música clásica?   _____
6. ... trabaja fuera de (*outside of*) la universidad?   _____
7. ... desayuna en la cafetería?   _____
8. ... llega a clase tarde?   _____

En parejas, confirmen los números. Sigan el modelo.

MODELO: **Cinco estudiantes estudian con frecuencia en la biblioteca.** *o* **Nadie** (*No one*) **estudia con frecuencia en la biblioteca.**

O. Sus (*Your*) **hábitos.** En parejas, contesten las preguntas en oraciones completas. Si la respuesta es negativa, den (*give*) la información correcta.

MODELO: ¿Desayunas en el centro estudiantil? (¿A qué hora?)
Sí, desayuno en el centro estudiantil a las 7:30 de la mañana. ¿Y tú? *o* **No, no desayuno en el centro estudiantil. Desayuno en McDonald's. ¿Y tú?**

1. ¿Desayunas en el centro estudiantil? (¿A qué hora?)
2. ¿Estudias en la biblioteca? (¿Cuándo?)
3. ¿Hablas inglés en la clase de español? (¿Con frecuencia?)
4. ¿Tomas cinco clases este (*this*) semestre? ¿Qué clases tomas?
5. ¿Usas la impresora del laboratorio o una impresora en tu residencia?
6. ¿Compras discos compactos en la librería de la universidad? ¿Qué otras cosas (*other things*) compras?
7. ¿Sacas buenas notas en las clases de matemáticas? ¿En qué (otras) clases sacas buenas notas?

P. Las actividades en la universidad. En grupos de tres, hagan una lista de las actividades de las siguientes personas. Tienen (*You have*) seis minutos. El secretario/La secretaria toma apuntes.

Verbos: **cenar, comprar, desayunar, escuchar, estudiar, hablar, ir, llegar, sacar, tomar, trabajar**

MODELO: Nosotros/as... **cenamos en la cafetería.**

1. Nosotros/as...
2. Los estudiantes de esta universidad (en general)...
3. Los profesores de esta universidad (en general)...
4. Los directores de laboratorios (en general)...

¿Qué grupo tiene la lista más completa? Léansela a la clase.

Bien dicho ¿Cuándo?

por (en) la mañana/tarde/noche	*in the morning/afternoon/at night*
toda la mañana/tarde/noche	*all morning/afternoon/night*
todas las mañanas/tardes/noches	*every morning/afternoon/night*
todo el día/todos los días	*all day/every day*
los fines de semana	*on weekends*
tarde/temprano/a tiempo	*late/early/on time*

¡Un momento, por favor!

The expressions **por (en) la mañana/tarde/noche** refer to a general period of time. In contrast, **de la mañana/tarde/noche** refer to a specific time.

Trabajo **por la tarde**. *vs.* Llego a la oficina a las 2:00 **de la tarde**.

Práctica y comunicación

Q. ¿Cuándo llegan? Conteste las preguntas según los dibujos.

1. La clase comienza a las 9:00 de la mañana. ¿Quién llega tarde? ¿A qué hora llega?
2. ¿Quién llega temprano? ¿A qué hora llega?
3. ¿Quién llega a tiempo? ¿A qué hora llega?
4. En la clase de español, ¿quiénes generalmente llegan temprano? ¿Tarde?

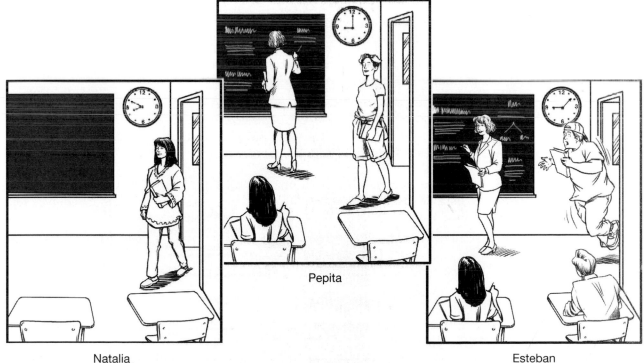

Pepita

Natalia

Esteban

R. Cosas en común (*Things in common*). En parejas, háganse (*ask each other*) preguntas y contéstenlas. En las preguntas, usen la forma de **tú** del verbo. Sigan (*Follow*) el modelo.

MODELO: ¿*desayunar* todas las mañanas?

> ESTUDIANTE 1: **¿Desayunas todas las mañanas?**
>
> ESTUDIANTE 2: **Sí, desayuno todas las mañanas en la cafetería. ¿Y tú?** *o* **No, no desayuno todas las mañanas. ¿Y tú?**

Si las dos personas responden **sí** a una pregunta, apunten el número de la pregunta.

1. ¿*tomar* Coca-Cola o Pepsi por la mañana? ¿Y tú?
2. ¿*llegar* a clase a tiempo todos los días?
3. ¿*ir* al gimnasio por la tarde?
4. ¿*tomar* siestas por la tarde?
5. ¿*estudiar* casi toda la noche cuando hay un examen muy importante?
6. ¿*navegar* por Internet en la noche?
7. ¿*usar* el correo electrónico casi todos los días?
8. ¿*escuchar* discos compactos con mucha frecuencia?

Ahora, presente a la clase un ejemplo de lo que usted y su compañero/a de clase tienen en común **... y yo tomamos Coca-Cola por la mañana.**

S. Usted y sus amigos/as. En parejas, háganse preguntas y contéstenlas.

MODELO: ¿Dónde...? *trabajar*

> ESTUDIANTE 1: **¿Dónde trabajas?**
>
> ESTUDIANTE 2: **Trabajo en la biblioteca. ¿Y tú?** *o* **No trabajo. ¿Y tú?**

1. ¿Dónde...? *trabajar, estudiar, desayunar, cenar*
2. ¿Cuándo...? *estudiar, desayunar, cenar*
3. ¿Qué...? *estudiar*, notas *sacar* en la clase de..., tipo de música *escuchar*, tipo de computadora *usar*

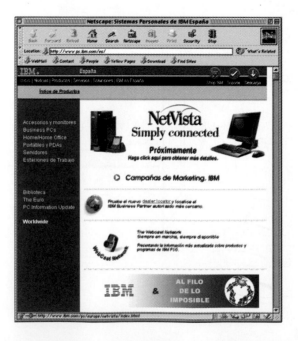

¿Qué clase de computadora usa usted?

5. *Talking about actions in the present:* **El presente de los verbos regulares de -er e -ir; hacer y salir**

Los verbos regulares de *-er* e *-ir*

To form the present tense of regular **-er** and **-ir** verbs, the infinitive ending is replaced with endings that correspond to the subject of the sentence.

	comer *to eat* comer > com-	**vivir** *to live* vivir > viv-
(yo)	com**o**	viv**o**
(tú)	com**es**	viv**es**
(usted, él, ella)	com**e**	viv**e**
(nosotros/as)	com**emos**	viv**imos**
(vosotros/as)	com**éis**	viv**ís**
(ustedes, ellos, ellas)	com**en**	viv**en**

Note that regular **-er** and **ir** verbs have identical endings except in the **nosotros** and **vosotros** forms.

Earlier in the chapter you learned one **-ir** verb: **imprimir** (*to print*). Study the new **-er** and **-ir** verbs in the chart that follows.

Los verbos regulares -er, -ir

aprender	*to learn*	**Aprendo** mucho en la clase de español.
leer	*to read*	**Leemos** las *Noticias culturales* en clase.
beber	*to drink*	¿**Bebes** Pepsi-Cola todos los días?
comer	*to eat*	¿**Comes** en casa todas las noches?
asistir a	*to attend*	**Asistimos a** la Universidad de Richmond.
escribir	*to write*	**Escribimos** los exámenes con lápiz.
vivir	*to live*	Los estudiantes **viven** en la residencia.

Study Hints

Practice conjugating each of the verbs listed using the **-er** and **-ir** endings presented with the model verbs **comer** and **vivir**.

Hacer y *salir*

The verbs **hacer** (*to do, make*) and **salir** (*to leave, go out*) are irregular only in the **yo** form.

hacer:	**hago**, haces, hace, hacemos, hacéis, hacen
salir:	**salgo**, sales, sale, salimos, salís, salen

Hago la tarea todas las noches.	***I do*** *homework every night.*
Salgo con mis amigos los fines de semana.	***I go*** *out with my friends on weekends.*

Práctica y comunicación

T. ¿Sí o no? Diga si ocurre o no ocurre lo siguiente (*the following*) en su clase de español o en el laboratorio. Responda **sí** o **no** y repita la oración.

MODELO: *En la clase de español...* Aprendemos muchos verbos.
Sí, aprendemos muchos verbos. *o* **No, no aprendemos muchos verbos.**

En la clase de español...

1. Aprendemos mucho vocabulario.
2. Leemos novelas.
3. Bebemos Pepsi-Cola.
4. Escribimos los ejercicios del *Cuaderno de ejercicios* (*Workbook*).
5. Hacemos la tarea.
6. Tomamos apuntes constantemente.
7. Hablamos inglés.
8. Salimos temprano.

En el laboratorio...

9. Escuchamos casetes.
10. Imprimimos los trabajos escritos.
11. Sacamos fotocopias.
12. Comemos.
13. Usamos las computadoras.

U. Muchas actividades. En grupos de tres, con un secretario o una secretaria, escriban una lista de todas las posibles actividades de los estudiantes en los lugares (*places*) indicados. Tienen cinco minutos.

MODELO: En el laboratorio... **los estudiantes usan las computadoras.**

1. En el laboratorio...
2. En la clase...
3. En la biblioteca...
4. En la librería de la universidad...
5. En la cafetería...
6. En el centro estudiantil...

¿Qué grupo tiene más actividades? Lean la lista.

Así se dice

La pronunciación de las consonantes *g* y *z*

g Remember that before **e** or **i**, **g** has the English *h* sound as in *help*.

página   gimnasio   religión   sociología   biología   álgebra

z Remember that in Spanish America, **z** is pronounced the same as **s**. (In Spain it is commonly pronounced with a *th* sound.) The English *z* sound is never used in Spanish.

pizarra   tiza   lápiz

Repita el poemita (*little poem*) línea por línea.

Shoemaker / cobbler

with heart and soul

slippers / little shoe / big shoe

> Zapatero°, zapatero, zapatero remendón°
> cuando haces los zapatos pones vida y
>   corazón°...
> Analizas tu trabajo, su pureza y perfección,
> zapatillas° o sandalias, zapatito° o zapatón°.

V. Un sondeo. Con lápiz o bolígrafo, camine por (*walk around*) la clase haciendo preguntas para averiguar (*find out*) las preferencias de los estudiantes. Use la forma de **tú** del verbo en las preguntas y la forma de **yo** en las respuestas. Si un/a estudiante contesta afirmativamente, usted apunta su nombre. ¿Cuántas respuestas afirmativas puede usted obtener (*get*) en ocho minutos?

Ahora, ¿quién tiene información sobre (*about*) George? ¿Y sobre...? etc.

MODELO: UN/A ESTUDIANTE: **George asiste a los conciertos de «rock».**

OTRO/A ESTUDIANTE: **George lee novelas policíacas,** etc.

SONDEO DE LA CLASE

1. *¿ASISTIR A...?* **¿ASISTES A...?**

   LOS CONCIERTOS DE MÚSICA CLÁSICA _____

   LOS CONCIERTOS DE «ROCK» _____

2. *¿COMPRAR...?*

   LA PIZZA DE DOMINO'S _____ LA PIZZA DE PAPA JOHN'S _____

3. *¿BEBER...?*

   PEPSI-COLA _____ SPRITE _____ MOUNTAIN DEW _____

4. *¿COMER* (NORMALMENTE)...?

   EN LA CAFETERÍA _____

   EN CASA/TU APARTAMENTO _____

5. *¿VIVIR...?*

   EN UNA RESIDENCIA ESTUDIANTIL _____ EN UN APARTAMENTO _____

   EN CASA _____

6. *¿LEER* NOVELAS...?

   DE CIENCIA FICCIÓN   ROMÁNTICAS

   DE MISTERIO _____ POLICÍACAS (*DETECTIVE*) _____

7. *¿HACER* EJERCICIO...?

   CASI TODOS LOS DÍAS _____ CON MUY POCA FRECUENCIA _____

8. *¿IR* (FRECUENTEMENTE)...?

   A FIESTAS _____ AL CINE _____ A BARES _____

9. *¿SALIR* CON TUS AMIGOS/AS...?

   TRES O CUATRO NOCHES POR SEMANA _____

   UNA O DOS NOCHES POR SEMANA _____

Un paso más: Escriba tres oraciones describiendo lo que (*what*) usted hace todos los días en la universidad. **Por la mañana, ...** Luego, lea sus oraciones a otro/a estudiante.

Dicho y hecho

Conversando

El campus de la PUCE en Quito, Ecuador

En parejas, examinen el mapa en la página 63 del campus de la PUCE (Pontificia Universidad Católica del Ecuador). Imaginen que ustedes son estudiantes nuevos/as en este campus. Utilizando el mapa como guía, conversen sobre las instalaciones de la PUCE.

- las salas de computadoras (¿Cuántas hay?) ¿Y comedores?
- las facultades o los departamentos que ustedes van a visitar
- diferencias entre (*between*) la PUCE y su universidad (¿Hay residencias estudiantiles en la PUCE?, ¿Hay invernadero en su universidad? etc.)
- aspectos similares entre la PUCE y su universidad   **Hay...**

¡A escuchar!

Computadoras de Compulandia

Comienza el nuevo año escolar y usted necesita comprar una computadora y otras cosas (*other things*) para la clase. Escuche el anuncio de Compulandia. Luego, apunte las respuestas correctas correspondientes al nº 1 y 2.

1. El anuncio es para: _____ estudiantes _____ el público en general.
2. Venden (*They sell*) sólo (*only*) computadoras y accesorios:

   _____ sí _____ no

Ahora, escuche el anuncio otra vez y complete las oraciones.

3. Ofrecen computadoras con _____, _____ e impresora por sólo _____ al mes.
4. Hay un descuento especial para las _____ a color.
5. Para las clases venden _____, _____ y bolígrafos.

De mi escritorio

Un mensaje electrónico a mi abuelita (*An e-mail to grandma*)

Imagine que usted le escribe a su abuelita por correo electrónico. Complete el mensaje electrónico. Incluya mucha información.

| De: |
| Para: abuelita@lima.com |
| CC: |

Asunto: | Referencia: la vida universitaria |

Querida abuelita:

Este semestre soy estudiante de la Universidad de...

Vivo en...

La universidad es fantástica. En la universidad hay...

Este semestre estudio...

Soy un(a) estudiante excelente. Todos los días, yo...

Con frecuencia mis amigos y yo...

Los fines de semana...

Con cariño (With affection),...

Campus universitario

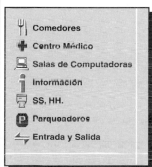

- 🍴 Comedores
- ✚ Centro Médico
- 💻 Salas de Computadoras
- ℹ️ Información
- 🚻 SS. HH.
- 🅿️ Parqueaderos
- ⬅️ Entrada y Salida

1. Departamento de Arqueología
2. Consultorios Jurídicos
3. Bloque No. 1
   Facultad de Administración
   Facultad de Enfermería
   Facultad de Psicología
   Relaciones Internacionales
4. Bloque No. 2
   Facultad de Ciencias Humanas
   Facultad de Jurisprudencia
   Facultad de Economía
5. Centro Cultural
6. Edificio Administrativo
7. Departamento de Física y Matemáticas
8. Departamento de Química
9. Facultad de Ciencias de la Educación
10. Ingeniería de Transportes
    Departamento de Biología
    Escuela de Tecnología Médica

11. Audiovisuales
12. Invernadero
13. Departamento de Religión
14. Biblioteca
    Museo Jacinto Jijóny y Camaño
    Archivo Juan José Flores
    Centro de Cómputo
15. Residencia de Profesores
16. Facultad de Lingüística y Literatura
17. Facultad de Teología
18. Aula Magna
19. F.E.U.C.E
20. Ingeniería de Sistemas
21. Coliseo Cerrado
22. Ingeniería Civil
23. Laboratorio de Suelos

Palabras útiles: **Facultad de...** = *School of...*; **invernadero** = *greenhouse*

Study Hints
See what you have learned! Turn to pp. 68–69 to review the active vocabulary and take the self-test for this chapter.

El español: eje del mundo hispano[1]

[www.wiley.com/college/dicho/panorama]

Preguntas sobre el mapa

1. ¿Cuáles son dos países (*countries*) sudamericanos donde se habla español? ¿Y dos países centroamericanos? ¿Y dos países o regiones que no son parte del continente americano?
2. ¿De qué país importamos mucho café? ¿Y bananas? ¿Y flores? ¿Y vino?
3. ¿De qué país es el tango?
4. ¿De dónde son los mariachis? ¿Y los toreadores? ¿Y muchos jugadores de béisbol?

[1]axis of the Hispanic world

Capítulo 2

¿Por qué es importante aprender español?

Study Hints
Follow the Helpful Strategies for Reading found on p. 35.

▷ El español es una de las cinco lenguas[2] más importantes del mundo: ¡existen aproximadamente 350 (trescientos cincuenta) millones de hispanohablantes en el mundo!

▷ En los Estados Unidos más de 30 millones de personas hablan español.

▷ El español es la lengua común de los habitantes de 20 países: Argentina, Bolivia, Chile, Colombia, Costa Rica, Cuba, Ecuador, El Salvador, España, Guatemala, Honduras, México, Nicaragua, Panamá, Paraguay, Perú, Puerto Rico, la República Dominicana, Uruguay y Venezuela.

▷ La literatura española e hispanoamericana es rica[3] y variada. El *Quijote* de Cervantes, las novelas de Gabriel García Márquez e Isabel Allende, la poesía[4] de Pablo Neruda y Gabriela Mistral y los ensayos[5] de Octavio Paz son parte fundamental de la literatura universal.

***

[2]*languages*   [3]*rich*   [4]*poetry*   [5]*essays*

¿Sabía usted?[6]

El área lingüística del mundo hispano es muy extensa. Como resultado, la pronunciación y el vocabulario varían de país a país o de región a región. Por ejemplo, se dice[7] *autobús* en España, *camión* en México, *guagua* en el Caribe y *colectivo* o *bus* en varios países sudamericanos. Hoy el español es una lengua en expansión. El aumento del número de hablantes en el siglo XX es el mayor[8] en la historia del español.

***

[6]*Did you know?*   [7]*one says*   [8]*the greatest*

¿Qué descubrimos?

1. ... personas hablan español en el mundo.
2. En los Estados Unidos...
3. El español es la lengua común de ... (*número*) países.
4. Isabel Allende escribe ... y Pablo Neruda escribe...
5. El vocabulario y ... del español varían en cada país.
6. Es importante aprender español porque (*because*)...

¡Qué diversidad! Cuando llegaron los españoles existían aproximadamente 1.000 (mil) lenguas diferentes en América del Norte y por lo menos el doble en América del Sur.

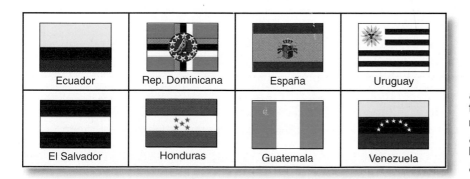

Ecuador	Rep. Dominicana	España	Uruguay
El Salvador	Honduras	Guatemala	Venezuela

¿Cuáles son sus banderas favoritas? Las banderas de... ¿Qué nacionalidades les corresponden? ¿Pueden (*Can*) ustedes identificar las banderas de América Central? ¿Y de América del Sur?

ENCUENTRO CULTURAL

Artes literarias:
¿Español + inglés = Spanglish?

READING STRATEGIES
Anticipating Content

1. *Scan the selection and locate the words in the girl's statements that are related to spoken language. Based on these words, what do you think might be the content of the reading?*

2. *Take full advantage of the Spanglish! Before looking at the glosses, try guessing the meaning of Spanish phrases you don't know by referring to the English statements that immediately precede or follow them.*

3. *Notice that the words **mi hija** (my daughter) are written in a contracted form (**m'ija**), indicating the Mexican dialect of the characters.*

¡Ojalá[2] que no!
de Lorraine Torres

—Bueno, m'ija, ¿cómo te fue[3]?

—Well, mamá, sí es verdad[4] que dan spankings cuando hablas español. Yo tenía mucho miedo[5]. Pero I did bien.

—Qué bueno, come tu lonche.

—Mamá, cuando I walked a la casa una de mis amigas nuevas was talking español. Ella no tenía miedo que la oyeran[6] hablar español, pero I did.

—Ándale, m'ija, ya es tiempo de volver[7] a la escuela.

—Bye, mamá.

¡Ay, cómo me dio lástima[8] por el boy cuando le dio la teacher con la ruler en las manos[9]. El pobre ni se dio cuenta[10] que he was talking in español. ¿Por qué se enojan[11] tanto? Yo voy a aprender English tan bien que never voy a hablar español, solamente cuando yo quiera[12]. Voy a comenzar a practice hablando solamente en inglés.

—Hello, Mamá.

—¡Hola! ¿Cómo te fue en la escuela?

—Fine, Mamá, but I was scared when the teacher le dio —I mean spanked a boy.

Lorraine Torres es una escritora hispana de Nuevo México. Muchos de sus cuentos[1] describen las experiencias de los hispanos en los Estados Unidos. En este cuento, es posible observar que la presencia de hispanohablantes en los Estados Unidos produce fenómenos lingüísticos muy interesantes. Por ejemplo, en situaciones informales, algunos hispanos en los Estados Unidos conversan en spanglish, una combinación de palabras y frases del inglés y el español.

En el cuento también es posible notar que, en el pasado, algunos sistemas educativos de los Estados Unidos no permitían a los inmigrantes hablar su lengua materna en las escuelas. Hoy, los programas bilingües de las escuelas estadounidenses aceptan el uso del español y otros idiomas. Como resultado, una buena parte de los hispanos en los Estados Unidos es bilingüe. En la sociedad moderna, el bilingüismo es un talento práctico y necesario.

---

[1]*short stories*

—Bah, qué lástima, pobre niño.
—Mamá, starting today I'm practicing my English all the time. No quiero —I mean I don't want to get a spanking.
—M'ija, ya mero son las nueve. ¡Apúrate![13] No quieres llegar tarde.
I hate school! I hate school! I hope my Spanish doesn't come out. Please, Jesus don't let me get a spanking today. I guess I'm lucky I know English so good! Please don't let me speak Spanish, Jesus! Please! I hate school!
¡Ojalá que no hable español! ¡Ojalá que no!

---

[2]*I hope, I wish* [3]*how did it go?* [4]*true* [5]*was scared* [6]*that they heard her*
[7]*return* [8]*I felt sorry* [9]*hands* [10]*didn't notice* [11]*they get upset* [12]*only when I want to* [13]*Hurry up!*

Preguntas

1. ¿Quiénes hablan en el cuento?
2. ¿Qué lengua (*language*) habla la madre? ¿Y la hija?
3. ¿Está permitido hablar español en la escuela de la hija? ¿Qué dan (*give*) las maestras cuando los alumnos hablan español?
4. En la primera (*first*) parte del diálogo, ¿qué lengua usa la hija más frecuentemente, español o inglés? ¿Y al final del diálogo?
5. En su clase de español, ¿está permitido hablar mucho inglés? ¿Qué hace el profesor/la profesora cuando los estudiantes hablan mucho inglés? (¡Está permitido responder en *spanglish*!)

REPASO DE VOCABULARIO ACTIVO

En la clase de español

la alumna
el alumno
los apuntes
el aula
el bolígrafo
el borrador
la calculadora
el capítulo
el cuaderno
el diccionario
el ejercicio
el escritorio
la estudiante
el estudiante
el examen
el lápiz
la lección
el libro
la maestra
el maestro
el mapa
la mesa
la mochila
la nota
la oración
la página
la palabra
el papel
la pizarra
la pregunta
el profesor
la profesora
la prueba
la puerta
el pupitre
la respuesta
la silla
la tarea
la tiza
el trabajo escrito
la ventana

En el laboratorio

los audífonos
el casete
la cinta
la computadora
el correo electrónico
la dirección electrónica
el disco compacto
el disquete
la fotocopiadora
las fotocopias
la grabadora
la impresora
la Internet
la página-web
la pantalla
el papel
el ratón
el sitio-web
el teclado
el televisor
el vídeo
la videograbadora

La clase de...

álgebra
arte
biología
cálculo
ciencias políticas
computación
contabilidad
economía
español
filosofía
física
historia
informática
inglés
literatura
matemáticas
música
química
psicología
religión
sociología

Verbos y expresiones verbales

hay
aprender
asistir a
beber
cenar
comer
comprar
desayunar
escribir
escuchar
estudiar
hablar
hacer
imprimir
ir
leer
llegar
tomar
tomar apuntes
trabajar
salir
usar
vivir
navegar por Internet
sacar fotocopias
sacar una nota

¿Adónde vas?

el apartamento
la biblioteca
la cafetería
el centro estudiantil
el cuarto
la fiesta
el gimnasio
la librería
la oficina
la residencia estudiantil

Adverbios y expresiones adverbiales

esta mañana/tarde/noche
hoy/mañana/pasado mañana
por la mañana/tarde/noche
toda la mañana/tarde/noche
todo el día/todos los días
todas las mañanas/tardes/noches
ahora/más tarde
a tiempo/temprano/tarde
los fines de semana

Palabras interrogativas

¿Cuándo?
¿Adónde?

I. Artículos, sustantivos y *hay*

A. El profesor nº 1 asigna la tarea para mañana. El profesor nº 2 es más (*more*) difícil. Él asigna más tarea. Complete cada oración con el artículo definido apropiado **(el, la, los, las)** y la palabra plural cuando sea necesario.

MODELO: PROFESOR 1: Contesten **la** pregunta nº 1.

PROFESOR 2: Contesten **las preguntas** del nº 1 al 10.

1. PROF. 1: Escriban _____ ejercicio A.

    PROF. 2: Escriban _____ _____ A y B.

2. PROF. 1: Estudien _____ lección 1.

    PROF. 2: Estudien _____ _____ 1 y 2.

3. PROF. 1: Lean _____ página 40.

    PROF. 2: Lean _____ _____ 40 y 41.

4. PROF. 1: Completen _____ examen del Capítulo 3.

    PROF. 2: Completen _____ _____ de los Capítulos 3 y 4.

B. ¿Qué hay en la universidad? Complete las oraciones con **un, una, unos** o **unas**.

1. Aquí hay _____ centro estudiantil con _____ librería grande.

2. Tenemos _____ laboratorio con _____ impresora y _____ computadoras nuevas.

3. Hay _____ biblioteca grande con _____ libros muy raros e interesantes.

II. ¿Adónde van? Diga (*Tell*) adónde van las personas para hacer las actividades indicadas. Use la forma correcta del verbo **ir**.

MODELO: Esteban/estudiar
          Va a la biblioteca.

1. yo/desayunar
2. nosotros/trabajar en la computadora
3. mis amigos y yo/hacer ejercicio
4. los estudiantes/hablar con el profesor
5. tú/comprar libros y cuadernos
6. Susana/tomar una siesta

III. Los verbos regulares de *-ar*. Escriba oraciones o preguntas con las palabras indicadas. Cambie (*Change*) el verbo a la forma correcta.

MODELO: navegar por Internet con frecuencia (yo)
          Navego por Internet con frecuencia.

1. *tomar* café en el centro estudiantil (yo)
2. *llegar* a clase a tiempo (todos los estudiantes)
3. ¿*estudiar* en la biblioteca por la tarde (usted)?
4. ¿*trabajar* por la noche (tú)?
5. *usar* el correo electrónico todos los días (nosotros)

IV. Los verbos regulares de *-er* e *-ir* (y algunos de *-ar*). Escriba oraciones con las palabras indicadas. Cambie los verbos a la forma correcta.

MODELO: *hacer* muchos exámenes y *escribir* muchas composiciones (ella)
          Hace muchos exámenes y escribe muchas composiciones.

1. *asistir* a una universidad buena y *aprender* mucho (nosotros)
2. *vivir* en la residencia y *estudiar* en la biblioteca (yo)
3. *comer* en la cafetería y *tomar* café en el centro estudiantil (los estudiantes)
4. *leer* libros interesantes y *escribir* muchas composiciones (nosotros)
5. *imprimir* los trabajos y *usar* las computadoras en el laboratorio (tú)
6. *hacer* la tarea y después *salir* con mis amigos/as (yo)

V. Repaso general del Capítulo 2. Conteste las preguntas con oraciones completas.

1. ¿Va usted a clase todos los días?
2. ¿Cuántos estudiantes hay en la clase de español?
3. ¿Hay tarea todas las noches? (¿Mucha tarea?)
4. ¿Escriben ustedes en el *Cuaderno de ejercicios* todas las noches?
5. ¿Adónde va usted para comprar libros interesantes? ¿Y para usar las computadoras?
6. ¿Adónde va usted esta tarde/esta noche?
7. ¿A qué hora cena usted?
8. ¿Dónde come usted normalmente?

_____

Answers to the **Autoprueba y repaso** are found in **Apéndice 2**.

Tres generaciones de una familia hispana se reúnen en el patio de la casa. ¿Quién puede completar el rompecabezas (*jigsaw puzzle*)?

Entre familia

Goals for communication

- To talk about the family
- To tell age
- To indicate possession
- To describe people and things
- To indicate location
- To describe mental and physical conditions

Cultural focus

- The Hispanic family
- Hispanics in the United States

Structures

1. **Tener** y **tener ... años**
2. Los adjetivos posesivos
3. Los adjetivos descriptivos
4. **Estar** + lugar
5. **Estar** + condición
6. **Ser** y **estar**

Pronunciation

Las consonantes **h** y **j**

Entre familia *(All in the family)*

2. la casa

5. los abuelos

3. el abuelo

8. los padres

12. el tío

13. la tía

9. la bebé

7. el padre

4. la abuela

6. la madre

14. el gato

15. el perro

1. el coche,
el carro,
el auto

10. la hija

11. el hijo

NOÉ y LUCÍA,   JULIA y ANDRÉS   ANTONIO y ELISA
ANA   RODOLFO
JUANITO y ELENA   TEO

1. car 2. house 3. grandfather 4. grandmother 5. grandparents 6. mother 7. father 8. parents
9. baby (el **bebé**, m.) 10. daughter 11. son 12. uncle 13. aunt 14. cat 15. dog

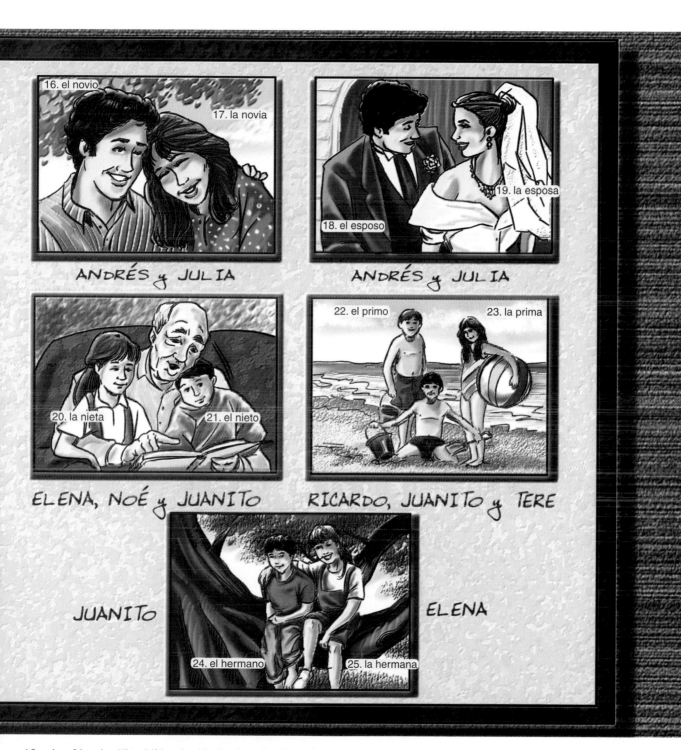

ANDRÉS y JULIA

ANDRÉS y JULIA

ELENA, NOÉ y JUANITO

RICARDO, JUANITO y TERE

JUANITO

ELENA

16. boyfriend 17. girlfriend 18. husband 19. wife 20. granddaughter 21. grandson
22. cousin (m.) 23. cousin (f.) 24. brother 25. sister

Práctica y comunicación

A. La familia. Conteste las preguntas según los dibujos (*drawings*) en las páginas 72–73.

MODELO: ¿Quién es Andrés?
Andrés es el padre de Elena y Juanito.

En la fotografía grande...

1. Los abuelas llegan en coche para celebrar el cumpleaños de Juanito. ¿Cómo se llama el abuelo? Y la abuela?
2. ¿Quién es Julia? ¿Quiénes son Andrés y Julia?
3. ¿Quién es Ana? ¿Cómo se llama la otra (*other*) hija? ¿Y el hijo?
4. ¿Cuántas velas (*candles*) hay en la torta de cumpleaños de Juanito?
5. ¿Quién es Antonio? ¿ Y Elisa?
6. El gato se llama Rodolfo. ¿Cómo se llama el perro?
7. ¿Cuántas personas hay en la familia?

En las fotografías pequeñas de la familia...

8. Andrés es el novio. ¿Quién es Julia?
9. Julia es la esposa. ¿Quién es Andrés?
10. Noé es el abuelo. ¿Quién es Elena? ¿Y Juanito?
11. ¿Juanito y Ricardo son hermanos? ¿Qué son? ¿Y quién es Tere?
12. ¿Elena y Juanito son primos? ¿Qué son?

Bien dicho La familia y otras personas

mayor/menor	*older/younger*
el **hermanastro**/la **hermanastra**	*stepbrother/stepsister*
el **medio hermano**/la **media hermana**	*half-brother/half-sister*
el **padrastro**/la **madrastra**	*stepfather/stepmother*
el **bisabuelo**/la **bisabuela**	*great-grandfather/great-grandmother*
el **sobrino**/la **sobrina**	*nephew/niece*
el **cuñado**/la **cuñada**	*brother-in-law/sister-in-law*
el **suegro**/la **suegra**	*father-in-law/mother-in-law*
los **parientes**	*relatives*
Otras **personas:**	*persons, people*
el **hombre**/la **mujer**[1]	*man/woman*
el **niño**/la **niña**	*child (m./f.)*
el **muchacho**/la **muchacha**	*boy/girl*
el **chico**/la **chica**	*boy/girl*
el **amigo**/la **amiga**	*friend (m./f.)*
mi **mejor amigo/a**	*my best friend (m./f.)*
el **compañero de cuarto**/ la **compañera de cuarto**	*roommate (m./f.)*
¿Cuántos?/¿Cuántas?	*How many?*
¿Quién?/¿Quiénes?	*Who?*
¿Dónde?	*Where?*

DICHO° **De tal palo°, tal astilla°. De tal padre, tal hijo.**
¿Cuál es el dicho equivalente en inglés? ¿Se aplica a su familia? ¿Es usted como (like) su madre o padre?

Saying / stick / splinter

[1]**Mujer** also has the meaning *wife*. Its masculine counterpart is **marido** (*husband*).

B. Solicitando información. En parejas, háganse las preguntas y contéstenlas.

1. ¿Dónde vive tu familia?
2. ¿Cómo se llama tu padre? **Se llama...** ¿De dónde es? ¿Dónde trabaja?
3. ¿Cómo se llama tu madre? ¿De dónde es? ¿Dónde trabaja?
4. ¿Cuántos hermanos o hermanas tienes? **Tengo... No tengo hermanos/as.** (¿Son mayores o menores?)
5. ¿Tienes madrastra? ¿Padrastro? (¿Hermanastro o hermanastra?) (¿Medio hermano o media hermana?)
6. ¿Quiénes son tus parientes favoritos?
7. ¿Tienes sobrinos? ¿Primos? ¿Hijos? ¿Nietos? ¿Cuñados? ¿Suegros? ¿Abuelos? ¿Bisabuelos?
8. ¿Tienes muchos amigos aquí en la universidad? ¿Quién es tu mejor amigo/a?
9. ¿Tienes un compañero/una compañera de cuarto? (¿De dónde es?)
10. ¿Tienes esposo/esposa? ¿Novio/Novia? (¿De dónde es?)
11. ¿Tienes perro ? (¿Cómo se llama?) ¿Tienes gato? (¿Cómo se llama?)

Bien dicho Algunas profesiones y vocaciones

1. el **abogado**/
   la **abogada**

señor Vega

2. la **mujer de negocios**/
   el **hombre de negocios**

señora Vega

3. el **médico**/
   la **médica**

Dr. López

4. la **enfermera**/
   el **enfermero**

señorita Rojas

5. el **camarero**/
   la **camarera**

señor Casona

6. la **dependienta**/
   el **dependiente**

señorita Cortés

7. la **programadora**/
   el **programador**

señora Ruíz

8. el **contador**/
   la **contadora**

señor Gómez

9. el **ama de casa**[2]

señora Casona

1. lawyer (m./f.)   2. businesswoman/man   3. doctor (m./f.)   4. nurse (f./m.)
5. waiter/waitress   6. store clerk (f./m.)   7. computer programmer (f./m.)
8. accountant (m./f.)   9. homemaker

---

[2]There is no masculine equivalent to the word **ama de casa** in Spanish. The concept of "Mr. Mom" is not yet prevalent in Hispanic culture.

- Even though **ama** is a feminine word that only refers to women, it requires the article **el**. However, in the plural **las** is used rather than **los**.

    el ama de casa *but* **las amas de casa**

- When stating a person's profession or vocation without further qualifiers or description, the indefinite article **un** or **una** is not used. When an adjective is added, the indefinite article is used.

    Mi madre es **abogada**. *but* Mi madre es **una abogada** estupenda.

Práctica y comunicación

C. ¿Quién es? Identifique la persona que corresponde a la profesión. Refiérase a los dibujos en la página 75.

MODELO: abogado
El señor Vega es abogado.

1. enfermera
2. médico
3. camarero
4. mujer de negocios

5. programadora
6. contador
7. ama de casa
8. dependienta

D. ¿Cuál es la profesión? En parejas, identifiquen la profesión que corresponde a la descripción. Refiéranse a las profesiones presentadas en los dibujos y a la siguiente lista de profesiones. Sigan el modelo.

Otras profesiones:
actor/actriz   agente de bienes raíces (m./f.) (*real estate agent*)   arquitecto/a   artista (m./f.)   atleta (m./f.)   cantante (m./f.)   carpintero/a   científico/a   dentista (m./f.)   electricista (m./f.)   gerente (m./f.) (*manager*)   ingeniero/a   mecánico/a   militar (m./f.)   músico/a   periodista (m./f.) (*journalist*)   policía (m./f.)   político/a   psicólogo/a   secretario/a   veterinario/a

MODELO: ¿Quiénes trabajan con computadoras?
Los programadores/Las programadoras trabajan con computadoras.

1. ¿Quiénes trabajan para compañías grandes?
2. ¿Quiénes defienden a los «inocentes»?
3. ¿Quiénes trabajan en casa?
4. ¿Quiénes trabajan en los hospitales?
5. ¿Quiénes trabajan con cifras (*figures*) grandes y escriben informes sobre la situación económica de una compañía?
6. ¿Quiénes trabajan en Bloomingdale's, Sears, etc.?
7. ¿Quiénes trabajan en los restaurantes?
8. ¿Quiénes trabajan en clínicas para animales?
9. ¿Quiénes construyen mesas, sillas, etc.?
10. ¿Quiénes trabajan en laboratorios?
11. ¿Quiénes analizan los problemas personales?
12. ¿Quiénes defienden la nación?

E. Preguntas personales. En parejas, háganse las preguntas y contéstenlas.

1. ¿Cuál (*What*) es la profesión o vocación de tu madre? ¿Y la de tu padre? **Mi madre...**
2. ¿Cuál es la profesión de tu tío favorito? ¿Y la de tu tía favorita?
3. ¿Trabajas? (¿Dónde trabajas?) (¿Eres camarero/a?) (¿Dependiente/a?)
4. En el futuro, ¿quieres (*do you want*) ser abogado/a? **Sí, quiero ser...** *o* **No, no quiero ser...** ¿Quieres ser militar? ¿Profesor/a de español? ¿Hombre/Mujer de negocios?

Conversación

Para eso están los amigos°

That's what friends are for

En la cafetería de la universidad. Inés está sola en una mesa, tomando su café. Llega Pepita, acompañada de Octavio.

PEPITA: ¡Hola, Inés!

INÉS: Pepita, ¡qué sorpresa! (*Se dan un beso en la mejilla.*) ¿Cómo estás?

PEPITA: Muy bien. Quiero presentarte a Octavio. Él es el nuevo compañero de cuarto de Manuel.

INÉS: (*Inés y Octavio se dan la mano.*) Mucho gusto, Octavio. ¿Eres nuevo en la universidad?

OCTAVIO: Sí, soy de Mendoza, Argentina. Estudio administración de empresas°. ¿De dónde eres?   *business administration*

INÉS: Soy española, de León. Mis abuelos todavía viven allá, pero mis padres y mis dos hermanos están aquí. Estudio economía. ¿Así que° eres un viejo amigo de Manuel?   *So*

OCTAVIO: En realidad, tengo un primo en Buenos Aires que es amigo de Manuel desde hace años°. Yo conozco° a Manuel desde hace un mes.   *for years / I know*

INÉS: ¡Manuel y su familia tienen amigos en todo el mundo!

PEPITA: A propósito, Inés, ¿tienes planes este fin de semana? Mi madre prepara una fiesta para el sábado. Es el cumpleaños de mi tía Rosita. ¿Tienes tiempo libre°?   *free*

INÉS: ¡Por supuesto!° Gracias por la invitación.   *Of course!*

PEPITA: ¡Qué bueno! Manuel, su novia y Octavio también están invitados.

OCTAVIO: Tenemos espacio en el auto, Inés. ¿Por qué no vamos todos juntos° a la fiesta el sábado?   *together*

INÉS: ¡Estupendo! Es un buen plan. Gracias, Octavio.

OCTAVIO: De nada. Para eso están los amigos.

¿Qué hay de nuevo?

1. ¿Quién es Octavio?
2. ¿Quién tiene abuelos que viven en España?
3. ¿Dónde vive el primo de Octavio?
4. ¿Para quién es la fiesta del sábado?
5. ¿Hay otros invitados?
6. ¿Cómo responde Inés a la oferta de Octavio? ¿Acepta?

1. *The verb* **tener** *and telling age with* **tener:**
   tener y tener ... años

El verbo *tener*

You have already informally seen and used **tener** to express possession.

Tengo tres hermanos.	*I have three brothers.*
¿Tienes primos?	*Do you have any cousins?*

tener *to have*		
(yo)	**tengo**	**Tengo** un hermano.
(tú)	**tienes**	**¿Tienes** bisabuelos?
(usted, él, ella)	**tiene**	Mi madre **tiene** cuatro hermanas.
(nosotros/as)	**tenemos**	Mi hermano y yo **tenemos** un perro.
(vosotros/as)	**tenéis**	**¿Tenéis** un coche?
(ustedes, ellos, ellas)	**tienen**	Mis tíos **tienen** una casa nueva.

Tener ... años

The verb **tener** has many other functions, one of which is to tell age. In contrast to English, which uses *to be* . . . to tell age (*She is 18 years old*), Spanish uses **tener ... años**, which translates literally as *to have . . . years*. To inquire about age, the question **¿Cuántos años...?** (*How many years . . . ?*) is used with **tener**.

¿Cuántos años tiene él?	*How old is he?*
Tiene veintiún años.	*He is twenty-one years old.*

Práctica y comunicación

F. En la mochila. En parejas, háganse la siguiente pregunta: **¿Qué tienes en la mochila?** Abran las mochilas e identifiquen los objetos.

Palabras útiles: las **llaves** = *keys*; la **cartera** = *wallet*; la **agenda** = *appointment book*; la **calculadora** = *calculator*; las **gafas de sol** = *sunglasses*

MODELO: ESTUDIANTE 1: **En mi mochila tengo una calculadora.**

ESTUDIANTE 2: **Tengo tres libros.**

ESTUDIANTE 1: **Tengo...**

Luego, mencione a la clase un objeto que ambos (*both*) tienen en las mochilas.

MODELO: **... y yo tenemos gafas de sol en las mochilas.**

Bien dicho Los números del 60 al 100

sesenta	60	**noventa**	90
setenta	70	**cien**	100
ochenta	80	**ciento uno...**	101...

Study Hints
Review the numbers from 0–59 found on page 25.

¡Un momento, por favor!

As you learned in Chapter 1, remember that **uno**, even when part of a higher number, becomes **un** or **una** to agree with a masculine or feminine noun.

sesenta y un alumnos/**sesenta y una** alumnas	*61 students (m.)/ 61 students (f.)*

G. ¿Cuántos años tiene? En parejas, háganse preguntas para averiguar cuántos años tienen ustedes, sus parientes, etc.

1. ¿Cuántos años tienes tú? **Tengo... años.**
2. ¿Tienes una hermana o un hermano mayor? ¿Cuántos años tiene? ¿Tienes una hermana o un hermano menor? ¿Cuántos años tiene?
3. ¿Cuántos años tiene tu mejor amigo/a?
4. ¿Cuántos años tiene tu madre o tu padre?
5. ¿Tienes abuelos? ¿Cuántos años tiene tu abuelo favorito o tu abuela favorita?
6. ¿Tienes bisabuelos? ¿Cuántos años tiene tu bisabuelo o tu bisabuela?

Un paso más: Contesten las preguntas de la profesora/del profesor.

1. ¿Cuántos años tiene...? ¿Y...?
2. ¿Quién tiene el hermano/la hermana menor más joven (*youngest*) de la clase?
3. ¿Quién tiene el abuelo más viejo o la abuela más vieja de la clase?
4. ¿Quién tiene bisabuelos? ¿Cuántos años tiene(n)?
5. ¿Y cuántos años tiene su profesor/a de español? **Mi...**

H. Mi familia. Primero, dibuje un árbol genealógico de su familia. Preséntaselo a un/a compañero/a de clase. Él/Ella le hace preguntas a usted según el modelo. Luego, cambien de papel (*change roles*).

MODELO: ESTUDIANTE 1: **Tengo una abuela y dos abuelos.**

ESTUDIANTE 2: **¿Cómo se llama tu abuela? ¿Cuántos años tiene? ¿De dónde es? ¿Dónde vive?**

2. *Expressing possession:* **Los adjetivos posesivos**

In addition to using **tener** to express possession (**Tengo un coche**), possession may also be expressed with possessive adjectives, which you have previously seen and used: **Mis abuelos viven en España**. As with the verb **tener**, possessive adjectives show ownership (*my house*) or a relationship between people (*my boyfriend*). Observe the varying forms of the possessive adjectives in the chart below.

Los adjetivos posesivos	
mi tío, **mis** tíos	*my*
tu[3] hermana, **tus** hermanas	*your*
su abuelo, **sus** abuelos	*his, her, its, your (formal)*
nuestro amigo, **nuestros** amigos **nuestra** amiga, **nuestras** amigas	*our*
vuestro[4] primo, **vuestros** primos **vuestra** prima, **vuestras** primas	*your (informal)*

Son **mis perros**.	*They are **my dogs**.*
Lola, ¿son **tus gatos**?	*Lola, are they **your cats**?*
Eduardo tiene **su carro**.	*Eduardo has **his car**.*
Nuestra casa es nueva.	***Our house** is new.*

---

[3]Note that the addition or deletion of an accent mark can make a difference in the meaning of a word. For example: **tú** = *you* (*fam.*) and **tu** = *your* (*fam.*).
[4]Like **vosotros**, **vuestro** and **vuestra** are used only in Spain.

- In Spanish, possessive adjectives agree with the thing possessed, **not** with the possessor.

   Susana tiene **sus libros**.   *Susana has **her books**.*

- The possessive adjectives **mi**, **tu**, and **su** have only singular and plural forms (**mi/mis, tu/tus, su/sus**). **Nuestro** and **vuestro** have singular and plural as well as masculine and feminine forms (**nuestro/ nuestros, nuestra/nuestras, vuestro/vuestros, vuestra/vuestras**).

- If the ownership referred to by **su/sus** is not clear from context, you may use an alternate form for clarity: **de** + the subject pronoun or **de** + person's name.

   Es **su carro**. *o*   Es el carro **de él/ella/usted/ellos/ellas/ustedes**.
   Es el carro **de Elena**.

Práctica y comunicación ⎯⎯⎯⎯⎯⎯

I.   Álbumes de fotos. Imaginen que ustedes están examinando unos álbumes de fotos. ¿De quién o de quiénes tienen fotos?

MODELO: Tengo una foto de... (abuelos)
          Tengo una foto de mis abuelos.

1.   Tengo una foto de... (primos, padres, hermano, gato)
2.   Carmen tiene una foto de... (mejores amigas, sobrino, cuñado, hermanas)
3.   Camila y su hermana tienen una foto de... (perro, novios, primos, familia)
4.   Tenemos una foto de... (casa, abuelos, familia, tíos)

Un paso más: ¿Qué fotos especiales tienen ustedes en sus álbumes de fotos o en sus cuartos? En parejas, háganse la siguiente pregunta y contéstenla.

MODELO: ESTUDIANTE 1: **¿Qué fotos especiales tienes en tu álbum de fotos o en tu cuarto?**

          ESTUDIANTE 2: **En mi álbum de fotos/En mi cuarto, tengo una foto de mi(s)...**

Luego, háblele a la clase de una foto que su compañero/a tiene en su álbum o cuarto. **Miguel tiene una foto de... en su cuarto/en su álbum de fotos.**

J.   ¿Cuál (*Which*) **es tu favorito? ¿Cuáles son tus favoritos?** En parejas, háganse las preguntas y contéstenlas con oraciones completas. Escuchen con atención las respuestas de su compañero/a.

MODELO: ¿Cuáles son tus clases favoritas?
          Mis clases favoritas son la clase de ... y la clase de...

1.   ¿Cuáles son tus clases favoritas?
2.   ¿Cuáles son tus programas de televisión favoritos? ¿Y cuál es el programa favorito de tu madre o de tu padre?
3.   ¿Cuál es tu actor favorito o actriz favorita?
4.   ¿Cuál es tu grupo musical favorito?
5.   ¿Cuál es tu equipo (*team*) favorito de béisbol? ¿Y de fútbol americano?

Ahora, conteste las preguntas de la profesora/del profesor.

MODELO: ¿Cuáles son las clases favoritas de...?
          Sus clases favoritas son...

3. *Describing people and things:* Los adjetivos descriptivos

Adjectives are words that describe a noun (**chica**) or a pronoun (**ella**). Like the articles you've already learned (**el, la, los, las, un, una, unos, unas**), adjectives in Spanish agree in gender (masculine or feminine) and number (singular or plural) with the nouns or pronouns they describe. You have already learned some adjectives of nationality in Chapter 1. The adjectives in the first category listed below (those ending in **-o**) follow the same rules as adjectives of nationality that end in **-o** such as **mexicano** or **italiano** (see page 21).

Soy un tucán magnífico.

Formación de los adjetivos

● Adjectives ending in **-o** have four possible forms (masculine or feminine, singular or plural) to indicate agreement.

	singular	*plural*
masculino	Él es **honesto**.	Ellos son **honestos**.
femenino	Ella es **honesta**.	Ellas son **honestas**.

Note that the **-o** changes to **-a** to agree with the feminine singular pronoun.
Note the addition of **-s** to the vowel (**-o** and **-a**) to form the plural.

● Adjectives ending in **-e** or **-ista**, and most that end in a consonant, have only two possible forms (singular or plural) to indicate agreement. (Adjectives of nationality that end in a consonant are one exception. See Indicating Nationality, page 21.)

singular	*plural*
Él/Ella es **inteligente**.	Ellos/Ellas son **inteligentes**.
... **idealista**.	... **idealistas**.
... **sentimental**.	... **sentimentales**.

Note the addition of **-s** to the vowel or **-es** to the consonant to form the plural.

Posición de los adjetivos

● In Spanish descriptive adjectives most commonly follow the noun.

Marta es una estudiante responsable.   *Martha is a responsible student.*

● Adjectives of quantity (such as numbers) precede the noun, as in English.

Tres estudiantes son de Nuevo México.
Muchos estudiantes van al concierto.

Bien dicho Adjetivos descriptivos

The following descriptive adjectives are most commonly used with the verb **ser** to indicate characteristics or qualities that are considered inherent or natural to the person or thing described.

1. **alto(a)/bajo(a)**

2. **fuerte/débil**

3. **joven[5]/viejo(a)**

4. **tonto(a)/inteligente**

5. **perezoso(a)/trabajador(a)**

6. **pobre/rico(a)**

7. **bonito(a)/feo(a)**
8. **hermoso(a)** 9. **guapo(a)**

10. **flaco(a)/gordo(a)**
11. **delgado(a)**

12. **grande/pequeño(a)**

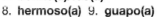

13. **viejo(a)/nuevo(a)**

1. tall/short 2. strong/weak 3. young/old 4. dumb, silly/intelligent 5. lazy/hardworking 6. poor/rich
7. pretty/ugly 8. beautiful 9. good-looking, handsome
10. skinny/fat 11. slender 12. large/small, little 13. old/new

[5]The plural of **joven** is **jóvenes**.

Bien dicho Adjetivos descriptivos *(continuación)*

moreno(a)[6]/rubio(a)	*brunet(te), dark-skinned/blond(e)*
pelirrojo(a)	*redhead*
bueno(a)/malo(a)	*good/bad*
amable	*kind, nice*
simpático(a)/antipático(a)	*nice/disagreeable, unpleasant* (persons)
divertido(a)/aburrido(a)	*amusing, funny/boring*
serio(a)	*serious*
difícil/fácil	*difficult, hard/easy*

Otras palabras útiles

muy	*very*
un poco[7]	*a little, somewhat*
y	*and*
o	*or*
pero	*but*

¡Un momento, por favor!

- The adjectives **bueno** and **malo** may be placed before a noun. If the noun is masculine and singular, **bueno** becomes **buen**, and **malo** becomes **mal**.

  Es un **buen** estudiante. Es una **buena** profesora.

- Adjectives ending in **-dor** add **-a** to agree with a feminine singular noun:

  trabajador > **trabajadora**
  conservador > **conservadora**

- **Y** becomes **e** before words beginning with **i** or **hi**.

  Mi madre es bonita **e** inteligente.

- **O** becomes **u** before words beginning with **o** or **ho**.

  ¿El presidente es deshonesto **u** honesto?

Práctica y comunicación

K. ¿Cómo son *(What are they like)***?** Conteste las preguntas según los dibujos en la página 83.

MODELO: ¿Cómo es Pepita *(What is Pepita like)*?
　　　　　Es baja.
　　　　　¿Y Javier?
　　　　　Es alto.

1. ¿Cómo es Alfonso? ¿Y Octavio?
2. ¿Cómo es Noé? ¿Y Juanito?
3. ¿Cómo es el payaso? ¿Y Natalia?
4. ¿Cómo es Natalia? ¿Y Esteban?
5. ¿Cómo es Octavio? ¿Y el vagabundo?
6. ¿Cómo es el ogro? ¿E Inés?
7. ¿Cómo es el ogro? ¿Y Camila?
8. ¿Cómo es la casa? ¿Y la casita?
9. ¿Cómo es el coche nº 1? ¿Y el coche nº 2?

---

[6]Other expressions for brunette are: **Tiene pelo** *(hair)* **castaño/negro/color café**.
[7]The phrase **un poco** is an adverb. Unlike adjectives, adverbs do not change to reflect gender and number. **Luisa es un poco seria. Miguel y Ricardo son un poco serios también.**

L. Los opuestos (*Opposites*). A veces (*Sometimes*) hay un gran contraste entre (*between*) novios, amigos, esposo/esposa o padres e hijos. Complete las oraciones con adjetivos de significado contrario. Use la forma correcta del adjetivo (masculino/femenino, singular/plural).

MODELO: Pancho es un poco **aburrido**, pero su novia, Lola, es...
...**divertida.**

1. Pepe es **simpático**, pero, a veces su hermana es un poco...
2. Antonio es **bajo**, pero su esposa es...
3. Felipe y Fernando son un poco **gordos**, pero sus esposas son...
4. Los señores Navarro son muy **serios**, pero sus hijos son...
5. Los señores Clarín son **morenos**, pero sus hijas son...
6. Héctor y Víctor son un poco **perezosos**, pero sus amigos son...

Un paso más: Escriba dos oraciones indicando algunos contrastes que existen en su familia. **Mi madre es ... pero mi padre es...** Lea sus oraciones a otro/a estudiante o a la clase.

M. Descripciones. En grupos de tres, describan a las siguientes personas y clases. Tienen cinco minutos.

MODELO: Somos...
Somos jóvenes e inteligentes.

1. Soy...
2. Mi padre es...
3. Mi madre es...
4. Mi hermano/a mayor es...
   o Mi hermano/a menor es...
5. Mi novio/a es... o Mi mejor amigo/a es...
6. Mis amigos, en general, son...
7. Mi profesor/a de español es...
8. Nuestra clase de español es...
9. Mis clases en general son...

N. Adivinanza (*Guessing game*). Trabajen en grupos de cinco. Un/a estudiante del grupo adopta la personalidad de una persona famosa. Los otros/Las otras estudiantes le hacen preguntas para determinar su identidad. Refiéranse a las palabras del vocabulario *Adjetivos descriptivos* (pp. 83–84) y a la siguiente lista de cognados. El /La estudiante sólo contesta **sí** o **no** a todas las preguntas. *Categorías posibles*: **político/a, actor/actriz, atleta, músico/a, cantante** (*singer*). Usen todas las categorías. *Ejemplos de preguntas*: **¿Eres actor? ¿Eres joven? ¿Eres cómico?**

famoso/a	modesto/a	exótico/a	conservador/a
atlético/a	tranquilo/a	ridículo/a	liberal
práctico/a	sincero/a	moral	cruel
generoso/a	ambicioso/a	inmoral	responsable
dinámico/a	organizado/a	pesimista	irresponsable
enérgico/a	disciplinado/a	optimista	tolerante
cómico/a	honesto/a	independiente	intolerante
grosero/a	deshonesto/a	arrogante	egoísta

Ñ. Mi anuncio personal. Lea los anuncios. ¿Qué tipo de persona busca el caballero (*is the gentleman looking for*)? ¿Y el norteamericano?

Un paso más: Escriba un breve anuncio personal, y luego léaselo a un/a compañero/a de clase. **Busco amigo(a)/compañero(a)/esposo(a) amable,...**

Noticias culturales

LA FAMILIA HISPANA

affection

Para los hispanos la familia es como una pequeña comunidad unida por la solidaridad y el cariño°. El concepto hispano de la familia incluye a los parientes más inmediatos (madre, padre, hijos, hermanos) y también a los abuelos, tíos, primos y numerosos otros parientes. En la familia tradicional, y especialmente en las zonas rurales, es común tener muchos niños.

same
upbringing / take care
of them
single
while
Nevertheless
changing
outside of

En los países hispanos, los padres, los hijos y los abuelos con frecuencia viven en la misma° casa. Los abuelos son muy importantes en la crianza° de sus nietos y nietas y normalmente los cuidan° cuando los padres salen. Tradicionalmente, el padre trabaja y la madre cuida de la casa y de los niños. Los hijos solteros° generalmente viven en la casa de sus padres mientras° asisten a la universidad o trabajan. Sin embargo°, hoy en día, el concepto de la familia hispana está cambiando°. Dos de los cambios más notables son que la familia es más pequeña y que muchas mujeres trabajan fuera de° casa.

godparents
baptisms
place

Por lo general, la familia, sea tradicional o moderna, es el núcleo de la vida social. Abuelos, nietos, padres, tíos, padrinos° y primos se reúnen con frecuencia para celebrar los cumpleaños, bautizos°, comuniones y otras fiestas. Las relaciones familiares ocupan un lugar° esencial en la sociedad hispana.

¿Qué hay de nuevo?

1. ¿Qué palabras describen a la familia hispana?
2. ¿Cuáles (*What*) son algunas de las características de la familia hispana tradicional?
3. ¿Qué cambios existen en la familia hispana de hoy?
4. ¿Cómo se ve (*How is it seen*) que la familia ocupa un lugar muy importante en la sociedad hispana?

Una reunión familiar. Puerto Rico.

Conexiones y contrastes

Conversen en grupos de tres.

1. ¿Qué diferencias existen entre las familias hispanas y algunas familias típicas de su país? Mencionen tres o cuatro.
2. En su familia o en las familias de sus amigos/as, ¿qué familiares viven en la casa? ¿Viven hijos solteros en la casa? ¿Es la familia el núcleo de la vida social?

4. *Indicating location:* **Estar + lugar°**

location

You have used the two verbs in Spanish that mean *to be*: **ser** and **estar**. So far, you have used **ser** to tell origin, to indicate profession, to describe inherent personality and physical characteristics, and to tell time. You have used **estar** with the expressions: **¿Cómo está usted?/¿Cómo estás?** When **estar** is used with the preposition **en** (*in, at*), it indicates the location of people or objects.

¿Están en la fiesta o **en** su apartamento?	*Are they **at** the party or **in** their apartment?*

Study the forms of the present tense of the verb **estar** (*to be*), as well as the sample sentences. Note that **estar** is an irregular verb.

estar	*to be*	
(yo)	**estoy**	**Estoy** en la universidad.
(tú)	**estás**	**¿Estás** en casa?
(usted, él, ella)	**está**	Carlos **está** en el gimnasio.
(nosotros/as)	**estamos**	**Estamos** en la biblioteca.
(vosotros/as)	**estáis**	**¿Estáis** en el apartamento de José?
(ustedes, ellos, ellas)	**están**	Mis **amigas** están en clase.

Bien dicho ¿Dónde están?

aquí/allí	*here/there*
en el campo/en la ciudad	*in the country, field/in the city*
en las montañas	*in the mountains*
en la playa	*at the beach*
en la escuela	*at school*
la escuela primaria	*elementary school*
la escuela secundaria[8]	*high school*
en la universidad	*at the university*
en casa	*at home*
en el trabajo	*at work*

---

[8]La **escuela secundaria** is also referred to as **el colegio**, **la preparatoria**, or **el liceo**. A **colegio** is *not* a college!

Práctica y comunicación ───────

O. ¿Dónde estamos? Según la descripción, diga dónde están las personas. Refiérase a la lista de vocabulario en la página 87.

MODELO: Juanito está en la sala de clase con su maestra.
          Tiene seis años.
          Está... en la escuela primaria.

1. Sandra toma varias clases. Tiene muchos maestros.
   Está...
2. Tenemos varios profesores. Las clases son difíciles.
   Estamos...
3. Trabajamos desde las 9:00 de la mañana hasta las 5:00 de la tarde.
   Estamos...
4. Tomo una siesta. Miro la televisión.
   Estoy...
5. Estás de vacaciones. El océano es muy bonito.
   Estás...
6. Estás de vacaciones. Usas tus suéteres y tus esquís.
   Estás...
7. Los González dicen (*say*) que hay mucho tráfico allí.
   Están...
8. Los González dicen que hay animales, flores y mucha tranquilidad allí.
   Están...

P. Fotografías de una visita a México. En las fotos de su viaje a México, indique a un/a compañero/a de clase dónde están las personas. Trabajen en parejas.

MODELO: En esta (*this*) foto...
          **Mi primo Ricardo
          está en la escuela.**

Ricardo

mi amigo y yo

yo

yo

mi tía Anita

mis tíos

nosotros

Un paso más: En parejas, indiquen dónde están ahora las personas más importantes de su vida (*life*). **Mi mejor amigo/a está en...**

5. *Describing conditions:* **Estar** + **condición**

Estar can also be used with descriptive words to indicate the mental or physical condition in which the subject is found at a given time.

Bien dicho ¿Cómo están?

Rubén

1. **aburrido(a)**

Camila

2. **enojado(a)**

3. **cansado(a)**

Alfonso

4. **enfermo(a)**

Carmen

5. **nervioso(a)**
6. **preocupado(a)**

Manuel
Linda

7. **contento(a)/triste**
8. **bien/mal**

Natalia

9. **ocupado(a)**

10. **cerrado(a)/abierto(a)**

1. bored 2. angry 3. tired 4. sick 5. nervous 6. worried 7. happy/sad
8. well/bad, badly, sick 9. busy 10. closed/open

Like **un poco, bien** and **mal** are adverbs and do not change in gender (masculine and feminine) or number (singular and plural) as adjectives do. **Bien** and **mal** are used with **estar**, not **ser**: **Estoy muy bien, gracias.**

Q. Condiciones. Diga cómo está la persona o el objeto según los dibujos en la página 90.

1. ¿Cómo está Rubén? ¿Y Camila? ¿Y Octavio? ¿Y Alfonso?
2. Carmen tiene dos problemas. ¿Cuáles son?
3. ¿Cómo está Linda? ¿Y Manuel? ¿Y Natalia?
4. ¿Está abierta o cerrada la puerta? ¿ Y la ventana? ¿Y el libro? ¿Y el cuaderno?

R. Tú y yo. En parejas, háganse las preguntas y contéstenlas.

1. ¿Estás contento/a con tus clases aquí en la universidad?
2. ¿Estás contento/a con la vida social aquí? ¿Por qué (*Why*)?
3. A veces (*Sometimes*), ¿estás aburrido/a los fines de semana? ¿Por qué?
4. Con frecuencia, ¿estás cansado/a? ¿Trabajas mucho?
5. ¿Estás preocupado/a por tus notas? (¿En qué clases?)
6. Normalmente, ¿estás muy ocupado/a? ¿Por qué?

¿Quiénes tienen las mismas respuestas?

MODELO: **... y yo estamos contentos/as con la vida social aquí porque** (*because*)**...**

S. Situaciones. Indique la condición de las siguientes personas o cosas (*things*). Complete cada oración con la forma correcta de **estar** y la condición que corresponde a la situación.

MODELO: Cuando sacas una buena nota, (tú) **estás contento/a**.

1. Cuando tienes un examen muy, muy difícil, (tú)...
2. Cuando hay un examen, los libros..., pero cuando no hay examen,...
3. Cuando estamos en una clase con un profesor poco interesante, (nosotros)...
4. Los lunes, los estudiantes frecuentemente..., pero los viernes,...
5. Asisto a todas mis clases, hago la tarea, trabajo y tengo muchas actividades. (Yo)...
6. ¡Alfonso tiene una temperatura de 103°F! (Él)...

Un paso más: En parejas, digan cuándo ustedes están en las siguientes condiciones: **contentos/as, aburridos/as, preocupados/as, enojados/as, muy ocupados/as.**

MODELO: contentos/as
Estamos contentos/as cuando no hay tarea.

Estructura

6. *Describing people, places, and things:* **ser y estar**

So far, you have learned to use the two Spanish verbs that mean *to be* in very different circumstances. Study the chart that follows to compare their uses.

Ser en contraste con *estar*

Ser	Estar
ORIGIN/NATIONALITY	LOCATION
Ser tells where the subject is from. **¿De dónde es Carlos?** *Where is Carlos from?* **Es de Chile./Es chileno.** *He is from Chile./He is Chilean.*	**Estar** tells where the subject is. **¿Dónde está Carlos?** *Where is Carlos?* **Está en Chile.** *He is in Chile.*
IDENTITY	
Ser identifies who or what the subject is (vocation, profession, religion, etc.) **Ella es abuela.** *She is a grandmother.* **Él es profesor.** *He is a professor.* **Soy católico/a.** *I am Catholic.*	
CHARACTERISTICS	CONDITIONS
Ser tells what the subject is like— descriptive characteristics and qualities (physical or personality traits) inherent to the person or thing described. **¿Cómo es tu padre?** *What is your father like?* **Es alto, inteligente y muy simpático.** *He is tall, intelligent, and very nice.*	**Estar** tells in what condition the person or thing is at a given time (how the subject feels, looks, appears, etc.). **¿Cómo está él hoy?** *How is he today?* **Está muy preocupado.** *He is very worried.* **Su esposa está enferma.** *His wife is sick.*

Ser y *estar* con ciertos adjetivos

Observe how the use of **ser** and **estar** with certain adjectives can change the meaning of those adjectives. With **ser**, as is most often the case, the adjective denotes an inherent characteristic or trait; with **estar**, it reflects a condition or perception at a particular moment.

El programa de televisión **es aburrido**.	*The television program **is boring**.*
Los niños **están aburridos**.	*The children **are bored**.*
Carmen **es** muy **bonita**.	*Carmen **is** very **pretty**.*
Pepita **está** muy **bonita** hoy.	*Pepita **looks** very **pretty** today.*
La fruta chilena **es** muy **buena**.	*Chilean fruit **is** very **good**. (general quality)*
La fruta **está buena** hoy.	*The fruit **looks (tastes) good** today. (condition today)*

Práctica y comunicación

T. La familia ¿Cómo son? ¿Cómo están? Conteste las preguntas según la foto de la familia.

1. ¿Es la familia hispana? ¿Dónde vive?
2. ¿Están en la ciudad o en el campo?
3. ¿Es la madre rubia, pelirroja o morena? ¿Y el padre? ¿Y los niños?
4. ¿Es simpática o antipática la hermana mayor?
5. ¿Es el padre divertido o serio?
6. ¿Está distraído (*distracted*) el niño pequeño?
7. ¿Están tristes o contentos?

Los López. Long Island, Nueva York.

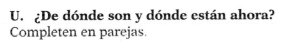
U. ¿De dónde son y dónde están ahora?
Completen en parejas.

MODELO: James Bond/Inglaterra/Monte Carlo
James Bond es de Inglaterra pero ahora está en Monte Carlo.

NOMBRE	ORIGEN	LUGAR
1. la reina Sofía	Grecia	España
2. Gloria Estefan	Cuba	la Florida
3. mi profesor/a de español	_____	_____
4. mi mejor amigo/a	_____	_____
5. mi madre	_____	_____
6. mi abuelo/a	_____	_____
7. yo	_____	_____

V. ¿Característica o condición? Combine la descripción (del nº 1 al 10) con la palabra apropiada de la lista. Use **es** con las características y **está** con las condiciones. Siga el modelo.

triste
fuerte
rico/a
trabajador/a
viejo/a
inteligente
ocupado/a
enfermo/a
preocupado/a
perezoso/a
contento/a

MODELO: Mi familia no está aquí.
Estoy triste. *o* **Estoy preocupado/a.**
Estudiamos mucho.
Somos muy inteligentes. *o* **Estamos muy ocupados/as.**

1. Trabajo mucho.
2. Saco buenas notas.
3. Esteban no estudia y no trabaja.
4. Alfonso toma aspirina y Alka Seltzer.
5. Tenemos tres exámenes mañana.
6. El niño tiene $100 (cien dólares).
7. Octavio tiene los músculos grandes.
8. Carmen toma tres clases, tiene dos niños y trabaja.
9. El abuelo tiene 90 años.
10. Las amigas de Inés no están aquí. Inés...

W. Una entrevista (*An interview*). Hable con un/a compañero/a de clase. Hágale las preguntas y apunte la información. Luego, cambien de papel.

1. ¿De dónde eres?
2. ¿Cómo estás hoy? Explica.
3. ¿Quién es una de tus personas favoritas? ¿Dónde está en este momento? ¿Cómo es (descripción física, de personalidad, etc.)?
4. ¿Cómo son tus clases este semestre? ¿Y tus profesores?

Presente la información de la entrevista a otro/a compañero/a o a la clase.

Palabras útiles:
el **árbol** = *tree*;
la **piñata**;
la **torta**/el **pastel** = *cake*;
el **jardín** = *garden*;
la **iglesia** = *church*

X. La familia. En grupos de tres, describan las fotos de la familia en los dibujos, pp. 72–73. Usen **ser** y **estar**. Un/a secretario/a apunta la información. Tienen cinco minutos. ¿Qué grupo tiene la descripción más completa? Léansela a la clase.

Un paso más: Escriba cinco oraciones describiendo a su familia. Use **ser** y **estar**.

Así se dice

La pronunciación de las consonantes *h* y *j*

h Remember that in Spanish the **h** is not pronounced.

hermana   hombre   hermanastro   hermoso

j The **j** in Spanish approximates the pronounced *h* sound of English as in *help*.

viejo   joven   mujer de negocios

Los niños de Ecuador usan estas oraciones en la escuela para practicar la pronunciación de la **h** y la **j**. Repita cada oración. Luego, léala más rápidamente.

sells / ice cream **h** **Héctor** vende° ricos **helados**° en su **heladería**.

rabbits **j** **José** tiene una **pareja** de **conejos**° **jóvenes**.

Dicho y hecho

Conversando

Vamos a ser compañeros/as de cuarto

Trabajen en parejas. Imaginen que ustedes van a ser compañeros/as de cuarto en el futuro. Hablan por primera vez (*for the first time*). Háganse muchas preguntas. Incluyan preguntas acerca de sus familias.

Study Hints

See what you have learned! Turn to pp. 102–103 to review the active vocabulary and take the self-test for this chapter.

¡A escuchar!

Linda conversa con su padre

El padre de Linda es muy tradicional. Linda sale con Manuel y por supuesto (*of course*) el padre de Linda tiene muchas preguntas acerca de la familia de Manuel. Padre e hija conversan. Escuche la conversación. Luego, conteste las dos primeras preguntas.

1. ¿Quién hace la mayoría (*majority*) de las preguntas?

    _____ el padre   _____ Linda

2. ¿A quién describe Linda más (*more*)?

    _____ a Manuel   _____ a la familia de Manuel

Escuche la conversación otra vez y apunte la(s) respuesta(s) correcta(s).

3. Linda dice (*says*) que Manuel es:

    _____ trabajador y buen estudiante   _____ muy simpático y divertido.

4. La madre de Manuel es: _____ de San Francisco

    _____ de Los Ángeles   _____ de Perú.

5. La madre es: _____ alta   _____ baja   _____ rubia   _____ morena.

6. El padre es: _____ alto   _____ bajo   _____ gordo   _____ delgado.

7. El padre es: _____ profesor de español _____ hombre de negocios.

8. Invitan a la familia de Manuel a cenar: _____ sí _____ no _____ posiblemente.

De mi escritorio

Mi pariente favorito/a

Escriba una descripción de su pariente (*relative*) favorito/a.

- ¿Cómo se llama?
- ¿De dónde es?
- ¿Qué es? (profesión, etc.)
- ¿Cuántos años tiene?
- ¿Cómo es? (características físicas y de personalidad)
- ¿Cómo está ahora? (probablemente)
- ¿Dónde está en este momento?

Lea su descripción a la clase o a otro/a estudiante de la clase.

Los hispanos en los Estados Unidos

[www.wiley.com/college/dicho/panorama]

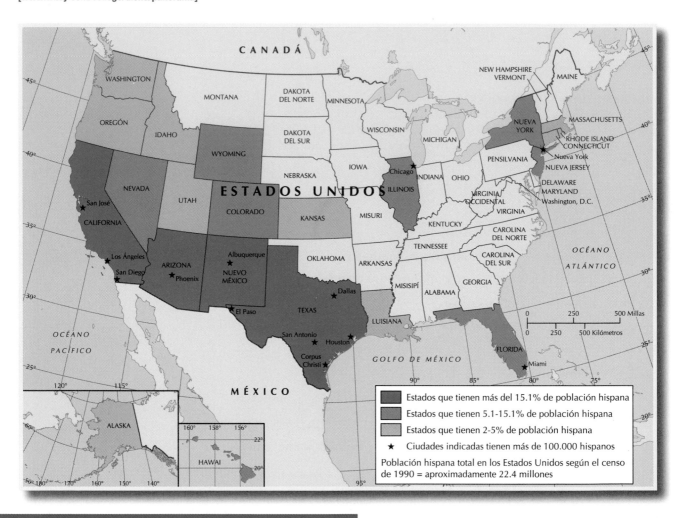

Estados que tienen más del 15.1% de población hispana

Estados que tienen 5.1-15.1% de población hispana

Estados que tienen 2-5% de población hispana

★ Ciudades indicadas tienen más de 100.000 hispanos

Población hispana total en los Estados Unidos según el censo de 1990 = aproximadamente 22.4 millones

Preguntas sobre el mapa

1. ¿Cuáles son los estados con mayor concentración hispana (más del 15.1%)?
2. ¿Cuáles son los estados que tienen de 15.1% a 15.1% de población hispana?
3. ¿Sabe usted (*Do you know*) en qué estados viven muchas personas de origen mexicano? ¿De origen cubano? ¿De origen puertorriqueño?

¿Cuántos hispanos hay?

¿Sabe usted que hoy los hispanos representan casi[1] el 15% (por ciento) de la población de los EEUU (Estados Unidos)? La comunidad hispana es una de las más importantes del país. Aproximadamente el 70% de la población hispana se concentra en cuatro estados: California, Tejas, Nueva York y la Florida. Gran parte de esta población vive en grandes áreas metropolitanas como[2] Los Ángeles, Nueva York, Miami, Chicago, Washington, D.C. y San Antonio. También existen comunidades hispanas importantes en ciudades más pequeñas como Santa Fe (NM), Pueblo (CO), Yuma (AZ), Hialeah (FL), Trenton (NJ), Gary (IN), Racine (WI) y Cheyenne (WY).

Study Hints
Follow the Helpful Strategies for Reading found on p. 35.

¿De dónde son?

La mayoría de los hispanos en los EEUU son de México, Puerto Rico y Cuba. Gran parte de los nuevos inmigrantes hispanos de los últimos[3] treinta años son de Centroamérica — salvadoreños, nicaragüenses, hondureños y guatemaltecos— y también de la República Dominicana. Viven en diversas zonas del país.

¡QUÉ ENCHILADA!
La enchilada más grande del mundo se hace (*is made*) en un pueblo de Nuevo México; 75 personas la preparan ¡y 8.500 personas la comen (*eat it*)!

En el suroeste[4] del país la presencia de la población hispana de origen mexicano es anterior a la llegada[5] de la población angloparlante[6]. ¿Sabe usted en qué estado de los Estados Unidos se celebra la «Fiesta San Antonio»? ¿Qué raíces[7] étnicas se celebran en la fiesta?

---

[1]*almost* [2]*like* [3]*last* [4]*southwest* [5]*arrival* [6]*English-speaking* [7]*roots*

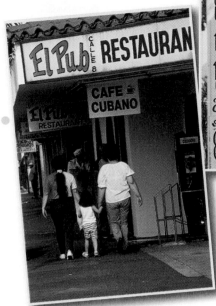

A partir de 1959, como resultado de la revolución cubana, muchos cubanos inmigraron al sureste[8] de los EEUU, especialmente a Tampa y Miami. Hoy, medio millón de cubanos y cubanoamericanos viven en Miami. ¿Cómo se manifiesta la fusión de la cultura hispana y norteamericana en esta escena? En la otra foto, ¿cuál es la atracción principal del restaurante El Pub en la pequeña Habana?

¿DÓLAR ESPAÑOL?

El signo del dólar ($) viene de una moneda (*coin*) antigua española que tenía (*had*) como símbolo dos columnas con una cinta entrelazada (*interlaced ribbon*) entre ellas.

Hoy hay más de un millón de puertorriqueños en Nueva York. La comunidad dominicana más grande del país también está allí. ¿Cómo se llama este supermercado en Spanish Harlem, Nueva York? ¿Qué productos se venden?

Su influencia

▶ Los nombres de varias ciudades y estados son la evidencia más notable de la presencia hispana en la historia del país.
▶ La ciudad más antigua en el territorio continental de los EEUU tiene un nombre hispano (San Agustín, FL).
▶ La vida diaria[9] de los EEUU integra numerosos elementos de las artes, la comida[10] y el idioma de la cultura hispana.
▶ Los hispanos también hacen contribuciones muy valiosas[11] a la política, las ciencias y la economía del país.

---

[8]*southeast*   [9]*daily*   [10]*food*   [11]*valuable*

Hispanos famosos en los EEUU

Varios hispanos famosos en los EEUU están en las siguientes fotos. ¿Sabe quiénes son? ¿Qué nombre corresponde a cada foto? *Nombres*: Ricky Martin, Oscar de la Hoya, Dra. Ellen Ochoa, Jeff Bezos. ¿Conoce[12] usted a otros hispanos famosos residentes en los EEUU?

[12]*Do you know*

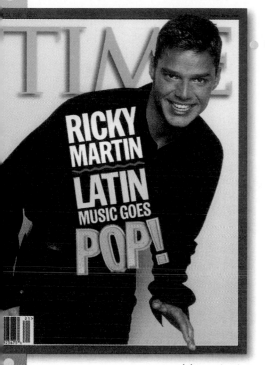

(a) cantante

(b) boxeador

(d) científica y astronauta

(c) creador de Amazon.com

¿Qué descubrimos?

1. El 70% de la población hispana se concentra en...
2. ...son tres ciudades donde hay comunidades hispanas importantes.
3. Muchos de los hispanos en los EEUU son de..., ... y...
4. La población hispana del suroeste es de origen...
5. La población cubana vive en el ... del país.
6. En Nueva York dos comunidades importantes son los ... y los...
7. ...son evidencia de la importancia histórica de los hispanos en los EEUU.
8. Los hispanos son participantes muy activos en...

Preguntas

Conversen en parejas.

1. ¿Cuáles son algunos nombres de ciudades y estados que indican la presencia hispana en la historia de los EEUU?
2. ¿Cuáles son algunos ejemplos de la comida hispana en los EEUU? ¿Cuál es su favorita?
3. ¿Existen otras influencias hispanas en su comunidad?

ENCUENTRO CULTURAL

Artes populares: Los murales, arte público

Los murales son creaciones que inspiran la imaginación y estimulan la conciencia. Los primeros[1] murales tienen miles[2] de años: están en las cuevas[3] de Lascaux (Francia) y Altamira (España). Históricamente, en los EEUU, los murales son la auto-expresión y la auto-definición de muchas comunidades, especialmente en el oeste y el suroeste del país. La creación de murales en las ciudades más importantes de California en los años 60 y 70 es labor de jóvenes chicanos[4]. Muchos murales presentan panoramas de la historia méxico-americana. Los murales más recientes también manifiestan los intereses y preocupaciones de cada comunidad.

California es la capital del arte mural en los EEUU. El sol[5], las numerosas paredes[6] de cemento y estuco, la influencia de la tradición muralista mexicana y la buena recepción que tiene el arte popular entre los californianos contribuyen a la preservación de la colección de arte público más impresionante de la nación.

Examine los siguientes murales y conteste las preguntas.

---

[1]*first* [2]*thousands* [3]*caves* [4]*Mexican-Americans* [5]*sun* [6]*walls*

(1)

Mural «Siete punto uno» de John Pugh. Los Ángeles, California. ¿Ruinas mayas en Los Ángeles? En realidad es un mural pintado en el exterior de un restaurante hispano.

Preguntas

1. ¿Qué mural celebra el activismo de la mujer hispana? ¿Cuántas mujeres hay en el mural? ¿Qué mural hace referencia a una cultura precolombina? ¿Qué cultura?

2. *Mural 1*: ¿Qué elementos históricos hay en el mural? ¿La mujer es parte del mural o no?

3. *Mural 2*: ¿Qué simbolizan las manos (*hands*) grandes? ¿Representan los siguientes símbolos un elemento positivo o un elemento negativo en el mural? *Símbolos*: el grupo de hombres tristes, las manos grandes, el hombre que cultiva las plantas, las flores, la sangre (*blood*), Dolores Huerta.

«La ofrenda» de Yreina Cervantes. Los Ángeles, California. En el centro está Dolores Huerta, fundadora del sindicato United Farm Workers.

Adjetivos

abierto/a
aburrido/a
alto/a
amable
antipático/a
bajo/a
bonito/a
bueno/a
cansado/a
cerrado/a
contento/a
débil
delgado/a
difícil
divertido/a
enfermo/a
enojado/a
fácil
feo/a
flaco/a
fuerte
gordo/a
grande
guapo/a
hermoso/a
inteligente
joven
malo/a
mayor
menor
moreno/a
nervioso/a
nuevo/a
ocupado/a
pelirrojo/a
pequeño/a
perezoso/a
pobre
preocupado/a
rico/a
rubio/a
serio/a
simpático/a
tonto/a
trabajador/a
triste
viejo/a

Conjunciones

y/e
o/u
pero

Sustantivos

La familia

la abuela
el abuelo
la bisabuela
el bisabuelo
la cuñada
el cuñado
la esposa
el esposo
el gato
la hermana
la hermanastra
el hermanastro
el hermano
la hija
el hijo
la madrastra
la madre
la media hermana
el medio hermano
la nieta
el nieto
el padrastro
el padre
los padres
el pariente
el perro
la prima
el primo
la sobrina
el sobrino
la suegra
el suegro
la tía
el tío

Otras personas

la amiga
el amigo
   mi mejor amigo/a
el/la bebé
la chica
el chico
la compañera de cuarto
el compañero de cuarto
el hombre
la muchacha
el muchacho
la mujer
la niña
el niño
la novia
el novio
la persona

Las profesiones

la abogada
el abogado
el ama (f.) de casa
la camarera
el camarero
el contador
la contadora
la dependienta
el dependiente
la enfermera
el enfermero
el hombre de negocios
la médica
el médico
la mujer de negocios
el programador
la programadora

Cosas (things) y lugares (places)

el auto
el carro
el campo
la casa
la ciudad
el coche
la escuela
   la escuela primaria
   la escuela secundaria
la montaña
la playa
el trabajo
la universidad

Adverbios

allí
aquí
bien
mal
muy
un poco

Verbos y expresiones verbales

estar
tener
tener ... años
¿Cuántos años tienes?

Palabras interrogativas

¿Cuántos/as?
¿Quién/es?
¿Dónde?

I. El verbo *tener*. Use la forma correcta de **tener**.

1. Yo _____ tres hermanos.

2. Mi hermano mayor _____ 21 años.

3. Mis padres _____ 55 años.

4. Mi hermano menor y yo _____ un perro.

5. ¿Cuántos años _____ tú?

II. Los adjetivos posesivos. ¿Qué tienen los estudiantes?

MODELO: mi hermano/cuadernos
    Tiene sus cuadernos.

1. yo/fotos
2. ¿tú/libros?
3. José/diccionario
4. mi hermano y yo/televisor
5. ¿ustedes/calculadoras?

III. El verbo *ser* y las características. Complete cada oración con la forma correcta del verbo **ser** y el adjetivo de significado contrario.

MODELO: Mi tío Paco ____**es**____ un poco gordo. Al

contrario, mi tía Lisa ____**es**____

flaca/delgada

1. Yo _____ muy fuerte. Al contrario, algunos de mis amigos _____ _____. ¡Nunca van al gimnasio!

2. Mis padres _____ muy altos. Al contrario, mi hermano _____ _____.

3. Nosotros no _____ pobres. Al contrario, _____ _____.

4. Nuestra clase de español _____ fácil. Al contrario, nuestras clases de ciencia _____ _____.

IV. El verbo *estar* y condición. Complete cada oración con la forma correcta del verbo **estar** y el adjetivo que corresponde a la situación. Hay más de una respuesta posible.

MODELO: Tenemos un problema.
    Estamos preocupados.

1. Tengo un examen mañana.
2. Mis amigos/as tienen mucha tarea.
3. Sancho tiene apendicitis.
4. ¡Tenemos un día sin (*without*) preocupaciones! ¡No hay clases!

V. *Ser* en contraste con *estar*. Use la forma correcta de **ser** o **estar** según las indicaciones.

MODELO: La casa de la familia Gutiérrez ... grande.
    La casa de la familia Gutiérrez es grande.

1. El coche de la familia ... viejo.
2. Los padres ... jóvenes y trabajadores.
3. El padre ... hombre de negocios y la madre... abogada.
4. La hija ... muy simpática.
5. La familia ... contenta porque se va de vacaciones a la Florida.
6. Los abuelos ... en la Florida.
7. Los tíos ... de la Florida.
8. Todas las personas de la familia ... bilingües.

VI. Repaso general del Capítulo 3. Conteste con oraciones completas.

1. ¿Cuántos años tiene usted?
2. ¿Cómo es su madre o padre?
3. ¿Cómo son sus amigos/as?
4. ¿Cómo están sus amigos/as?
5. ¿Están usted y sus amigos/as preocupados/as por sus notas? ¿En qué clases?
6. ¿Qué días tienen ustedes clases?
7. ¿Cómo son sus clases?

_____

Answers to the **Autoprueba y repaso** are found in **Apéndice 2**.

CAPÍTULO 4

Las dos mujeres venden tomates y otros productos
en el mercado. Están muy contentas, ¿verdad?

¡Comer es vivir!

Goals for communication

- To buy and talk about food (in a market, restaurant, etc.)
- To talk about actions, desires, and preferences in the present
- To make future plans
- To express large quantities and determine prices
- To express likes and dislikes
- To ask for specific information

Cultural focus

- Food in the Hispanic world
- Life in contemporary Mexico

Structures

1. Verbos con cambios en la raíz
2. **Ir + a** + infinitivo
3. Los números del 100 al... y los años
4. **Gustar**
5. Palabras interrogativas (Un resumen)

Pronunciation

Las combinaciones **ce/ci**, **gue/gui** y **que/qui**

¡Bien dicho!

¡Comer es vivir!

1. MERCADO CENTRAL
15. el pescado
16. vender
2. FRUTAS
14. MARISCOS
3. las piñas
4. las bananas, los plátanos
17. la langosta
18. los camarones
5. las manzanas
6. las uvas
13. las sandías
7. las naranjas
9. las peras
11. las fresas
8. los limones
10. las cerezas
12. los duraznos, los melocotones

1. market 2. fruits 3. pineapples 4. bananas 5. apples 6. grapes 7. oranges 8. lemons (el **limón**) 9. pears
10. cherries 11. strawberries 12. peaches (el **melocotón**) 13. watermelons 14. seafood 15. fish 16. to sell
17. lobster 18. shrimp

19. meats (f.), beef   20. chicken   21. ham   22. sausage   23. steak   24. beef   25. pork chops   26. pork
27. vegetables (f.)   28. garlic   29. corn   30. potatoes   31. onions   32. tomatoes   33. lettuce   34. broccoli
35. green beans   36. carrots   37. peas   38. beans   39. rice

Práctica y comunicación

A. **El mercado al aire libre** (*The open air market*). Conteste según los dibujos en las páginas 106–107 y según sus preferencias personales.

1. ¿Qué frutas venden en el mercado? Según el dibujo, ¿cuál es la fruta favorita de Juanito (el niño)? Y usted, ¿cuál es su fruta favorita?
2. ¿Qué mariscos vende el vendedor? Y usted, ¿cuál es su marisco favorito?
3. ¿Qué legumbres venden en el mercado? Y usted, ¿cuál es su legumbre favorita?
4. ¿Qué carnes vende el vendedor? ¿Come usted carne? ¿Cuál es su carne favorita? (¿Es usted vegetariano/a?)

Shopping

 ## Bien dicho De compras° en el mercado

la **comida**	*food, main meal*
desear	*to want, desire*
necesitar	*to need*
cocinar	*to cook*
preparar	*to prepare*
¿Cuánto cuesta?	*How much does it cost?*
¿Cuánto cuestan?	*How much do they cost?*

¡Un momento, por favor!

When two verbs are used together consecutively, only the first is conjugated.

| **¿Desea** usted **cenar?** | *Do you want to have dinner?* |
| **Necesitamos comprar** más tomates. | *We need to buy more tomatoes.* |

B. **Vamos al mercado.** Trabajen en grupos de cuatro. Imaginen que un/a estudiante es el vendedor/la vendedora en el mercado público. Tres estudiantes son los clientes. Ellos/Ellas desean comprar los ingredientes que necesitan para preparar los tres platos (*dishes*) indicados. Completen el diálogo tres veces. Por turnos, hagan el papel del vendedor.

El/La cliente compra los ingredientes para...

1. ...una ensalada extraordinaria.
2. ...una exquisita ensalada de frutas.
3. ...una sopa muy original.

MODELO: VENDEDOR/A: Buenos días, don/doña[1]... ¿Qué desea usted hoy?
CLIENTE: Buenos días. Esta noche voy a preparar... Necesito comprar...
VENDEDOR/A: Pues, tenemos...
CLIENTE: ¿Cuánto cuesta(n)... y...?
VENDEDOR/A: ...pesos[2] en total.
CLIENTE: Muchas gracias, don/doña...
VENDEDOR/A: ...Hasta mañana.

---

[1]**Don** (m.) /**Doña** (f.) is a title of respect used with first names.
[2]**Peso** = monetary unit used in Argentina, Chile, Colombia, Cuba, Mexico, the Dominican Republic, and Uruguay.

C. Chef Merito. Estudien el anuncio de Chef Merito. Trabajen en parejas.

1. Identifiquen las comidas en el anuncio.
2. Identifiquen las dos comidas en la foto que son típicamente mexicanas: los chiles y el nopal (*cactus leaf*).
3. Según la foto, ¿qué tipo de carne es buena con salsa picante? ¿Usan ustedes mucha salsa picante? ¿En qué comidas?
4. Lean la rima que comienza con «El pollo». En el contexto de la rima, ¿qué significa «carne»?
5. ¿Qué sazonadores desean ustedes comprar para cocinar sus comidas favoritas?

Palabra útil:
sazonador = *seasoning*

El pollo, la carne, o el pescado más exquisito, Usted lo prepara con Chef Merito...

Con los productos **Chef Merito**, Usted no tiene que saber cocinar. Con recetas en cada frasco, **Chef Merito** le ayuda a preparar cualquier platillo. **Chef Merito** tiene un Sazonador para cada ocasión y la **mejor auténtica Salsa Picante.** Todos los productos **Chef Merito** tienen sellos protectores y fechas de expiración para garantizar el buen sabor y calidad. Recuerde...**con Chef Merito en la sartén, cualquiera cocina bien**.

Pídalo en su tienda favorita o llame al **800-MERITO-1** o visítenos en www.chefmerito.com.

Conversación

¿Qué hay de comer?

Frente a la cafetería de la universidad. Es hora de cenar y Carmen lee el menú en la entrada. Llegan Camila y Esteban.

CAMILA Y
ESTEBAN: ¡Hola, Carmen! ¿Cómo te va?

CARMEN: Bastante bien. ¿Qué hay de nuevo?

something ESTEBAN: Nada. Vamos a comer. ¿Hay algo° bueno en el menú de hoy?

CARMEN: Depende... ¿Te gusta el arroz con guisantes y pollo frito?

healthy CAMILA: ¿Pollo frito otra vez? ¡No es un plato muy saludable°! ¿Hay ensalada?

CARMEN: Claro que sí, es tu favorita: ensalada de bróculi y zanahoria con mayonesa.

fat CAMILA: ¡Ugh! Eso tiene mucha grasa° y yo estoy a dieta. Pero hay sopa de legumbres, ¿verdad?

CARMEN: Vamos a ver... Pues, no. Sólo hay sopa de pescado.

ESTEBAN: Yo quiero comer algo diferente. Quiero unas chuletas de cerdo
mashed potatoes con puré de papas°, frijoles y arroz...

CAMILA: Y una ensalada de lechuga fresca, con tomates y aceitunas...

caramel custard / dessert CARMEN: ¡Y flan° y café para el postre°!

They all sigh. (*Todos suspiran.°*)

ESTEBAN: Bueno, ¿y por qué no vamos a un restaurante?

expensive / money CAMILA: Esteban, ir a un restaurante es caro° y no tengo mucho dinero° en este momento.

CARMEN: Es verdad. Pero... ¿Por qué no cocinamos una cena rápida? Las chuletas de cerdo son mi especialidad y son muy fáciles de preparar.

ESTEBAN: Yo no cocino bien, pero mi especialidad es el flan instantáneo... Camila, ¿quieres preparar la ensalada?

CAMILA: ¡Sí! Y podemos preparar la cena en mi apartamento. Vivo frente al supermercado.

CARMEN: ¡Fantástico! Vamos al supermercado. Mi coche está en el estacionamiento norte.

¿Qué pasa?

1. ¿Adónde van Camila y Esteban?
2. ¿Qué hay en el menú de hoy?
3. ¿Por qué no quiere Camila comer la ensalada de bróculi y zanahoria?
4. ¿Qué desea comer Esteban? ¿Y Camila? ¿Y Carmen?
5. ¿Por qué no van a un restaurante? ¿Qué hacen?

Estructuras

1. *Talking about actions, desires, and preferences in the present:*
Verbos con cambios en la raíz

La formación de verbos con cambios en la raíz

Stem-changing verbs have the same endings as regular **-ar**, **-er**, and **-ir**
verbs. However, they differ from regular verbs in that a change occurs in
the stem (**e > ie**, **o > ue**, or **e > i**) in all persons except **nosotros** and
vosotros. (The stem is the part of the verb that remains after the **-ar**, **-er,**
or **-ir** ending is removed.) Study the pattern of change in the following
model verbs.

querer *to want, to love*	
e > ie quer- > **quier-**	
quiero	queremos
quieres	queréis
quiere	quieren

dormir *to sleep*	
o > ue dorm- > **duerm-**	
duermo	dormimos
duermes	dormís
duerme	duermen

pedir *to ask for*	
e > i ped- > **pid-**	
pido	pedimos
pides	pedís
pide	piden

Verbos con cambios en la raíz

E > IE

querer (ie)	*to want, to love*	No **quiero** comer ahora.
preferir (ie)	*to prefer*	**Prefiero** comer más tarde.
entender (ie)	*to understand*	¿**Entienden** el problema?
pensar[3] (ie)	*to think*	¿**Piensas** que hay un problema?

O > UE

dormir (ue)	*to sleep*	¿**Duermes** bien?
almorzar (ue)	*to have lunch*	¿A qué hora **almuerzas**?
poder (ue)	*to be able, can*	¿**Puedes** cenar a las 7:00?

E > I

pedir (i)	*to ask for, request, order*	Ella siempre **pide** pizza.
servir (i)	*to serve*	¿**Sirven** langosta aquí?

> DICHO **Querer es poder.**
> **Quien mucho tiene más quiere.**
> *¿Puede usted explicar estos dichos en español?*

Práctica y comunicación

D. Preferencias y deseos. En parejas, háganse las preguntas.

MODELO: ESTUDIANTE 1: **¿Qué frutas prefieres?**

ESTUDIANTE 2: **Prefiero las manzanas**[4] **y las naranjas. ¿Y tú?**

ESTUDIANTE 1: **Yo también** (*also*) **prefiero las manzanas y las naranjas.** *o* **Prefiero las cerezas.**

1. ¿Qué frutas prefieres?
2. ¿Qué legumbres prefieres?
3. Cuando cenas en un restaurante, ¿normalmente (*usually*) pides carne o un plato vegetariano? (¿Qué carne normalmente pides?)
4. ¿Qué piensas de la comida que sirven en la cafetería? **Pienso que...**
5. ¿Qué tipo de comida prefieres? ¿La comida china/italiana/mexicana/estadounidense?
6. ¿Quieres comer ahora?

Ahora, presente a la clase un ejemplo de las preferencias u opiniones de usted y su compañero/a de clase.

MODELO: **...y yo preferimos las fresas.** *o*
...prefiere las manzanas y yo prefiero las peras.

---

[3]When seeking an opinion, ask **¿Qué piensas de...?** (*What do you think about . . . ?*) When giving an opinion, say **Pienso que...** (*I think that . . . .*).

[4]When making a general reference to a food item, etc., use the definite article.
Prefiero las uvas (grapes in general). When you refer to *some* of an item, do not use the article. **Prefiero comer uvas** (some grapes).

E. La comida de la cafetería. Su profesor/a quiere comer en la cafetería y necesita información acerca de cómo es la comida y qué sirven. Conteste las preguntas.

1. Por lo general, ¿cómo es la comida que sirven en la cafetería? ¿Excelente? ¿Buena? ¿Regular? ¿Mala? ¿Terrible?
2. ¿Qué carnes o mariscos sirven con frecuencia? ¿Qué carnes o mariscos *no* sirven?
3. ¿Qué vegetales sirven con mucha frecuencia?
4. ¿Sirven ensalada todos los días? ¿Qué tipo? **Ensalada de...** ¿Y sopa? ¿Qué tipo?
5. ¿Hay frutas frescas todos los días? ¿Qué tipo de frutas?
6. ¿Prefieren ustedes la comida de la cafetería o la comida de los restaurantes de comida rápida (*fast-food*)? ¿Por qué?

F. Un sondeo de la vida universitaria. Camine por la clase haciéndoles cada pregunta del sondeo a tres estudiantes diferentes. Apunte las respuestas.

SONDEO DE LA VIDA UNIVERSITARIA
■ ■ ■

1. ¿Dónde almuerzas?
   Lugar: (a) _____ (b) _____ (c) _____
2. ¿Dónde prefieres estudiar?
   Lugar: (a) _____ (b) _____ (c) _____
3. ¿En qué clase *no* entiendes bien la materia?
   Clase: (a) _____ (b) _____ (c) _____
4. En general, ¿qué piensas de los profesores de la universidad?
   Opiniones: (a) _____ (b) _____ (c) _____
5. ¿Con quién puedes hablar de tus problemas?
   Persona: (a) _____ (b) _____ (c) _____
6. ¿Cuántas horas duermes (normalmente) por la noche?
   Horas: (a) _____ (b) _____ (c) _____
7. ¿Qué quieres hacer este fin de semana?
   Actividades: (a) _____ (b) _____ (c) _____

Ahora, según el sondeo, dígale a la profesora/al profesor las preferencias generales de los estudiantes.

MODELO: UN/A ESTUDIANTE: **Por lo general, los estudiantes almuerzan en la cafetería.**

OTRO/A ESTUDIANTE: **¡No! Por lo general almuerzan en el centro estudiantil.**

G. Las necesidades de la vida estudiantil. En parejas, háganse preguntas. Usen la forma de **tú** del verbo en las preguntas. Si tienen la misma respuesta, apunten el número de la referencia.

MODELO: *¿necesitar* dormir más?

> ESTUDIANTE 1: **¿Necesitas dormir más?**
>
> ESTUDIANTE 2: **Sí, necesito dormir más. ¡No duermo mucho!
> ¿Y tú?** *o*
> **No, no necesito dormir más. Por lo general,
> duermo ocho horas. ¿Y tú?**

¡Quiero dormir!

1. *¿dormir* bien o mal? ¿Cuántas horas *dormir*? ¿Y tú?
2. *¿necesitar* dormir más? ¿Por qué?
3. *¿dormir* con las ventanas abiertas?
4. *¿tomar* siestas? ¿Cuándo?
5. *¿querer* tomar una siesta ahora? ¿Por qué?

¡Necesito estudiar!

6. *¿estudiar* casi todas las noches?
7. *¿poder* estudiar toda la noche sin dormir?
8. *¿entender* los verbos nuevos del Capítulo 4?
9. *¿entender* a la profesora/al profesor cuando habla rápido en español?

¡Quiero comer!

10. *¿almorzar* todos los días? ¿Dónde *almorzar*?
11. *¿cenar* en restaurantes con frecuencia? ¿Qué restaurantes *preferir*?
12. *¿pedir* pasta en los restaurantes con frecuencia? ¿Qué (más) *pedir*?
13. *¿poder* cocinar? ¿Qué comida *preparar*?

Ahora, dígale a la clase algo que usted y su compañero/a de clase tienen en común.

MODELO: **...y yo dormimos ocho horas cada noche.**

H. Una invitación a cenar. En parejas, inventen un breve diálogo. Incluyan lo siguiente:

Palabras útiles: **conmigo** = *with me*; **contigo** = *with you*

- saludos
- una invitación a cenar (querer/poder cenar conmigo/contigo)
- a qué restaurante prefieren ir y por qué (las comidas que sirven, etc.)
- a qué hora quieren cenar
- despedida **(Hasta...)**

Presenten su diálogo a la clase.

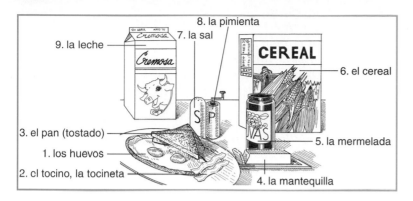

8. la pimienta
7. la sal
9. la leche
CEREAL
6. el cereal
3. el pan (tostado)
5. la mermelada
1. los huevos
2. el tocino, la tocineta
4. la mantequilla

13. el jugo, el zumo (Esp.)
11. la crema
10. el café
12. el azúcar
14. el té

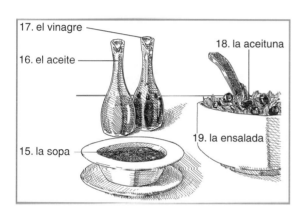

17. el vinagre
16. el aceite
18. la aceituna
15. la sopa
19. la ensalada

23. el refresco
22. el sándwich, el bocadillo (Esp.)
21. las papas fritas
20. la hamburguesa

24. el vino
25. la cerveza
26. el agua
27. el hielo

28. el pastel
29. el queso
32. la torta
30. el helado
31. las galletas

1. eggs 2. bacon 3. bread (toast) 4. butter 5. jam 6. cereal 7. salt 8. pepper 9. milk 10. coffee
11. cream 12. sugar 13. juice 14. tea 15. soup 16. oil 17. vinegar 18. olive 19. salad 20. hamburger
21. French fries 22. sandwich 23. soft drink 24. wine 25. beer 26. water 27. ice 28. pie, pastry
29. cheese 30. ice cream 31. cookies 32. cake

La comida *(continuación)*

el **desayuno**	*breakfast*
el **almuerzo**	*lunch*
la **merienda**	*afternoon snack*
la **cena**	*supper, dinner*
la **bebida**	*drink, beverage*
el **plato**	*dish*
el **postre**	*dessert*
los **huevos revueltos**	*scrambled eggs*
frío(a)/caliente	*cold/hot (temperature, not spiciness)*
frito/a	*fried*
al horno	*baked*
a la parrilla	*grilled*
con/sin	*with/without*
más/menos	*more/less*
mucho/poco (adv.)	*a lot, a little*
mucho/a/os/as (adj.)	*much, a lot, many*
poco/a/os/as (adj.)	*little (quantity), few*

¡Un momento, por favor!

- Like **aula, agua** is feminine even though it uses the article **el,** for example, **el agua fría**. The plural form is **las aguas**.
- **Mucho** and **poco** as adverbs of quantity *do not* change in gender and number.

  Comemos **mucho/poco.** *We eat a lot/little.*

- As adjectives, **mucho** and **poco** *do* change in gender and number to agree with the noun.

  Comemos **muchas** verduras y **poca** carne.

- Spanish uses the preposition **de** (*of*) to join two nouns for the purpose of description.

helado de vainilla	*vanilla ice cream*
torta de chocolate	*chocolate cake*
jugo de naranja	*orange juice*

¿Es bueno para la salud (*health*) el jugo de piña Goya?
¿Por qué?

Práctica y comunicación

I. **¡Vamos a comer!** ¿Asocia usted las siguientes comidas con el desayuno, el almuerzo o la cena?

MODELO: huevos fritos
el desayuno

1. pan tostado con mantequilla y mermelada
2. sopa y ensalada
3. pastel de manzana con helado de vainilla
4. un cóctel de camarones
5. huevos revueltos con tocino
6. jugo/zumo de naranja
7. un sándwich/bocadillo de jamón y queso
8. arroz con pollo, pan y vino
9. café caliente con crema y azúcar
10. una hamburguesa con papas fritas
11. bistec a la parrilla con papas al horno y ensalada mixta

J. **Consejos de los dietéticos** (*Advice from dieticians*). Imaginen que ustedes son dietéticos/dietéticas y tienen un paciente, el señor Gómez, que tiene problemas serios de salud. Escríbanle una lista larga de toda la comida que *no* debe (*should not*) comer. Trabajen en grupos de tres. Tienen cinco minutos.

MODELO: **Señor Gómez, usted no debe comer/beber/tomar...**

¿Qué grupo tiene la lista más completa? Léasela a la clase. Los otros/Las otras estudiantes añaden (*add*) otras comidas a la lista.

Un paso más: En sus grupos de tres, decidan si ustedes son adictos o no a la mala comida. Hablen de la comida «mala» que ustedes consumen y también de la comida saludable (*healthy*) que comen.

K. **El menú del día.** Imaginen que ustedes son los *chefs* de la cafetería de su universidad. Hablen de lo que quieren servir y escriban el «menú del día». Describan lo que van a servir en detalle (*in detail*). Trabajen en grupos de tres.

MODELO: UN/A ESTUDIANTE: **¿Qué queremos servir en el desayuno?**

OTRO/A ESTUDIANTE: **Pues, para tomar, café con crema y azúcar, té caliente con limón...**

EL DESAYUNO	EL ALMUERZO	LA CENA

Lean sus menús a otro grupo y/o a la clase.

DICHO **Desayuna como un rey°, almuerza como un burgués° y cena como un mendigo°.** *¿Cómo puede usted explicar este dicho?*	*king / middle-class person beggar*

L. La comida hispana. La comida hispana es sabrosa (*tasty*) y muy variada. En parejas, lean las descripciones de los platos[5] y asócienlas con las fotos. Luego, decidan cuáles quieren probar (*try, taste*).

dough   1. Los **churros**: masa de harina° cilíndrica frita. Frecuentemente se sirven con café con leche o con chocolate caliente.

saffron   2. La **paella**: plato de arroz sazonado con azafrán°, con carnes (pollo, etc.), con una gran variedad de mariscos y con legumbres (guisantes, cebolla, etc.).

    3. La **tortilla** (España): omelete que contiene huevos, patatas y cebollas. Se sirve con frecuencia a la hora de la merienda en los bares de España. También se come en casa para la cena.

stuffed   4. La **empanada**: masa de harina rellena° generalmente de carne,
baked   cebollas, huevos, aceitunas, etc., frita u horneada°.

    5. El **flan**: un postre de huevos, leche, azúcar y vainilla, cocido al horno
syrup   en un molde con un almíbar° de caramelo.

a.

b.

c.

d.

e.

---

[5]These dishes are sometimes associated with a particular country (for example, **la paella** = Spain). Most, however, are popular throughout the Spanish-speaking world.

Bien dicho Otras expresiones y palabras útiles

tener (mucha) hambre	*to be (very) hungry*	**también**	*also*
tener (mucha) sed	*to be (very) thirsty*	**todavía**	*still, yet*
otro/a	*another*	**quisiera**[6]...	*I would like...*
otros/as	*other*		

¡Un momento, por favor!

- In Chapter 3 you learned the expression **tener... años** (*to be . . . years old*). **Tener hambre** and **tener sed** follow the same pattern. Whereas English uses *to be* to express age, hunger, and thirst, Spanish uses **tener**, meaning *to have . . . years, hunger,* and *thirst*.

    ¡Tengo mucha hambre!   *I am very hungry.*

- **Otro/a** does *not* use the indefinite article **un/una**.

    Quisiera **otra** limonada,   *I want **another** lemonade,*
    por favor.   *please.*

M. Cuando tienes mucha hambre o mucha sed. En parejas, háganse las preguntas y contéstenlas.

1. En este momento, ¿tienes mucha hambre? (¿Qué quieres comer?)
2. ¿Tienes sed ahora? (¿Qué quieres tomar?)
3. Cuando estás en una fiesta y tienes mucha sed, ¿qué tomas?
4. Cuando estás en tu casa y tienes mucha sed, ¿qué tomas?
5. Cuando estás en tu casa y tienes mucha hambre, ¿qué comes?
6. Cuando estás en la residencia por la noche y tienes mucha hambre, ¿qué comes?
7. Cuando estás en McDonald's y tienes mucha hambre, ¿qué pides?
8. Cuando estás en un restaurante elegante y tienes hambre, ¿qué pides?

N. ¿Desea otro? En grupos de cuatro, imaginen que tres de ustedes participaron (*participated*) en un maratón de 26 millas. Ahora están en un restaurante y tienen mucha hambre y sed. Piden más y más bebidas y comida. El otro/La otra estudiante es el camarero/la camarera.

MODELO: CAMARERO/A: **¿Desean algo más?**

ESTUDIANTE 1: **Sí, por favor. Todavía tengo mucha sed. Quisiera otro jugo de naranja.**

ESTUDIANTE 2: **Yo también tengo sed. Más agua, por favor.**

ESTUDIANTE 3: **Y yo, todavía tengo mucha hambre. Quisiera otra hamburguesa, por favor.**

CAMARERO/A: **¿Todavía tienen hambre/sed? ¿Algo más?**

...

El camarero/La camarera trae (*brings*) las bebidas y las comidas. Ustedes le dan las **gracias** y piden más.

---

[6]**Quisiera...** is a polite variation of **Quiero...**.

Ñ. En el restaurante TropiBurger de Venezuela. Lea el anuncio. Luego, conteste las preguntas.

1. ¿Cuáles son los ingredientes de la hamburguesa «El Guapo»?
2. ¿Qué ingrediente extra tiene el «Tociburger»?
3. ¿Qué es el «Granjero»?
4. ¿Qué comidas que sirven en TropiBurger son típicas de Venezuela pero *no* son típicas de la «comida rápida» de los Estados Unidos?

Un paso más: Imaginen que ustedes tienen mucha hambre. En parejas, decidan lo que (*what*) quieren pedir.

Palabras útiles: **arepitas** = *small corn rounds, often filled with cheese or beans*; **merengadas** = *beverage similar to a milkshake*; **mantecado** = *vanilla (as ice cream flavor)*

Noticias culturales

EL HORARIO HISPANO PARA LAS COMIDAS

Como ocurre en los EEUU, el desayuno hispano es temprano: entre las 6:00 y las 9:00 de la mañana. Pero comparado con el desayuno tradicional de los estadounidenses, el desayuno hispano es muy ligero°. *light*
Muchos españoles e hispanoamericanos desayunan una taza de café (expreso) con leche y pan con mantequilla o mermelada. En las regiones costeras° de Hispanoamérica también es común desayunar con plátanos *coastal*
verdes° o tortillas de maíz y café. El almuerzo generalmente es entre la *green plantains*
1:00 y las 2:00 de la tarde y es la comida más fuerte° del día[7]. El *largest*
almuerzo puede incluir una ensalada, sopa, arroz o verduras, carne o pescado y postre. En algunos países, a las 5:00 o a las 6:00 de la tarde, es común comer la merienda. La merienda consiste en café o té, leche, galletas, pastel o algún bocadillo. Generalmente los hispanos cenan más tarde que los estadounidenses. La cena hispana típicamente es entre las 8:00 y las 9:00 de la noche. En España la hora de la cena puede ser más tarde (10:00–12:00). La cena es la comida con la que se celebran eventos importantes: en el mundo hispano las cenas de Navidad° y Año Nuevo *Christmas*
son verdaderos° banquetes. *veritable*

¿Qué hay de nuevo?
Asocie las referencias correspondientes a **los Estados Unidos**, a los **países hispanos** o a **los dos**.

1. desayuno con pan y café con leche
2. almuerzo con sopa, carne, arroz y postre
3. desayuno con cereal, huevos y tocino
4. cena a la medianoche
5. cena con una pizza y Coca-Cola
6. merienda con leche y galletas
7. almuerzo con un sándwich

Conexiones y contrastes
Conversen en grupos de tres.

1. ¿Cuáles son las horas típicas de las comidas en su país? ¿Y en el mundo hispano?
2. ¿Cómo es un almuerzo típico para ustedes? ¿Es similar o diferente al almuerzo hispano? Expliquen.

En el bar de la foto (España), la merienda incluye tapas—pequeñas y sabrosas (*tasty*) porciones de comida que se sirven para acompañar las bebidas. ¿Se sirve buena comida en los bares de su país?

---

[7]Businesses, particularly in small towns, close down during lunchtime.

2. *Making future plans:* **Ir** + **a** + **infinitivo**

To talk about plans and actions yet to occur, use a form of the verb **ir** + **a** + *infinitive*.

¿**Van a almorzar** en la cafetería?

Are you going to have lunch in the cafeteria?

Sí, y esta noche **vamos a cenar** en un restaurante.

Yes, and tonight we are going to have dinner in a restaurant.

A common question to ask with this construction is:

¿**Qué vas a hacer?**

What are you going to do?

A time reference may be added:

¿Qué vas a hacer **esta tarde/esta noche/este fin de semana**, etc.?

¡Un momento, por favor!

Vamos a + *infinitive*, used affirmatively, can also mean *let's*.

¡**Vamos a comer!**　　　　*Let's eat!*

Práctica y comunicación

O. ¿Qué vamos a hacer (*What are we going to do*)**?** En el mundo hispano existen tiendas (*stores*) pequeñas donde venden artículos o productos especiales. Por ejemplo, una tienda (p. 123) donde venden pasteles se llama una pastelería.

Seleccione de la lista lo que cada persona va a comprar en las tiendas indicadas.

MODELO:　En la panadería, (yo)...
　　　　　Voy a comprar pan.

1. En la heladería, (nosotros)...
2. En la pastelería, tú y yo...
3. En la carnicería, Elena...
4. En la tortillería, ustedes...
5. En la lechería, (yo)...
6. En el supermercado, Tina y Tom...
7. En la chocolatería, (nosotros)...

> pan
> chuletas de cerdo
> leche fresca y crema
> tortas y pasteles
> helado de chocolate
> bombones
> una docena de tortillas
> sal y pimienta

¿Quiere usted comprar pasteles o panes dulces (*sweet*) en esta (*this*) pastelería mexicana de Los Ángeles? Hay una gran variedad, ¿verdad?

Un paso más: ¿Y qué van a hacer ustedes en los siguientes lugares? ¿En la biblioteca, en el laboratorio, en la librería, en el centro estudiantil, en la residencia estudiantil/su apartamento?

P. Este fin de semana. En parejas, háganse preguntas para averiguar lo que van a hacer este fin de semana.

MODELO: ¿...ir de compras?
        ESTUDIANTE 1: **¿Vas a ir de compras este fin de semana? (¿Adónde?)**
        ESTUDIANTE 2: **Sí, voy a ir de compras a Macy's. ¿Y tú?** *o*
                              No, no voy a ir de compras. ¿Y tú?

1. ¿...cenar en un restaurante? (¿En qué restaurante?)
2. ¿...cocinar algo especial? (¿Qué?)
3. ¿...dormir mucho? (¿Cuántas horas?)
4. ¿...estudiar? (¿Para qué clases?)
5. ¿...ir al cine? (¿Qué película... ver [*to see*]?)
6. ¿...asistir a un partido (*game*) de fútbol americano/béisbol/básquetbol? (¿A qué partido?)
7. ¿...ir a una fiesta? (¿Adónde?)
8. ¿...leer un libro interesante? (¿Qué libro?)
9. ¿...trabajar? (¿Dónde?)
10. ¿...ir al gimnasio? (¿Cuándo?)

Dígale a la clase una cosa que su compañero/a de clase va a hacer este fin de semana ... y/o una cosa que los dos van a hacer. **...va a... Nosotros vamos a...**

Un paso más: Escriba tres oraciones describiendo lo que usted **va a hacer** hoy/mañana/pasado mañana y lo que usted **quiere** o **prefiere** hacer. Lea sus oraciones a un/a compañero/a de clase.

¡Comer es vivir!

3. Counting from 100 and identifying the year: Los números del cien al... y los años

In Hispanic countries, prices of everyday items are often expressed in hundreds of thousands[8] of *pesos, pesetas,* and so on. It is good to become accustomed to understanding and using numbers over 100.

cien	100
ciento uno/a	101
doscientos/as	200
trescientos/as	300
cuatrocientos/as	400
quinientos/as	500
seiscientos/as	600
setecientos/as	700
ochocientos/as	800
novecientos/as	900
mil	1000
dos mil	2000
cien mil	100.000
doscientos mil	200.000
un millón (de...)	1.000.000
dos millones (de...)	2.000.000

Ochocientos noventa y uno...

ochocientos noventa y dos.

Study Hints

Review the numbers from 0 to 59 and 60 to 100 found on pages 25 and 79.

- **Cien** is used before a noun or as the number 100 when counting. **Ciento** is used with numbers 101 to 199.

    Hay **cien** estudiantes en la clase.
    Noventa y nueve, **cien, ciento uno,** etc.

- In Spanish there is no **y** between hundreds and a smaller number, although *and* is often used in English.

    205 (*two hundred and five*) = **doscientos cinco**

- When the numbers 200–900 modify a noun, they agree in gender.

    trescient**os** alumnos y quinient**as** alumnas

- In Spanish, years above 1000 are not broken into two-digit groups as they are in English.

    1971 (*nineteen seventy-one*) = **mil novecientos setenta y uno**

- In writing numbers, Spanish commonly uses a period where English uses a comma.

    English: $121,250.50 = Spanish: $121.250,50

---

[8]Note that this does not make the goods more expensive than in the U.S. One U.S. dollar often equals many units in the foreign currency.

Práctica y comunicación

Q. ¿Tienen ustedes hambre? Usted y un/a amigo/a están en San José de Costa Rica. Tienen hambre y deciden pedir dos pizzas. Estudien el menú y decidan qué tipo de pizzas van a pedir. Trabajen en parejas.

1. ¿Desean la pizza ExtravaganZZa, la pizza Vegy o la pizza Deluxe?¿Prefieren la pizza mediana de ocho porciones o la pizza grande de doce porciones? ¿Cuánto cuesta la pizza que quieren pedir?
   (¢ = **colón,** la moneda nacional de Costa Rica)
   Apunten el precio en español.

2. También quieren una pizza con sus ingredientes favoritos. ¿Quieren comprar la pizza mediana o la grande? ¿Cuál es el precio «base»? **Apunten el precio base en español.**

   ¿Qué ingredientes adicionales desean? ¿Cuánto cuesta cada ingrediente? ¿Cuánto van a costar los ingredientes adicionales? Hagan la suma. **Apunten el precio total de los ingredientes adicionales.**

3. Tienen sed; por eso (*so*), piden medio litro de Coca-Cola. ¿Cuánto cuesta? **Apunten el precio.**

4. ¿Cuál es el precio total? **Apúntenlo.**

5. ¿Cuál es el número de teléfono de la pizzería?

Palabras útiles: **chile dulce verde** = *green pepper*; **carne molida** = *ground beef*; **hongos** = *mushrooms*

PREPARE LA MESA, QUE YA LLEGAMOS.™

DOMINO'S PIZZA.®

ENTREGA GRATIS EN 30 MINUTOS ¡GARANTIZADA!

MENU
12" – MEDIANA • 8 PORCIONES
16" – GRANDE • 12 PORCIONES

ESPECIALIDADES

ExtravaganZZa™
Sabrosa combinación de 9 riquísimos ingredientes... por el precio de 5
12"–MEDIANA = ¢650.00
16"–GRANDE = ¢835.00

Vegy
Combine lo más NATURAL: Chile dulce verde, cebolla, aceituna verde y hongos.
12"–MEDIANA = ¢585.00
16"–GRANDE = ¢745.00

Deluxe
Tentador conjunto de 5 deliciosos ingredientes por el precio de 4:
CHILE DULCE VERDE, CEBOLLA, CHORIZO, HONGOS, SALAMI.
12" – MEDIANA = ¢585.00
16" – GRANDE = ¢745.00

INGREDIENTES:
9 deliciosos ingredientes disponibles para que los combines en tu forma favorita: CEBOLLA, CHILE DULCE VERDE, CHORIZO, CARNE MOLIDA, HONGOS, PIÑA, JAMON, ACEITUNA VERDE, SALAMI.

PRECIOS:

	*BASE	CADA INGREDIENTE
12"–MEDIANA	¢325.00	¢65.00
16"–GRANDE	¢385.00	¢90.00

*Incluye: Pasta, salsa de tomate y queso
Coca-Cola (1/2 litro) ¢ 35.00

Disfrute Coca-Cola

Coca-Cola es así!

¡Una llamada y... ya!

ESCAZU
28-9595
Centro Comercial Los Anonos, Locales 7 y 8, San Rafael de Escazú.

HORARIO:
Domingo a jueves de 11 a.m. a 11 p.m.
Viernes y sábado de 11 a.m. a 1 a.m.

DOMINO'S PIZZA ENTREGA GRATIS

Area de entrega limitada. Nuestro personal de entrega no lleva más de ¢500.00 y no excede los 45 Km/h en su velocidad.© 1987 Domino's Pizza, Inc.

R. ¿En qué año? Diga desde (*since*) qué año están abiertos los siguientes restaurantes/establecimientos antiguos (*old*).

1. Hotel Restaurante la Diligencia, originalmente Casa de Postas (Tarragona, España): ¡1515! **Está abierto desde...**
2. Casa Botín (Madrid, España): 1725
3. Delmonico's (Nueva York, NY): 1836
4. Venta de Aires (Toledo, España): 1891
5. Restaurante Richmond (Buenos Aires, Argentina): 1917
6. Restaurante El Faro (Nueva York, NY): 1927
7. Restaurante El Quijote (Nueva York, NY): 1930

También hay restaurantes que llevan fechas en sus nombres. Diga que usted va a comer allí. Lea los nombres.

8. Restaurante 1800 (Buenos Aires, Argentina) **Voy a comer en...**
9. México Lindo 1900 (Panamá, Panamá)
10. Havana'59 (1959) (Richmond, Virginia)
11. Bar Restaurante 1985 (Panamá, Panamá)
12. Cafetería Año 2000 (Tegucigalpa, Honduras)

S. ¿Cuánto cuesta? En parejas, determinen cuánto cuestan las cosas indicadas. Apunten el precio aproximado en dólares.

Precios aproximados

1. una radiograbadora de discos compactos y casetes
2. un estéreo magnífico que usted quiere comprar en el futuro
3. un televisor con una pantalla muy grande
4. una computadora con monitor y teclado
5. una impresora
6. los libros de texto para un semestre
7. la matrícula de un año en su universidad
8. un coche usado del año 1995
9. un coche deportivo (*sporty*) nuevo
10. un Rolls Royce nuevo
11. una casa elegante en San Francisco, California
12. una cena elegante en un restaurante de cinco estrellas

Ahora, vamos a comparar los precios que ustedes apuntaron.

4. *Expressing likes and dislikes:* **Gustar**

Gustar, meaning *to be pleasing* (to someone), is used in a special construction to express the Spanish equivalent of English *to like*.

		LITERAL TRANSLATION
Me gusta el helado.	*I like ice cream.*	*(Ice cream is pleasing to me.)*
¿Te gustan las fresas?	*Do you like strawberries?*	*(Are strawberries pleasing to you?)*
No le gusta tomar vino.	*He doesn't like to drink wine.*	*(Drinking wine isn't pleasing to him.)*

As you can see in the examples, the subject pronouns **yo, tú, él,** etc. are *not* used in the **gustar** constructions. To express who is doing the liking (or literally, to whom something is pleasing), indirect object pronouns are used: **me, te, le, nos, os, les**.[9] Only two forms of the verb **gustar** are used frequently: **gusta** for single items and **gustan** with plural items.

Person(s) doing the liking + **gusta/gustan** + *thing(s) liked*		
me		
te	**gusta**	el
le		
nos		
os	**gustan**	las
les		

Note that the definite article is used with the thing(s) liked. Me gusta **el** helado.

- To express the idea that one *likes to do something*, the singular form of **gustar (gusta)** is used with the infinitive (the **-ar, -er, -ir** form of the verb). The singular form of **gustar** is even used with two or more activities (infinitives).

  Nos **gusta comer**.   *We **like to eat**.*
  Les **gusta cenar** en restaurantes y   *They **like to have dinner** in*
     asistir a conciertos.   *restaurants and **attend***
                                            concerts.

- To clarify the meaning of **le** and **les,** use the **a** + *person* structure: **a mis padres, a Pedro, a él, a ella, a usted, a ellos,** etc.

  A mis padres les gusta la langosta.   ***My parents** like lobster.*
  A Pedro le gusta tomar café con leche.   ***Pedro** likes to drink coffee*
                                               with milk.
  A ellas no les gusta la comida.   ***They (f.)** don't like the*
                                               food.

- For emphasis, use **a mí, a ti, a usted, a nosotros,** etc.

  A mí no me gustan los guisantes.   *I don't like peas.*
  A ti te gustan, ¿verdad?   *You like them, right?*

- To ask a follow-up question, use **¿Y a ti?, ¿Y a usted?, ¿Y a él?,** etc.

_____

[9]The indirect object pronouns, meaning *to me, to you, to you/him/her, to us, to you, to you/them*, will be studied in detail in Chapter 7.

- **¿Qué?** is used to obtain a definition or explanation; *in front of a noun,* **qué** (rather than **cuál**) is used to seek a choice.

¿Qué es?	*What is it?* (definition)
¿Qué quieres?	*What do you want?* (explanation)
¿Qué postre deseas?	*What (Which) dessert do you want?* (choice)

- **¿Cuál/Cuáles?** is used to ask for a choice and is used *in front of a verb or preposition*. It is typically *not* used in front of a noun. **Cuál/Cuáles** translate as *Which (one/ones)?* or *What?*

¿Cuáles quieres comprar?	*Which ones do you want to buy?*
¿Cuál es tu postre favorito?	*Which (What) is your favorite dessert?*
¿Cuál de los postres prefieres?	*Which of the desserts do you prefer?*

Some of the words listed previously change meaning slightly without an accent. In that case, instead of being used to ask a question, they are used to connect two separate thoughts within a statement.

que   *that, which, who*

En el mercado **que** está en la plaza venden mariscos.	*The market that's in the plaza sells seafood.*

lo que   *what, that which*

Compro **lo que** necesito.	*I buy what I need.*

cuando   *when*

Cuando tengo hambre voy a la cafetería.	*When I'm hungry, I go to the cafeteria.*

porque   (written as one word) *because*

Quiero una hamburguesa grande **porque** tengo mucha hambre.	*I want a big hamburger because I'm very hungry.*

Quiero una hamburguesa grande porque tengo mucha hambre.

Práctica y comunicación

X. Preguntas para la profesora/el profesor. Su profesor/a les da cierta información. Hágale preguntas para solicitar más información. Use las palabras interrogativas: **cuál/cuáles, qué, por qué, dónde, cuándo, cuánto(a, os, as), cómo, de dónde, adónde, dónde.**

MODELO: PROFESOR/A: París no es mi ciudad favorita.

ESTUDIANTE: **¿Cuál es su ciudad favorita?**

PROFESOR/A: Madrid.

1. No soy de Paraguay.
2. No tengo diecinueve años.
3. No tengo cinco hijas.
4. No vivo en una residencia en la universidad.
5. No trabajo en la oficina por la noche.
6. Después de la clase no voy a mi oficina.
7. No como en la cafetería.
8. No tomo cerveza con la comida.
9. La música «rock» no es mi música favorita.
10. *Tom Sawyer* y *Huckleberry Finn* no son mis novelas favoritas.

Un paso más: Usted va a entrevistar (*interview*) a una persona de la clase de español. Como preparación para la entrevista, escriba ocho preguntas. Use las palabras interrogativas. Luego haga la entrevista.

Y. Una cena especial. En parejas, hablen de una cena especial que van a preparar para sus amigos/as. En su conversación, usen las palabras interrogativas. Hablen de:

- la fecha y la hora de la cena (¿Cuándo?)
- el número de personas que van a invitar (¿Cuántos/as?)
- lo que van a servir (¿Qué?)
- los ingredientes que van a comprar y las cantidades (*quantities*) (¿Qué?) (¿Cuántos/as?)
- las responsabilidades de las diferentes personas que van a preparar la comida (¿Quién?)

Así se dice

La pronunciación de *ce/ci, gue/gui* y *que/qui*

Remember that in Latin America **c** before **e** or **i** has the English *s* sound as in *sister*. In most regions of Spain, **c** before **e** or **i** is pronounced with a *th* sound as in *thanks*. Practice these words with both pronunciations.

cena   gracias   aceite   cerveza   cereal

In the combinations **gue, gui, que, qui,** remember that the **u** is silent.

hamburguesa   guisantes   queso   mantequilla

Repita estas oraciones que los niños ecuatorianos usan para practicar la pronunciación de **c, gue/gui, que/qui**. Luego, léalas rápidamente.

ce/ci	La **pecera**° de **Lucero** tiene **peces**° de colores.
gue/gui	El señor **Guerrero**, guitarrista, **guitarrea** su **guitarra**.
que/qui	**Raquelita** tiene una **quinta**° en **Quito**.

fish tank / fish

farm

Dicho y hecho

Conversando

Una cena especial en el restaurante Larios en Miami Beach.
Gloria Estefan y su esposo Emilio, son dueños (*owners*) del restaurante
Larios en Miami Beach. El restaurante sirve comida típica de Cuba.

En grupos de cuatro, imaginen que tres son los clientes y uno/a es el
camarero/la camarera. Primero, lean el menú y hablen de las comidas. El
camarero/La camarera tiene varias recomendaciones. Luego, decidan lo
que van a pedir y pidan la comida. Expresiones útiles:

EL CAMARERO/LA CAMARERA

¿Qué desean ustedes? ¿Y para ustedes?
¿Qué desean tomar?
Les recomiendo (comidas/bebidas)**...**
Nuestros postres (etc.) **son exquisitos.**
Estoy para servirles.

EL/LA CLIENTE

Quisiera...
¿Cuál es la sopa del día?
¿Qué nos recomienda?
¿Sirven arroz y plátanos
fritos con todos los platos?
Muchas gracias.

SOPAS
SOUPS

SOPA DEL DIÁ SOUP OF THE DAY	$3.75
SOPA DE POLLO CHICKEN SOUP	$3.50
SOPA DE FRIJOLES NEGROS BLACK BEAN SOUP	$3.50

TORTILLAS
OMELETTES

TORTILLA ESPAÑOLA *CON ARROZ Y PLÁTANOS* SPANISH OMELETTE, RICE & PLANTAINS	$6.75
TORTILLA DE PLÁTANO *CON ARROZ Y FRIJOLES NEGROS* PLANTAIN OMELETTE WITH RICE & BEANS	$5.95

ENSALADAS
SALADS

ENSALADA MIXTA HOUSE SALAD	$4.75
ENSALADA DE SARDINAS SARDINE SALAD	$6.95
ENSALADA DE TOMATE TOMATO SALAD	$3.50
SERRUCHO EN ESCABECHE PICKLED KINGFISH	$8.25
PLATO DE FRUTAS FRUIT PLATTER	$4.95

CARNES
MEATS

BISTEC DE PALOMILLA CUBAN STEAK	$8.95
LOMO DE PUERCO ROAST PORK LOIN-CUBAN STYLE	$9.75
MASAS DE PUERCO FRIED PORK CHUNKS	$9.25
CHULETAS DE PUERCO PORK CHOPS	$8.50
CARNE AL PINCHO SHISH KABOB	$12.95
PICADILLO A LA CUBANA CUBAN GROUND BEEF CREOLE	$6.25

AVES
CHICKEN

PECHUGA DE POLLO A LA PLANCHA BONELESS GRILLED CHICKEN BREAST	$8.25
POLLO ASADO ROASTED CHICKEN	$7.95
CHICHARRONES DE POLLO DEEP FRIED CHICKEN CHUNKS	$7.95
ARROZ CON POLLO CHICKEN AND YELLOW RICE	$6.95
PECHUGA DE POLLO RELLENA *CON CAMARONES* CHICKEN BREAST STUFFED WITH SHRIMP	$8.95

PESCADOS
FISH

PESCADO EMPANIZADO BREADED FISH	$9.95
PESCADO A LA PLANCHA GRILLED FISH	$9.75
BROCHETA DE CAMARONES SHRIMP KABOB	$11.75
CAMARONES EMPANIZADOS BREADED SHRIMP	$12.25
CAMARONES AL AJILLO SHRIMP IN GARLIC	$12.25
LANGOSTA ENCHILADA LOBSTER CREOLE	$20.50

> TODOS ESTOS PLATOS SE SIRVEN
> CON ARROZ Y PLÁTANOS FRITOS

POSTRES
DESSERTS

PUDÍN DE PAN BREAD PUDDING	$3.75
FLAN DE LECHE CUSTARD	$3.75
ARROZ CON LECHE RICE PUDDING	$3.75
COCO RALLADO SHREDDED COCONUT	$3.25

HELADOS
ICE CREAM

COCO	$2.95
MANGO	$2.95
GUANÁBANA SORBET	$2.95
CHOCOLATE	$2.95
VAINILLA	$2.95

¡A escuchar!

Un mensaje (*message*) **telefónico.**
Suena el teléfono. No hay nadie en casa y contesta la máquina. Una mujer deja (*leaves*) un mensaje. Escuche el mensaje. Luego, conteste las dos primeras preguntas.

1. ¿Quién deja el mensaje?
   _____ la esposa de Pablo   _____ la madre de Pablo

2. ¿Quién va a preparar la comida?
   _____ Pablo   _____ ella

Escuche el mensaje otra vez y complete las oraciones.

3. Puede preparar un sándwich con _____, _____, lechuga
   y _____.

4. Para tomar hay _____.

5. Para el postre hay _____ y _____.

De mi escritorio

Una carta (*letter*) **a su abuelita.**
Usted le escribió (*wrote*) un mensaje electrónico a su abuelita en el Capítulo 2. Ahora, escríbale una carta. Incluya lo siguiente:

---

la fecha

Querida abuelita:

Indique:

- si (*if*) le gusta a usted la universidad o no y si está contento/a o no
- quién es su compañero/a de cuarto/apartamento o mejor amigo/a y cómo es (descripción)
- lo que usted piensa de la cafetería de la universidad y las comidas que le gustan o no le gustan
- lo que usted quiere hacer y va a hacer este fin de semana

Un abrazo fuerte de (*A big hug from*)...

Study Hints
See what you have learned! Turn to pp. 138–139 to review the active vocabulary and take the self-test for this chapter.

PANORAMA CULTURAL

México: tradición e innovación

[www.wiley.com/college/dicho/panorama]

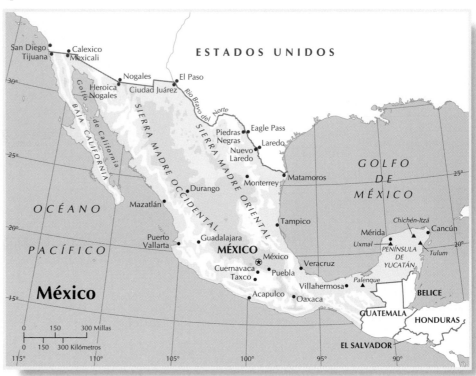

Study Hints
Follow the Helpful Strategies for Reading found on p. 35.

Preguntas sobre el mapa

1. ¿Cuáles son cuatro ciudades importantes en la frontera (*border*) entre México y los EEUU?
2. ¿Cuáles son dos ciudades importantes en la región del Golfo de México? ¿Y en la costa del Pacífico?
3. ¿Puede usted identificar la capital? ¿Y una ciudad importante que está al noroeste de la capital?
4. ¿Puede usted identificar tres de las ruinas mayas en la Península de Yucatán? ¿Y una ciudad turística muy famosa?
5. ¿Qué montañas separan la región central de las costas?

Un territorio diverso

México es un país muy diverso. El centro del país es una vasta región de valles. La región centro-oeste es una zona fértil con una rica producción agrícola y ganadera[1]. En el sureste está la región más industrializada del país, en el Golfo de México, donde el petróleo y los productos petroquímicos son la industria principal. ¿Conoce usted la frontera[2]? ¿La Península de Yucatán? ¿La «Nueva Riviera»? Vea las siguientes fotos.

Aumento de las maquiladoras

Más de 3,800 fábricas maquiladoras emplean 1 millón de mexicanos. Cifras al 30 de junio de 1997.

Ciudad	No. de maquiladoras	No. de trabajadores
1. Tijuana	581	132,348
2. Tecate	91	8,636
3. Mexicali	143	39,650
4. Ensenada	59	8,208
5. La Paz	7	2,592
6. San Luis Río Colorado	28	7,845
7. Nogales	88	30,727
8. Agua Prieta	32	9,760
9. Hermosillo	32	11,871
10. Ciudad Juárez	294	188,036
11. Chihuahua	72	36,579
12. Ciudad Acuña	53	27,067
13. Piedras Negras	45	11,966
14. Torreón	59	13,143
15. Monterrey	106	37,591
16. Nuevo Laredo	53	19,973
17. Reynosa	91	44,108
18. Río Bravo	12	2,900
19. Matamoros	121	52,086
20. Gómez Palacios	85	24,338
21. Guadalajara	22	3,280
22. Cd. de México	61	9,967
23. Aguascalientes	61	16,133
24. Guanajuato	42	9,963
25. Puebla	33	12,845
26. Mérida	45	9,909
27. Otras ciudades combinadas	308	69,622
TOTAL	2,924	861,148

FUENTE: Ministerio de Comercio y Desarrollo Industrial; Twin Plant News magazine/A. Mundial

La frontera entre Tijuana y Matamoros es una región fundamental para el comercio y la industria. Miles de fábricas maquiladoras emplean un millón de mexicanos. ¿Cuáles son las cuatro ciudades con más fábricas maquiladoras[3]? ¿Cuántas maquiladoras tienen?

La Península de Yucatán es un área turística importante. Las playas del mar[4] Caribe y las impresionantes ruinas mayas atraen una multitud de turistas a este paraíso tropical. ¿Le gustaría visitar estas ruinas mayas de Tulúm, México? ¿Por qué?

En las costas del Pacífico, en la «Nueva Riviera», la belleza[5] natural de las playas contrasta con las estructuras modernas de los hoteles y discotecas. ¿Cuáles son algunas de las atracciones principales de Acapulco, una de las ciudades más famosas del Pacífico? (Vea la foto.)

ADIÓS, DINOSAURIOS MEXICANOS

Un meteorito que cayó en Yucatán, México, posiblemente fue la razón de la extinción de los dinosaurios en esa zona.

---

[1]cattle-raising   [2]border   [3]assembly plants   [4]sea   [5]beauty

La capital, México, D.F.

La ciudad de México es una de las ciudades más grandes del mundo. ¡En la capital hay 5.660 personas por km² (kilómetro cuadrado[6])! Pero la población de México disminuye cada año con la migración a las ciudades del norte donde hay más trabajo.

Tenochtitlán, capital de los aztecas, era[7] una ciudad esplendorosa. Hoy esta ciudad es la ciudad de México, la capital actual más antigua[8] de Latinoamérica. La cultura indígena es visible en los murales que decoran la capital. ¿Qué aspectos de la vida azteca puede usted describir en el mural del famoso pintor mexicano, Diego Rivera?

México es una ciudad fascinante en donde coexisten la tradición y la modernidad. La Plaza de las Tres Culturas simboliza esta fusión; combina ruinas arqueológicas aztecas, una iglesia[11] colonial y edificios[12] modernos. Según la foto, ¿qué cultura representa la catedral? ¿Las ruinas? ¿La nueva arquitectura?

En las avenidas de la zona céntrica de la ciudad hay muchas tiendas[9], restaurantes, teatros y hoteles elegantes. La impresionante arquitectura es futurista y tradicional. El Ángel de la Independencia domina el Paseo de la Reforma, una de las avenidas principales de la ciudad capital. En su opinion, ¿cuál es más impresionante? ¿El monumento? ¿El tráfico? ¿Los edificios grandes? ¿Las luces[10]?

UNA MARCA
La ciudad de México tiene la avenida más larga (*long*) del mundo, Insurgentes. ¡Tiene 25 kilómetros!

¿Qué descubrimos?

Según el mapa y la información presentada en el *Panorama cultural*, identifique la ciudad correspondiente a cada descripción.

Cancún, Ciudad Juárez, México, Acapulco, Veracruz

1. Está en la región turística del Pacífico conocida como la «Nueva Riviera».
2. Está en la región más cercana (*closest*) a los EEUU. Existen muchas fábricas maquiladoras allí.
3. Está en la región que tiene playas en el Caribe. Hay muchas ruinas mayas a poca distancia.
4. Está en la región más industrializada de México donde abundan las industrias petroquímicas.
5. La Plaza de las Tres Culturas está en esta ciudad moderna.

---

[6]*square* [7]*was* [8]*oldest* [9]*stores*
[10]*lights* [11]*church* [12]*buildings*

ENCUENTRO CULTURAL
Artes culinarias:
Las tortillas de maíz

READING STRATEGIES:
LINKING LANGUAGE AND VISUALS

The following introductory paragraph and diagram come from a Web site about Mexican cuisine for native speakers of Spanish. Skim the passage quickly to find general information about the preparation of tortillas. Then refer to the diagram to help you determine the steps involved in making a homemade tortilla.

El consumo diario de tortillas en México es de aproximadamente 300 millones. Desde luego[1], para satisfacer una demanda de esta magnitud, existen máquinas que las elaboran[2] en grandes cantidades. Pero en muchas partes del país, especialmente en zonas rurales, hacer las tortillas es el deber cotidiano[3] de las mujeres. La única[4] concesión a los tiempos modernos es el empleo[5] de la pequeña prensa[6] metálica para extender la masa[7]: un instrumento elemental, que se vende en todos los mercados de México y que ha ahorrado[8] incalculables millones de horas de trabajo a millones de manos[9] femeninas.

Con la información del diagrama determine el orden correcto de las siguientes instrucciones para hacer una tortilla.

En México, la tortilla es la base de la comida típica y forma parte de muchos platos sabrosos (*tasty*).

Instrucciones:

___ cerrar la prensa, presionar y luego abrir la prensa

1 tomar la masa necesaria y hacer una bolita

___ cocinar cada lado[10] de la tortilla unos momentos

___ poner[11] la bolita en el centro de una prensa metálica, entre dos pedazos[12] de plástico transparente

___ extender la tortilla sobre el comal[13] caliente

___ separar la tortilla del plástico superior y luego del otro plástico

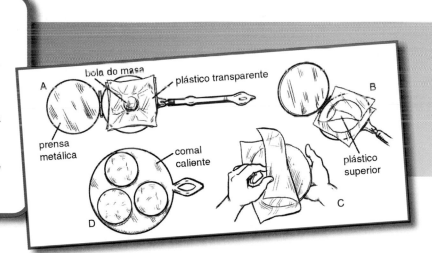

Preguntas

1. ¿Cuál es el consumo diario de tortillas en México?
2. ¿Cómo preparan las tortillas para satisfacer una demanda tan grande?
3. En las zonas rurales, ¿quiénes hacen las tortillas?
4. ¿Para qué usan las mujeres las prensas metálicas? ¿En dónde compran las prensas?
5. En su experiencia, ¿qué platos mexicanos usan las tortillas como base?
6. ¿Qué comidas tienen más consumo diario en su comunidad?

[1]*Of course* [2]*make them*
[3]*daily task* [4]*only* [5]*use*
[6]*press* [7]*dough* [8]*has*
saved [9]*hands* [10]*side*
[11]*put* [12]*pieces* [13]*griddle*

REPASO DE VOCABULARIO ACTIVO

Adjetivos y expresiones adjetivales

caliente
frío/a
frito/a
mucho/a/os/as
otro/a/os/as
poco/a/os/as
al horno
a la parrilla

Adverbios

más/menos
mucho/poco

Palabras interrogativas

¿Adónde?
¿Cómo?
¿Cuál?/¿Cuáles?
¿Cuándo?
¿Cuánto/a/os/as?
¿De dónde?
¿De quién?
¿Dónde?
¿Por qué?
¿Qué?
¿Quién/es?

Palabras adicionales

que
lo que
cuando
porque

Preposiciones

con
sin

Sustantivos

Las comidas del día

el almuerzo
la cena
el desayuno
la merienda

Las legumbres y las verduras en el mercado

el arroz
el bróculi
la cebolla
los frijoles
los guisantes
las habichuelas
las judías verdes
la lechuga
el maíz
la papa
  las papas fritas
la patata
el tomate
la zanahoria

Las frutas

la banana
la cereza
el durazno
la fresa
el limón
la manzana
el melocotón
la naranja
la pera
la piña
el plátano
la sandía
la uva

Las carnes y los mariscos

el bistec
el camarón
la carne de cerdo/puerco
la carne de res

el chorizo
la chuleta de cerdo/puerco
la hamburguesa
el jamón
la langosta
el pescado
el pollo
la salchicha
la tocineta
el tocino

Las bebidas

el agua
el café
la cerveza
el jugo
la leche
el refresco
el té
el vino
el zumo

Los postres

la galleta
el helado
el pastel
la torta

Otras comidas y condimentos

el aceite
la aceituna
el ajo
el azúcar
el bocadillo
el cereal
la crema
la ensalada
el hielo
el huevo
  los huevos revueltos
la mantequilla

la mermelada
el pan
  el pan tostado
la pimienta
el queso
el plato
la sal
el sándwich
la sopa
el vinagre

Verbos y expresiones verbales

almorzar (ue)
cocinar
desear
dormir (ue)
entender (ie)
gustar
necesitar
pedir (i)
poder (ue)
preferir (ie)
preparar
querer (ie)
servir (i)
vender
tener (mucha) hambre
tener (mucha) sed

I. Los verbos con cambios en la raíz. Escríbales preguntas a sus amigos usando la forma de **ustedes** del verbo. Luego, escriba las respuestas a las preguntas usando la forma de **nosotros**.

MODELO: entender el ejercicio
¿Entienden el ejercicio?
Sí, entendemos el ejercicio. o **No, no entendemos el ejercicio.**

1. poder cocinar
2. querer ir de compras
3. almorzar a las doce todos los días
4. preferir cenar en un restaurante o en la cafetería
5. normalmente pedir postres en los restaurantes

II. Ir + a + *infinitivo*. Indique lo que las personas **van a hacer** esta tarde.

MODELO: yo/estudiar
Voy a estudiar.

1. yo/imprimir mi trabajo escrito
2. nosotros/tomar una siesta
3. tú/escuchar cintas en el laboratorio
4. mis amigos/ir al gimnasio
5. Carmen/hablar con la profesora

III. Los números del cien al... El señor Trompa es muy, muy rico. Va a comprar todo lo que sus dos hijos necesitan para asistir a la universidad. ¿Cuánto dinero necesita para comprar dos de cada (*each*) cosa indicada? Siga el modelo. Escriba el número.

MODELO: Un libro de psicología cuesta $90.
Dos cuestan ciento ochenta dólares.

1. Un libro de arte cuesta $125.
2. Una calculadora excelente cuesta $70.
3. Una impresora cuesta $350.
4. Una computadora con teclado y monitor cuesta $1400.
5. Un televisor para el cuarto cuesta $350.
6. Un coche nuevo cuesta $16.000.

IV. ¿Le gusta o no le gusta? Escriba preguntas según el modelo y luego contéstelas. Use la forma correcta del verbo **gustar** y el pronombre que corresponde.

MODELO: ¿a su hermano/las legumbres?
¿A su hermano le gustan las legumbres?
Sí, le gustan las legumbres. o **No, no le gustan...**

1. ¿A sus padres/tomar café?
2. ¿A ustedes/la comida italiana?
3. ¿A ustedes/tomar el desayuno temprano?
4. ¿A su abuela/los postres?
5. ¿A usted/los frijoles negros?

V. Palabras interrogativas. Haga preguntas para solicitar más información. Use palabras interrogativas diferentes.

MODELO: Ana no come en la cafetería.
¿Dónde come? o **¿Por qué no come en la cafetería?**

1. Ana no bebe vino.
2. La sandía no es su fruta favorita.
3. No trabaja por la mañana.
4. No es de Buenos Aires.
5. No tiene veinte años.
6. No vive en la residencia de estudiantes.
7. No va a la librería ahora.
8. No está enferma hoy.

VI. Repaso general del Capítulo 4. Conteste con oraciones completas.

1. ¿Qué come usted en el desayuno?
2. ¿Cuál es su postre favorito?
3. ¿Qué frutas le gustan más a usted?
4. ¿Dónde quiere usted cenar esta noche?
5. ¿Qué va a hacer usted esta noche?
6. Usted y sus amigos/as, ¿cuántas horas duermen (generalmente) por la noche?
7. Usted y sus amigos, ¿pueden estudiar toda la noche sin dormir?

Answers to the **Autoprueba y repaso** are found in **Apéndice 2.**

CAPÍTULO 5

Iluminada Concepción, campeona cubana de tenis. ¡Qué pasión por su deporte (*sport*) tiene!

¿Qué quieres hacer hoy?

Goals for communication

- To talk about a wide variety of activities
- To identify parts of the body and talk about ailments
- To state preferences and obligations
- To describe the weather and the seasons
- To describe an action in progress
- To indicate that an action has been going on for a period of time

Cultural focus

- Soccer—a way of life in the Hispanic world
- The Antilles—Cuba, the Dominican Republic, and Puerto Rico

Structures

1. La **a** personal
2. Verbos con la forma de **yo** irregular
3. **Tener que..., tener ganas de...** y más
4. El tiempo y las estaciones
5. El presente progresivo
6. **Hacer** para expresar tiempo

Pronunciation

La combinación **ll** y la consonante **v**

¡Bien dicho!

¿Qué quieres hacer hoy?

2. correr

1. esquiar

10. la pelota

3. nadar

4. tomar el sol

5. pintar
(un cuadro)

Inés

9. jugar (ue) al
vólibol

7. cantar

8. tocar
(la guitarra)

Camila

6. caminar

Rubén

Manuel

Linda

1. to ski   2. to run   3. to swim   4. to sunbathe   5. to paint (a picture, painting)   6. to walk   7. to sing
8. to play (instruments)   9. to play volleyball   10. the ball

11. to play basketball   12. to smoke   13. to rest   14. to exercise, to do exercises   15. to lift weights
16. to play tennis

Práctica y comunicación

A. Los sábados en el parque. ¿Qué hacen las siguientes personas en el parque? Refiérase a los dibujos en las páginas 142–143.

MODELO: ¿Qué hace la mujer que está en el lago (*lake*)?
Ella esquía[1].

1. ¿Qué hace el hombre que está en el lago?
2. Juanito persigue (*chases*) a su perro Teo. ¿Quién corre más rápido? ¿Juanito o el perro?
3. Inés está cerca (*near*) del lago. ¿Qué le gusta hacer?
4. ¿Qué hace Camila, la artista?
5. ¿Qué hacen Linda y Manuel?
6. A Rubén le gusta la música. ¿Qué hace?
7. La pelota está en el aire. ¿Qué hacen los niños?
8. Esteban no juega al tenis. ¿Qué hace? ¿Y Javier?
9. A Natalia le gusta escuchar música en su Walkman. ¿Qué más hace?
10. El vagabundo siempre visita el parque. ¿Qué hace?
11. Octavio no levanta pesas. ¿Qué hace? ¿Y qué hace Alfonso?
12. ¿Qué hace Pepita?

B. Los gustos de los estudiantes. En parejas, háganse preguntas y contéstenlas para averiguar en qué actividades les gusta participar. Si les gustan las mismas actividades, apunten el número de la referencia.

MODELO: **¿... jugar al vólibol?**

ESTUDIANTE 1: **¿Te gusta jugar al vólibol?**

ESTUDIANTE 2: **Sí, me gusta jugar al vólibol. Juego casi todos los días. ¿Y a ti?** *o* **No, no me gusta jugar al vólibol. ¿Y a ti?**

1. ¿...jugar al tenis? (¿En qué canchas [*courts*] juegas?)
2. ¿...nadar? (¿Prefieres nadar en una piscina [*swimming pool*], un lago, un río o en el océano)?
3. ¿...tomar el sol? ¿...ir a la playa? (¿A qué playa?)
4. ¿...levantar pesas? ¿...hacer ejercicio? (¿Cuándo?) (¿Dónde?)
5. ¿...correr? (¿Cuántas millas corres?)
6. ¿...esquiar? (¿Prefieres esquiar en la nieve [*snow*] o en el agua?)
7. ¿...fumar? ¿Fuman muchos de tus amigos/as?
8. ¿...escuchar música? (¿Qué tipo?)
9. ¿...leer? (¿Qué tipo de libros?)

Ahora, háblenle a la clase o a otra pareja de un interés que ustedes tienen en común y una diferencia en sus intereses.

MODELOS: **A ... y a mí nos gusta levantar pesas y hacer ejercicio.**
A ... le gusta tomar el sol, pero a mí no me gusta. Prefiero...

---

[1]When conjugating the verb **esquiar** in the present tense, place an accent mark over the **í** in all persons except **nosotros** and **vosotros**: **esquío, esquías, esquía, esquiamos, esquiáis, esquían.**

Bien dicho Más actividades y deportes

bailar	*to dance*
limpiar	*to clean*
manejar, conducir	*to drive*
ver la tele(visión)	*to watch TV* (television)
el deporte	*the sport*
el equipo	*the team, athletic equipment*
el partido	*the game, match*
practicar	*to practice, to go in for a sport*
ganar	*to win, to earn*
perder (ie)	*to lose*
jugar (ue) al ²**fútbol/ fútbol americano/ béisbol/golf**	*to play soccer/American football/baseball/golf*

C. Preferencias. Escuche la pregunta. Escriba la actividad que usted prefiere.

MODELO: ¿Qué prefiere usted, leer o practicar un deporte?
Usted escribe: **leer** o **practicar un deporte**.

¿Qué prefiere usted...?

1. ¿ver la tele o hacer ejercicio?
2. ¿escuchar música o bailar?
3. ¿leer una novela o esquiar en un lago?
4. ¿preparar la comida en casa o ir a un restaurante?
5. ¿ver un partido de básquetbol/fútbol/vólibol/ tenis/béisbol o jugar en un partido de...?
6. ¿conducir o caminar?

Ahora, analice sus respuestas. Generalmente, ¿es usted una persona activa o tranquila?

 Bien dicho ¿Cuándo?

(casi) siempre *(almost) always*   **a veces** *sometimes*   **nunca** *never*

D. Mis hábitos. ¿Hace usted las siguientes cosas (casi) siempre **(S)**, a veces **(V)** o (casi) nunca **(N)**? Apunte la letra apropiada según sus hábitos.

1. Manejo después de tomar bebidas alcohólicas.
2. Fumo cuando estoy con mis amigos.
3. Bailo en las fiestas.
4. Tomo el sol cuando estoy en la playa.
5. Veo telenovelas (*soap operas*) por la tarde.
6. Hago ejercicio por la mañana.
7. Escucho música cuando estoy solo/a en mi cuarto.

En parejas, comparen respuestas. ¿Qué tienen en común? Luego, presenten la información a otra pareja o a la clase.

MODELO: **... y yo nunca manejamos después de tomar bebidas alcohólicas.**

---

²**Jugar al béisbol/golf**, etc. may also be expressed by using **jugar** + *sport*: **Jugar béisbol/golf**, etc. In modern usage the **a** + *article* is often dropped.

E. Los talentos de la clase de español. En la parte superior de un papel, escriba las siguientes seis categorías: **practicar un deporte, tocar un instrumento musical, cantar, bailar, cocinar, pintar.** Caminen por la clase, haciéndose las preguntas para averiguar quién tiene talento o interés especial en cada categoría. Si la persona responde que **sí**, escriba el nombre de la persona debajo de (*under*) la actividad. Apunte información adicional (qué deporte practica, etc.). Es posible escribir varios nombres en cada categoría. Tienen seis minutos.

1. ¿Practicas un deporte? ¿Cuál? ¿Tu equipo generalmente gana o pierde los partidos?
2. ¿Tocas un instrumento musical? ¿Cuál? (la guitarra, el violín, el piano, la trompeta, el saxofón)
3. ¿Cantas bien?
4. ¿Bailas bien?
5. ¿Cocinas bien?
6. ¿Pintas cuadros bonitos?

Ahora vamos a determinar qué personas tienen talentos o intereses en común. Contesten según la información que tienen apuntada.

MODELO: ¿Quiénes practican algún deporte?
... y ... practican el tenis.

Un paso más: Escriba una breve sinopsis de los intereses de los estudiantes de la clase y los intereses personales de usted.

Bien dicho El cuerpo humano

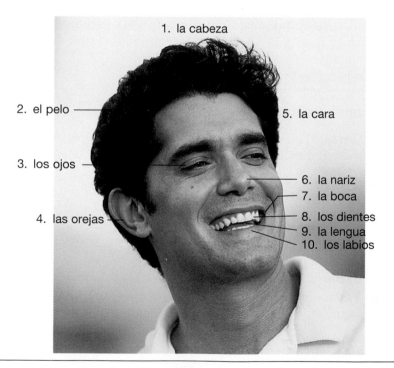

1. la cabeza
2. el pelo
5. la cara
3. los ojos
6. la nariz
7. la boca
4. las orejas
8. los dientes
9. la lengua
10. los labios

1. head 2. hair 3. eyes 4. ears 5. face 6. nose 7. mouth 8. teeth
9. tongue 10. lips

1. el cuerpo

11. las manos

10. los dedos

9. las uñas

8. la espalda

2. el cuello

3. los hombros

4. el pecho

5. los brazos

6. las piernas

7. los pies

1. body 2. neck 3. shoulders 4. chest, breast 5. arms 6. legs 7. feet
8. back 9. fingernails 10. fingers 11. hands

F. ¿Qué partes del cuerpo se usan (*are used*)**?** En parejas, miren los dibujos en las páginas 142–143. Indiquen las partes del cuerpo que cada persona usa para su actividad.

MODELO: **Para esquiar, la mujer usa los brazos, los hombros y las piernas.**

G. ¡Soy artista! Un/a estudiante con habilidades artísticas va a la pizarra. Los otros estudiantes le indican las partes del cuerpo que él/ella debe (*should*) dibujar para crear un hombre muy interesante.

MODELO: **Tiene pies grandes.**
Tiene mucho pelo.
Tiene tres ojos, etc.

Pues, ¿cómo se llama? En parejas, describan al hombre.

Conversación

Un deportista muy serio

Un sábado por la mañana en un parque cerca de la universidad. Esteban duerme en la hierba°. Llega Pepita.

grass

PEPITA: Esteban, ¿qué haces? ¿Duermes tan temprano?

ESTEBAN: Uhmm, Pepita... ¿Qué tal? Estoy... tomando el sol ...

PEPITA: ¿Con suéter y jeans?

resting / before   ESTEBAN: Bueno, estoy descansando° antes de° comenzar a tomar el sol. ¿Qué haces aquí?

looking for   PEPITA: Estoy buscando° a Octavio. Vamos a jugar al vólibol. ¿Quieres jugar con nosotros?

You know   ESTEBAN: Tú sabes° que no soy atleta. Mi deporte favorito es ver la televisión.

laughing / never   PEPITA: (*riendo°*) ¡Eres incorregible! ¿Nunca° haces ejercicio?

ESTEBAN: ¡Claro que sí! A veces juego al fútbol y baloncesto con Manuel y Javier.

PEPITA: ¡Qué bien! Esos deportes son excelentes para los músculos de los brazos y las piernas.

ESTEBAN: Es verdad, pero con esos partidos me canso mucho.

PEPITA: ¡Ah! Ahora comprendo. Por eso estás descansando hoy.

next   ESTEBAN: Bueno... sí. Necesito mucha energía para el próximo° partido.

You are right.   PEPITA: Tienes razón.° Más tarde Octavio y yo vamos a la heladería. *to come*   ¿Vas a venir°?

ESTEBAN: ¿A la heladería? Sí, voy con ustedes. Comer helados es otro de mis deportes favoritos... ¡y soy un deportista muy dedicado!

¿Qué pasa?

1.   ¿Dónde está Esteban? ¿Qué hace?
2.   ¿A qué van a jugar Pepita y Octavio en el parque?
3.   ¿Cuál es el deporte favorito de Esteban?
4.   ¿Cree usted (*Do you think*) que Esteban hace suficiente ejercicio?
5.   ¿Qué opinión tiene Pepita sobre el fútbol y el baloncesto?
6.   ¿Cuál es el otro deporte favorito de Esteban?

Estructuras

1. Indicating the person that is the object of your attention: La a personal

Note the word in the Spanish sentences whose equivalent is not found in the English translation.

Amo **a** Elena.	*I love Ellen.*
Llamo **a** mi familia una vez por semana.	*I call my family once a week.*

Whenever a specific person[3] or persons receives the action of a verb, Spanish uses the "personal **a**" before the reference to the person or persons. The "personal **a**" emphasizes that it is a *person*, *not a thing*, that receives the action of the verb. It has no equivalent in English. Contrast the two example sentences.

Linda mira **a** Manuel.	*Linda looks at Manuel.*
Mira las fotos de Manuel.	*She is looking at the photos of Manuel.*

The "personal **a**" is also used with **quién** or **quiénes** to ask the question *whom/who?*

¿**A quién** amas?	*Whom do you love?*
¿**A quiénes** buscas?	*Whom are you looking for?* (more than one person in speaker's mind)

¡Un momento, por favor!

- Remember that **a** combined with **el** becomes **al**.

Camila llama **al** médico cuando está enferma.	*Camila calls the doctor when she is sick.*

- The "personal **a**" is not normally used after **tener**.

  Tengo dos compañeros de cuarto.

Bien dicho Acciones personales

amar	*to love*	**buscar**[4]	*to look for*
abrazar	*to hug*	**mirar**	*to look (at), watch*
besar	*to kiss*	**llamar**	*to call*

---

[3] or a pet

[4] The verb **buscar** requires the use of the personal **a** when you are looking for someone specific that you know. **Busco a mi amiga.** It is not used in more generalized contexts: **Busco novio, amigos nuevos**, etc. like you see in personal ads.

¡Un momento, por favor!

Note that in Spanish some verbs include a preposition in their meaning: **pedir** (*to ask for*), **buscar** (*to look for*), **mirar** (*to look at*). Do not try to add a preposition to these verbs.

> **Busco** el número de teléfono de Linda.
>
> *I am **looking for** Linda's telephone number.*

Práctica y comunicación

H. Manuel ama a Linda. Conteste las preguntas según los dibujos.

MODELO: ¿A quién mira Manuel?
Manuel mira a Linda.

¿A quién besa Manuel?

¿A quién abraza Linda?

¿A quién llama Linda?

¿A quién ama Manuel?

¿A quién busca Manuel?

¿Qué busca Manuel?

I. En mis sueños (*dreams*) **o en la vida real**. En parejas, háganse las preguntas y contéstenlas usando la **a** personal.

En tus sueños o en la vida real...

1. ¿A quién o a quiénes besas?
2. ¿A quién o a quiénes abrazas?
3. ¿A quién o a quiénes amas?
4. ¿A quién miras con mucho interés?
5. ¿A quién llamas por teléfono con frecuencia?
6. ¿A quién escuchas más? ¿A tu madre, a tu padre o a tus amigos/as?

Dígale a la clase algo (*something*) acerca de su compañero/a de clase.

MODELO: **... ama mucho a su familia.** *o* **... ama mucho a Brad Pitt.**

2. Talking about more activities (in the present):
Verbos con la forma de **yo** irregular

In the present tense, some verbs are irregular only in the **yo** form. You learned two verbs with an irregular **yo** form (**salir** and **hacer**) in Chapter 2. Review their conjugations in the chart that follows.

salir (de) (*to leave, go out*):	**salgo**, sales, sale, salimos, salís, salen
hacer (*to do, make*):	**hago**, haces, hace, hacemos, hacéis, hacen

Other verbs with an irregular **yo** form include:

traer	*to bring*	**Traigo** mis libros a casa.
poner	*to put, place*	**Pongo** los libros en el escritorio.
traducir	*to translate*	**Traduzco** los poemas.
conducir	*to drive*	**Conduzco** el coche de mi abuela.
saber	*to know* (facts, information)	**Sé** donde vive.
	to know how to (skills)	**Sé** tocar el piano.
conocer	*to know, be acquainted with* (persons, places, things)	**Conozco** a Roberto. **Conozco** Chicago bien.

¡Un momento, por favor!

- **Salir** is followed by **de** when the subject is leaving a stated place.

  Salen **del** gimnasio. *versus* Salen con sus amigos.

- When the verb **hacer** is used in a question, it does not necessarily require a form of the verb **hacer** in the answer.

  ¿Qué **haces** normalmente por la tarde? *What do you usually do in the afternoon?*
  Voy a la biblioteca, **hago la tarea**, y después, **trabajo** en la librería.

The verbs **oír**, **dar**, and **ver** have an irregular **yo** form as well as additional minor irregularities.

> **oír** *to hear*:   **oigo**, **oyes**, **oye**, oímos, oís, **oyen** (note the **y**)
> **dar** *to give*:   **doy**, das, da, damos dais, dan (no accent in **dais**)
> **ver** *to see*:   **veo**, ves, ve, vemos, veis, ven (no accent in **veis**)

Like **tener**, the verbs **venir** and **decir** have an irregular **yo** form in addition to a stem change in the second- and third-person singular and in the third-person plural forms.

> **venir** (ie) *to come*:   **vengo**, **vienes**, **viene**, venimos, venís, **vienen**
> **decir** (i) *to say, tell*:   **digo**, **dices**, **dice**, decimos, decís, **dicen**
> **tener** (ie) *to have*:   **tengo**, **tienes**, **tiene**, tenemos, tenéis, **tienen**

> DICHO   **Decir y hacer son dos cosas, y la segunda es la dificultosa.**
> *¿Puede usted explicar este dicho?*

Práctica y comunicación

J.   **¿Es usted un/a estudiante ideal o no?** Escuche las declaraciones. Indique si usted hace o no hace las siguientes actividades. Apunte **sí** o **no**.

1. __ Cuando vengo a la universidad en carro, conduzco muy rápidamente.
2. __ Digo: «Buenos días, profesor/a» al entrar en la clase.
3. __ Vengo a clase con toda la tarea completa.
4. __ Traigo comida y bebidas a clase todos los días.
5. __ Pongo los pies en el escritorio de la profesora/del profesor.
6. __ Hago la tarea durante (*during*) la clase.
7. __ Traduzco todos los ejercicios al inglés.
8. __ En clase, con mucha frecuencia doy respuestas correctas.
9. __ Conozco a muchos de los estudiantes de la clase.
10. __ Sé navegar por Internet.
11. __ Todas las noches veo vídeos con mis amigos.
12. __ Salgo con mis amigos todos los jueves por la noche.

¿Respondió usted (*Did you answer*) que **no** a las preguntas nº 1, 4, 5, 6, 7, 11, 12? ¿Respondió usted que **sí** a los nº 2, 3, 8, 9, 10? ¡Usted es una estudiante o un estudiante ideal!

 Un paso más: Trabajen en parejas. A base de las oraciones (del nº 1 al 12), háganse preguntas. Usen la forma de **tú** del verbo.

MODELO: **Cuando vienes a la universidad en carro, ¿conduces rápidamente? ¡No! No conduzco rápidamente... ¿Y tú?**

K. ¿Qué hace Pepita? Describa lo que hace Pepita.

MODELO: **Pepita duerme bien. No oye la música del radio-despertador** (*alarm*).

dormir... no oír...
del radio-despertador

hacer... por la mañana   *llegar* a clase... a las... *traer*...   *poner*...   *saber* todas...   *traducir*...   *salir* de... a las...

Ahora, en parejas, repitan el ejercicio. Digan si ustedes hacen o no hacen lo que Pepita hace.

MODELO: **Como** (*Like*) **Pepita, yo duermo bien, y no oigo la música del radio-despertador. ¿Y tú?**

L. Talentos y conocimientos: saber y conocer. Mire los dibujos en las páginas 142–143 y conteste las siguientes preguntas.

1. ¿Qué talentos tienen algunos de los estudiantes? **Camila sabe...**
2. Según el dibujo, ¿a quién conoce bien Manuel? ¿Juanito conoce bien a su perro? En su opinión, ¿conoce el vagabundo a los estudiantes?

Un paso más: Complete las oraciones con dos o tres ejemplos personales. Escriba las respuestas.

1. (información)   Sé..., ...
2. (habilidades/talentos)   Sé..., ...
3. (personas)   Conozco bien a..., ...
4. (lugares)   Conozco bien..., ...

Compare sus oraciones con las de un/a compañero/a de clase. Luego, dígale a la clase dos o tres cosas acerca de ella/él.

MODELO: **...sabe tocar el piano y conoce bien la ciudad de Nueva York.**

M. Nuestro día favorito: el sábado. En grupos de cuatro, hablen de cómo normalmente pasan ustedes los sábados.

1. los sábados por la mañana **(Yo)...**
2. los sábados por la tarde
3. los sábados por la noche

¿Qué quieres hacer hoy?

Noticias culturales

king

EL FÚTBOL: REY° DE LOS DEPORTES

Para gran parte del mundo hispano —y para la mayor parte de la gente del planeta— el fútbol es verdaderamente el rey de los deportes. Para los dominicanos, los puertorriqueños y los venezolanos el béisbol es el deporte más importante, pero en los otros países hispanos muchos consideran que el fútbol es más que un deporte— ¡es una forma de vida!

Los fanáticos del fútbol hacen de este deporte casi una religión. Ver un partido importante de fútbol, en el estadio o por televisión, es una obligación. El fútbol no respeta *schedules* horarios° ni lugares: en muchos países los empleados ponen televisores en sus lugares de trabajo para ver jugar a sus equipos favoritos.

La pasión por el fútbol aumenta al máximo cada cuatro años con la celebración de la *World Cup* Copa Mundial°. Durante la Copa, los fanáticos no se *miss* pierden° ningún partido. Los futbolistas talentosos, como el argentino Diego Maradona, son auténticos héroes nacionales y mundiales. Varios equipos y jugadores hispanos están entre los mejores del mundo. ¿Puede mencionar algunos?

¡Los argentinos son muy aficionados al fútbol! ¿El equipo está ganando o no? (Buenos Aires)

¿Qué hay de nuevo?

1. ¿Cuáles son las frases que describen la importancia del fútbol para los hispanoamericanos?
2. ¿Por qué dicen que el fútbol no respeta horarios ni lugares?
3. ¿Qué pasa durante la Copa Mundial?

Conexiones y contrastes

1. ¿Sabe usted cuándo y dónde se celebró (*took place*) la última Copa Mundial? ¿Y la Copa Mundial Femenina?
2. ¿Es la afición al fútbol americano en los EEUU tan (*so*) fuerte?
3. En su opinión, ¿qué eventos deportivos en su país tienen una importancia comparable a la de la Copa Mundial?
4. ¿Es usted fanático/fanática de algún deporte? ¿De qué deporte? ¿Cuál es su equipo favorito?

Muchos jóvenes aspiran a ser famosos jugadores de fútbol.

3. *Stating preferences and obligations:*
Tener ganas de..., tener que... y más

Para expresar preferencias

Some verbs and expressions that indicate preference are:

desear	*to desire, to wish, to want*
preferir (ie)	*to prefer*
querer (ie)	*to want, to wish*
tener ganas de + *infinitivo*	*to feel like . . .* (doing something)

Quiero ir a la playa. **Tengo ganas de nadar** y **tomar** el sol.
I want to go to the beach. I feel like swimming and sunbathing.

Para expresar obligaciones

Some verbs and expressions that indicate obligation are:

necesitar	*to need*
deber	*ought to, should*
tener que ǀ *infinitivo*	*to have to . . .*

Tengo que estudiar esta noche. No **debo** salir con mis amigos.
I have to study tonight. I should not go out with my friends.

Práctica y comunicación ═══════

N. ¿Preferencias u obligaciones? Diga si las personas (probablemente) **tienen ganas de** hacer o **tienen que** hacer lo siguiente, según la actividad.

MODELO: Natalia
Natalia tiene ganas de ver vídeos.

Natalia

Esteban

Javier

Rubén

Pepita

Inés

Camila

Carmen

Octavio

Linda

Un paso más: En parejas, digan lo que ustedes **tienen ganas de** hacer en este momento. **(Yo)...** También, digan lo que ustedes **tienen que** hacer hoy y esta noche. **Hoy/Esta noche (yo)...**

Ñ. Firmas (*Signatures*). Caminen por la clase, haciéndose las siguientes preguntas y contestándolas en oraciones completas. Si el/la estudiante responde que **sí** a la obligación o preferencia, él/ella firma su nombre. Tienen seis minutos.

_____ 1. ¿Tienes que terminar un trabajo escrito esta semana?

_____ 2. ¿Tienes que leer muchos libros este semestre?

_____ 3. ¿Tienes ganas de dormir nueve horas?

_____ 4. ¿Tienes ganas dc ir a las montañas para acampar o esquiar?

_____ 5. ¿Debes estudiar más para el próximo (*next*) examen de español?

_____ 6. ¿Tienes ganas de ir a la playa?

_____ 7. ¿Tienes que limpiar tu cuarto urgentemente?

Ahora, respondan a las preguntas del profesor/de la profesora según las firmas que tienen.

1. ¿Quién tiene que terminar un trabajo escrito esta semana? **... tiene que...**
2. ...

Tengo ganas de ir a la playa para impresionar a Julia con mis músculos.

¿Qué músculos?

O. Obligaciones, preferencias y planes. En grupos de cuatro, digan lo que ustedes **tienen que/tienen ganas de/deben o van a hacer** según la situación. (Recuerden: **ir** + **a** + *infinitivo* = *to be going to do something*.) Un/a secretario/a apunta la información.

MODELO: Estamos muy preocupados/as hoy porque tenemos un examen importante mañana.
Tenemos que estudiar mucho esta noche/No debemos ver la televisión,...

1. Estamos muy ocupados/as esta semana.
2. Estamos aburridos/as con la vida social de la universidad.
3. Estamos un poco enfermos/as hoy.
4. ¡Estamos muy contentos/as! ¡Tenemos un día sin obligaciones!

> tener ganas de...
> deber...
> tener que...
> ir a...

Ahora, los secretarios/las secretarias presentan algunas de las actividades de sus grupos a la clase.

Bien dicho ¿Está usted enfermo/a?

Tengo...

dolor (m.) **de garganta**	*sore throat*	**tos** (f.)	*cough*
dolor de estómago	*stomachache*	**fiebre** (f.)	*fever*
dolor de cabeza	*headache*	**gripe** (f.)	*flu*
un **resfriado**	*cold*		

Práctica y comunicación

P. Estudiantes muy enfermos/as. ¡Vamos a ver si ustedes están enfermos! Primero, siete estudiantes, frente a la clase, dramatizan los problemas de salud (*health*) indicados en el vocabulario. La clase identifica qué problema tiene cada uno/a.

Un paso más: A ver si en realidad hay enfermos en la clase. Contesten las preguntas. ¿Quién tiene dolor de garganta? ¿Dolor de estómago? ¿Dolor de cabeza? ¿Resfriado? ¿Tos? ¿Fiebre? ¿Gripe? ¡Vamos a visitar al doctor/a la doctora Socorro (*Help*)!

Q. ¡Vamos al consultorio del doctor/de la doctora Socorro! En parejas, imaginen que uno/a de ustedes es el/la paciente y el otro/la otra es el doctor/la doctora Socorro. Completen la conversación de una manera original.

Palabras útiles: **la diarrea, los problemas digestivos, los problemas psicológicos, estar embarazada** (*pregnant)*, **tomar aspirina/los antibióticos/el jarabe para la tos** (*cough syrup)*

DR./DRA. SOCORRO: Buenos días,... ¿Cómo está usted hoy?
      USTED: Buenos días, Dr./Dra. Socorro Estoy muy...
                Tengo..., ..., ... y...
DR./DRA. SOCORRO: ¿Tiene usted...?
      USTED: Sí, ..., no puedo ... y no tengo ganas de...

(Después del examen físico...)

DR./DRA. SOCORRO: Usted debe tomar..., debe... y no debe...
                Llame por teléfono si tiene más problemas.
      USTED: Muchas gracias, Dr./Dra. Socorro Hasta luego.

Al final, una pareja presenta la conversación a la clase.

MEDICINA FAMILIAR

- Exámenes Físicos de Colegio, Trabajo, Seguros
- Exámenes para Prevención del Cáncer y para el Chequeo de la Anemia y Problemas de Coagulación
- Vacunas
- Ginecología y Cirugía Sencilla
- Electrocardiograma (sencillo y con esfuerzo), Exámenes de Función Pulmonar, Endoscopias en la Oficina y Quimioterapia (tratamiento del cáncer)
- Laboratorio Completo
- Lunes-Viernes 10am-5pm, Sábado 10am-3pm

Alberto A. Borges, MD
Certificado por el Buró Americano de Medicina Interna
ARLINGTON MEDICAL CENTER II
1635 N. George Mason Dr., Suite 480
Arlington, VA 22205
(703) 522-7444
FAX: (703) 522-1598

ARLINGTON, VIRGINIA Norte
1635 N. George Mason Drive
Suite 480
Arlington Medical Center II
Lee Hwy.
Wilson Blvd.
Roy Rogers
Arlington
7-Eleven Nations Bank Patrick Henry Drive N. George Mason Drive
Sur

¿Qué días está abierto el consultorio del doctor Borges? ¿Y qué horas? **De diez a...** ¿Qué servicios ofrecen para el cáncer? ¿El corazón (*heart*)? ¿La tuberculosis? ¿Y para la mujer?

4. *Talking about the weather and the seasons:* El tiempo y las estaciones

El tiempo

The verb **hacer** is used in Spanish to express most weather conditions.

¿Qué tiempo hace?	*What's the weather like?*
Hace buen/mal tiempo.	*It's good/bad weather.*
Hace (mucho) frío/calor.	*It's (very) cold/hot.*
Hace fresco.	*It's cool.*
Hace sol/viento.	*It's sunny/windy.*
Llueve.	*It rains, it's raining.*
Está lloviendo.	*It's raining (now).*
llover (ue)	*to rain*
la **lluvia**	*rain*
nevar (ie)	*to snow*
Nieva.	*It snows, it's snowing.*
Está nevando.	*It's snowing (right this minute).*
Hay nieve.	*There is snow.*
la **nieve**	*snow*
Está (muy) nublado.	*It's (very) cloudy.*
Hay nubes.	*There are clouds.*

Expresiones personales asociadas con el tiempo

tener (mucho) frío	*to be (very) cold*	**¿Tienes mucho frío?**
tener (mucho) calor	*to be (very) hot*	**¡No! Tengo calor.**

Las estaciones

el **invierno**	*winter*	el **verano**	*summer*
la **primavera**	*spring*	el **otoño**	*autumn*

¡Un momento, por favor!

The seasons of the year are reversed in the northern and southern hemispheres; for example, when it is winter in Argentina, it is summer in the United States.

What season is it where you live? What season is it in Chile? And in Spain?

Práctica y comunicación

R. ¿Dónde estamos? Según las fotos, identifique el país, el tiempo y la estación del año (probable). Refiérase a la lista de las expresiones de tiempo/las estaciones en la página 158. Siga el modelo.

MODELO: **Estamos en Argentina.**
Hace frío y hay mucha nieve.
Es invierno.

Parque Nacional Los Glaciares, Argentina.

1. Playa Manuel Antonio, Costa Rica.

2. Huracán Luis, Puerto Rico.

3. Tres Piedras, Nuevo México.

4. Refugio, Nevado de Ruíz, Colombia.

5. Maestrazgo, España.

S. El tiempo y las estaciones. En parejas, háganse las preguntas y contéstenlas.

1. ¿Cuáles son los meses de invierno en este país? ¿De primavera? ¿De verano? ¿De otoño?
2. ¿Cuál es tu estación favorita? ¿Por qué?
3. ¿En qué estación estamos ahora? ¿En qué estación están en Argentina, Chile y Uruguay?
4. ¿Qué deportes asocias con la primavera? ¿El otoño? ¿El invierno?
5. ¿Cuáles son tus pasatiempos favoritos en el invierno? ¿Y en el verano?
6. ¿Qué tiempo hace hoy?
7. ¿Qué tiempo hace (probablemente) en San Francisco, California? ¿En Miami, Florida? ¿En Fairbanks, Alaska? ¿Y en Portland, Oregón?
8. ¿Qué te gusta hacer cuando llueve?
9. Cuando tienes mucho frío, ¿qué bebida prefieres tomar? ¿Y cuando tienes mucho calor?

> DICHO **Después de la lluvia sale el sol.**
> **A mal tiempo... buena cara.**
> *¿Qué significan los dichos?*

T. Las temperaturas. Estudie las escalas de temperatura.

Equivalencias

ESCALAS DE TEMPERATURA

Para convertir grados Centígrados, o Celsius, a grados Fahrenheit, use la siguiente fórmula:

$$(°C \times 1.8) + 32$$

Para convertir grados Fahrenheit a grados Centígrados, utilice esta fórmula:

$$\frac{(°F - 32)}{1.8}$$

temperaturas

TERMÓMETRO

°C .... °F

°C	°F		°C	°F
36.5	97.7		38.4	101.1
36.6	97.9		38.5	101.3
36.7	98.1		38.6	101.5
36.8	98.2		38.7	101.7
36.9	98.4		38.8	101.8
37.0	98.6		38.9	102.0
37.1	98.8		39.0	102.2
37.2	99.0		39.1	102.4
37.3	99.1		39.2	102.6
37.4	99.3		39.3	102.7
37.5	99.5		39.4	102.9
37.6	99.7		39.5	103.1
37.7	99.9		39.6	103.3
37.8	100.0		39.7	103.5
37.9	100.2		39.8	103.6
38.0	100.4		39.9	103.8
38.1	100.6		40.0	104.0
38.2	100.8		40.1	104.2
38.3	100.9		40.2	104.4

Ciudad	Máx	Mín	T	Ciudad	Máx	Mín	T	Ciudad	Máx	Mín	T	Ciudad	Máx	Mín	T
		Hoy				Hoy				Hoy				Hoy	
Atlanta	40	19	s	Los Ángeles	80	55	nu	Beijing	59	36	nu	México	79	41	pn
Boston	30	16	nu	Miami	69	50	s	Berlín	39	28	s	Montreal	41	5	nu
Chicago	30	19	s	Nueva Orleáns	50	34	s	Bogotá	73	43	pn	Moscú	36	25	ni
Dallas	50	36	nu	Nueva York	34	21	s	Buenos Aires	81	64	s	París	43	37	a
Denver	52	26	s	Orlando	58	37	s	El Cairo	82	55	s	Río de Janeiro	93	75	pn
Filadelfia	34	19	s	San Francisco	66	51	a	Jerusalén	72	52	s	Roma	50	34	s
Hartford	25	11	nu	Seattle	59	45	nu	Lima	86	77	s	Santiago de Chile	79	55	nu
Honolulu	85	65	s	Syracuse	21	9	ni	Londres	50	45	a	Tokio	54	37	nu
Houston	51	39	nu	Washington	38	23	s	Madrid	63	43	pn	Toronto	23	7	s

Pronóstico: s-soleado, pn-parcialmente nublado, nu-nublado, a-aguaceros, t-tronadas, ll-lluvias, ni-nieve, hi-hielo.

Las temperaturas (continuación)

1. Si el termómetro dice 98.8 grados Fahrenheit, ¿cuál es la temperatura en grados Centígrados o Celsius?
2. ¿Más o menos a qué temperatura estamos ahora (grados Fahrenheit)? ¿Quién puede convertir los grados Fahrenheit a grados Celsius? Estudie la fórmula y calcule la temperatura equivalente.
3. Es el mes de marzo. ¿Cuál es la temperatura máxima (°F) en Honolulu hoy? ¿Y la mínima? ¿Y la máxima y la mínima en Beijing?
4. ¿Qué ciudad tiene la temperatura máxima más alta? ¿Y la temperatura mínima más baja?
5. ¿Puede usted identificar las capitales de los países donde se habla español? ¿Portugués? ¿Alemán? ¿Japonés? ¿Ruso?

5. *Emphasizing that an action is in progress:* El presente progresivo

Formación

The present progressive is formed as follows:

> a conjugated form of **estar** + present participle

Están comprando un regalo.   *They are buying a gift.*

Regular present participles are formed as follows:

	infinitive stem	+	ending	=	present participle
-ar verbs	**cant**ar		**-ando**		**cantando**
-er verbs	**com**er		**-iendo**		**comiendo**
-ir verbs	**escrib**ir		**-iendo**		**escribiendo**

The present participle does not change to agree with the subject and always ends in **-o**. **Estar**, however, always changes to agree with the subject.

¿Están comiendo?   *Are you eating?*
No. Estamos viendo la tele.   *No. We are watching TV.*

Four frequently used irregular present participles are:

decir (i)	**d***i***ciendo**	dormir (u)	**d***u***rmiendo**
pedir (i)	**p***i***diendo**	leer	**l***e***yendo**

Función

While the present tense describes actions that occur in the present or immediate future, the present progressive emphasizes that an *action* is *in progress at a particular time.* The present progressive is not used as frequently as the present tense.

Trabajo todos los días.   *I work (am working) every day.*
Estoy trabajando ahora.   *I am working (right) now.*
Juan, ¿todavía estás comiendo?   *John, are you still eating?*

Práctica y comunicación

U. Actores, actrices y estudiantes en el parque: ¿Qué están haciendo?
Diez estudiantes, frente a la clase, dramatizan las actividades que siguen.
La clase indica quién **está dramatizando** la acción.

1. ¿Quién está buscando su tarea de español?
2. ¿Quién está llamando a sus amigos por teléfono?
3. ¿Quién está caminando por el aula?
4. ¿Quién está descansando?
5. ¿Quién está manejando su coche nuevo?
6. ¿Quién está tocando la guitarra?
7. ¿Quién está fumando?
8. ¿Quién está abrazando a su novio/a imaginario/a?
9. ¿Quién está haciendo ejercicio?
10. ¿Quién está durmiendo?

Un paso más: En parejas, describan lo que están haciendo los estudiantes en el parque el sábado por la tarde. Refiéranse a los dibujos en las páginas 142 y 143.

V. Probablemente. En parejas, imaginen lo que están haciendo las siguientes personas. Hay varias posibilidades. ¡Usen la imaginación!

MODELO: Octavio está en el gimnasio.
Está levantando pesas. Está jugando al básquetbol.

1. Los novios están en el restaurante Ritz un sábado por la noche.
2. Mis amigos están en la playa durante las vacaciones de primavera.
3. Mi padre está en casa el viernes por la noche.
4. Mi madre está en casa el día antes de (*before*) una gran fiesta.
5. Mi compañero/a de cuarto está en su cuarto y son las diez de la noche.
6. Es el sábado por la noche y mis amigos están en una fiesta.

6. *Indicating that an action has been going on for a period of time:* **Hacer para expresar tiempo**

Spanish has a special construction to indicate that an action or condition has been going on for a period of time and still is.

> **hace** + time + **que** + present tense

In this construction, **hace** never changes.

Hace dos horas **que toco** el piano.	*I have been playing the piano for two hours.*
Hace veinte minutos **que** estamos aquí.	*We have been here for twenty minutes.*

To ask how long an action or condition has been going on, use the question **¿Cuánto tiempo hace que...?**

> **¿Cuánto tiempo hace que** Carmen vive en Tejas?
> **Hace diez años que vive allí.**

Práctica y comunicación

W. ¿Cuánto tiempo hace? Su profesor/a le va a decir cuánto tiempo hace que cada persona en los dibujos participa en la actividad. Diga usted que la persona **todavía** (*still*) **está participando** en la actividad.

MODELO: PROFESOR/A: **Hace dos horas que Javier estudia.**

ESTUDIANTE: **¡Y todavía está estudiando!**

Javier/dos horas

Inés/quince minutos

Linda y Manuel/media hora

Esteban/dos horas

Alfonso/una hora

Octavio/cuarenta minutos

Manuel/veinte minutos

Ahora, diga usted cuánto tiempo hace que cada persona participa en la actividad. **Hace... que...**

X. ¿Días, semanas, meses o años? En parejas, hagan preguntas para averiguar cuánto tiempo hace que ustedes participan en las actividades.

MODELO: *estudiar* en la universidad
> **—¿Cuánto tiempo hace que estudias en la universidad?**
> **—Hace dos años que estudio aquí. ¿Y tú?**

1. *asistir* a esta (*this*) universidad
2. *vivir* en este estado (*state*)
3. *estudiar* español
4. *salir* con tu novio o novia (si tienes novio o novia)
5. *conocer* a tu mejor amigo/a
6. *vivir* en tu residencia estudiantil/apartamento/casa

Dígale a la clase algo acerca de su compañero/a de clase.

MODELO: **Hace diez años que ... conoce a su mejor amigo/a.**

Así se dice

La pronunciación de *ll* y la consonante *v*

ll Remember that double **l** approximates the English *y* sound as in *yes*.

lleve   lloviendo   lluvia   llover

v Between vowels, **v** (like **b**) is pronounced with the lips barely touching. Repeat the above words, concentrating on the **v** sound. Initial **v** is pronounced like the English *b* in *boy*.

viento   violín   viernes

Repita las oraciones para practicar la pronunciación de **ll** y **v**.

full moon / stars / shine

ll En las noches de **luna llena°**, las **estrellas° brillan°**.

sail / softly

v El **viento mueve** la **vela° suavemente°**.

¿Colecciona usted sellos?

Dicho y hecho

Conversando

Buscando información sobre su universidad

Conversen en grupos de tres. Un/a estudiante es de una escuela secundaria y quiere información acerca de la universidad. Hace muchas preguntas. Los otros/Las otras dos asisten a la Universidad de (*Nombre*) y contestan. Incluyan:

- cuánto tiempo hace que los/las dos estudiantes universitarios/as asisten a la universidad
- cómo son los profesores y las clases
- cuántos estudiantes hay en la universidad y cómo son típicamente (descripción)
- lo que hacen los estudiantes entre semana (de lunes a viernes)
- cómo pasan los fines de semana
- el tiempo que hace en la región (en otoño, invierno y primavera)
- cuánto cuesta la matrícula por un año

Study Hints
See what you have learned! Turn to pp. 172–173 to review the active vocabulary and take the self-test for this chapter.

¡A escuchar!

¡Todo sobre fútbol!

Escuche los comentarios del locutor (*radio announcer*) y del comentarista Andrés Mauricio. Luego, conteste las dos primeras preguntas.

1. ¿De dónde son los dos equipos rivales? _____ de España _____ de México
2. ¿Se decide el campeón de la liga? _____ sí _____ no

Escuche la transmisión otra vez y escoja (*choose*) la respuesta correcta.

3. ¿Para qué equipo juega Sergio Flores? _____ Madrid _____ Barcelona
4. ¿Cuál es el número de Miguel? _____ 9 _____ 45
5. ¿Quién marca el gol? _____ Miguel _____ Sergio
6. ¿Quién gana? _____ Barcelona _____ Madrid

De mi escritorio

Una descripción creativa de Fulano[5] o Fulana

Dibuje una caricatura de Fulano o Fulana «en acción» (haciendo algo). Describa detalladamente la caricatura. Sea creativo/a. Incluya:

- lo que está haciendo en este momento y dónde está
- cuántos años tiene y cómo es (descripción)
- dónde vive y cuánto tiempo hace que vive allí
- si tiene familia/hermanos/perro/gato/novio(a) o no, y explique (*explain*)
- su rutina de todos los días
- lo que tiene que hacer casi todos los días
- lo que le gusta hacer en su tiempo libre (*free*)
- lo que quiere hacer o va a hacer en el futuro

[5]**Fulano/Fulana** is equivalent to John/Jane Doe or "what's his/her name."

Las Antillas Mayores:
Cuba, la República Dominicana, Puerto Rico

[www.wiley.com/college/dicho/panorama]

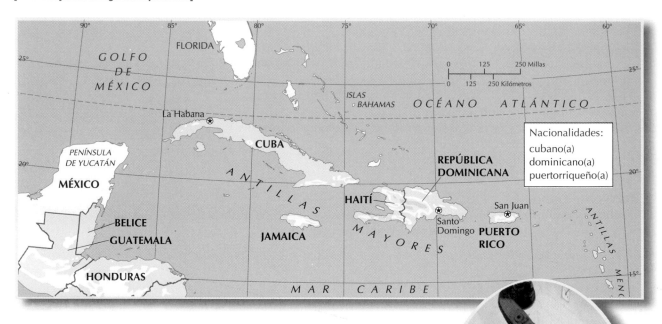

Preguntas sobre el mapa

1. ¿Cuál es la isla de las Antillas Mayores más cercana (*closest*) a la Florida?
2. ¿Cuál es la isla más grande? ¿Cuál es su capital? ¿Y la más pequeña? ¿Y su capital?
3. ¿Qué dos países ocupan una isla? ¿Cuál es la capital del país donde se habla español?

Tres países de habla hispana

Las Antillas Mayores, situadas entre el océano Atlántico y el mar Caribe, incluyen tres países de habla hispana: Cuba, Puerto Rico y la República Dominicana. La República Dominicana ocupa gran parte de la isla «La Española», nombrada así por Cristóbal Colón en su primera visita a América. Las Antillas son territorios muy importantes por su posición como «puertas» al continente americano.

El joven de la foto toca con mucho corazón en una banda en La Habana, Cuba.

Cuba

La caña de azúcar[1], el tabaco, las frutas tropicales y el ron han sido[2] las principales industrias de estas islas durante siglos[3]. Hoy, por su clima y belleza natural, las Antillas Mayores atraen un gran número de turistas.

La música y las danzas de estas islas son la expresión cultural preferida de sus habitantes. Los bailes de salón como la salsa, el mambo, el bolero y el merengue tienen su origen en las costumbres religiosas afrocaribeñas. Estas melodías tienen influencia española, pero en los ritmos es evidente la influencia africana.

¿Sabía usted?

- Cuba fue una colonia española hasta 1898.
- Después de la guerra entre los Estados Unidos y España, Cuba pasó a ser un «protectorado» de los EEUU.
- Cuba se independizó en 1902 pero su economía continuó dependiendo de los EEUU.
- La revolución de 1959 instituyó una dictadura marxista.
- Fidel Castro se convirtió en jefe del país.
- Cuba empezó a depender económicamente de la Unión Soviética, en parte a causa del embargo comercial instituido por EEUU.
- La disolución de la Unión Soviética causó una seria crisis económica en Cuba.

---

[1]Sugarcane [2]have been [3]centuries

El deporte nacional de Cuba y de la República Dominicana es el béisbol. ¡Los beisbolistas talentosos de estos países son conocidos en todo el mundo! ¿Conoce usted al famoso jugador dominicano en la foto?

UNA RANITA CARIBEÑA
¡La rana (frog) más pequeña del mundo [sminthillus limbatus] es cubana!

El producto principal de Cuba es la caña de azúcar, que generó prosperidad para el país en los años 70. ¿Qué productos se hacen de esta planta?

Para solucionar la crisis económica, el plan de Castro consiste en la creación de mercados para el capital extranjero[4], la restauración de las zonas coloniales de varias ciudades y la construcción de hoteles y lugares de veraneo[5] para atraer el turismo. En la foto de La Habana, Cuba, ¿puede usted identificar algunos edificios restaurados? ¿Y edificios modernos?

---

[4]foreign [5]beach resorts

La República Dominicana

¿Sabía usted?

- En 1496 los españoles fundaron Santo Domingo, la primera ciudad de origen europeo en América.
- Los franceses establecieron una colonia (Haití) al oeste de la colonia española.
- Después de años de guerra —¡contra los españoles, los franceses y los haitianos!— la República Dominicana se independizó en 1865.
- En 1927, después de una ocupación estadounidense, el general Rafael Trujillo tomó el poder.
- Su dictadura fue totalitaria y terminó con su asesinato en 1965.
- Hoy la República Dominicana es una democracia.

¡A ESTUDIAR!

¿Sabía usted que la primera universidad del continente americano se estableció en Santo Domingo en 1538?

La República Dominicana tiene muchas atracciones turísticas. Además de[6] las construcciones coloniales, tiene 300 millas de playas y numerosos campos de golf. ¿Qué le impresiona a usted de esta escena? ¿Sabe usted bucear[7]?

La República Dominicana tiene las construcciones coloniales más antiguas del continente. Esta catedral es la primera del Nuevo Mundo. ¿En qué ciudad capital está situada?

---

[6]*Besides*   [7]*skin-dive*

¿Qué descubrimos?

Identifique el país o los países de las Antillas Mayores correspondiente(s) a cada descripción:
Cuba, Puerto Rico, la República Dominicana

1. Comparte «La Española» con otra nación.
2. Está relacionado políticamente con los EEUU.
3. Su principal producto es la caña de azúcar.
4. Su gobierno no es democrático.
5. Es famosa por sus beisbolistas.
6. La primena catedral del Nuevo Mundo está situada en su ciudad capital.
7. Tiene dos banderas y dos himnos nacionales.

Puerto Rico

¿Sabía usted?

- Los habitantes indígenas de la isla eran los taínos, quienes llamaban a la isla «Borinquén».
- Cristóbal Colón descubrió Puerto Rico y el español Juan Ponce de León comenzó su colonización en 1508.
- En 1898, después de la guerra entre España y los Estados Unidos, Puerto Rico se convirtió en una colonia estadounidense.
- Desde esa época, la isla depende culturalmente del mundo hispano, pero económica y políticamente de los EEUU.
- En 1948, el nombre y la categoría oficial de Puerto Rico se convierte en «El Estado Libre Asociado de Puerto Rico».
- Los puertorriqueños son ciudadanos[8] estadounidenses, su moneda es el dólar y tienen las mismas leyes federales que el resto de los EEUU.
- Los puertorriqueños tienen dos himnos nacionales, dos banderas[9] y las fiestas nacionales estadounidenses y puertorriqueñas, pero el idioma oficial es el español.

La fortaleza El Morro en San Juan, Puerto Rico, fue construida para defender San Juan de los piratas, de los ingleses y de los franceses. ¿Quiénes la construyeron?

La belleza de sus playas y la rica herencia colonial de Puerto Rico, principalmente en ciudades como San Juan y Ponce, han contribuido a la expansión del turismo en la isla. Esta foto muestra la zona colonial de Ponce. ¿Le gustan a usted los colores de los edificios? ¿Qué países representan las dos banderas que se ven en la distancia?

---

[8]*citizens* [9]*flags*

Adivinanzas

- En parejas, identifiquen cada una de las siguientes referencias: «**La Española**, **Fidel Castro, Santo Domingo, el general Rafael Trujillo, los taínos, Cristóbal Colón, Juan Ponce de León, El Morro.**
- Luego, cada pareja escribe una descripción de una de las referencias y se la entrega (*turns it in*) a la profesora/al profesor.
- La clase forma dos equipos. Por turnos, cada equipo escucha y luego identifica cada descripción. Deben incluir el nombre del país en su identificación. Cada respuesta correcta vale dos puntos. ¿Cuál de los equipos ganó?

CAPÍTULO 6

La arquitectura futurista del Museo Guggenheim en Bilbao
(ciudad en el norte de España) refleja la vitalidad de la vida
cultural de este país.

¡Vamos al centro!

Goals for communication

- To talk about places and things in the city
- To carry out transactions at the bank and post office
- To talk about actions in the past
- To refer to persons and things
- To make affirmative and negative statements

Cultural focus

- The plaza, heart of the Hispanic city
- Contemporary Spain

Structures

1. El pretérito
2. Verbos con cambios en la raíz en el pretérito
3. Pronombres de complemento directo
4. Palabras afirmativas y negativas

Pronunciation

La consonante **r** y la combinación **rr**

¡Vamos al centro!

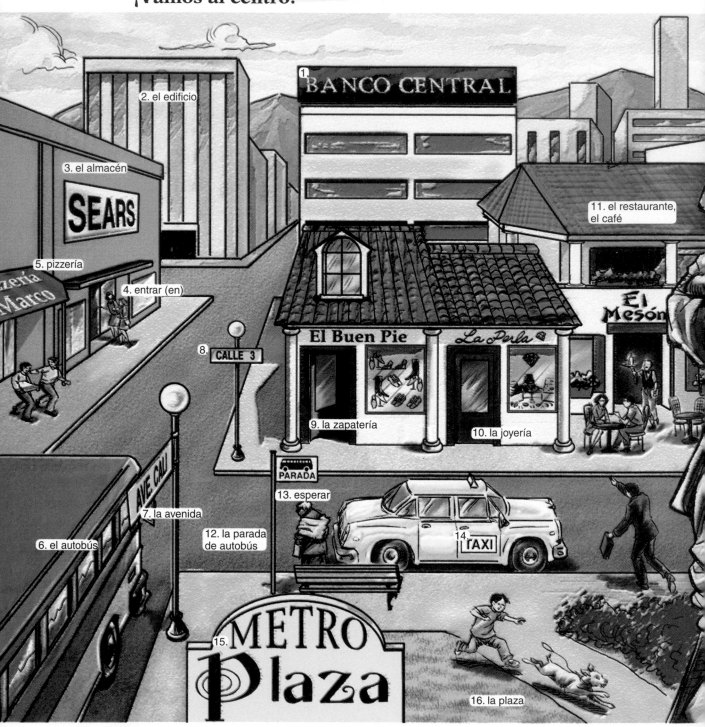

1. BANCO CENTRAL
2. el edificio
3. el almacén — SEARS
4. entrar (en)
5. pizzería — Pizzería Marco
6. el autobús
7. la avenida — AVE. CALI
8. CALLE 3
9. la zapatería — El Buen Pie
10. la joyería — La Perla
11. el restaurante, el café — El Mesón
12. la parada de autobús — PARADA
13. esperar
14. TAXI
15. METRO Plaza
16. la plaza

1. bank 2. building 3. department store 4. to enter, go into 5. pizza shop 6. bus 7. avenue 8. street (f.)
9. shoe store 10. jewelry shop 11. restaurant, café 12. bus stop 13. to wait for 14. taxi (m.) 15. metro, subway 16. plaza, town square

1. *Talkin*

17. el rascacielos
32. la catedral
30. OFICINA DE CORREOS
22. MUSEO DE ARTE COLONIAL
18. CINE COLÓN
"TITANIC" HOY
19. la película
31. el parque
AVE. SUR
29. el buzón
20. hacer cola / hacer fila
21. la gente
23. la estatua
27. el quiosco
25. el periódico
28. las revistas
24. el banco
26. ir en bicicleta

The preterit
actions with

Habl
Anoc
mi

The preterit
primarily w

¿Cuán
Volvi

La formaci
To form the
-er, or **-ir** fr

(yo)
(tú)
(Ud., él, ell

(nosotros/a
(vosotros/a
(Uds., ellos

17. skyscraper   18. movie theater, cinema (m.)   19. film   20. to get (stand) in line   21. people   22. museum
23. statue   24. bench   25. newspaper   26. to ride a bicycle   27. newsstand   28. magazines   29. mailbox
30. post office   31. park   32. cathedral

¡Vamos al cen

¡Un momento, por favor!

- Note that the **-er/-ir** verb endings are identical in the preterit.
- The **nosotros** forms of **-ar** and **-ir** verbs in the *preterit* and in the *present* are the same. The context usually clarifies the meaning.
- Verbs ending in **-ar** and **-er** with stem changes in the present tense (for example, **cerrar** and **volver** in the chart) do *not* have stem changes in the preterit. (Verbs ending in **-ir** with stem changes in the preterit will be studied on page 188.)
- Notice in the chart that regular verbs in the preterit carry an accent in the **yo** and in the **Ud./él/ella** forms. The preterit forms of **ver**, however, do not use a written accent.

  ver: **vi, viste, vio, vimos, visteis, vieron**

Verbos con cambios ortográficos° en el pretérito

°*spelling changes*

Verbs ending in **-gar**, **-car**, and **-zar** have spelling changes only in the **yo** form of the preterit.

-gar	**g > gu**	jugar:	yo **jugué**, tú jugaste,...
		llegar:	yo **llegué**, tú llegaste,...
-car	**c > qu**	tocar:	yo **toqué**, tú tocaste,...
		buscar:	yo **busqué**, tú buscaste,...
		sacar:	yo **saqué**, tú sacaste,...
-zar	**z > c**	abrazar:	yo **abracé**, tú abrazaste,...
		almorzar:	yo **almorcé**, tú almorzaste,...
		empezar:	yo **empecé**, tú empezaste,...

The verbs **leer** (*to read*) and **oír** (*to hear*) change the **i** of the third-person singular and plural endings to **y** (**-ió > -yo; -ieron > -yeron**).

i > y	leer:	leí, leíste, **leyó**, leímos, leísteis, **leyeron**
	oír:	oí, oíste, **oyó**, oímos, oísteis, **oyeron**

Verbos irregulares

The verb **dar** is an **-ar** verb that uses **-ir** endings (minus the accent) in the preterit.

dar: **di, diste, dio, dimos, disteis, dieron**

The verbs **ser** (*to be*) and **ir** (*to go*) have identical but irregular preterit endings; the context clarifies which verb is used.

ser/ir: **fui, fuiste, fue, fuimos, fuisteis fueron**

(ir)	**Fueron** a una discoteca muy famosa.	***They went*** *to a famous discotheque.*
(ser)	**Fue** una noche extraordinaria.	***It was*** *an extraordinary night.*

Bien dicho
Para comunicar una serie de acciones

primero	*first*	**después**	*afterwards*
luego, entonces	*then*	**más tarde**	*later*

Práctica y comunicación

D. Ayer (*Yesterday*). Ponga las actividades en orden cronológico según su horario de ayer. (Imagine que usted participó en todas las actividades.) Apunte los números: 1, 2, 3,...

_____ Estudié.

_____ Cené.

_____ Fui al centro estudiantil para hablar con mis amigos/as.

_____ Asistí a mis clases.

_____ Desayuné.

_____ Miré la televisión.

_____ Escribí unos mensajes por correo electrónico.

_____ Almorcé.

Ahora, lea la serie, en orden cronológico, a un/a compañero/a de clase. Incluya las palabras de la lista *Para comunicar una serie de acciones* para hacer la transición entre una acción y otra (**Primero,... Luego,...**). Al final, un/a estudiante lee su lista a la clase.

E. Las actividades de Javier. Según los dibujos, describa lo que Javier hizo (*did*) y lo que él y su hermano menor hicieron (*did*) ayer. Use las palabras de la lista *Para comunicar una serie de acciones* y el tiempo pretérito.

MODELO: **Primero, Javier terminó su trabajo escrito.**

Javier *terminar*...

avier *comer*...

beber...

Javier y su hermano menor *jugar*...

Los dos *ir*... *ver*...

Los dos *cenar*...   Javier *volver*...

Bien dicho ¿Cuándo?

EN EL PASADO...		EN EL FUTURO...	
anoche	*last night*	la **semana que viene**	*next week*
ayer	*yesterday*		
anteayer	*the day before yesterday*	la **próxima semana**	*next week*
la **semana pasada**	*last week*	el **verano/año que viene**	*next summer/year*
el **fin de semana pasado**	*last weekend*	el **próximo verano/año**	*next summer/year*
el **viernes**... **pasado**	*last Friday . . .*		
el **mes/año pasado**	*last month/year*		
ya	*already*		

F. Lo que pasó anoche, ayer y el fin de semana pasado. En parejas, háganse las preguntas. Si ambos (*both*) responden que **sí** a la pregunta, apunten el número de la pregunta.

1. ¿Ya empezaste a estudiar para la próxima prueba de español? ¿Y tú?
2. ¿Comiste en la cafetería anoche?
3. ¿Viste la tele anoche?
4. ¿Leíste el periódico?
5. ¿Fuiste a todas tus clases ayer?
6. ¿Hablaste con uno de tus profesores ayer o anteayer?
7. ¿Fuiste al banco o al supermercado ayer o anteayer?
8. ¿Visitaste a tu familia el fin de semana pasado?
9. ¿Cenaste en un restaurante el fin de semana pasado? (¿En qué restaurante?)
10. ¿Fuiste de compras el fin de semana pasado? (¿Adónde?)
11. ¿Saliste con tus amigos? (¿Adónde fueron?)
12. ¿Viste una película o un vídeo? (¿Cuál?)

Háblele a otra pareja o a la clase de dos o tres actividades que usted y su compañero/a de clase hicieron (*did*). Use la forma **nosotros** del verbo.

MODELO: **...y yo vimos la tele anoche y fuimos a todas nuestras clases ayer.**

G. Una vida muy activa. Complete las oraciones para indicar lo que ocurrió (pretérito) y lo que va a ocurrir (**ir** + **a** + *infinitivo*). Seleccione verbos de la siguiente lista: **tomar, estudiar (para), escribir, leer, ir, visitar, comprar, trabajar, hablar, comer, bailar, ver,** etc. Escriba sus respuestas. Tiene cinco minutos.

En el pasado...

1. La semana pasada, (yo) ... y ...; mis amigos/as ... y...
2. El verano pasado, (yo) ... y ...; mis amigos/as y yo ... y...

En el futuro...

3. La semana que viene, (yo) **voy a** ... y ...; mis amigos/as...
4. El próximo verano, (yo) ... y ...; mi familia...

En parejas, léanse las oraciones.

H. Las películas de Disney. ¿Les gustan a ustedes las películas de dibujos animados? Contesten las preguntas.

1. ¿En qué año se estrenaron (*premiered*) las siguientes películas? ¿Y cuántos millones de dólares ganaron?
   ¿La bella y la bestia? **Se estrenó en mil novecientos... La película ganó...**
   ¿Aladino? ¿El rey león? ¿Pocahontas? ¿El jorobado de Notre Dame?

2. ¿Qué película fue la más popular según la recaudación (*box office receipts*) en millones de dólares?

3. ¿Qué álbum vendió el mayor (*highest*) número de copias? ¿Cuántas copias vendieron?

4. ¿Qué canciones ganaron el Oscar?

5. ¿Cuáles de las películas de Disney son sus favoritas? Otros títulos incluyen: *Cenicienta (Cinderella), Blancanieves (Snow White), La dama y el vagabundo, 101 Dálmatas*.

LA BELLA Y LA BESTIA (91)
Recaudación en E.U.: 146 millones de dólares.
Album: Tres millones de copias vendidas.
Canción "Beauty and the Beast", ganadora del Oscar.

ALADINO (92)
Recaudación en E.U.: 217 millones de dólares.
Album: Tres millones de copias vendidas.
Canción "A Whole New World", ganadora del Oscar.

EL REY LEON (94)
Recaudación en E.U.: 313 millones de dólares.
Album: Más de 10 millones de copias vendidas.
Canción: "Can You Feel the Love Tonight", ganadora del Oscar.

POCAHONTAS (95)
Recaudación en E.U.: 142 millones de dólares.
Album: Más de tres millones de copias vendidas.
Canción: "Colors of the Wind", ganadora del Oscar.

EL JOROBADO DE NOTRE DAME (96)
Recaudación en E.U.: 100 millones de dólares.
Album: Más de 1 millón de copias vendidas.
Canción: "Someday".

1. la tarjeta postal

2. la carta

3. la dirección
4. el sobre

enviar por correo	to mail
mandar, enviar	to send
recibir	to receive
contestar	to answer

5. la estampilla, el sello

6. el paquete

I. La historia de una carta. En parejas, describan la historia de una carta personal desde que (*from the time*) ustedes la escribieron hasta que (*until*) su amigo/a la recibió y la leyó. Completen las oraciones. Túrnense (*Take turns*).

MODELO: (yo) *escribir* una...
Escribí una carta.

1. (yo) *escribir* la dirección en el...
2. *ir* a la oficina de...
3. *comprar* un... de 45 centavos.
4. *buscar* el... (*mailbox*)
5. *enviar* la...
6. mi amigo/a *recibir*..., *abrir*... y *leer*...
7. ella/él me *contestar* inmediatamente

J. Preguntas personales. En parejas, háganse las preguntas y contéstenlas.

1. ¿Prefieres mandar y recibir mensajes por correo electrónico o cartas por correo regular?
2. ¿Sabes cuánto cuesta un sello para enviar una carta dentro de (*within*) los Estados Unidos? ¿Y para mandar una carta a México? ¿Europa?
3. ¿De quién recibes cartas o mensajes con frecuencia? ¿Por correo o por correo electrónico?
4. ¿Cuántos mensajes recibes cada (*each*) día por correo electrónico? ¿Respondes inmediatamente?
5. ¿Recibiste paquetes la semana pasada o el mes pasado? (¿De quién?) ¿Recibes paquetes con frecuencia?
6. ¿Mandaste tarjetas postales el verano pasado? (¿A quién?) (¿De dónde?)
7. ¿Recibiste tarjetas postales el verano pasado? (¿De quién?) (¿De dónde?)
8. ¿Tienes una colección de estampillas? (¿De qué países?)

Noticias culturales

LA PLAZA

La plaza es el corazón° de las ciudades y los pueblos hispanos. Normalmente ocupa el centro de la parte más vieja de la ciudad o del pueblo. Originalmente la plaza era° el centro político, religioso, social y comercial de una población. En ella se instalaban° los mercados y se celebraban los festivales y las ceremonias más importantes.

heart

was
were installed

Una plaza típica está rodeada° por una iglesia, edificios públicos, cafés, tiendas y bares. Generalmente en el centro de una plaza hay un monumento histórico o religioso, y en muchas ocasiones también hay fuentes° y jardines. Hoy en día las plazas todavía° tienen mucha importancia para los habitantes de una comunidad. Durante el día la gente camina, conversa, toma refrescos, lee o juega cartas o dominó. En las noches los jóvenes se reúnen para conversar y para hacer planes para ir al cine o bailar. La Plaza Mayor de Salamanca está considerada como una de las más bellas del mundo hispano. Otras plazas famosas son la Plaza Mayor en Madrid y la Plaza del Zócalo en México, D.F.

surrounded

fountains / still

¿Qué hay de nuevo?

1. Generalmente, la plaza principal se encuentra en...
2. Es común encontrar... en una plaza típica.
3. Los monumentos en el centro de las plazas son ... y a veces también hay...
4. Durante el día la gente utiliza las plazas para...
5. Los jóvenes visitan la plaza para...
6. Una de las plazas más famosas es...

¿Qué hacen estas personas en la plaza? La Plaza Mayor de Salamanca, España.

Conexiones y contrastes

1. ¿Cuál es el lugar público más importante de su ciudad o pueblo? ¿Qué pasa allí? ¿Está en la parte vieja o en la parte nueva de la ciudad?
2. ¿Es la función social de las plazas comparable a la de los centros comeriales en los EEUU? ¿Cómo son similares? ¿Y diferentes?

2. *Expressing additional actions in the past:* Verbos con cambios en la raíz en el pretérito

Formación

Verbs ending in **-ir** that are stem-changing in the present tense (**o > ue, e > ie, e > i**) also change in the preterit[1]. The change in the preterit (**o > u** and **e > i**) is different from the change in the present and occurs only in the third person singular (**usted/él/ella**) and third person plural (**ustedes/ellos/ellas**) forms. This same change also occurs in the present participle (**-ando/-iendo form**). Note the pattern of change in the following model verbs.

dormir o > u		pedir e > i	
dormí	dormimos	pedí	pedimos
dormiste	dormisteis	pediste	pedisteis
d**u**rmió	d**u**rmieron	p**i**dió	p**i**dieron

Verbos con cambios en la raíz en el pretérito

dormir (ue, u)	*to sleep*	Sandra **durmió** en la casa de su amiga.
morir (ue, u)	*to die*	Su perro **murió** en un accidente.
preferir (ie, i)	*to prefer*	Las chicas **prefirieron** no hablar del incidente.
pedir (i, i)	*to ask for, request, order*	Sandra **pidió** un taxi para ir a un restaurante.
		Las dos chicas **pidieron** una paella de mariscos.
servir (i, i)	*to serve*	¿Qué más **sirvieron** en el restaurante?
repetir (i, i)	*to repeat*	El camarero **repitió** la lista de postres.

Study Hints

First, review the present tense stem-changing verbs presented on p. 111. Then practice the preterit tense conjugation of each of the verbs in the list.

¡Un momento, por favor!

When verbs in a list show two stem changes in parentheses, the first (**ue**, for example) refers to a stem change in the present tense; the second (**u**, for example) refers to a stem change in the preterit tense and in the *-ing* form. Observe the change in the *-ing* forms below:

d**u**rmiendo	m**u**riendo	prefiriendo
p**i**diendo	rep**i**tiendo	s**i**rviendo

¡Shhhhhh! Los niños están **durmiendo**.

---

[1]Verbs ending in **-ar** and **-ir** do not have stem changes in the preterit tense.

Práctica y comunicación

K. Las actividades de Natalia. Relacione las actividades (del nº 1 al 5) con las actividades correspondientes en el cuadro (*chart*). Lea las dos oraciones.

1. Para prepararse para el examen, Natalia escuchó el casete del Capítulo 6.
2. Ella estudió casi toda la noche.
3. Después del examen, compró un periódico para leer las noticias (*news*).
4. Por la noche, ella y dos de sus amigas cenaron en un restaurante.
5. El camarero sirvió tres postres diferentes esa noche.

a. Leyó que tres personas murieron en un accidente.
b. Todas pidieron pasta con camarones y ensalada.
c. Repitió las palabras del vocabulario.
d. Ellas prefirieron la torta de chocolate.
e. No durmió mucho.

L. Opciones. En parejas, describan los dibujos. Usen las palabras indicadas. Cambien los verbos al pretérito.

MODELO: **Ayer Carmen y Natalia fueron al laboratorio, escucharon las cintas y repitieron los verbos.**

Ayer, Carmen y Natalia *ir ... escuchar*
... repetir ...

Esteban y Camila *ir...*
Él/Ella *pedir...*

Juanito y Elena *ir...*
y *pedir...*

Octavio y Pepita *ir...*
Él/Ella *preferir...*

Anoche, Alfonso/sus amigos
(no) dormir...

Durante las vacaciones, la planta del profesor/las plantas de la profesora
(no) morir...

M. Comer y dormir: las necesidades de la vida. Camine por la clase y hágales cada serie de preguntas a tres estudiantes diferentes. Apunte el nombre de la persona y sus respuestas en el cuaderno.

1. La última vez (*last time*) que comiste en la cafetería...
   ¿Qué sirvieron? ¿Qué comidas te gustaron más? ¿Qué comidas no te gustaron?

2. La última vez que cenaste en un restaurante...
   ¿En qué restaurante cenaste? ¿Qué pediste? ¿Qué comidas preferiste? ¿Cuánto costó la cena? ($ dólares)

3. Tus hábitos de dormir...
   ¿Hasta (*Until*) qué hora de la mañana dormiste el sábado pasado? ¿Y el domingo? ¿Cuántas horas dormiste anoche? ¿Cuántas horas debes o prefieres dormir cada (*each*) noche?

En parejas, cada estudiante da una sinopsis de la información que tiene apuntada en el cuaderno. Luego, la profesora/el profesor les pide información acerca de algunos estudiantes.

MODELO: ¿Quién tiene información acerca de...?
   La última vez que... comió en la cafetería, sirvieron...
   Le gustó/gustaron..., pero no le gustó/gustaron...

★Bien dicho
El dinero y el banco

¿Qué podemos hacer con el **dinero**?	*money*
ganar/gastar	*to earn/to spend (money)*
depositar/retirar	*to deposit/to take out, withdraw*
perder (ie)/encontrar (ue)	*to lose/to find*
ahorrar	*to save (money)*
cambiar	*to change, to exchange*
contar (ue)	*to count, to tell (narrate)*
invertir (ie, i)	*to invest*
pagar	*to pay (for)*
la **cuenta**	*the bill, the check*

FORMAS DE PAGO/DE RECIBIR DINERO:

el **cheque**	*check*
el **cheque de viajero**	*traveler's check*
firmar (un cheque)	*to sign (a check)*
cobrar	*to cash, to charge*
endosar	*to endorse (a check)*
la **tarjeta de crédito**	*credit card*
el **efectivo**	*cash*
el **cambio**	*change, small change, exchange*
la **moneda**	*currency, money, coin*
el **cajero automático**	*ATM machine*

Práctica y comunicación

N. Preguntas sobre las finanzas. A ver cómo gastan ustedes su dinero y controlan sus finanzas personales. Contesten las preguntas en parejas. Para hacerle la misma (*same*) pregunta a su compañero/a, después de cada pregunta, diga **¿Y tú?**

1. ¿Trabajaste el verano pasado? ¿Dónde? ¿Y tú?
2. ¿Ganaste mucho o poco dinero?
3. ¿Ahorraste un poco para este año académico?
4. Por lo general, ¿gastas mucho dinero cada mes? (¿En qué?)
5. ¿Pagaste tu cuenta de teléfono el mes pasado? (¿Cuánto fue?)
6. ¿Cuántas veces por mes retiras dinero del banco? ¿Usas el cajero automático?
7. ¿Recibes cheques o efectivo de tus padres?
8. ¿Tienes tarjeta de crédito? (¿Qué tipo?) (¿Quién paga la cuenta de tu tarjeta de crédito?)
9. Cuando vas de compras, ¿pagas con tarjeta de crédito, con cheque o en efectivo?
10. ¿Inviertes dinero? (¿En qué compañías?)

Ñ. Una visita al banco. En grupos de cuatro, describan la escena según el dibujo. Mencionen lo que está pasando, lo que pasó y/o lo que va a pasar. Un/a estudiante sirve de secretario/a y apunta las ideas. ¡Usen la imaginación! Tienen cinco minutos. ¿Qué grupo puede escribir la descripción más completa?

Palabras útiles:
Se escapa = *escapes*;
recoger = *to pick up*,
suelo = *floor*

Ahora, el grupo con la descripción más completa debe leerla en voz alta. Los otros grupos escuchan y añaden (*add*) sus ideas a la descripción.

O. Cambiando dinero. Ustedes salen del aeropuerto de Miami con destino a varios países hispanos. Cada persona debe cambiar cheques de viajero a la moneda nacional del país que decida visitar. En parejas, uno/a hace el papel (*plays the role*) del/de la turista, y el otro/la otra de cajero/a (*teller*) en una casa de cambio.

MODELO: CAJERO/A: **Buenos días, señor/señorita... ¿Desea usted cambiar dinero?**

TURISTA: **Sí, por favor...**

Hablen de: (a) la moneda nacional que usted necesita, (b) a cuánto está el cambio y (c) cuánto dinero quiere cambiar.

Cambio/dólar EEUU		$
España	Euro	1.04
México	Peso	9.49
Costa Rica	Colón	302.00
Panamá	Balboa	1.00
Colombia	Peso	1987.25
Venezuela	Bolívar	671.90
Ecuador	Dólar EEUU	1.00
Perú	Nuevo sol	3.484
Argentina	Peso	.999
Chile	Peso	505.25

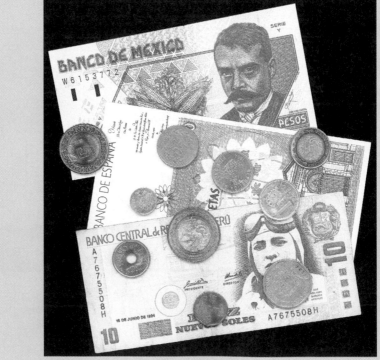

3. Referring to persons and things without repeating the name: Pronombres de complemento directo

A direct object identifies the person or thing that directly receives the action of the verb and answers the question *Who?* or *What?* The direct object pronoun is used to avoid repeating the name of a person or thing that has already been mentioned.

(Who?)	Vi **a Laurie**.	*I saw **Laurie**.*
	La vi en el centro.	*I saw **her** downtown.*

Laurie is the direct object noun; *her* is the direct object pronoun.

(What?)	Laurie compró **las entradas**.	*Laurie bought **the tickets**.*
	Las compró ayer.	*She bought **them** yesterday.*

The tickets are the direct object noun; *them* is the direct object pronoun.

The following are direct object pronouns. Study their usage in the example sentences.

me	*me*	¿Por qué no **me** esperaste?
te	*you*	**Te** esperé media hora.
lo	*him, you (m.), it (m.)*	Aquí viene el autobús. ¿**Lo** ves?
la	*her, you (f.), it (f.)*	Aquí viene Carmen. Debemos esperar**la**.

nos	*us*	Laurie **nos** llamó anoche.
os	*you*	¿**Os** llamó?
los	*them (m.), you (m.)*	¿Tienes los cheques? ¿Vas a cambiar**los**?
las	*them (f.), you (f.)*	¿Tienes las direcciones? Estoy buscándo**las**.

- Direct object pronouns must agree with the nouns they replace or refer to:

¿Compraste **la tarjeta postal**? *Did you buy **the postcard**?*
Sí, **la** compré. *Yes, I bought **it**.*

¿Perdiste **las estampillas**? *Did you lose **the stamps**?*
Sí, **las** perdí. *Yes, I lost **them**.*

- In Spanish, the direct object pronoun is placed immediately before a conjugated verb.

Lo compré. *I bought **it**.*

- Direct object pronouns may, however, be attached to infinitives and the present participle (*-ing* form), or be used before the conjugated verb.

Voy a invitar**la**. *o* **La** voy a invitar. *I am going to invite **her**.*
Estoy llamándo**la**[2]. *o* **La** estoy llamando. *I am calling **her**.*

Práctica y comunicación ————————

P. En los Estados Unidos. ¿Conoce usted los Estados Unidos? Indique si usted vio o visitó los lugares mencionados en su último viaje (*last trip*) o si usted quiere verlos o visitarlos.

1.	La Estatua de la Libertad en Nueva York:	La vi.	Quiero verla.
2.	El rascacielos Empire State en Nueva York:	Lo vi.	Quiero verlo.
3.	Los Monumentos a Lincoln y a Jefferson en Washington, D.C.:	Los visité.	Quiero visitarlos.
4.	El Museo Smithsonian en Washington, D.C.:	Lo visité.	Quiero visitarlo.
5.	El Parque Nacional Yosemite en California:	Lo visité.	Quiero visitarlo.
6.	Las Montañas Rocosas de Colorado:	Las visité.	Quiero visitarlas.
7.	El Gran Cañón de Arizona:	Lo visité.	Quiero visitarlo.

Compare sus respuestas con las respuestas de un/a compañero/a de clase. Cuenten el número de lugares que ya visitaron. ¿Quién tiene el mayor número?

---

[2]When a pronoun is attached to the present participle (*-ing* form), a written accent mark is added to preserve the original stress pattern. Find the third vowel from the end of the word, then place the accent on that vowel.

Q. ¿Quiere usted conocerlos? Indique si usted quiere conocer o no quiere conocer a estas personalidades famosas.

MODELO: ¿Quiere usted conocer a...? Jennifer López
Sí, quiero conocerla. o **No, no quiero conocerla.** o
No sé quién es.

¿Quiere usted conocer a...?

1. Antonio Banderas

2. Bill Gates

3. Gwyneth Paltrow

4. Ricky Martin

5. Jimmy Smits y Edward James Olmos

6. Whoopi Goldberg y Oprah Winfrey

7. Bill y Hillary Clinton

8. Ally McBeal

9. Fidel Castro

10. Dr. Jack Kevorkian

11. ¿...?

R. Las preguntas de una persona organizada. Imaginen que están de vacaciones en Barcelona, España. Háganse las preguntas para averiguar si ya hicieron ciertas cosas. Contesten las preguntas sustituyendo el pronombre (*pronoun*) por el nombre. Trabajen en parejas.

MODELO: ¿Encontraste *el cajero automático*?
Sí, ya lo encontré. o **No, no lo encontré.**

1. ¿Cambiaste *los cheques de viajero*?

2. ¿Pagaste *la cuenta del hotel*?

3. ¿Encontraste *la oficina de correos*?

4. ¿Compraste *los sellos*?

5. ¿Enviaste *las tarjetas postales*?

6. ¿Vas a comprar *las entradas para el concierto*?

7. ¿Vas a hacer *las reservaciones en el restaurante*?

S. La telenovela «Un día de la vida». Completen el diálogo entre Aurora y Anselmo, personajes famosos de la telenovela «Un día de la vida». Usen los pronombres **me**, **te** o **lo**. Trabajen en parejas. Luego, léanlo dramáticamente.

ANSELMO: Mi amor, estás muy triste. ¿Qué pasa?... ___ amas, ¿verdad?

AURORA: ___ amo con todo mi corazón (*heart*), pero tengo que ser muy franca. También adoro a Rafael, y sé que él ___ adora a mí.

ANSELMO: Pero yo también ___ adoro. Eres el amor de mi vida. ___ necesitas, ¿verdad?

AURORA: Claro que ___ necesito, pero no puedo imaginar mi vida sin Rafael. También ___ necesito a él. ___ extraño (*miss*) mucho.

ANSELMO: Pero hace dos semanas que ___ estás esperando, y él no vuelve. Tú sabes que yo siempre estoy aquí y que ___ quiero.

sobs AURORA: (*Ella solloza°.*) Pero él es único. Yo no ___ quiero a ti como ___ quiero a él.

ANSELMO: (*También solloza.*) Tengo que reconocer (*admit*) que también ___ quiero. Yo también ___ extraño.

AURORA: Nunca vamos a encontrar otro perro como él.

Frente a la clase, una pareja lee el diálogo con **mucha** expresión.

T. El Día de San Valentín. Diseñe (*Design*) una tarjeta del Día de San Valentín. Escríbasela a una persona muy especial en su vida o a la persona de sus sueños (*dreams*). Indique lo que más le gusta de esa persona, cuánto lo/la ama, etc.

4. *Making affirmative and negative statements:* Palabras afirmativas y negativas

You have previously used some affirmative and negative words in Spanish: **siempre**, **a veces**, **nunca**. Here are some additional affirmative and negative words.

Words used to make affirmative and negative statements

algo	*something*
alguien	*someone, somebody*
algún (alguno/a/os/as)	*some, any*
también	*also*
o ... o	*either . . . or*
nada	*nothing, not anything*
nadie	*no one, nobody*
ningún (ninguno/a)[3]	*no, none, not one*
tampoco	*neither, not either*
ni ... ni	*neither . . . nor*

How to use affirmative and negative expressions

- To express a negative idea in Spanish using the above expressions, a "double negative" construction is often used.

> **no** + verb + negative word
> or
> **no, no** + verb + negative word

¿Compraste **algo** en la tienda?	*Did you buy **something** at the store?*
Hoy **no** compré **nada**.	*I did**n't** buy **anything** today.*
¿Hay **alguien** en el taxi?	*Is there **someone** in the taxi?*
No, **no** hay **nadie**.	*No, there is **no one**.*

- However, some negative words can precede the verb, thereby eliminating the use of **no**.

> negative word + verb

Nunca uso el metro.	*I **never** use the metro.*
Yo **tampoco**.	*Me **neither**.*
¿**Alguien** va al centro?	*Is **someone** going downtown?*
No, nadie va.	*No, no one is going.*

---

[3]The plural forms **ningunos/as** are very seldom used. ¿Tienes **algunas revistas en español**?
No, no tengo **ninguna (revista en español)**.

Bueno... aquí estamos en Nueva York y no hemos visto ninguna Estatua de la Libertad.

- **Alguien** and **nadie**, when they are objects of the verb, are preceded by the "personal **a**."

  ¿Viste **a alguien** corriendo por el parque? No, no vi **a nadie**.

- Just as **uno** shortens to **un**, the adjectives **alguno** and **ninguno** become **algún** and **ningún** before a masculine singular noun.

¿Vas a visitar Madrid **algún** día?	*Are you going to visit Madrid **some** day?*
¿**Algunos** estudiantes van?	*Are **some** students going?*
Ningún estudiante va.	*No student is going. **Not a single** student is going.*
Ninguno/a va.	*None is going.*
De todas las chicas, **ninguna** fue.	*Of all the girls, **none** went.*

Práctica y comunicación

U. En el centro de la ciudad. Refiérase al dibujo de la ciudad en las páginas 176–177. Diga si las declaraciones son ciertas o falsas. Apunte su respuesta. (**cierto/falso**).

1. En este momento, *nadie* espera el autobús.
2. *Alguien* está entrando en la zapatería.
3. *O* el Buen Pie *o* La Perla venden suéteres.
4. Las personas en el restaurante esperan las bebidas y la comida. No hay *nada* en las mesas.
5. *Nadie* hace fila para ver la película.
6. *Algunas* personas salen del museo.
7. El hombre que está enfrente de la oficina de correos pone *algo* en el buzón.
8. El hombre en el quiosco vende chocolates y *también* vende helado.
9. El perro *siempre* se escapa del niño.
10. Hay *alguien* en el parque frente a la catedral.
11. *Algunos* de los edificios son modernos.
12. *Ningún* edificio es colonial.

En parejas, cambien la información de las oraciones **falsas** para indicar la información correcta.

MODELO: 1. En este momento, **alguien (una mujer)** espera el autobús.

V. Dos profesores. La profesora Falcón es muy positiva. Su colega, el profesor Morrón, siempre es negativo. Él contradice (*contradicts*) todo lo que ella dice. Usted hace el papel del profesor Marrón.

MODELO: Algunos estudiantes estudiaron mucho para el examen.
Ningún estudiante estudió mucho para el examen.

1. Mis estudiantes casi *siempre* estudian para los exámenes.
2. *Alguien* sacó 100 en el último examen.
3. *Algunas secciones* de mi examen *fueron fáciles*.
4. Los estudiantes aprendieron *algo* en la clase y les gustó.
5. La clase fue buena y *también* fue divertida.

En parejas, lean las declaraciones y presenten las contradicciones.

W. Buscando información. En parejas, háganse las preguntas y contéstenlas en oraciones completas. Escuchen bien las respuestas.

1. ¿Estudiaste con alguien anoche? (¿Con quién?) ¿Y tú?
2. ¿Hablaste con alguien por teléfono anoche? (¿Con quién?)
3. ¿Viste algo divertido en la tele anoche? (¿Qué?)
4. ¿Oíste algo interesante en la radio anoche o esta mañana? (¿Qué?)
5. ¿Compraste algo en el centro comercial la semana pasada? (¿Qué?)
6. ¿Saliste con alguien interesante el fin de semana pasado? (¿Con quién?)

Presente a la clase dos declaraciones acerca de su compañero/a de clase.

MODELO: **... no estudió con nadie anoche, pero habló con alguien por teléfono. Habló con su hermana.**

Palabra útil:
gratis = *free*

En parejas, contesten las preguntas presentadas en el aviso. Luego hablen de los servicios de Internet que ustedes usan.

Así se dice

La pronunciación de *r* y *rr*

r   If not used at the beginning of a word, the single **r** approximates the sound of *tt* as in *Betty likes butter better* or *dd* as in *Eddy.*

zapatería   joyería   parada

rr   The double **r** has a trilled sound as in mimicking a motorcycle; initial **r** has the same sound.

correo   ahorrar   cerrar   rascacielos   restaurante

Repita las líneas que siguen. Luego, léalas rápidamente.

> Erre con erre cigarro,
> Erre con erre barril.
> Rápido corren los carros,
> Carros del ferrocarril°.

railroad

Dicho y hecho

Conversando

Un día en Madrid, capital de España

Imaginen que están en Madrid por un día. En grupos de tres, estudien las opciones presentadas en la «Guía de la ciudad» (p. 201). Formulen un plan de actividades para la **mañana**, la **tarde** y la **noche**. Hablen de por qué quieren/prefieren ir a los lugares que escogen (*you choose*). Usen las palabras **primero**, **luego**, **después**, **más tarde**, etc. para conectar sus ideas. Al final, algunos grupos presentan su plan a la clase.

¡A escuchar!

Un día fabuloso en Barcelona

Marta habla con su amiga Inés. Es la primera visita de Inés a Barcelona. Las dos se sientan en un café en la Plaza Real. Escuche la conversación. Luego, conteste las dos primeras preguntas.

1. ¿Cómo fue el día de Inés? _____ muy activo _____ muy tranquilo
2. ¿Visita ella la ciudad de Barcelona con su amiga Marta?
   _____ sí _____ no

Ahora, escuche la conversación otra vez y complete las oraciones.

3. La Sagrada Familia es una _____
4. El arquitecto de la Sagrada Familia, Gaudí, no terminó su obra (*work*) porque _____
5. Inés visitó otra obra de Gaudí, el _____ Güell.
6. Inés tomó un _____ al Barrio Gótico y visitó el _____ de Picasso.
7. La sorpresa (*surprise*) de Marta es que _____ dos _____ para la Ópera del Liceo.

De mi escritorio

Mi visita a la ciudad de...

Escriba una breve descripción de su visita a la ciudad de... (La visita puede ser real o imaginaria.) Incluya:

- cuándo fue (fecha, etc.) y con quién fue
- cómo fue (en coche/tren/avión [*airplane*])
- los lugares que visitó
- dónde comió (¿Qué comió?)
- el lugar o la atracción que más le gustó/los lugares o las atracciones que más le gustaron
- si tomó fotos (¿De quién?) o mandó tarjetas postales (¿A quién?)
- cuándo regresó a casa

Study Hints
See what you have learned! Turn to pp. 206–207 to review the active vocabulary and take the self-test for this chapter.

MUSEO DEL PRADO   Uno de los más famosos museos de arte del mundo. Presenta las pinturas más importantes de las escuelas italiana, flamenca, holandesa, veneciana, inglesa y española de los siglos XII al XIX. Si quiere ver arte contemporáneo y vanguardista, visite el **MUSEO NACIONAL CENTRO DE ARTE REINA SOFÍA.** Aquí se encuentra *Guernica*, el famoso cuadro de Picasso.

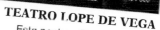

TEATRO LOPE DE VEGA
Esta noche: «El hombre de la Mancha», musical; Ballet y orquesta de la ópera de Klev.

BÁVARO: TERRAZA   Situado al lado del Jardín Botánico; la terraza más veterana de Madrid; buena música, excelente coctelería.

RESTAURANTE AL-AMAN II
Auténtico restaurante marroquí; exquisito cus cus; también hay platos vegetarianos y deliciosos postres típicos. Si desea una exquisita paella, cene el la **ARROCERÍA PUERTA DE ATOCHA.** ¡Sirve 14 clases de arroz! El **RESTAURANTE REDONDELA** ofrece las mejores carnes y mariscos de la gastronomía gallega.

Restaurante AL-AMAN II

Cocina Típica Marroquí

Delicatessen Arabes

C/ Leganitos, 27 Tel: 91-559 22 58 MADRID

PLAZA MAYOR
La antigua Plaza Mayor es el lugar ideal para comprar recuerdos, tomar un aperitivo en un bar o dar un paseo. Día y noche hay gente en la plaza.

PARQUE DEL RETIRO
Está situado en el centro de la ciudad, y es el más popular de los parques madrileños. Tiene 119 hectáreas y 15.000 árboles. Es muy divertido ir en barcas en el lago.

PARQUE DE ATRACCIONES
Abierto todos los días desde las 12.00. Las mejores atracciones: Los Rápidos, Los Fiordos, el Flume Ride, el Top Spin, el Star Láser.

 ## España contemporánea: herencia y modernidad

[www.wiley.com/college/dicho/panorama]

Preguntas sobre el mapa

1. ¿Cuál es la capital de España?
2. ¿Cuáles son dos ciudades importantes en la costa este?
3. ¿Cuáles son tres ciudades importantes en el sur de España (no en la costa)?
4. ¿Cómo se llaman las montañas que están entre España y Francia?
5. ¿Cómo se llaman las islas que están en el Mar Mediterráneo?
6. ¿Qué otro país forma parte de la península ibérica?
7. ¿Cómo se llama el estrecho que separa España de Marruecos?

ADIÓS A DOS GENIOS

¿Sabe usted que Miguel de Cervantes (el autor de *Don Quijote*) y William Shakespeare, los escritores más importantes de España e Inglaterra, murieron exactamente el mismo día del mismo año: el 23 de abril de 1616?

¿Sabía usted?

▶ El español es sólo uno de los idiomas oficiales de España: muchos españoles también hablan gallego, vasco o catalán.

▶ Las playas, montañas y numerosos lugares históricos hacen de España uno de los destinos turísticos más populares de Europa.

▶ Las aceitunas, el aceite de oliva y las naranjas de Valencia son famosos en todo el mundo.

Herencia y modernidad

En España podemos visitar el pasado y al mismo tiempo vivir las innovaciones del presente.

Durante la celebración en 1992 del quinto centenario[1] del primer viaje de Colón a América, España fue el centro de atención del mundo. Ese año los Juegos Olímpicos se celebraron en Barcelona y la Exposición Universal fue en Sevilla. Estos eventos generaron nuevas industrias y una nueva imagen nacional. Según la foto de las ceremonias de apertura de los Juegos Olímpicos en Barcelona, ¿cuántas personas piensa usted que hay en el estadio?

Los trenes de alta velocidad AVE se inauguraron en 1992 para comunicar Madrid con la Exposición Universal en Sevilla. ¿Prefiere usted ir en un tren de alta velocidad o en un tren regular? ¿Por qué?

¿Qué aspectos de esta foto de la Exposición Universal en Sevilla le interesan a usted más? ¿Los edificios? ¿El transporte? ¿Piensa usted que esta foto representa la imagen de las ciudades del futuro?

En la España contemporánea se crea una vigorosa cultura que combina la herencia de un pasado brillante con las nuevas posibilidades del futuro. La arquitectura futurista del Museo Guggenheim en Bilbao, España, refleja la vitalidad de la vida cultural de España. ¿Le gusta este tipo de arquitectura, o prefiere la tradicional?

———
[1] *500th anniversary*

Las diferentes regiones de España constituyen diferentes zonas culturales con sus propios bailes, comidas, vestidos[2] típicos y formas de hablar. El baile flamenco es típico de Andalucía, región en el sur de España. ¿Hay bailes típicos en la región donde usted vive?

¡GRACIAS TÍO!
¿Sabe usted que Picasso fue abandonado cuando nació (*was born*) porque pensaban que estaba muerto (*dead*)? Su tío lo salvó.

La influencia del arquitecto Gaudí y de los artistas Pablo Picasso, Joan Miró y Salvador Dalí son evidentes en la vida diaria[3] de los españoles. La pintura, la arquitectura y el diseño contemporáneos reflejan sus contribuciones. En este cuadro, *Still Life* de Salvador Dalí, ¿qué cosas puede usted identificar? ¿Le gusta a usted el arte contemporáneo?

En España las películas de Pedro Almodóvar y otros directores españoles continúan atrayendo[4] al público. Considere esta escena de la película «Mujeres al borde de un ataque de nervios» de Pedro Almodóvar. ¿Qué cosas indican que esta mujer está al borde de un ataque de nervios?

UN SUPERESCRITOR
¿Sabe usted que Lope de Vega, un escritor español del siglo XVII, escribió mas de 1.500 obras de teatro?

¿Qué descubrimos?

1. ¿En qué se basa la economía de España?
2. ¿Qué eventos importantes ocurrieron en España en los años 80 y 90? ¿Qué efectos positivos ocurrieron como resultado de estos eventos?
3. ¿Cuáles son algunos ejemplos de la variedad lingüística de España?
4. ¿Cuál es un baile regional típico de España?
5. ¿Cuáles son algunos ejemplos contemporáneos de la rica cultura de España?

---

[2]*attire*   [3]*daily life*   [4]*attracting*

ENCUENTRO CULTURAL

Artes decorativas:
Los azulejos[1] de España

Los azulejos de cerámica adornan los castillos y palacios de España desde hace muchos siglos. La palabra azulejo viene de 'al zuleiq', que en árabe quiere decir *pequeña piedra pulida*[2]. Precisamente, la presencia musulmana[3] de origen árabe dio comienzo a la tradición de los azulejos en España.

Es importante recordar que la religión musulmana no permite la representación de figuras humanas o animales; por eso, los azulejos árabes sólo utilizan formas geométricas. El palacio de la Alhambra en Granada y la Gran Mezquita[4] en Córdoba contienen los ejemplos más espectaculares de este arte decorativo. Los diseños más recientes también contienen imágenes religiosas, describen una historia o imitan tapices[5] y pinturas.

Los azulejos están decorados con colores vivos y se utilizan para decorar exteriores e interiores de iglesias, restaurantes y hasta estaciones de metro.

Azulejo decorativo en el palacio de la Alhambra. Granada, España.

España produce azulejos para uso doméstico y para exportación. Hoy todavía existen muchos artesanos que producen azulejos tradicionales, hechos a mano, pero gran parte de la producción de azulejos en España utiliza técnicas industriales.

Plaza de España. Sevilla, España.

Preguntas

1. ¿Cuál de estos ejemplos viene de la tradición árabe? ¿Por qué? ¿Dónde se encuentra este azulejo?
2. ¿Qué ejemplo representa un diseño más reciente? ¿Por qué?
3. Observe con atención la foto a la izquierda (*left*). ¿Cómo se llama la plaza? ¿Piensa usted que los azulejos son artesanales o industriales?
4. ¿Hay azulejos en su casa/apartamento? ¿En dónde? ¿Son decorativos o simplemente prácticos?
5. ¿Existen edificios o lugares públicos decorados con azulejos en su ciudad o pueblo? Describa uno.

---

[1]*Ceramic tiles*   [2]*polished*   [3]*Muslim*   [4]*Mosque*   [5]*tapestries*

REPASO DE VOCABULARIO ACTIVO

Sustantivos

En la ciudad

el almacén
el autobús
la avenida
el banco
el bar
la bicicleta
el café
la calle
la catedral
el centro comercial
el cine
el edificio
la entrada
la estatua
la gente
la iglesia
la joyería
el lugar
el metro
el museo
la parada de autobús
el parque
la película
el periódico
la pizzería
la plaza
el quiosco
el rascacielos
el restaurante
la revista
la sinagoga
el taxi
el teatro
la tienda (de ropa)
la zapatería

En el banco

el cajero automático
el cambio
la cuenta
el cheque
el cheque de viajero
el dinero
el efectivo
la moneda
la tarjeta de crédito

En la oficina de correos

el buzón
la carta
la dirección
la estampilla
el paquete
el sello
el sobre
la tarjeta postal

Verbos y expresiones verbales

abrir
ahorrar
cambiar
cerrar (ie)
cobrar
contar (ue)
contestar
depositar
empezar (ie) (a)
encontrar (ue)
entrar (en)
enviar
  enviar por correo
esperar
firmar
ganar
gastar
invertir (ie, i)
invitar (a)
mandar
morir (ue, u)
pagar
pasar
recibir
repetir (i, i)
retirar
sacar
terminar
visitar
volver (ue)
hacer cola/fila
ir de compras
ir en bicicleta
pensar (ie) + infinitivo

Adverbios y expresiones adverbiales

anoche
ayer
anteayer
la semana pasada
el fin de semana pasado
el... pasado (lunes, martes, etc.)
el mes pasado
el año pasado
ya
el año/verano que viene
el próximo año/verano
la semana que viene
la próxima semana
primero
luego
entonces
después
más tarde

Preposición

para + infinitivo

Palabras afirmativas y negativas

algo
alguien
algún
alguno/a/os/as
nada
nadie
ni... ni
ningún
ninguno/a
o... o
también
tampoco

I. El pretérito: verbos regulares. Diga usted lo que hicieron las personas ayer en el banco.

MODELO: yo/ir al banco ayer
Fui al banco ayer.

1. yo/empezar a trabajar a las nueve
2. muchas personas/abrir cuentas
3. mi prima/cobrar un cheque
4. tú/cambiar cheques de viajero
5. nosotros/firmar los cheques
6. yo/sacar fotocopias para un cliente
7. ustedes/pagar la cuenta
8. yo/ver a muchos clientes nuevos en el banco
9. yo/trabajar en el banco todo el día

II. El pretérito: verbos con cambios en la raíz. Hoy, usted es la profesora/el profesor. Hágale preguntas a Ana, y luego a Carlos y a Felipe.

MODELO: repetir las direcciones
Ana, ¿repitió usted las direcciones?
Carlos y Felipe, ¿repitieron ustedes las direcciones?

1. pedir las entradas
2. preferir la ópera o el ballet
3. dormir bien después de volver del centro

III. Pronombres de complemento directo.
A. El tío Antonio va a Cancún de vacaciones. Va a llevar a muchos amigos y parientes. Indique usted a quién va a llevar.

MODELO: Elena quiere ir.
Antonio va a llevarla.

1. Yo quiero ir. **Antonio...**
2. Nosotros queremos ir.
3. Ustedes quieren ir.
4. Mis hermanas quieren ir.
5. Mis hermanos quieren ir.
6. Pepita quiere ir.
7. Tú quieres ir.

B. Usted y su hermano van a la oficina de correos. Conteste las preguntas de su hermano según el modelo.

MODELO: ¿Encontraste el paquete?
Sí, lo encontré.

1. ¿Encontraste las estampillas?
2. ¿Firmaste las cartas?
3. ¿Cambiaste la dirección?
4. ¿Recibiste los paquetes?

C. Conteste las preguntas con un pronombre de complemento directo.

MODELO: ¿Quiere usted conocer al presidente?
Sí, quiero conocerlo/Sí, lo quiero conocer.
o **No, no quiero conocerlo/No, no lo quiero conocer.**

1. ¿Quiere usted ver a sus amigos/as hoy?
2. ¿Va a llamar a sus padres esta noche?
3. ¿Necesita depositar dinero?
4. ¿Quiere usted abrir una cuenta bancaria ahora?

IV. Palabras afirmativas y negativas. Conteste con oraciones negativas.

MODELO: ¿Compró usted algo en el almacén ayer?
No, no compré nada.

1. ¿Pidió usted algo en la pizzería?
2. ¿Alguien encontró sus cheques de viajero?
3. ¿Hay algunos taxis esperando en la avenida?

V. Repaso general del Capítulo 6. Conteste con oraciones completas.

1. ¿A qué hora abren los bancos? ¿Y los almacenes?
2. ¿Gastó usted mucho dinero en el centro comercial el mes pasado? (¿Qué compró?)
3. Ayer usted fue a un café con sus amigos. ¿Qué pidieron ustedes?
4. ¿Fueron usted y sus amigos al centro el sábado por la noche? ¿Para qué?
5. ¿Vieron ustedes la película «Titanic»? (¿Les gustó?)
6. ¿Cuántas horas durmió usted anoche?
7. ¿Duerme usted ocho horas casi siempre o casi nunca? (¿Por qué?)

Answers to the **Autoprueba y repaso** are found in **Apéndice 2**.

CAPÍTULO 7

Me gusta este cinturón. ¿Qué te parece? De compras en
Caracas, Venezuela.

¿Qué hay en tu guardarropa?

Goals for communication

- To talk about and purchase clothing
- To point out things and people
- To indicate and emphasize possession
- To talk about actions in the past
- To indicate to or for whom something is done
- To make comparisons

Cultural focus

- Traditional dress
- Argentina and Chile

Structures

1. Los demostrativos
2. Posesión con **de**
3. Los adjetivos y pronombres posesivos
4. Otros verbos irregulares en el pretérito
5. Los pronombres de complemento indirecto
6. **Hacer** para expresar *ago*

LA MODA

ROPA PARA MUJERES

1.

24. el sombre...

2. la cadena

7. el suéter de lana

3. la blusa de algodón

13. el paraguas

14. los aretes, los pendientes

15. el collar

4. el cinturón

16. la pulsera

17. el anillo

18. el vestido

8. la ropa interior

23. el t... de bañ...

5. la falda

9. el regalo

10. la bolsa, el bolso

19. las medias

20. las pantimedias

16. la pulsera

11. llevar

22. las san...

6. las botas

21. los zapatos

12. el impermeable

1. clothing, clothes 2. chain 3. cotton blouse 4. belt 5. skirt 6. boots 7. wool sweater 8. underwear
9. gift 10. purse, bag 11. to wear, carry, take 12. raincoat 13. umbrella 14. earrings 15. necklace
16. bracelet 17. ring 18. dress 19. stockings, hose, socks (in some Latin American countries) 20. panty hose
21. shoes 22. sandals 23. bathing suit 24. hat

EL MODELO
ROPA PARA HOMBRES

. la camiseta

30. la camisa

31. la gorra

34. la corbata

35. el traje

36. el abrigo

32. la chaqueta de cuero

. los ntalones tos

29. los pantalones

37. los guantes

. los cetines

38. la cartera, la billetera

. los zapatos tenis

39. el reloj

33. los jeans, los vaqueros (Esp.)

25. T-shirt, undershirt 26. shorts 27. socks 28. tennis shoes 29. pants 30. shirt 31. cap 32. leather jacket
33. jeans 34. tie 35. suit 36. coat 37. gloves 38. wallet 39. watch

Práctica y comunicación ━━━━━

A. En la tienda de ropa. Conteste en español según los dibujos en las páginas 210–211.

1. Linda va de compras a la tienda La Moda. Está lloviendo. ¿Qué tipo de abrigo lleva ella? ¿Qué más lleva ella?
2. ¿Qué lleva el maniquí (*mannequin*) de pelo rubio?
3. ¿Le gusta a usted el suéter de lana de la tienda?
4. ¿Qué más hay en el escaparate (*shop window*)?
5. ¿Qué ropa lleva el otro maniquí? ¿Qué joyas lleva?
6. Si Linda quiere ir a la playa, ¿qué puede comprar en la tienda?
7. Manuel va de compras a la tienda El Modelo. ¿Qué tipo de pantalones lleva él? ¿Qué más lleva él?
8. ¿Qué lleva el maniquí de pelo negro?
9. ¿Qué ropa lleva el otro maniquí?
10. El padre de Manuel va a Buenos Aires en el invierno. ¿Qué debe comprar Manuel para su padre?
11. Manuel va a la Florida para las vacaciones de primavera. ¿Qué debe comprar en la tienda?
12. ¿Qué puede comprar Manuel en la tienda para guardar (*keep*) el dinero? ¿Y para saber la hora?

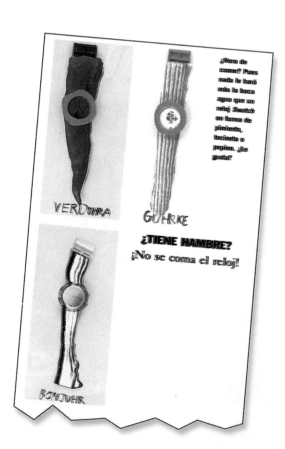

VERDURA

GUHRKE

¿TIENE HAMBRE?

¡No se coma el reloj!

BONJUHR

¿Cuál de estos relojes prefiere usted? ¿Por qué?

Bien dicho Otras palabras útiles

las **gafas**, los **anteojos (de sol)**	*(sun)glasses*
las (los)[1] **lentes de contacto**	*contact lenses*
la **talla**	*size*
la **cosa**	*thing*
las **joyas**	*jewelry, jewels*
de oro/plata	*gold/silver*
el **precio**	*price*
costar (ue)	*cost*
barato(a)/caro(a)	*inexpensive/expensive*
limpio(a)/sucio(a)	*clean/dirty*
corto(a)/largo(a)	*short/long*
de manga corta/larga	*short-sleeved/long-sleeved*

B. ¡Qué caro es! Lea los precios de los siguientes artículos. En su opinión, ¿son caros o baratos?

MODELO: La camisa cuesta $65.
          Es cara.

1. El impermeable cuesta $30.
2. La bolsa cuesta $98.
3. El traje cuesta $59.
4. La cartera cuesta $80.
5. Los zapatos cuestan $15.
6. Los jeans cuestan $100.
7. La corbata cuesta $5.
8. El collar de perlas cuesta $900.
9. El anillo de oro con un diamante grande cuesta $500.

C. Un gran contraste. En parejas, describan la ropa que lleva Esteban, comparándola con la ropa que lleva Octavio. Usen las siguientes palabras: **sucio, limpio, nuevo, viejo, largo, corto, caro, barato**, etc. (*Watch out for adjective agreement and the correct use of* **ser** *and* **estar**.)

Esteban   Octavio

---

[1]**Lentes** can be masculine or feminine, depending on the region of the Hispanic world.

¿Qué hay en tu guardarropa?

D. Tú y yo. En parejas, háganse preguntas y contéstenlas. Cambien el verbo a la forma de **tú**, tiempo presente.

MODELO: *¿preferir* ropa de algodón o de poliéster?

> ESTUDIANTE 1: **¿Prefieres ropa de algodón o de poliéster?**
>
> ESTUDIANTE 2: **Prefiero ropa de algodón. ¿Y tú?**

1. *¿preferir* faldas largas o faldas cortas?
2. *¿preferir* suéteres de lana o de algodón?
3. *¿preferir* llevar zapatos, sandalias o botas?
4. *¿llevar* impermeable cuando llueve?
5. *¿llevar* botas cuando nieva?
6. *¿llevar* gafas de sol cuando *manejar*?
7. *¿llevar* lentes de contacto o gafas? (¿Cuánto tiempo hace que los/las llevas?)
8. *¿ir* de compras frecuentemente? ¿Adónde *preferir* ir de compras?
9. *¿comprar* regalos con frecuencia? (¿Para quién?) (¿Qué tipo de regalos?)
10. ¿Qué talla (pequeña, mediana, grande o extra grande) de camiseta *comprar* normalmente?
11. *¿comprar* ropa interior en «Victoria's Secret»?

E. ¿Qué vamos a llevar? ¿Qué ropa y accesorios quieren llevar ustedes a los lugares indicados? Vamos a escribir una lista en la pizarra.

1. Vamos a la Patagonia en el sur de Argentina (cerca de Antártida) en el invierno. Hace mucho frío.
2. Vamos a visitar las bellas playas de la República Dominicana en el verano. Hace mucho calor.
3. Somos representantes de los Estados Unidos y tenemos una invitación oficial para visitar Las Cortes del gobierno (*Congress*) en Madrid, España.

Un paso más: Un/a estudiante selecciona un artículo de ropa o accesorio de la lista y le pregunta a su compañero/a de clase si va a llevarlo a uno de los tres lugares. Él/Ella contesta según el lugar. Sigan el modelo.

MODELO: ESTUDIANTE 1: **¿Vas a llevar las gafas de sol a la República Dominicana?**

> ESTUDIANTE 2: **Sí, voy a llevarlas.**
>
> ESTUDIANTE 1: **¿Vas a llevar el traje de baño a la Patagonia?**
>
> ESTUDIANTE 2: **No, no voy a llevarlo.**

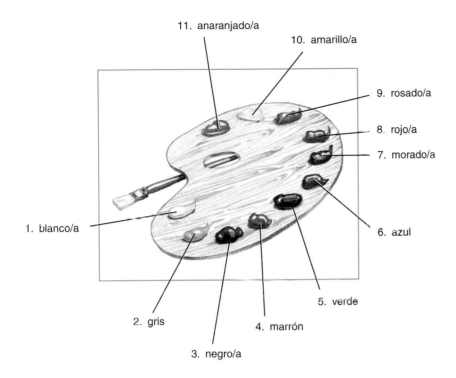

11. anaranjado/a

10. amarillo/a

9. rosado/a

8. rojo/a

7. morado/a

6. azul

1. blanco/a

2. gris

4. marrón

5. verde

3. negro/a

¿Cuáles son sus colores favoritos?
¿Qué colores no le gustan a usted?

¡Un momento, por favor!

- All the colors above are adjectives. Those that end in **-o** change to reflect both gender and number: **blanco, blanca, blancos, blancas.** Those that end in **-e** (**verde**) or a consonant (**gris, marrón, azul**) have two forms, singular and plural: **verde, verdes.**

    Sus pantalones son **grises** y su corbata es **roja.**

- Some colors have alternate names that are noun forms, and thus *do not change* to agree in gender and number. They are often preceded by the word **color**, or the word is implied.

    Examples: **color café; (color) violeta; (color) rosa; (color) naranja.**

F. ¿De qué color es? En parejas, determinen el color de la ropa según los dibujos en las páginas 210–211.

MODELO: **La blusa es blanca.**

G. El color perfecto para cada ocasión. Lea las descripciones que siguen. Determine qué color mejor representa su personalidad. (Se puede mencionar colores que no están en las descripciones.) Luego, en grupos de cuatro, contesten las siguientes preguntas.

1. ¿Qué color representa mejor tu personalidad?
2. ¿Qué color representa energía? ¿Calma? ¿Misterio?
3. ¿Qué colores se[2] llevan con frecuencia cuando hace mucho calor? ¿Y cuando hace frío?
4. ¿Qué colores asocias con una persona que frecuentemente está contenta? ¿Y con una persona que está triste?

Palabras utiles: **alegre** = *happy*; **boda** = *wedding*; **viajar** = *to travel*

el color perfecto para cada ocasión

- ROJO. Ideal para buscar trabajo. Se relaciona con el éxito; refleja energía, excitación y pasión. • NARANJA. Para comunicar mensajes. Te dota de vibras positivas, vitalidad y buen humor. • AMARILLO. Para un evento alegre (una boda). Es el color del sol y sugiere calidez y optimismo. • VERDE. Es el color del dinero, llévalo cuando estés en una campaña para reunir fondos.
- AZUL. Ideal para viajar en auto con los niños porque transmite serenidad y calma.
- MORADO. Para fiestas: sugiere que eres misteriosa y creativa.

H. Un gran desfile de moda (*A great fashion show*). Ocho estudiantes hacen un desfile de moda. Los otros estudiantes describen la ropa que llevan. Al final, determinan quién o quiénes está/n a la moda (*fashionably dressed*).

---

[2]Remember that the word **se**, placed before the verb, slightly, alters the meaning of the verb. Here, **se llevan** = *are worn*; **llevan** = *they, you* (plural) *wear*.

Conversación

En la tienda de ropa

Natalia y Camila van de compras y pasean por la calle mirando los escaparates de varias tiendas. Están buscando un regalo para Rubén.

CAMILA: ¡Mira, Natalia, un almacén nuevo! ¿Por qué no entramos? Allí podemos comprar el regalo de cumpleaños para Rubén.

NATALIA: Está bien, vamos. Pero yo no sé qué comprar. ¿Tienes alguna idea?

CAMILA: No sé... ¿Qué tal un suéter y una gorra de lana?

NATALIA: No, a Rubén no le gustan los suéteres; prefiere las camisetas negras. Además él nunca lleva gorras. Dice que dan mucho calor. ¿Sabes que ni siquiera° en invierno lleva calcetines?   *not even*

CAMILA: Es verdad, él adora sus sandalias. ¡Ya sé! Podemos comprarle una camisa de algodón y una corbata.

NATALIA: ¡Camila, por favor! No me puedo imaginar a Rubén con corbata. Él siempre lleva camisetas y dice que detesta las corbatas porque no tienen ninguna función práctica.

CAMILA: Esto es difícil. Vamos a ver... Necesitamos algo práctico, algo que corresponda a la personalidad de Rubén... ¡Ya! ¡Tengo la solución!

NATALIA: A ver°, ¿qué?   *Let's see*

CAMILA: Pues, ¡unas gafas de sol! ¿Qué te parece?°   *What do you think?*

NATALIA: Es una excelente idea. Rubén perdió sus gafas favoritas en la playa la semana pasada. ¿Hablamos con el dependiente?

CAMILA: Sí, vamos al departamento de ropa para caballeros.

(Van hasta la sección 'Caballeros'.)

DEPENDIENTE: Buenos días. ¿En qué puedo servirles?

CAMILA: Buenos días. Necesitamos unas gafas de sol de buena calidad.

DEPENDIENTE: Tienen ustedes suerte°. Tenemos una selección muy buena y muchas ofertas°.   *luck*
offers, sale items

(Van hasta un mostrador° lleno de gafas.)   *display case*

NATALIA: Mira, Camila. Esas gafas son muy similares a las de Rubén. (*Al dependiente.*) Señor, ¿están en oferta esas gafas?

DEPENDIENTE: Sí, (*Saca las gafas del mostrador*). Estas gafas están hechas de plástico reciclado y el precio es excelente. ¡Ah!, y además traen esta camiseta de regalo.

CAMILA: A ver, ¿y qué dice la camiseta?

DEPENDIENTE: Dice: «Plasti-gafas: reciclamos para ver mejor el futuro».

CAMILA Y NATALIA: (*Se miran y dicen juntas.*) ¡Es el regalo perfecto! ¿Dónde pagamos?

¿Qué hay de nuevo?

1. ¿Qué hacen Natalia y Camila?
2. ¿Cuál es la primera idea de Camila para el regalo de Rubén?
3. ¿Por qué no es buena idea comprarle una corbata a Rubén?
4. ¿Qué piensa Natalia acerca de la idea de comprar las gafas de sol?
5. ¿Por qué dice el dependiente que las chicas tienen suerte?
6. ¿Piensa usted que Natalia y Camila están contentas al final? ¿Por qué?

Estructuras

1. *Pointing out things and persons:* **Los demostrativos**

¿Quién es ese muchacho tan feo que está con Julia?

Creo que es su novio.

Adjetivos demostrativos

Demonstrative adjectives are used to point out specific objects or persons. Like all adjectives, demonstrative adjectives agree in gender and number with the word they describe. The demonstrative adjective you use depends upon how close you are to the item you are pointing out.

here (**aquí**) close to speaker		there (**allí**) at a short distance		way over there (**allá**) at a great distance	
this	**este** chico **esta** chica	*that*	**ese** chico **esa** chica	*that*	**aquel** chico **aquella** chica
these	**estos** chicos **estas** chicas	*those*	**esos** chicos **esas** chicas	*those*	**aquellos** chicos **aquellas** chicas

Me gusta **este** suéter.
¿Te gusta **esa** corbata azul?
Vamos a comprar **esos** zapatos.
Aquella tienda tiene lo que buscamos.

*I like **this** sweater.*
*Do you like **that** blue tie?*
*We are going to buy **those** shoes.*
***That** store has what we are looking for.*

Pronombres demostrativos

A demonstrative adjective becomes a demonstrative pronoun (*this one, that one, those,* etc.) with the addition of a written accent on the stressed vowel. There is no difference in pronunciation. A demonstrative pronoun is used *instead of a noun*, usually to avoid repetition and redundancy, while the demonstrative adjective is used *with the noun*. Compare the demonstrative adjectives and pronouns in the sentences that follow.

Voy a comprar **esta** camisa y **ésa**.
        adjective   *pronoun*
¿Te gustan **estos** pantalones?
        adjective
No. Prefiero **ésos**.
      pronoun

*I am going to buy **this** shirt and **that one**.*

*Do you like **these** pants?*

*No. I prefer **those**.*

The demonstratives **esto** (*this*) and **eso** (*that*) are neuter and are used to refer to an idea, situation, or statement, or to an object that has not as yet been identified. Since they cannot be confused with demonstrative adjectives, no written accent is needed.

¿Qué es **esto**? ¡No sé!   *What is this? I don't know.*

¿Qué quiere? ¡**Eso** es   *What does he want? That's ridiculous!*
ridículo!

Práctica y comunicación

I.   La ropa que llevo. Describa la ropa que usted lleva. Use la lista que sigue como guía, seleccionando artículos de cada categoría (del nº 1 al 4). Complete las oraciones con los adjetivos apropiados. Escriba la descripción. Tiene cuatro minutos.

MODELO: Estos jeans...
          Estos jeans son azules/nuevos.

1.   Esta camisa...; esta camiseta...; esta blusa...; esta falda...; esta chaqueta..., esta gorra...; esta cadena..., etc.

2.   Este suéter...; este vestido...; este abrigo...; este anillo...; este reloj...; este collar...; este cinturón..., etc.

3.   Estas gafas...; estas joyas...; estas pulseras...; estas sandalias...; estas botas..., etc.

4.   Estos pantalones...; estos jeans...; estos calcetines...; estos zapatos...; estos aretes..., etc.

Ahora, entreguen (*turn in*) las descripciones a la profesora/al profesor. Van a recibir la descripción de otro/a estudiante. En grupos de cuatro, lean las descripciones e identifiquen quién escribió cada descripción por la ropa que lleva.

J.   Mirando los escaparates (*Window shopping*). Imaginen que van de compras y que dan sus opiniones de la ropa que ven en los escaparates de las tiendas La Moda y El Modelo. Refiéranse a los dibujos en las páginas 210–211. Trabajen en parejas. Usen los adjetivos demostrativos **ese, esa, esos** o **esas**.

MODELO: ESTUDIANTE 1: **Me gusta esa blusa blanca. Está muy de moda.**
          ESTUDIANTE 2: **A mí no me gusta. Prefiero ese vestido.**

¿Qué hay en tu guardarropa?   doscientos diecinueve   **219**

K. En la joyería El Tesoro (*Treasure*). Imaginen que un/a estudiante es dueño/a de la joyería El Tesoro que vende joyas exquisitas de la América Latina. El otro/La otra es un/a cliente que quiere comprar muchos regalos. En parejas, completen el diálogo de una manera original y practíquenlo. Refiéranse a las joyas de la foto (**este** anillo, etc.).

[*Note:* **para** = *for someone (recipient)*.]

DUEÑO/A: ¿En qué puedo servirle, señor (señora/señorita)?

CLIENTE: Me gustaría comprar ... para...

DUEÑO/A: A ver. Aquí tenemos ... ¿Le gusta/n este (esta/estos/estas) ...?

CLIENTE: Sí, pero también me gusta/n ese (esa/esos/esas) ...
¿Cuánto cuesta/n este (esta/estos/estas) ...?

DUEÑO/A: ...

CLIENTE: Bueno. Lo (La/Los/Las) compro. También (*Also*) deseo comprar...

Unas parejas presentan su diálogo a la clase.

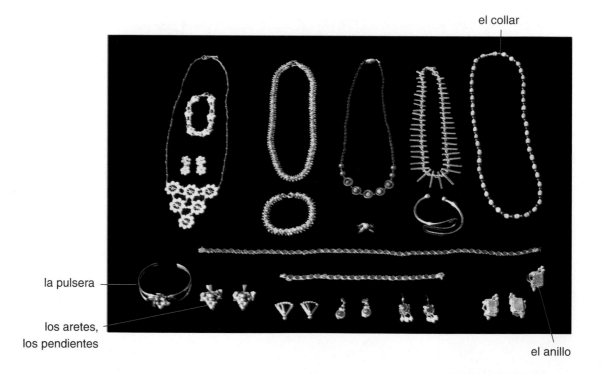

el collar

la pulsera

los aretes, los pendientes

el anillo

2. Indicating possession: Posesión con de

Where English uses an *'s* with a noun to show possession, Spanish uses **de** plus a noun.

Esa gorra es **de** Esteban.
That cap is Steven's.

La chaqueta **del** profesor está en la oficina.
The professor's jacket is in the office.

(Remember: **de** + **el** = **del**.)

To express the equivalent of the English *whose?*, Spanish uses **¿de quién?**

¿De quién es este suéter?
Whose sweater is this?

Es de Rubén.
It's Ruben's.

Práctica y comunicación

Study Hints
Review the possessive adjectives found on p. 80.

L. ¿De quién es? El profesor/La profesora quiere saber de quién son los artículos que él/ella señala.

MODELO: ¿De quién es esta bolsa?
Es de..., etc.

1. ¿De quién es este suéter?

2. ¿De quién es esta mochila?

3. ¿De quién es esta chaqueta?

4. ¿De quién son estos cuadernos?

5. ¿De quién son estos libros?

6. ¿De quién es este bolígrafo?

7. ¿De quién es esta gorra de béisbol? etc.

3. *Emphasizing possession:*
Los adjetivos y pronombres posesivos

You have already learned the possessive adjectives (**mi, tu, su, nuestro, vuestro, su**). These possessive adjectives have a corresponding form that is used for emphasis.

Es **mi** bolsa.	*It's **my** purse.*
Esa bolsa es **mía**.	*That purse is **mine**.*

The emphatic possessive forms are adjectives that agree in gender (masculine and feminine) and number (singular and plural) with the thing possessed. They follow either a form of the verb **ser** to indicate *mine, yours, . . .* or a noun to indicate *of mine, of yours, . . .*

Esas botas son **mías**.	*Those boots are **mine**.*
Pero **un amigo mío** dice que son **suyas**.	*But a friend **of mine** says that they are **his**.*

Forms of the emphatic possessive adjectives

mío/a, míos/as	*mine*	Esa chaqueta es **mía**.
tuyo/a, tuyos/as	*yours*	¿Los guantes azules son **tuyos**?
suyo/a, suyos/as	*his*	Pepe dice que ese abrigo es **suyo**.
	hers	Ana dice que esos zapatos son **suyos**.
	yours	¿La bolsa de cuero es **suya**?

nuestro/a, nuestros/as	*ours*	Esas cosas no son **nuestras**.
vuestro/a, vuestros/as	*yours*	¿Son **vuestras**?
suyo/a, suyos/as	*theirs*	Ana y Tere dicen que los impermeables son **suyos**.
	yours	

¡Un momento, por favor!

• As with **su/sus** (see p. 81), if the ownership referred to by **suyo/a/os/as** is not clear from the context, you may use an alternate form for clarity.

Es **su** ropa. *o*	Es la ropa **de**...	{	**él / ella / usted**
Esa ropa es **suya**. *o*	Esa ropa es **de**...		**ellos / ellas / ustedes**

• With the addition of the definite articles **el, la, los, las,** the emphatic forms of the possessives can be used as pronouns.

Tengo mi suéter.	*I have my sweater.*
¿Tienes **el tuyo**?	*Do you have **yours**?*

222 doscientos veintidós   Capítulo 7

Práctica y comunicación

M. En la lavandería (*laundry room*).
Alfonso y Rubén están en la lavandería
y usan la misma (*same*) secadora
(*dryer*). Ahora cada uno busca su ropa.
Conteste las siguientes preguntas según
el dibujo.

Alfonso   Rubén

¿Quién lo dice? ¿Alfonso o Rubén?

1. Esta chaqueta es mía.

2. Este suéter es mío.

3. Estos calcetines son míos.

4. Estas camisetas son mías.

¿Qué dice Rubén? ¿Y Alfonso?   (Incluya: *el artículo de ropa* + **es/son** +
suyo/suya/suyos/suyas.)

5. Rubén dice que la... chaqueta es suyo

6. Rubén dice que las...

7. Alfonso dice que el...

8. Alfonso dice que los...

Un paso más: En parejas, escriban un breve diálogo entre dos
amigos/as que están en la lavandería. Incluyan tres preguntas y tres
respuestas.

MODELO: AMIGO/A 1: **Susana, ¿son tuyos estos/esos pantalones cortos?**

AMIGO/A 2: **Sí, son míos.** *o* **No, no son míos. Son tuyos.**

Prepárense para leer (y dramatizar) su diálogo frente a la clase.

N. ¡Un ladrón o una ladrona (*thief*) **en la clase!** ¡Cierren los ojos! (*El
profesor/La profesora pasa por la clase «robando» cosas de los estudiantes
—artículos de clase, mochilas, joyas, etc.— y luego, los pone en su
escritorio.*) Ahora, abran los ojos y contesten las preguntas del profesor/de
la profesora.

MODELO: PROFESOR/A: Señor/Señorita, este reloj, ¿es suyo?

ESTUDIANTE: **No, no es mío.**

PROFESOR/A A OTRO/A ESTUDIANTE: ¿Es suyo?

ESTUDIANTE: **No, no es mío.**

PROFESOR/A A LA CLASE: Pues, ¿de quién es?

UN/A ESTUDIANTE INDICA: **Es suyo.** *o* **Es de...**

Noticias culturales

LA ROPA TRADICIONAL

La ropa tradicional de las regiones de España y de Hispanoamérica es tan variada como su gente. La identidad de cada nación se manifiesta en su ropa tradicional. En las ciudades, la ropa tradicional sólo se usa los días de fiesta nacional. En los desfiles cívicos° los niños, jóvenes y adultos se visten° con la ropa típica de las diversas regiones de su país y bailan música tradicional. Las compañías nacionales de danza también usan ropa típica. Todo el mundo conoce los trajes típicos del sur de España, ¡gracias a los bailarines de flamenco!

civic parades
wear

La población indígena de las zonas rurales de muchos países, por ejemplo, Bolivia, Ecuador, Guatemala y México, usa ropa típica todos los días. En la península de Yucatán en México, las mujeres usan el **huipil**[3], un vestido blanco de origen maya con un bordado° de flores de colores vivos°. Se distingue la región donde vive la mujer por el diseño del huipil. En el pueblo de Otavalo, en la región andina de Ecuador, las mujeres llevan una falda negra con bordados de colores, una blusa blanca bordada de encajes°, muchos collares y pulseras de cuentas° rojas y doradas° y un turbante en la cabeza. Generalmente, los hombres de esta región llevan un poncho de lana sobre una camisa y pantalones blancos con alpargatas° blancas y un sombrero negro.

embroidery
bright

lace / beads
golden

rope-soled sandals

En cambio°, la ropa tradicional no se limita a la población indígena. Las **polleras** de las panameñas son verdaderos tesoros: estos vestidos están decorados con finos encajes y bordados con hilos° de oro. En las regiones costeras, sobre todo en el Caribe, es común ver hombres con **guayaberas**: estas camisas bordadas de colores claros y telas livianas° son perfectas para el clima caliente de la zona.

On the other hand

threads

light fabrics

¿Qué hay de nuevo?
1. ¿Cuándo es común ver gente vestida de ropa típica en las ciudades?
2. ¿Por qué conoce todo el mundo los trajes del sur de España?
3. ¿Cómo es el huipil que llevan las mujeres indígenas de Yucatán?
4. ¿Cómo es la ropa de la mujer andina de Otavalo? ¿Y la del hombre?
5. ¿Qué tienen de especial las polleras?
6. ¿Por qué son tan cómodas (*comfortable*) las guayaberas?

Conexiones y contrastes
1. ¿Se lleva ropa tradicional hoy en algunas regiones de su país? ¿Dónde?
2. ¿Puede usted describir un ejemplo de la ropa típica de su país?

---

[3]The **huipil** can also designate a brightly colored, embroidered blouse.

Mirando las fotos, ¿puede usted identificar la ropa de la región andina? ¿La pollera panameña? ¿El huipil? Describa la ropa que se ve en cada foto.

a.

b.

c.

4. Expressing additional actions in the past: Otros verbos irregulares en el pretérito

¿Tuviste una fiesta anoche?

In Chapter 6 you learned how to form the preterit of regular verbs, stem-changing verbs (**o** > **u**, **e** > **i**), and the irregular verbs **ser**, **ir**, and **dar** in order to talk about completed actions in the past. The verbs that follow are also irregular in the preterit.

STEM + IRREGULAR ENDINGS: **-e, iste, -o, -imos, -isteis, -ieron**		
infinitive	*stem*	*preterit form*
estar	**estuv-**	estuve, estuviste, estuvo, estuvimos, estuvisteis, estuvieron
tener	**tuv-**	tuve, tuviste, tuvo,...
poder	**pud-**	pude, pudiste, pudo,...
poner	**pus-**	puse, pusiste, puso,...
saber	**sup-**	supe, supiste, supo,...
hacer	**hic-**	hice, hiciste, hizo,...
venir	**vin-**	vine, viniste, vino,...
querer	**quis-**	quise, quisiste, quiso,...

Note that the **él, ella, usted** form of **hacer** is **hizo**.

STEM + IRREGULAR ENDINGS: **-e, iste, -o, -imos, -isteis, -eron**		
traer	**traj-**	traje, trajiste, trajo, trajimos, trajisteis, trajeron
decir	**dij-**	dije, dijiste, dijo,...
traducir	**traduj-**	traduje, tradujiste, tradujo,...
conducir	**conduj-**	conduje, condujiste, condujo,...

Notice the difference in the **ellos, ellas, ustedes** endings (**-ieron** and **-eron**) between the two groups of verbs above. Verbs whose stems end in **j** add **-eron** instead of **-ieron**.

Observe the use of the irregular preterit forms in the sample sentences.

¿Qué **hiciste** anoche?	*What **did** you **do** last night?*
No **tuve** que trabajar.	*I **didn't have** to work.*
Algunos amigos **vinieron** a visitarme.	*Some friends **came** to visit me.*
Rubén **trajo** su guitarra.	*Ruben **brought** his guitar.*

In the preterit, the verbs **saber**, **querer**, and **poder** convey a slightly different meaning than in the present.

saber	*Supe* hacerlo.	*I found out (figured out)* how to do it.
querer	*Quise* hablar con ella.	*I tried* to speak with her.
no querer	**Ella no quiso** hablar conmigo.	*She refused* to speak with me.
poder	**Pude** terminar el proyecto.	*I succeeded* (after much effort) in finishing the project.
no poder	**No pude** encontrar al profesor.	*I failed* (after trying) to find the professor.

Práctica y comunicación

Ñ. Nuestras actividades. ¿Quiénes participaron en las siguientes actividades? Respondan en oraciones completas.

1. Ayer o anteayer, ¿quiénes *hicieron* ejercicio en el gimnasio? **Yo hice.../Yo no hice...**
2. Ayer o anteayer, ¿quiénes *fueron* de compras? (¿Qué compraron?)
3. Anoche, ¿quiénes *tuvieron* que estudiar mucho? (¿Para qué clases?)
4. Anoche, ¿quiénes *pudieron* hacer la tarea para todas las clases?
5. Esta mañana, ¿quiénes *condujeron* a la universidad (o a este edificio)?
6. Esta mañana, ¿quiénes *estuvieron* en el centro estudiantil por un rato (*a little while*)? (¿Para qué?)
7. ¿Quiénes *trajeron* comida y/o una bebida a clase hoy? (¿*Trajeron* comida para toda la clase?)

Ahora, en parejas, háganse preguntas similares a las preguntas de la n° 1 a la 7. Usen la forma de **tú** del verbo en la pregunta. (**¿Hiciste ejercicio en el gimnasio ayer?**) Al final, díganle a la clase algo que los/las dos hicieron (o no hicieron) y una diferencia entre sus actividades.

MODELO: **Anoche ... y yo tuvimos que estudiar mucho.**
Ayer ... no hizo ejercicio en el gimnasio. Tampoco yo.
Ayer ... pudo hacer la tarea, pero yo no pude hacerla.

O. Dos amigos conversan. En el apartamento de Ana, ella y Juan conversan. Completen la conversación. Usen la forma correcta del verbo en el pretérito y las palabras necesarias para indicar las actividades de Ana y Juan. Trabajen en parejas.

JUAN: ¿Qué (*hacer*) _____ anoche?

ANA: (*Tener*) _____ que ... y ... ¿Y tú?

JUAN: ¡(*Estar*) _____ en ... cuatro horas!

ANA: Pues, yo (*querer*) _____ ... anoche, pero no (*poder*) _____ porque unos amigos míos (*venir*) _____ aquí a las 9:00 de la noche. (*Traer*) _____ ... y ... ¡Lo pasamos muy bien! Esta noche voy a tener que ... ¡Ay de mí!

JUAN: ¡No llores (*whine*)! ¿Nunca (*escuchar*) _____ (*tú*) decir: «No dejes para mañana lo que puedes hacer hoy?»

¿Qué hay en tu guardarropa?

P. Una fiesta para el cumpleaños de Carmen. Según los dibujos, describa lo que pasó antes de y durante la fiesta. ¿Qué pasó primero? ¿Y después?

MODELO: **Para el cumpleaños de Carmen, Inés y Camila compraron algunos regalos.**

Inés y Camila *comprar...*

Inés y Camila *hacer...*

Ellas *poner... llevarlos...*

Manuel *traer...*

En la fiesta, Carmen *abrir...* y todos *comer*

A medianoche, Camila e Inés *tener que...*

Q. El fin de semana pasado y el verano pasado. Camine por la clase con su cuaderno. Hágales cada pregunta a cuatro personas diferentes. Escriba el nombre de cada persona y su respuesta en el cuaderno. Cada respuesta debe incluir *dos* actividades. Preguntas: **¿Qué hiciste el fin de semana pasado? ¿Qué hiciste el verano pasado?**

Ahora, en grupos de cuatro, hablen de la información que tienen.

MODELO: **El fin de semana pasado, ... fue a una fiesta y bailó mucho.**

Al final, cada grupo determina cuál es la actividad más interesante y menos común de todas las actividades de su grupo. Se la presenta a la clase. ¿Qué estudiante tuvo la experiencia más interesante el fin de semana pasado y/o el verano pasado? La clase decide.

Un paso más: Escriba cuatro oraciones describiendo lo que usted hizo el fin de semana pasado o el verano pasado. Luego, lea sus oraciones a un/a compañero/a de clase.

5. *Indicating to whom or for whom something is done:* Pronombres de complemento indirecto

Study Hints
Review the direct objects in Chapter 6, p. 193.

An indirect object identifies **the person to or for whom** something is done. Thus, this person receives the action of the verb *indirectly*. In English, the *to* or *for* may be stated or implied. (Ask the questions *To whom?* or *For whom?* to identify the indirect object.)

To whom?	*I gave the ring **to her**./I gave **her** the ring.*
For whom?	*I bought a necklace **for her**./I bought **her** a necklace.*

In contrast, remember that the direct object indicates **who** or **what** *directly receives* the action of the verb. (Ask the questions *Who?* or *What?* to identify the direct object.)

Who?	*I saw **her** yesterday.*
What?	*Did you see **her ring**? She bought it at Tiffany's.*

Los pronombres de complemento indirecto

The indirect object pronouns are the same forms that you used with the verb **gustar** to indicate *to whom* something is pleasing.

A Carlos **le** gustó mucho el regalo.   *Carlos liked the gift very much.*

me	*me (to/for me)*	**Me** dio un reloj.
te	*you*	¿**Te** dio un anillo también?
le	*you*	Quiero dar**le** un regalo a usted.
	him	Quiero dar**le** un regalo a él.
	her	Quiero dar**le** un regalo a ella.
nos	*us*	**Nos** compraron chocolates.
os	*you*	¿**Os** trajeron algo?
les	*you*	**Les** mandaron un paquete a ustedes.
	them	**Les** mandaron un paquete a ellas/ellos.

Translate the sentences above to English and note the position of the object pronouns in each sentence. For example: *José gave me a watch (gave a watch to me).*

- The indirect object pronoun, like the direct object pronoun, is placed immediately before a conjugated verb but may be attached to infinitives and to the present participle.

    Me dijeron que esa tienda es muy buena.
    ¿Vas a comprar**me** esa cartera?
    Estoy preguntándo**le** el precio.

- It is common to use an indirect object *noun in conjunction with* the third-person pronouns **le** and **les**.

    Les escribí **a mis primos**.   *I wrote **to my cousins**.*
    También **le** escribí **a Mónica**.   *I wrote **to Monica** too.*

- **Le** and **les** are often clarified with the preposition **a** + *pronoun*.

    Le escribí **a ella** anoche.   *I wrote **to her** last night.*

- For emphasis it is common to use the forms **a mí, a ti, a usted, a él, a ella, a nosotros/as, a vosotros/as, a ustedes, a ellos, a ellas** with the indirect object.

    Sancho **me** mandó el paquete **a mí**.   *Sancho sent the package **to me**. (not to someone else)*

Verbos que frecuentemente se usan con los pronombres de complemento indirecto

Indirect objects are frequently used with the following verbs, as one generally gives, sends, shows, lends, etc. things *to someone*.

dar	*to give*
regalar	*to give (as a gift)*
mandar, enviar	*to send*
mostrar (ue)	*to show*
prestar	*to lend*
devolver (ue)	*to return (something)*
pedir (i, i)	*to ask for, request*
preguntar/contestar	*to ask/answer*
escribir	*to write*
decir (i)	*to say, tell*
contar (ue)	*to tell, narrate (a story or incident)*
explicar	*to explain*

Práctica y comunicación

R. ¿Qué hice yo o qué voy a hacer? Lea cada declaración. Luego, diga lo que usted hizo o lo que va a hacer en cada situación. Seleccione la respuesta del cuadro que mejor corresponda.

1. Mi abuela siempre quiere saber lo que estoy haciendo en la universidad.
2. Es el cumpleaños de mi madre.
3. Fui de compras ayer y me compré unos pantalones, una chaqueta y zapatos.
4. Mi amiga Natalia no tiene transporte y necesita ir al centro.
5. Quiero ir al restaurante Cuba-Cuba esta noche, pero no sé dónde está.
6. Mi compañero/a de cuarto quiso saber lo que pasó anoche.
7. Carmen no entendió el Panorama cultural.
8. Camila siempre tiene problemas con las matemáticas.
9. Rubén va a tocar en un concierto este fin de semana.

a. Voy a prestarle mi carro.
b. Le di una de mis calculadoras.
c. Le voy a pedir la dirección a la profesora.
d. Le conté toda la historia (*story*).
e. Le mostré mis cosas nuevas a mi amigo/a.
f. Voy a escribirle una carta larga.
g. Le mandé un regalo.
h. Voy a devolverle la guitarra que me prestó.
i. Le expliqué algunas de las ideas más importantes.

S. El regalo de cumpleaños de Linda. Complete las oraciones. Use el pronombre **lo** (directo) o **le** (indirecto) según la situación.

1. Manuel _____ dio un regalo a Linda para su cumpleaños.
2. _____ compró un suéter muy bonito. (Me dijo que _____ compró en una tienda muy elegante.)
3. Linda _____ abrió inmediatamente y _____ dio las gracias a Manuel.
4. ¡Es evidente que _____ gustó mucho el suéter!

T. Mis personas favoritas. Dígale a un/a compañero/a de clase lo que hace su mejor amigo/a o lo que hacen algunos de sus parientes favoritos. Combine la información presentada en las columnas A, B y C. Use el tiempo *presente*. Trabajen en parejas.

MODELO: **Mi mejor amigo/a con frecuencia me manda mensajes por correo electrónico.**

A. ¿QUIÉN?	B. ¿CUÁNDO?	C. ¿QUÉ?
mi mejor amigo/a	a veces	darme...
mi madre/padre	con frecuencia	regalarme...
mi hermano/hermana	(casi) siempre	enviarme...
mi tío/tía	(casi) nunca	mandarme...
mi abuelo/abuela		escribirme...
mi primo/prima		preguntarme si (*if*)...
		hablarme de...
		prestarme...

Luego, algunos estudiantes presentan ejemplos a la clase.

U. Preguntas personales. En parejas, háganse las preguntas y contéstenlas.

MODELO: ¿Les mandas tarjetas de cumpleaños a tus padres?
Sí, les mando tarjetas de cumpleaños. *o* **No, no les mando tarjetas de cumpleaños.**

Generalmente...

1. ¿Le pides dinero a tu padre/madre/tío/tía?
2. ¿Les muestras tus notas a tus padres/amigos?
3. ¿Les mandas mensajes a tus amigos por correo electrónico? (Cuando ellos te mandan mensajes, ¿responses inmediatamente?)
4. ¿Le prestas ropa a tu compañero/a de cuarto o a tu mejor amigo/a? ¿Por qué sí o por qué no?
5. ¿Le cuentas todos los detalles de tu vida social a tu mejor amigo/a? ¿Por qué sí o por qué no?

En el pasado...

6. ¿Les enviaste tarjetas postales a tus amigos y amigas el verano pasado? (¿De dónde?)
7. ¿Le regalaste algo a tu novio/a o mejor amigo/a para su cumpleaños? (¿Qué le regalaste?)
8. Al entrar en el aula hoy, ¿le dijiste «Buenos días» o «Buenas tardes» a la profesora/al profesor?
9. ¿Le preguntaste a la profesora/al profesor si hay tarea para mañana? (¿Qué dijo?)

6. *Indicating an action that took place some time ago:* **Hacer** *para expresar ago*

Study Hints
Review in Chapter 5, p. 162, the **hace** + *time* construction used to indicate that an action has been going on for a period of time and still is.

To indicate an action that took place some time *ago*, use **hace** + *the amount of time* (hours, days, weeks, months, years). The *verb* that indicates the action is most commonly in the *preterit tense*.

Ago = **hace** + *time*	
hace diez minutos/una hora	*ten minutes/one hour ago*
hace dos semanas/meses/años	*two weeks/months/years ago*

The *ago* construction is most commonly used to answer two types of questions:

(specific) **¿Cuánto (tiempo) hace que hablaste con María?**
How long ago did you speak with Maria?

(general) **¿Cuándo hablaste con María?**
When did you speak with Maria?

When answering a question with the *ago* construction, the verb is often omitted.

Hace dos horas.   *Two hours ago.*

When making statements about how long ago something took place, there are two possible word orders.

Preterit + **hace** + *time*	**Hablé con María hace dos horas.**
Hace + *time* + **que** + *preterit*	**Hace dos horas que hablé con María.**
	I spoke with Maria two hours ago.

Práctica y comunicación

V. ¿Cuánto tiempo hace? En parejas, háganse las preguntas y contéstenlas para indicar cuánto tiempo hace (horas, días, semanas, meses, años) que ustedes participaron en la actividad. Escuche bien las respuestas de su compañero/a.

MODELO: ¿Cuándo empezaste a usar lentes de contacto?
Hace tres años. o **No uso lentes de contacto.**

1. ¿Cuándo aprendiste a manejar?

2. ¿Cuándo llegaste a la universidad?

3. ¿Cuándo empezaste a estudiar español?

4. ¿Cuándo conociste a tu mejor amigo/a o novio/a? (¿Cómo se llama?)

5. ¿Cuándo fue la última vez (*the last time*) que visitaste a tus abuelos/padres/tíos?

6. ¿Cuándo fue la última vez que limpiaste tu cuarto?

7. ¿Cuándo fue la última vez que fuiste de compras? (¿Adónde fuiste de compras?) (¿Qué compraste?)

Un paso más: Dígale a la clase algo acerca de su compañero/a de clase.

MODELO: **... empezó a estudiar español hace tres años.** o
Hace tres años que ... empezó a estudiar español.

W. Actividades memorables. Primero, haga una lista de tres cosas interesantes que usted hizo hace tiempo (*some time ago*).

MODELO: **Visité Alaska.**
Fui a un concierto de Ricky Martin.
Esquié en las montañas de Colorado.

Luego, en parejas, háganse preguntas para averiguar cuánto tiempo hace que hicieron las actividades de la lista.

MODELO: ESTUDIANTE 1: **¿Cuándo visitaste Alaska?**
ESTUDIANTE 2: **Hace cinco años.** o **Visité Alaska hace cinco años.**

Dígale a la clase cuánto tiempo hace que su compañero/a hizo la actividad más interesante de la lista.

MODELO: **... visitó Alaska hace cinco años.** o
Hace cinco años que ... visitó Alaska.

Dicho y hecho

Conversando

En la tienda de ropa

Imaginen que uno/a de ustedes es el dependiente/la dependienta de un almacén. El otro/La otra va de compras y busca dos regalos: uno para el Día de la Madre y otro para el cumpleaños de un/a amigo/a especial. En la conversación:

- se saludan (*greet each other*) y el/la cliente indica lo que busca
- el dependiente/la dependienta indica lo que tiene (**este, ese, ...**)
- el/la cliente indica sus preferencias y pregunta acerca de los precios
- el/la cliente compra los regalos
- se despiden (*say good-bye*)

¡A escuchar!

Desfile de modas: Temporada (*season*) otoño–invierno

Escuche la descripción del desfile de modas. Preste atención a los tres tipos de ropa que se presentan y a los colores que predominan. Luego, conteste las tres primeras preguntas.

1. ¿Qué tipo de ropa presentan primero?

   ____ ropa para la mujer profesional   ____ ropa informal   ____ ropa para reuniones de cóctel

2. ¿Qué tipo de colores son populares en la ropa de Ana Sastre? (Hay más de una opción.)

   ____ blanco, negro y gris   ____ rojo, amarillo y azul   ____ verde pistacho

3. ¿Llevan las modelos muchas joyas?   ____ sí ____ no

Escuche otra vez. Apunte el nombre de la prenda (*piece of clothing*) o accesorio que combine bien con la ropa o los accesorios indicados.

4. Los pantalones de cuero negro combinan con _____.

5. Las chaquetas de lana de cachemira combinan con _____.

6. Los zapatos de piel de cocodrilo combinan con _____.

7. Los vestidos cortos de seda (*silk*) combinan con _____.

De mi escritorio

Mi guardarropa

Escriba una descripción de su ropa. Incluya:

- cuál es su ropa favorita y cómo expresa su personalidad
- cuándo/hace cuánto tiempo la compró
- sus accesorios favoritos y por qué le gustan
- la ropa o los accesorios que alguien le regaló a usted

Study Hints
See what you have learned! Turn to pp. 242–243 to review the active vocabulary and take the self-test for this chapter.

Argentina y Chile

[www.wiley.com/college/dicho/panorama]

Preguntas sobre el mapa

1. ¿Cuál es la capital de Argentina?
2. ¿Con qué países tiene frontera[1] Agentina?
3. ¿Cuál es la capital de Chile?
4. ¿Cómo se llama el desierto que está en el norte de Chile?
5. ¿Cómo se llama la cordillera (*mountain range*) que pasa por Chile y Argentina?

Dos colosos del Cono Sur

La cordillera de los Andes es la frontera natural entre Chile y Argentina. Chile y Argentina son los países con mayor influencia europea en Latinoamérica, tanto en su cultura como en la composición de su población.

———
[1]*boundary*

Argentina

Argentina es el país hispano más grande del mundo. Tiene varias regiones distintas. Al norte encontramos las planicies[2] del río Paraná (vea el mapa), donde está la jungla; al sur está La Patagonia, una llanura[3] rica en petróleo.

A pesar de la gran extensión de su territorio, la vida argentina se centra en su capital, Buenos Aires, llamada el París de las Américas. La Avenida 9 de Julio, una de las más anchas[4] del mundo, y el obelisco, que conmemora la fundación de la ciudad, son símbolos famosos de la ciudad. ¿Cuántos carriles[5] tiene esta avenida? ¿Cuánto tiempo piensa usted que se demora en[6] cruzarla?

En esta fascinante ciudad de elegantes tiendas, restaurantes y una intensa vida nocturna, las artes son muy importantes. En Buenos Aires nació el tango, el sofisticado baile que todo el mundo asocia con Argentina. El espectacular Teatro Colón de la capital presenta todo tipo de conciertos, óperas, recitales y «shows». Atrae músicos y artistas del mundo entero. ¿Cuántas gradas[7] hay en el teatro?

¡EVITA, EVITA!
¿Conoce usted la obra musical Evita y la cancion «Don't Cry for Me, Argentina»? Pues, el tema de este musical es Eva Perón, esposa del dictador Juan Perón (1895–1974).

¿Sabía usted?

▷ Los primeros exploradores, entre ellos Magallanes, llegaron a Argentina en el siglo XVI.

▷ En 1536 Pedro de Mendoza fundó Buenos Aires, pero los colonos abandonaron la ciudad a causa de los ataques persistentes de los indios. Buenos Aires se fundó otra vez en 1580.

▷ Los héroes nacionales José de San Martín y Manuel Belgrano comandaron la guerra de independencia que hizo de Argentina un país independiente en 1816.

▷ En la primera parte del siglo XX se alternaron gobiernos civiles y militares hasta 1946, cuando Juan Perón asumió la presidencia.

▷ Perón fue presidente hasta 1955, cuando los militares lo obligaron a abandonar el poder.

▷ Después de una serie de dictaduras militares, Argentina volvió a un sistema democrático en los años ochenta.

[2]*flatlands* [3]*plain* [4]*wide* [5]*lanes* [6]*it take* [7]*tiers*

Los Andes están en el lado oeste del país y es aquí donde está el pico más alto de Sudamérica, el Aconcagua, de 22.835 pies de altura. ¿Le gustaría a usted escalar[8] esta montaña?

Vacas *(Cows)* **famosas**
¡Las carnes argentinas se sirven en los mejores restaurantes de los EEUU! Los artículos de cuero de Argentina también son famosos.

¿Se habla español-inglés?
Jorge Luis Borges, autor argentino y gigante de la literatura latinoamericana, decía que su casa era tan bilingüe que no sabía hasta que tenía 12 o 13 años que el inglés y el español eran idiomas diferentes.

La pampa ocupa la zona central del país, una vasta llanura dedicada en gran parte a la ganadería[9]. La pampa es la tierra del gaucho[10] argentino—el prototipo del hombre valiente y solitario que no quiere atarse[11] ni a nadie ni a nada y que prácticamente vive sobre su caballo[12]. Estos gauchos están marcando[13] una vaca. ¿Le gustaría a usted ser gaucho? ¿Le gustan los caballos? ¿Y la vida solitaria?

---

[8]*to climb*   [9]*cattle-raising*   [10]*cowboy*   [11]*tie himself*   [12]*horse*   [13]*branding*

Chile

Chile tiene una configuración geográfica única: es una larga faja[14] de tierra que va desde los Andes en el este hasta el Océano Pacífico en el oeste. El país tiene 2.880 millas de largo y solamente 265 millas de ancho. ¡Es posible esquiar en el mar por la mañana y esquiar en la nieve por la tarde!

¡A esquiar! La superficie esquiable más grande del hemisferio Sur está al este de Santiago: «Los Tres Valles de los Andes» tiene 10.000 hectáreas y montañas que sobrepasan los 5.000 m. (16.400 pies) de altura.

Al norte de Chile está el desierto de Atacama, ¡el lugar más seco del mundo! En esta región hay muchas minas de cobre[15], un metal que Chile exporta a varias partes del mundo. ¿Le gustan a usted los desiertos? ¿Por qué?

Los 1.100 km de la Carretera Austral cruzan los lugares más atractivos del sur de Chile, con sus montañas, parques nacionales, fiordos, termas[16], ríos y lagos, ideales para la pesca[17] deportiva. El Parque Nacional Torres del Paine (vea la foto) es uno de los más espectaculares del país. ¿Le gustaría visitar esta región? ¿Hay glaciares en alguna región de su país? ¿Dónde?

¿Sabía usted?

▶ Antes de la conquista, los mapuches (araucanos) y otros grupos indígenas vivían en Chile.

▶ La primera colonia española fue establecida por Pedro de Valdivia en Santiago en 1541.

▶ Chile se independizó de España en 1818 gracias a los famosos generales José de San Martín y Bernardo O'Higgins.

▶ En 1970 los chilenos eligieron[18] al primer presidente socialista del continente, Salvador Allende, pero con un golpe de estado[19] en 1973 Augusto Pinochet estableció una dictadura militar.

▶ En 1989 hubo elecciones libres otra vez.

---

[14]*strip*   [15]*copper*   [16]*hot-water springs*   [17]*fishing*   [18]*elected*   [19]*coup d'état*

El centro de Chile es una zona fértil de clima moderado donde vive la mayoría de la población. En esta zona está la capital, Santiago, una ciudad cosmopolita, moderna y con aspecto europeo. Según la foto de uno de los mercados populares en Santiago, ¿cómo se manifiesta la abundancia agrícola de la zona central de Chile? ¿Sabe usted qué productos agrícolas exporta Chile?

¡Qué uvas!

¿Sabía usted que muchas de las uvas que compramos en los supermercados son de Chile? Los vinos chilenos también son famosos.

¿Qué descubrimos?

¿A qué país se refiere cada una de las siguientes oraciones?

1. Su capital se llama «el París de las Américas».
2. Se puede esquiar en el mar y en las montañas el mismo día.
3. En este país está la pampa, la tierra del legendario gaucho.
4. La zona central de este país produce muchas frutas y legumbres.
5. En este país podemos visitar el Aconcagua, el pico más alto de Sudamérica.

¿Oda a una cebolla?

Pablo Neruda, recipiente chileno del Premio Nobel (1971) es famoso por sus poemas de amor (vistos en la película «Il postino»). Pero también elogió el diario vivir en sus *Odas elementales*: «Oda a una cebolla,» «Oda a una alcachofa (*artichoke*),» «Oda al limón,» «Oda a la sal,» «Oda al tomate» y «Oda al vino.»

Adivinanzas

▶ En parejas, identifiquen cada una de las siguientes referencias: **Santiago, Buenos Aires, la Patagonia, San Martín, Salvador Allende, Juan Perón, Evita Perón, Gabriela Mistral, Pablo Neruda, Jorge Luis Borges, los mapuches, el gaucho.**

▶ Luego, cada pareja escribe una descripción de una de las referencias y se la entrega a la profesora/al profesor.

▶ La clase forma dos equipos. Por turnos, cada equipo escucha y luego identifica cada descripción. Cada respuesta correcta vale dos puntos. ¿Cuál de los equipos ganó?

Premios y pesos

Además de recibir el Premio Nobel en 1945, Gabriela Mistral también tiene el honor de ser la primera mujer famosa de su país cuya imagen adornó un peso chileno.

READING STRATEGIES
Anticipating Content through Illustrations

Before you read, examine the accompanying illustrations to familiarize yourself with any vocabulary items you might not know. Based on the pictures, can you predict the content of this song? As you read, identify the stanza that corresponds to each illustration.

Preguntas

1. ¿Quiénes forman la familia Polillal? ¿Dónde viven?
2. Según la canción, ¿cuál es la comida favorita de las polillas?
3. ¿Quién es la enemiga mortal de la familia Polillal? ¿Puede usted describirla?
4. ¿Qué plan tienen las polillas para defenderse de su enemiga?
5. ¿Quién decide evitar (*avoid*) el conflicto? ¿Por qué?
6. ¿Qué deciden hacer las polillas al final de la canción?
7. ¿Es usted una persona que evita los conflictos?

La escritora y poeta argentina **María Elena Walsh** (1930–) ha creado un mundo fantástico, lleno de alegría e imaginación. Miles de niños argentinos de varias generaciones han crecido cantando sus populares canciones. «La familia Polillal» es una selección del conocido álbum *Canciones para mirar*.

La familia Polillal
de María Elena Walsh

La polilla¹ come lana
de la noche a la mañana.
Muerde² y come, y come
y muerde lana roja,
lana verde.

Sentadita en el ropero,
con su plato y su babero,
come lana de color
con cuchillo y tenedor.

Sus hijitos comelones
tienen cuna³ de botones.
Su marido don Polillo
balconea en un bolsillo.

De repente se avecina⁴
la señora Naftalina⁵.
Muy oronda⁶ la verán
toda envuelta⁷ en celofán.

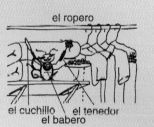

el ropero

el cuchillo   el tenedor
el babero

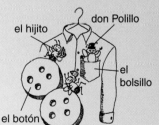

don Polillo
el hijito
el bolsillo
el botón

La familia Polillal
la espía por un ojal
y le apunta⁸ con la aguja
a la naftalina bruja⁹.

Pero don Polillo ordena:
«No la maten¹⁰,
me da pena.
Vámonos a otros roperos
a llenarlos de agujeros¹¹».

Y se van todos de viaje,
con muchísimo
equipaje: las hilachas¹²
de una blusa y un
paquete de pelusa¹³...

NAFTALINA

la señora Naftalina

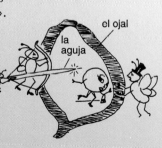

el ojal
la aguja

---

¹*moth* ²*It bites* ³*cradle* ⁴*approaches* ⁵*Moth ball*
⁶*jolly* ⁷*wrapped* ⁸*aims* ⁹*witch* ¹⁰*Don't kill her*
¹¹*holes* ¹²*loose threads* ¹³*lint*

el equipaje

se van
de
viaje

Adjetivos

barato/a
caro/a
corto/a
largo/a
limpio/a
sucio/a
amarillo/a
anaranjado/a
azul
blanco/a
gris
marrón
morado/a
negro/a
rojo/a
rosado/a
verde

Sustantivos

La ropa

el abrigo
la blusa
las botas
los calcetines
la camisa
la camiseta
la chaqueta
el cinturón
la corbata
la falda
la gorra
los guantes
el impermeable
los jeans
las medias
los pantalones
    los pantalones cortos
la ropa interior
las sandalias
el sombrero
el suéter
el traje
    el traje de baño
los vaqueros
el vestido
los zapatos
    los zapatos de tenis
el algodón
el cuero
la lana

Las joyas

el anillo
los aretes
la cadena
el collar
los pendientes
la pulsera
el reloj
    de oro/plata

Otras palabras útiles

los anteojos
la bolsa
el bolso
la cartera
la cosa
las gafas
    las gafas de sol
las (los) lentes de contacto
la manga
el paraguas
el precio
el regalo
la talla
la tienda

Verbos y expresiones verbales

devolver (ue)
explicar
llevar
mostrar (ue)
preguntar
prestar
regalar

I. Los demostrativos.

A. Indique lo que usted va a comprar. Use los adjetivos demostrativos.

MODELO: Voy a comprar el suéter. (aquí)
Voy a comprar este suéter.

1. Voy a comprar la corbata roja. (aquí)
2. Voy a comprar los zapatos de cuero. (allí)
3. Voy a comprar las camisetas blancas. (allí)
4. Voy a comprar el reloj «Rolex». (allí)

B. Indique cuánto cuestan las cosas. Use los pronombres demostrativos.

MODELO: los calcetines: $5 / $3 / $1
Estos calcetines cuestan cinco dólares, ésos cuestan tres dólares y aquéllos cuestan un dólar.

1. las gafas: $38 / $22 / $19
2. los jeans: $75 / $63 / $34
3. el traje: $345 / $230 / $150
4. la casa: $2.000.000 / $1.000.000 / $500.000

II. Los posesivos.

A. Usted y sus amigos tienen su ropa en la residencia estudiantil. Indique de quién es la ropa.

MODELO: yo: calcetines, impermeable, chaqueta
Los calcetines son míos. El impermeable es mío. La chaqueta es mía.

1. yo: abrigo, botas, guantes, gorra
2. nosotros: ropa interior, jeans, corbatas
3. tú: blusa, vestido, camiseta, medias
4. Ana y Elena: ropa de verano, faldas, trajes de baño

B. Indique con quiénes van las personas a la fiesta. Siga el modelo.

MODELO: yo/un amigo
Voy con un amigo mío.

1. mi primo/unos amigos
2. Viviana/un amigo
3. mi hermana y yo/un amigo
4. yo/unos amigos

III. El pretérito: los verbos irregulares. Diga quién hizo las siguientes cosas.

MODELO: *hacer* la torta para la fiesta (yo)
Hice la torta para la fiesta.

1. *traer* las decoraciones (Natalia y Linda)
2. *poner* las flores en la mesa (nosotros)
3. *querer* venir pero no *poder* (Javier)
4. *venir* (casi todos los estudiantes)
5. *estar* en la fiesta por cuatro horas (tú)
6. *tener que* salir temprano (yo)

IV. Pronombres de complemento indirecto. El tío Pedro nos regaló muchas cosas interesantes para la Navidad. Indique a quiénes les regaló las cosas indicadas.

MODELO: yo/unas gafas de sol
Él me regaló unas gafas de sol.

1. nosotros/un televisor pequeño
2. mi hermano/una mochila nueva
3. mis hermanas/joyas
4. mi madre/un abrigo de lana
5. yo/una chaqueta de cuero

V. *Hacer* para expresar *ago*. Conteste las preguntas de su amigo/a para indicar cuándo fue la última vez que usted hizo lo siguiente. Use la construcción *ago*.

MODELO: ¿Cuándo hablaste con tus tíos? (una semana)
Hablé con ellos hace una semana.

1. ¿Cuándo fuiste a la playa? (cinco años)
2. ¿Cuándo visitaste a tus abuelos? (seis meses)
3. ¿Cuándo hiciste ejercicio en el gimnasio? (tres semanas)

VI. Repaso general del Capítulo 7. Conteste con oraciones completas.

1. ¿Qué ropa llevan las mujeres a un restaurante elegante? ¿Y los hombres?
2. ¿Qué ropa debe usted llevar a Alaska? ¿Y a la Florida?
3. ¿Fue usted de compras ayer? (¿Adónde?) (¿Qué compró?)
4. ¿Qué hizo usted anoche?
5. ¿Condujo usted a la universidad esta mañana?
6. ¿De quién es el coche que usted maneja?
7. ¿Qué trajo usted a clase hoy/ayer/anteayer?
8. ¿Le dio usted la tarea para hoy a la profesora/al profesor?
9. ¿Cuándo empezó usted a estudiar el vocabulario de este capítulo? ¿Hace muchos días?

Answers to the **Autoprueba y repaso** are found in **Apéndice 2**.

CAPÍTULO 8

En Costa Rica hay 850 especies de pájaros. ¿De qué colores son las plumas (*feathers*) de este quetzal?

La naturaleza y el medio ambiente

Goals for communication

- To talk about nature and the environment
- To express likes, dislikes, and interests
- To talk about and describe places, persons, and actions in the past
- To make comparisons

Cultural focus

- National parks in the Hispanic world
- Costa Rica and Panamá

Structures

1. Verbos similares a **gustar**
2. Los pronombres de complemento directo e indirecto
3. El imperfecto
4. Comparaciones de igualdad
5. Comparaciones de desigualdad y los superlativos

¡Bien dicho!

La naturaleza y el medio ambiente

1. el cielo
2. la nube
3. el sol
4. los pájaros
5. el volcán
8. la cascada, la catarata
9. la tienda de campaña, la carpa
7. el valle
6. el bosque
10. acampar
11. el fuego
12. el río
13. el caballo
14. montar a caballo
15. las flores
16. la choza
20. la selva
17. las gallinas
18. el cerdo
19. la serpiente, la culebra

1. sky 2. cloud 3. sun 4. birds 5. volcano 6. forest 7. valley 8. waterfall 9. tent 10. to camp 11. fire
12. river 13. horse 14. to ride horseback 15. flowers 16. hut 17. chickens 18. pig 19. snake 20. jungle

21. la tormenta
22. el relámpago
23. la luna
24. las estrellas
25. la colina
26. el desierto
27. la granja
28. el pueblo
29. el árbol
30. las vacas
31. la hierba
32. la tierra
33. el bote
34. pescar
35. el pez (los peces)
36. el lago
37. la isla

21. storm 22. lightning 23. moon 24. stars 25. hill 26. desert 27. farm 28. town, village 29. tree
30. cows 31. grass 32. land, earth 33. boat (small) 34. to fish 35. fish 36. lake 37. island

Práctica y comunicación

A. El campo y la naturaleza. Busque en los dibujos (páginas 246–247) todas las palabras que se asocian con las siguientes referencias.

MODELO: el cielo → **las nubes, los pájaros...**

1. el cielo
2. los animales
3. las plantas/la tierra
4. las montañas
5. el agua
6. acampar
7. pescar

Un paso más: Defina en español las siguientes palabras:
la choza, el pueblo, la granja, la selva, el desierto.

Solamente una impresora Canon lleva los colores a estas profundidades.

Canon
CANON LATIN AMERICA, INC.
COLOR BUBBLE JET PRINTER

¿Alguien tiene una impresora a color como (*like*) esta impresora Canon? En parejas, identifiquen los colores de los peces[1], de la estrella de mar y del cangrejo (*crab*). **Ese pez/Esos peces...**

---

[1]The words **pez/peces** refer to fish that are alive; **pescado** refers to a fish that is prepared for eating.

Bien dicho La naturaleza y expresiones útiles

la **naturaleza**	*nature*
ir de/estar de vacaciones	*to go on/be on vacation*
hacer un viaje	*to take a trip*
en barco/crucero	*by boat, ship/cruise ship*
viajar	*to travel*
dar un paseo/una caminata	*to take a walk/hike*
escalar una montaña	*to climb a mountain*
pasarlo bien	*to have a good time*
por	*for, down, by, along, through*

1. el océano 2. el mar 3. la ola 4. hacer *surf* 5. la arena

6. tener miedo 7. la araña 8. la mosca 9. el mosquito 10. los insectos 11. el animal

1. ocean 2. sea 3. wave 4. to surf 5. sand 6. to be afraid 7. spider
8. fly 9. mosquito 10. insects 11. animal

¡Un momento, por favor!

You have been using two words in Spanish to mean *for*: **por** and **para**.
You will study their uses in Chapter 9. One use of **por** translates as
down, by, along, through.

Ella caminó **por** la calle y **por** el parque.
*She walked **down/along** the street and **through/by** the park.*

B. Sus gustos. En parejas, lean las actividades que siguen e indiquen su
gusto personal de manera afirmativa o negativa.

Me gusta.../No me gusta...

1. pescar
2. nadar en los ríos
   (¿y en los lagos?)
   (¿y en el mar?)
3. montar a caballo
4. jugar en las olas
5. hacer *surf*
6. tomar el sol
7. contemplar la
   naturaleza
8. construir castillos en
   la arena
9. dar caminatas en las
   montañas
10. acampar

Me gusta la idea de.../No me gusta la idea de...

11. caminar solo/a por la selva
    amazónica
12. ver un volcán activo
13. hacer un viaje en crucero
14. viajar a la luna
15. ir de vacaciones a una isla
    tropical
16. escalar la montaña Everest

DICHOS
**El árbol se conoce por
sus frutos.
Más vale pájaro en
mano que cien volando.
En boca cerrada no
entran moscas.**
*¿Conoce usted los
equivalentes en inglés de
estos dichos?*

La naturaleza y el medio ambiente

Conversación

Aventuras en un parque ecológico

Estos amigos están acampando en un parque ecológico en Costa Rica. Es de noche y Pepita y Natalia se están preparando para escalar un volcán.

PEPITA: Este parque ecológico es el lugar más hermoso del planeta. Es maravilloso respirar aire puro.

garbage   NATALIA: Sí, aquí no hay basura° ni contaminación, sólo bosque y animales.

(Llegan Octavio y Javier.)

PEPITA: ¡Hola, chicos! ¿Dónde está Rubén?

OCTAVIO: Fue al pueblo. Esta noche hay una reunión para organizar una manifestación en contra de la desforestación.

he forgot   PEPITA: ...y se le olvidó° que esta noche Natalia y yo vamos a escalar el volcán. ¿Ustedes quieren ir con nosotras?

JAVIER: ¿Ahora? ¿En la noche? ¡No!

darkness   NATALIA: ¿Por qué no? La actividad volcánica es más impresionante en la oscuridad° de la noche.

JAVIER: El año pasado Octavio y yo estuvimos aquí como voluntarios. Una noche, decidimos explorar el bosque y escalar una montaña. ¡Tuvimos una experiencia muy extraña!

PEPITA: ¿De verdad? ¿Qué pasó?

There was   OCTAVIO: Primero, comenzó a llover fuerte. Hubo° una tormenta con
as we climbed down / noise   relámpagos. Luego, al bajar° de la montaña, oímos un ruido° extraño. Corrimos hacia el lago y un animal muy grande nos
followed   siguió° hasta nuestra tienda de campaña.

NATALIA: ¿Un puma? ¿Un jaguar?

JAVIER: No, una vaca.

PEPITA: ¿Una vaca? ¡Qué miedosos!

OCTAVIO: Bueno, entonces si no tienen miedo y quieren ir al bosque ahora, pueden ir solas.

NATALIA: Pues nosotras somos chicas muy valientes; no tenemos miedo.

PEPITA: Así es, y vamos al volcán. *(Se escucha un ruido.)* ¿Qué fue eso?

mud   *(Aparece Rubén, totalmente cubierto de lodo°.)*

screaming   TODOS: *(Se van corriendo, gritando°, con miedo.)* ¡Es un monstruo! ¡Qué
Help!   horror! ¡Auxilio!°

RUBÉN: ¿Adónde van? Soy yo, Rubén. Tuve un pequeño accidente. Me
I fell   caí° en el lodo del camino... ¡Qué amigos tan extraños tengo!

¿Qué hay de nuevo?

1. ¿Qué piensa Pepita del parque ecológico?
2. ¿Adónde fue Rubén? ¿Qué se le olvidó a Rubén?
3. ¿Por qué no quieren Octavio y Javier acompañar a las chicas?
4. ¿Qué tipo de animal siguió a los muchachos?
5. ¿Por qué son Pepita y Natalia más valientes que los chicos?
6. ¿Quién es el «monstruo»? ¿Por qué piensa Rubén que sus amigos son extraños?
7. Generalmente, ¿con quién va usted a acampar? ¿Cuál es su lugar favorito para acampar?

Estructuras

1. *Expressing likes, dislikes, and interests:*
   Verbos similares a gustar

You will recall that in Chapter 4 you learned to use **gustar** to express likes and dislikes.

gusta + verb	**Me gusta nadar.**
gusta + singular noun	**Me gusta el agua verde-azul del Caribe.**
gustan + plural noun	**Me gustan las playas de Costa Rica.**

The following verbs allow you to express additional and varying degrees of likes, dislikes, and interests.

encantar	*to like a lot, to love*	**Me encanta** esquiar en el lago.
fascinar	*to be fascinating to, to fascinate*	¿**Te fascinan** las tormentas?
molestar	*to be annoying to, to bother*	**Le molesta** el calor.
interesar	*to be interesting to, to interest*	**Nos interesan** los reptiles.
importar	*to be important to, to matter*	No **les importa** si llueve.

All of the previous verbs function like **gustar**—they are used with indirect object pronouns (**me, te, le, nos, os, les**) and with the third-person singular or plural form of the verb.

Study Hints
Review **gustar** on page 126.

Práctica y comunicación ⎯⎯⎯⎯⎯⎯

C. Sus gustos. Exprese su reacción a las cosas y actividades indicadas usando una de las cuatro opciones:

me molesta/n   me fascina/n   me encanta/n   (no) me gusta/n

MODELO: las arañas
Me molestan/No me gustan las arañas. *o*
Me fascinan/encantan/gustan las arañas.

1. las serpientes
2. los mosquitos
3. los gatos
4. los perros
5. el océano
6. navegar en barco cuando hay muchas olas en el mar
7. las tormentas con relámpagos
8. las películas románticas (¿y de ciencia ficción?) (¿y de terror?)
9. mi compañero/a de cuarto/apartamento

Un paso más: Hágale la siguiente pregunta a un/a compañero/a de clase: **En el mundo de la naturaleza, ¿qué cosas te fascinan?** Luego algunos estudiantes presentan información a la clase.

MODELO: **A ... le fascinan los volcanes activos.**

D. Sus intereses. Indique si a usted **le interesan** o **no le interesan** las siguientes cosas.

MODELO: la[2] historia
Me interesa (mucho/un poco) la historia. *o*
No me interesa la historia.

1. la religión
2. la filosofía
3. la música clásica ("country") ("rock") ("jazz")
4. las ciencias
5. la psicología
6. las matemáticas
7. el español
8. el béisbol
9. la idea de hacer un viaje de un año por todo el mundo
10. la idea de explorar las profundidades del océano

Un paso más: Hágale las siguientes preguntas a un/a compañero/a de clase: **De todas tus clases este semestre, ¿cuál te interesa más?** Luego, algunos estudiantes presentan información a la clase.

MODELO: **A ... le interesa más la clase de biología.**

⎯⎯⎯⎯⎯
[2]When referring to a general category, for example, history, Spanish uses the definite article: **la historia** = *history* (in general).

E. Sus valores (*values*). Camine por la clase, haciendo las preguntas para averiguar qué cosas **les importan** o **no les importan** a sus compañeros/as de clase. Apunten el nombre de la persona en la columna *sí* o *no* según la respuesta.

SONDEO		
¿Te importa o no te importa...?	*sí*	*no*
1. sacar buenas notas	_____	_____
2. tener un coche caro	_____	_____
3. ganar mucho dinero	_____	_____
4. ser miembro/a de una «fraternidad» o «sororidad»	_____	_____
5. tener ropa muy de moda	_____	_____
6. tener un esposo rico o una esposa rica	_____	_____
7. preservar la naturaleza	_____	_____

En grupos de tres, comparen sus respuestas. ¿Qué **les importa** o **no les importa** a sus compañeros/as de clase? (**A Lee le importa sacar buenas notas. A Beth también le importa...**) Al final, presenten sus conclusiones a la clase.

¿Qué se debe hacer para conservar regiones como ésta?

2. *Answering Who?, What?, To whom?, and For whom?:*
Los pronombres de complemento directo e indirecto

Review the direct and indirect object pronouns listed below.

Direct objects:	**me, te, lo, la, nos, os, los, las**
Indirect objects:	**me, te, le, nos, os, les**

- When a verb takes both an indirect and a direct object pronoun, the indirect object pronoun always comes first: **indirect + direct (ID)**.

    La profesora **me lo** prestó.   *The professor lent it to me.*

- Direct and indirect object pronouns used in combination follow the same rules for placement as single object pronouns (before conjugated verbs or attached to infinitives and the *-ing* form). In a negative statement, **no** precedes both objects.

    Pedro **no me lo** explicó.   *Peter did not explain it to me.*
    Carlos va a explicár**melo**[3]. *or*   *Charles is going to explain it*
    Carlos **me lo** va a explicar.   *to me.*

    Carlos está explicándo**melo**. *or*   *Charles is explaining it to me.*
    Carlos **me lo** está explicando.

- When both the indirect and direct object pronouns refer to the third person and they are used together, the indirect object pronoun **le** or **les** changes to **se**.

	lo	**se**	**lo**
le (or) **les** +	**la**	**se**	**la**
	los =	**se**	**los**
	las	**se**	**las**

    ¿**Le** diste **la foto** a Linda?   *Did you give the photo to Linda?*
    Sí, **se la** di.   *Yes, I gave it to her.*

---

[3]Note that when two pronouns are added to the infinitive or present participle, a written accent is added to preserve the original stress pattern. Va a **mostrármelo**. Está **mostrándoselo**.

Práctica y comunicación

F. Octavio vuelve a Costa Rica. Octavio fue a Costa Rica otra vez y les trajo varios regalos a sus amigas. Estudie los dibujos para ver qué regalos trajo y para quién.

Natalia/la camiseta

Pepita/el póster

Carmen e Inés/las toallas para la playa

Camila y Linda/los collares y pendientes

Según los dibujos, ¿quién dice lo siguiente? ¿Y de qué habla? Preste atención a los pronombres de complemento directo e indirecto.

1. ¡Impresionante! Octavio me lo regaló. **Pepita lo dice. Habla del...**
2. ¡Nos encantan! Octavio nos las regaló. **...e ... lo dicen. Hablan de...**
3. ¡Qué bonitos son! Octavio nos los regaló.
4. ¡Me encanta! Octavio me la regaló.

Ahora, diga qué regalo Octavio le dio a cada persona. Luego repita la oración sustituyendo el objeto por un pronombre.

MODELO: Octavio le dio la camiseta a Natalia.
Octavio se la dio a Natalia.

G. ¿Son generosos o no? En parejas, háganse preguntas y contéstenlas.

MODELO: *¿prestarme* tu computadora?
¿Me prestas tu computadora?
Sí, te la presto. o **No, prefiero no prestártela.**

1. *¿prestarme* tu calculadora?
   tu tarjeta de crédito
   tu bicicleta
   tu paraguas
   tu coche
   cincuenta dólares

2. *¿explicarme* la tarea? si le lo aplico.
   los verbos irregulares
   la gramática
   el ejercicio del cuaderno
   las palabras que no entiendo

3. *¿darme* esa chaqueta?
   ese reloj/ese anillo
   esa cadena/esa pulsera
   ese suéter
   tu tarjeta de crédito
   diez dólares

4. *¿mostrarme* tu tarea?
   tu reloj
   tu anillo
   las fotos de tu cartera
   la revista que compraste

Práctica y comunicación

P. Son muy similares. Haga comparaciones de igualdad, refiriéndose a los dibujos.

MODELO: **Octavio es tan inteligente como Javier.**

Octavio/Javier
ser/tan... como...

Javier/su amigo
ser/tan... como...

Camila/su hermana
ser/tan... como...

el ogro/su amigo
ser/tan... como...

Alfonso/el profesor
tener/tanto... como

Linda/Inés
tener/tantas... como

Natalia/Rubén
... tanto como...

Pepita/Esteban
... tanto como...

Q. Mis compañeros/as de clase y yo. Haga comparaciones de igualdad entre usted y otros/as estudiantes de la clase, o usted y personas de su familia. Tiene cinco minutos. Escriba su comparación. Incluya:

1. características personales (3 comparaciones) **Yo soy tan... como...**
2. cosas que tienen (1 comparación) **Yo tengo tanto/a/os/as... como...**
3. actividades en que participan (1 comparación) **Yo... tanto como...**

Luego, presente sus comparaciones a la clase o a un/a compañero/a.

5. *Comparing unequal qualities or quantities:* Comparaciones de desigualdad y los superlativos

Las comparaciones de desigualdad

- The following constructions are used to compare the *qualities* or *quantities* of persons or things that are *not equal.*

> **más** (*more*)
> **menos** (*less, fewer*) } + adjective/adverb/noun + **que** (*than*)

Esta playa es **más** limpia **que** ésa. <small>adjective</small>	*This beach is **cleaner than** that one.*
Ella nada **más** rápido **que** él. <small>adverb</small>	*She swims **faster than** he does.*
Hay **menos** personas en esta <small>noun</small> sección de la playa **que** en ésa.	*There are **fewer** people in this section of the beach **than** in that one.*

- To compare unequal *actions*, use the following construction:

> verb + **más/menos que**

Ella come **más que** tú.	*She eats **more than** you do.*

¡Un momento, por favor!

Than is translated as **que** except before a number; in such a case, **de** is used.

Cobraban **más de** $25 dólares por la entrada.	*They were charging more than $25 for the ticket.*

- Some Spanish adjectives and adverbs have irregular comparative forms. These forms do not use **más** or **menos**.

adjective		adverb		comparative	
bueno/a	good	**bien**	well	**mejor**	better
malo/a	bad	**mal**	badly	**peor**	worse
joven	young			**menor**	younger
viejo/a	old			**mayor**	older (age referring to a person)

Este campamento es **bueno**.	*This campsite is **good**.*
Ése es **mejor que** éste.	*That one is **better than** this one.*
Los campamentos aquí son **malos**.	*The campsites here are **bad**.*
Al otro lado de la montaña son **peores**.	*On the other side of the mountain they are **worse**.*

Los superlativos

The superlative form of the adjective is used when persons or things are singled out as being the *most..., least..., best..., worst..., tallest...,* etc.

- The superlative of the regular comparatives is formed by using:

> **el/la/los/las** + noun + **más/menos** + adjective + **de** (*in*)

El Aconcagua es **el** pico **más** alto **de** este hemisferio.	*Aconcagua is **the highest** peak **in** this hemisphere.*

- The superlative of the irregular comparatives **mejor/peor/mayor/menor** is formed by using:

> **el, la, los, las** + { **mejor(es)/peor(es)** / **mayor(es)/menor(es)** } + noun + **de** (*in*)

Costa Rica tiene **las mejores** reservas naturales y **los mejores** parques nacionales **del** mundo.	*Costa Rica has **the best** nature reserves and **the best** national parks **in the** world.*

Práctica y comunicación

R. ¿De acuerdo (*In agreement*)**?** Indique si usted está de acuerdo (*if you agree*) con las siguientes generalizaciones. Si no está de acuerdo, indique su opinión.

MODELO: El español es más difícil que el inglés.
¡Sí! El español es más difícil que el inglés. *o* **¡No! El español no es más difícil que el inglés. Es más fácil.** *o* **El español es tan difícil/fácil como el inglés.**

1. La clase de español es más divertida que la clase de matemáticas.
2. Las mujeres de esta clase son más inteligentes que los hombres.
3. Los hombres de esta clase trabajan más que las mujeres.
4. Las mujeres, en general, gastan menos dinero que los hombres.
5. Los hombres hispanos bailan mejor que los hombres norteamericanos.
6. Los coches estadounidenses son mejores que los japoneses.
7. El dinero es más importante que el amor.
8. Conservar la naturaleza es más importante que el progreso económico.
9. Reciclar el papel es más importante que reciclar el vidrio (*glass*). ¿Por qué?

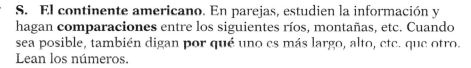

S. El continente americano. En parejas, estudien la información y hagan **comparaciones** entre los siguientes ríos, montañas, etc. Cuando sea posible, también digan **por qué** uno es más largo, alto, etc. que otro. Lean los números.

1. *largo* El río Amazonas, Brasil: 3.900 millas/6.280 kilómetros; El río Misisipí, EEUU: 2.350 millas/3.780 kilómetros.

    El río ... es más largo que... Es más largo porque tiene una extensión de...

2. *alto* Mount McKinley, Alaska: 20.320 pies/6.096 metros de altura; El Pico Aconcagua, Argentina/Chile: 22.841 pies/6.852 metros de altura.

3. *especies de pájaros* América del Norte: 700 especies; Costa Rica: 850 especies.

4. *número de volcanes* Ecuador: 17; Hawai: 10

5. *volumen de agua* Las cataratas del Niágara, EEUU/Canadá: 50.000>202.000 p³ (pies cúbicos) por segundo; las cataratas del Iguazú Argentina/Chile/Paraguay/Brasil: 62.000>450.000 p³ por segundo.

T. La geografía del mundo: ¿Cuánto sabe usted? ¿Saben ustedes algo de la geografía del mundo? Lean las descripciones e identifiquen el país o la región que corresponda a cada descripción. Trabajen en parejas.

1. El Everest es la montaña más alta del mundo (29.028 pies/8.848 metros de altura).

2. El Sáhara es el desierto más grande del mundo (área: 3.500.000 millas cuadradas/ 9.065.000 kilómetros cuadrados/km^2).

3. El Nilo es el río más largo del mundo (4.180 millas/6.690 kilómetros).

> a. Frontera: Bolivia/Perú
> b. Venezuela
> c. Himalayas, frontera: Tíbet/Nepal
> d. Michigan, EEUU
> e. El norte de África
> f. África, frontera: Tanganyika/Ruanda hasta el Mediterráneo

4. El Salto Ángel es la cascada más alta del mundo (3.281 pies/979 metros).

5. El Titicaca es el lago navegable más alto del mundo (12.506 pies de altura/3.751 metros).

6. El lago Superior es el lago de agua dulce más grande del mundo (área: 31.820 millas cuadradas/82.414 km^2).

U. ¿Cuál es el mejor? Trabajen en grupos de tres. Cada grupo va a trabajar con una de las siguientes categorías. En sus grupos, escojan tres revistas, películas, etc. que van a comparar. Luego, hagan las comparaciones usando los comparativos de igualdad y de desigualdad y los superlativos. Después, algunos grupos presentan sus comparaciones a la clase.

MODELO: coches: el Ford, el Honda, el Mercedes-Benz
El Ford es mejor/peor que el Honda. *o* **El Ford es tan bueno como el Honda.**
El Mercedes es el mejor/el más caro de los tres.

1. revistas nacionales
2. películas recientes
3. programas de televisión
4. actores/actrices
5. cantantes/grupos musicales
6. restaurantes en la ciudad
7. equipos de fútbol americano profesional (u otro deporte)

Ahora, algunos grupos presentan sus comparaciones a la clase. ¿Están los otros estudiantes de acuerdo con las conclusiones de cada grupo?

V. Un anuncio comercial. En parejas, preparen un anuncio comercial de 30 segundos para la televisión. Comparen tres productos similares. Usen los comparativos y los superlativos. Presenten sus anuncios a la clase. ¿Quién presentó el mejor?

Dicho y hecho

Conversando

Una expedición a Venezuela

Formen grupos de 5 o 6. Háganse preguntas y hagan comparaciones para determinar quién es **la mejor** persona del grupo para participar en la expedición. (La expedición va a una región muy remota para buscar tesoros [*treasures*] arqueológicos.)

- *ser*: fuerte, buen/a líder, trabajador/a, aventurero/a, flexible, muy inteligente (**¿Eres fuerte? ¿Eres más fuerte que/tan fuerte como...?**)
- *saber algo de*: la selva, la antropología, la medicina/los primeros auxilios (*first aid*) (**¿Sabes algo de la selva? ¿Sabes más que/tanto como...?**)
- *encantar*: acampar, dar caminatas largas, escalar montañas, explorar regiones desconocidas (**¿Te encanta...?**)
- *molestar*: los insectos, las serpientes, las pirañas (**¿Te molestan...?**)

Finalmente, el grupo vota por el/la estudiante que va a participar. Él/Ella se presenta a la clase y le dice a la clase por qué fue seleccionado/a.

¡A escuchar!

¡Vamos a Costa Rica!

El Instituto Costarricense de Turismo lo/la invita a descubrir Costa Rica y a gozar de (*enjoy*) una experiencia fascinante. Escuche el siguiente anuncio. Luego, identifique los tres siguientes lugares.

1. Seleccione la descripción correcta para cada lugar.

   | volcán |
   | bosque de nubes |
   | playa |

   a. Manuel Antonio _____
   b. Monteverde _____
   c. Arenal _____

Escuche el anuncio otra vez y conteste las preguntas para indicar sus preferencias.

2. ¿Qué desea usted ver en Monteverde? _____
3. ¿Qué quiere usted hacer en Manuel Antonio? _____
4. ¿Qué puede usted hacer en Arenal? _____

De mi escritorio

La vida campestre de hace muchos años

Describa una familia imaginaria que vivía en el campo hace 40 o 50 años, cuando la vida era más tranquila. Use el tiempo imperfecto en su descripción. Incluya:

- Cómo era la familia, los años que tenían los niños, si otros parientes (abuelos, etc.) también vivían en la casa/granja
- Una descripción de la tierra, lo que cultivaban, los animales que tenían
- Lo que hacían los padres/niños/abuelos habitualmente
- Cómo era el medio ambiente en esa época (*era*)

Study Hints
See what you have learned! Turn to pp. 274–275 to review the active vocabulary and take the self-test for this chapter.

Costa Rica y Panamá

[www.wiley.com/college/dicho/panorama]

La América Central

¡Nobel, Nobel!
Oscar Arias Sánchez fue presidente de Costa Rica entre 1986 y 1990 y ganó el Premio Nobel de la Paz en 1987. El título de su tesis doctoral (1974) fue: «Who rules Costa Rica?»

¡NADAR ES MÁS BARATO!
El precio más alto pagado por cruzar el canal de Panamá fue de $141.244,97 por el crucero *Crown Princess*. El más bajo lo pagó Richard Halliburton, un hombre que cruzó el canal nadando en 1928 y sólo pagó 36 centavos.

¡SILENCIO, POR FAVOR!
El animal que produce el sonido (*sound*) más alto y horrible es el mono (*monkey*) **alouatta** de la América Central. El ruido que produce este mono se puede oír a 10 millas de distancia y se dice que es como los sonidos que producen un perro y un burro amplificados mil veces.

Preguntas sobre el mapa

1. ¿Cuál es la capital de Costa Rica? ¿Cómo se llama uno de los volcanes que está cerca de la capital? ¿Y el puerto que está en la costa del mar Caribe?

2. ¿Cuál es la capital de Panamá? ¿Con qué países tiene frontera? ¿Cómo se llaman las islas que están al norte de Panamá, en el mar Caribe?

Costa Rica

La capital de Costa Rica, San José, está en la meseta central. Es una ciudad diversa, con hermosos parques y lugares históricos. Pero la verdadera atracción de Costa Rica está en su geografía, su fauna y su flora. Costa Rica se distingue por sus playas, ríos, cascadas, volcanes y montañas con abundante vegetación.

Los volcanes son característicos del país. A unos 30 kilómetros de San José y de Cartago (la capital original), hay cuatro volcanes. Dos de ellos, el Poás y el Irazú, a veces son activos. Desde el Irazú (con 3.432 m de altura) se pueden ver las costas del Caribe y el Pacífico al mismo tiempo. Considere la foto del Irazú. ¿Por qué es tan impresionante el cráter?

Costa Rica es uno de los países latinoamericanos con más conciencia ecológica; se protege más del 25% de su territorio. Existen más de 15 reservas y parques nacionales que protegen una biodiversidad sorprendente: 14.000 especies de plantas y árboles, 1.000 especies de mariposas[1], 850 especies de pájaros. Costa Rica tiene hoy una imagen turística única, basada en la conciencia ecológica. ¿Qué le impresiona más a usted. de esta foto de Monteverde, «Bosque de Nubes»?

¿Sabía usted?

- Colón descubrió Costa Rica en 1502.
- En 1821 Costa Rica se independizó de España y se unió a la Federación Centroamericana.
- En 1848 se convirtió en una república independiente.
- Costa Rica es una democracia pacífica; el país no tiene ejército[2].
- El nivel de analfabetismo[3] es de los más bajos de Latinoamérica—sólo 5%.
- La economía y el nivel de vida están entre los mejores de América Central.
- La mayor parte de la población es descendiente de españoles y no existen grandes comunidades indígenas.

Las playas de Costa Rica atraen a turistas de todo el mundo. Hay excelentes playas en la costa caribeña, por ejemplo, cerca de Puerto Limón, en el Golfo de Nicoya y en el Pacífico. La foto presenta unas de las más famosas del Pacífico—las playas del Parque Nacional Manuel Antonio. ¿Le gustaría a usted visitar estas playas? ¿Por qué?

---

[1]*butterflies* [2]*army* [3]*illiteracy*

Panamá

Por su clima tropical, en Panamá es posible jugar al golf y al tenis, y practicar deportes acuáticos todo el año. Panamá también tiene algunas de las más accesibles y espectaculares selvas tropicales del mundo. Al igual que su vecino[4] Costa Rica, Panamá ha establecido varios parques nacionales para proteger su diversidad ecológica.

Panamá es un puente entre América del Norte y América del Sur. Gracias al tránsito de barcos (15.000 al año) por el canal, Panamá es importante para el comercio mundial y la banca internacional. La Zona del Canal, libre de impuestos[5], es un paraíso para las transacciones comerciales.

La capital, Panamá, está en la parte del canal que termina en el Pacífico. En su zona colonial se conservan edificios de arquitectura francesa, italiana y española, que contrastan con la zona moderna con sus rascacielos, centros comerciales, hoteles y bancos.

En la Zona del Canal se pueden ver cruzar barcos de todas partes del mundo por las esclusas[6] que controlan el nivel del agua. ¿Qué océanos une este canal?

A 10 km de la capital moderna está la primera capital, Panamá la Vieja, fundada en 1516. En 1671 el pirata Henry Morgan la atacó y la destruyó. Hoy sólo quedan[7] las ruinas de la catedral y de varios otros edificios.

¿Sabía usted?

▶ Colón llegó a Panamá en 1502.
▶ En el siglo XVI llegaron otros españoles para explorar y abrir rutas comerciales entre el Viejo y el Nuevo Mundo.
▶ Todas las expediciones españolas a Sudamérica pasaron por Panamá. ¡Panamá debió resistir los ataques de los piratas!
▶ La construcción del Canal resultó en la participación activa de los EEUU en la vida política del país desde 1902 hasta el 31 de diciembre de 1999, el día límite para entregarle[8] a Panamá el Canal.

La población de Panamá es variada e incluye comunidades indígenas, europeas, africanas y asiáticas. En Panamá existen cuatro grupos indígenas importantes. Estos grupos son famosos por sus artesanías[9]. Considere la foto de la niña kuna de las islas de San Blas, Panamá. Describa su vestido.

¿Qué descubrimos?

1. ¿Cómo sabe usted que la paz y la educación son dos de las prioridades de los costarricenses?
2. ¿Qué caracteriza la conciencia ecológica de Costa Rica?
3. ¿Cuáles son algunas de las atracciones turísticas de Costa Rica?
4. ¿Qué hicieron los españoles al llegar a Panamá en el siglo XVI?
5. ¿Qué pasó con Panamá la Vieja?
6. En Panamá, ¿por qué dicen que la Zona del Canal es un paraíso comercial?
7. ¿Qué diferencias existen entre la población de Costa Rica y la de Panamá?

[4]*neighbor*   [5]*taxes*   [6]*locks*   [7]*remain*   [8]*hand over*   [9]*crafts*

ENCUENTRO CULTURAL
Artes populares: Las molas

Por lo general, todas las regiones de un país tienen artesanías[1] típicas. Por ejemplo, las mujeres indígenas de la tribu kuna que viven en las islas de San Blas, en Panamá, son famosas en todo el mundo por sus *molas*.

Las molas son una forma de arte textil[2]. Consisten en una base de tela[3] de algodón negro y varias capas[4] de tela de colores brillantes cosidas[5] una sobre la otra. Las capas de tela se cortan[6] y se unen con una puntada[7] especial para crear ilustraciones detalladas[8]. Hace muchos siglos las kunas pintaban diseños geométricos muy complejos en su piel[9] pero el comercio textil cambió la tradición: ahora el medio de expresión es la mola y no la piel.

Los diseños geométricos todavía son los más populares. La flora y la fauna de la región también son elementos comunes tanto como las escenas que ilustran tradiciones, supersticiones y la vida diaria de la tribu. Las imágenes más abstractas tienen origen en los sueños[10] y la fantasía de los kuna. Hoy, las imágenes en revistas y anuncios publicitarios inspiran nuevas ideas para las molas.

Lo interesante es que no hay dos molas idénticas; por eso, muchos museos importantes a nivel mundial incluyen molas en sus colecciones de arte. Observe estas molas y piense en las siguientes preguntas.

Mola con la ímagen de un dragón.

Mola con las banderas de Panamá y los EEUU.

---

[1]*crafts* [2]*textile* [3]*cloth* [4]*layers* [5]*sewn* [6]*are cut*
[7]*stitch* [8]*detailed* [9]*skin* [10]*dreams*

Preguntas

1. ¿Qué figuras aparecen en estas molas?
2. ¿Cuál de estas molas puede representar mejor la superstición? ¿Y la política?
3. En su opinión, ¿por qué hay dos banderas en la mola? ¿Qué relación existe entre Panamá y los EEUU?
4. ¿Cuál de las molas es su favorita? ¿Prefiere usted esta mola por sus colores o por el tema?
5. ¿Tiene usted ropa con la que pueda representar su opinión o su personalidad?
6. ¿Tiene usted ropa o accesorios que puedan considerarse arte? ¿Cuáles son?

Casas y otras cosas

1. el techo
2. el dormitorio, la recámara
3. las cortinas
4. el ropero, el armario
5. la cama
6. la cómoda
7. el teléfono
8. el espejo
9. la pared
10. el cuadro
11. el estéreo
12. el sillón
13. la chimenea
14. la alfombra
15. el suelo, el piso
16. la sala
17. el sofá
18. la lámpara
19. el piso
20. la
23. el s piso

1. roof 2. bedroom 3. curtains 4. closet 5. bed 6. bureau 7. telephone 8. mirror 9. wall 10. picture, painting 11. stereo 12. easy chair 13. fireplace, chimney 14. rug, carpet 15. floor 16. living room 17. sofa 18. lamp 19. first floor, story 20. stairs 21. to go down 22. to go up 23. second floor, story 24. bathroom

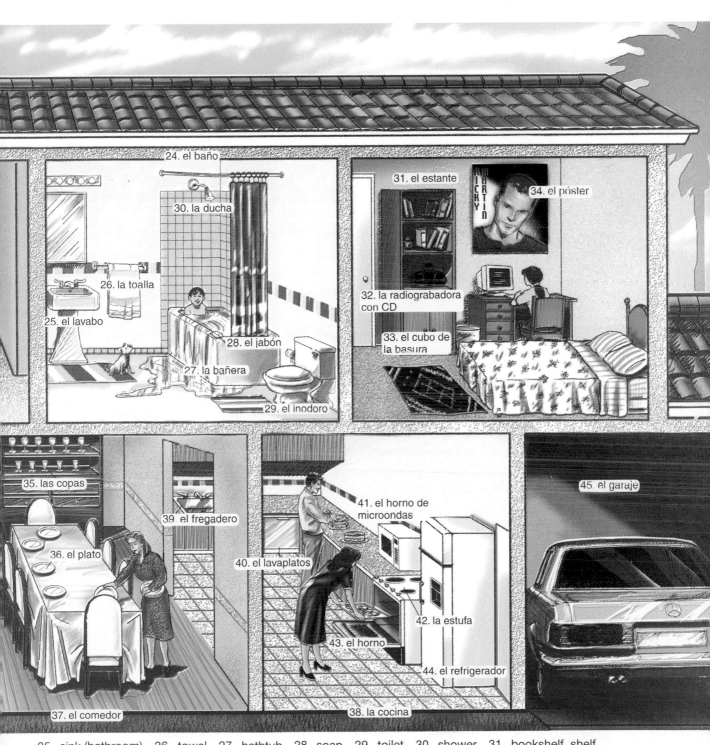

24. el baño
30. la ducha
26. la toalla
25. el lavabo
28. el jabón
27. la bañera
29. el inodoro

31. el estante
34. el póster
32. la radiograbadora con CD
33. el cubo de la basura

35. las copas
39. el fregadero
36. el plato
40. el lavaplatos
41. el horno de microondas
42. la estufa
43. el horno
44. el refrigerador
37. el comedor
38. la cocina
45. el garaje

25. sink (bathroom) 26. towel 27. bathtub 28. soap 29. toilet 30. shower 31. bookshelf, shelf
32. radio/tape/CD player 33. trash can 34. poster 35. goblets 36. plate 37. dining room 38. kitchen
39. sink (kitchen) 40. dishwasher 41. microwave oven 42. stove 43. oven 44. refrigerator 45. garage

Práctica y comunicación ──────────

A. En casa. Conteste según los dibujos en las páginas 278–279.

Los abuelos, tíos y primos visitan a la familia y pronto van a cenar. Estamos en el segundo piso, en el dormitorio[1].

1. Ana ya tiene más de un año. ¿Qué está aprendiendo a hacer?
2. En ese dormitorio, ¿dónde podemos guardar (*keep*) los trajes y vestidos?
3. ¿Y dónde podemos guardar la ropa interior, los calcetines, etc.?
4. ¿Qué hay en la pared? ¿Y en la ventana?

Estamos en el primer piso, en la sala...

5. ¿Dónde está sentado (*seated*) el abuelo? ¿Qué está haciendo?
6. El tío Antonio, Tere y Ricardo están haciendo un rompecabezas (*puzzle*). ¿Dónde están sentados Antonio y Tere?
7. El gato no duerme encima del (*on top of*) sofá. ¿Dónde duerme? ¿Por qué le gusta estar cerca de (*near*) la chimenea?
8. ¿Qué hay en la pared? ¿Qué más hay en la sala?
9. Para subir al segundo piso o bajar al primer piso, ¿qué usamos?

Estamos en el segundo piso, en el baño...

10. ¿Dónde está Juanito? ¿Hay un problema aquí? ¿Cuál es? ¿Qué cosas se ven en el baño?

...y en el cuarto de Elena...

11. ¿Qué está haciendo Elena?
12. ¿Qué cosas guarda ella en su estante?
13. ¿Dónde pone la basura?
14. ¿Qué tiene en la pared?

Estamos en el primer piso, en el comedor...

15. ¿Qué pone la tía Elisa en la mesa?
16. ¿Qué hay en el estante?

...y en la cocina

17. La madre preparó los burritos. ¿Dónde los pone? ¿Y quién preparó los postres?
18. ¿Qué aparatos hay en la cocina?

───────────

[1]Remember that **dormitorio** = *bedroom* and **residencia estudiantil** = *dorm*.

Bien dicho En el hogar

el **hogar**	*home*
el **vecino**, la **vecina**	*neighbor*
la **sala familiar**	*family room*
el **sótano**	*basement*
el **jardín**	*garden, yard*
los **muebles**	*furniture*
la **lavadora**/la **secadora**	*washer/dryer*
lavar/secar	*to wash/to dry*
alquilar	*to rent*
ayudar (a)	*to help*
guardar	*to keep*
encender (ie), prender	*to turn on*
la **luz**, la **radio**, etc.	*the light, radio, etc.*
apagar	*to turn off*
sonar (ue)	*to ring*

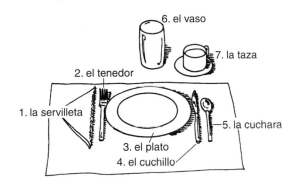

1. la servilleta
2. el tenedor
3. el plato
4. el cuchillo
5. la cuchara
6. el vaso
7. la taza

¡Un momento, por favor!

Like **invitar**, **empezar**, and **aprender**, which you learned earlier, **ayudar** requires the preposition **a** when used with an *infinitive*.

> Mi amigo me **ayudó a limpiar** el apartamento.
> **Empezamos a limpiar**lo temprano por la mañana.
> Después, lo **invité a almorzar**.

B. Preguntas personales. En parejas, háganse las preguntas y contéstenlas.

1. Donde vives ahora (o donde vive tu familia), ¿te gustan los vecinos? ¿Quién es tu vecino/a favorito/a? ¿Por qué?
2. ¿Tiene tu casa/apartamento chimenea? ¿Sala familiar? ¿Garaje? ¿Sótano? ¿Jardín?
3. ¿Cuántas recámaras hay en tu casa/apartamento? ¿Cuántos baños? ¿Cuántos pisos?
4. En tu casa, ¿cuál es tu cuarto favorito? ¿Por qué?
5. ¿Qué muebles hay en tu recámara? ¿Y qué hay en las paredes?
6. En tu cuarto, ¿tienes un lugar especial para guardar tus cosas «secretas»? (¿Dónde las guardas?) (¿Qué tipo de cosas guardas?)
7. ¿Tienes estéreo? ¿Radiograbadora con CD? ¿Una colección de discos compactos? ¿De qué tipo de música?
8. Cuando estás solo/a en tu recámara, ¿prendes el estéreo? ¿Siempre apagas el estéreo al salir de tu recámara? ¿Y la luz?
9. ¿Tienes una videograbadora? ¿Y una colección de vídeos? ¿Cuáles son tus vídeos favoritos? ¿Prefieres alquilar o comprar los vídeos? ¿Por qué?
10. Después de terminar tus estudios universitarios, ¿piensas alquilar un apartamento o comprar una casa? ¿Dónde?

Un paso más: Escriba cuatro oraciones describiendo la casa donde usted vivía cuando era niño/a. Use el tiempo imperfecto. Luego, léale la descripción a un/a compañero/a de clase.

C. ¿Para qué sirve? Catorce estudiantes reciben una palabra de la siguiente lista. Cada estudiante le dice a la clase para qué sirve el objeto. **(Sirve para...)** La clase adivina (*guesses*) cuál es el objeto.

1. la cómoda
2. el estante
3. la estufa
4. el fregadero
5. el garaje

6. el tenedor
7. la cuchara
8. el cuchillo
9. el vaso
10. la taza

11. la copa
12. la servilleta
13. la lavadora
14. la secadora

Housekeeping chores

 Bien dicho Los quehaceres domésticos°

hacer la cama
pasar la aspiradora

poner la mesa
quitar la mesa

lavar los platos
secar los platos

sacar la basura
cortar el césped²

D. Las rutinas. Según los dibujos, describa la rutina de los estudiantes (lo que hacían habitualmente). Use el tiempo imperfecto.

1. Alfonso ... y Javier...
2. Carmen ... y Natalia...

3. Linda ... y Manuel...
4. Esteban ... y Pepita...

Un paso más: Cuando usted era más joven, ¿qué cosas hacía para ayudar a la familia?

---

²Whereas **hierba** (Chapter 8) refers to *grass* in general, **césped** (or **pasto**) is often used to refer to *lawn*.

E. ¿Quién lo hace? ¿Quién debe hacerlo? En parejas, hablen de quién hace o quién debe hacer los quehaceres domésticos. Usen las preguntas como motivo de conversación. Refiéranse a los quehaceres indicados en los dibujos y/u otros quehaceres (por ejemplo: **lavar el carro/la ropa, hacer las compras en el supermercado, preparar la comida, limpiar los baños,** etc.).

1. ¿Quién de tu familia normalmente hace los quehaceres domésticos mencionados?
2. Cuando estás en casa, ¿cuáles haces tú con mayor frecuencia? ¿Y cuáles haces en tu residencia estudiantil o apartamento?
3. ¿En cuáles deben participar más los hombres? ¿Y las mujeres?
4. ¿Con cuáles deben ayudar los niños?

F. Vamos a mudarnos (*move*). Imaginen que ustedes son hombres/mujeres de negocios que van a mudarse a la ciudad de Panamá por dos años y deciden buscar apartamento. En parejas, hablen de los apartamentos «Golf View» descritos en el periódico «El Panamá América».

- Hagan una lista de los aspectos positivos del diseño del apartamento. ¿Hay algo negativo?
- Evalúen el acceso a los lugares de recreo.
- Discutan el precio [B = balboa = moneda panameña = US $1.00]

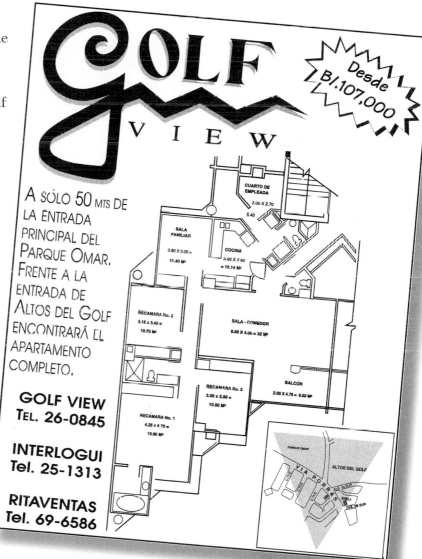

Conversación

Buscando el apartamento ideal

Inés y Linda van a compartir un apartamento el próximo año académico. Después de buscar apartamento todo el día, las chicas se encuentran con Manuel en un café.

MANUEL: ¿Qué tal? ¿Encontraron un apartamento apropiado?

INÉS: Bueno, vimos muchos apartamentos, pero no encontramos exactamente lo que buscábamos.

MANUEL: ¿Y cómo eran los apartamentos que vieron?

LINDA: Uno tenía dos dormitorios, pero sólo un baño; otro tenía una cocina muy pequeña.

INÉS: Y no encontramos nada cerca de la universidad.

LINDA: Uno que vimos cerca del parque tenía sala, comedor, pero no tenía alfombra...

Besides — INÉS: Además°, tenía muy pocas ventanas; no había suficiente luz.

LINDA: ¡Ay, Manuel! ¡Nunca vamos a encontrar nuestro apartamento ideal!

MANUEL: ¿Y cómo es su apartamento ideal? ¿Qué es lo que buscan?

INÉS: El apartamento que queremos tiene dos recámaras grandes, dos baños completos, una sala y un comedor grandes con alfombra, ¡y con muchas ventanas!

LINDA: Sí, y también tiene una cocina equipada con horno de microondas y lavaplatos.

INÉS: ¡Ah! Y el alquiler debe ser barato. Sólo queremos pagar 300 dólares mensuales.

I suppose — MANUEL: Supongo° que también quieren aire acondicionado central, ¿no?

INÉS Y LINDA: ¡Claro que sí!

MANUEL: Pues... ¡Buena suerte! Van a necesitarla.

¿Qué hay de nuevo?

1. ¿Qué hicieron Inés y Linda hoy?
2. ¿Por qué no les gustaron los apartamentos que vieron?
3. ¿Cómo es el apartamento que quieren?
4. ¿Cuánto quieren pagar Inés y Linda?
5. ¿Por qué les dice Manuel «Buena suerte» a las chicas?
6. ¿Dónde vive usted? ¿Cómo es el lugar donde vive? ¿Es el lugar ideal? Explique.

Estructuras

1. *Talking about and describing persons, things, and actions in the past:* **El pretérito y el imperfecto**

Although both the preterit and the imperfect tenses refer to the past, they convey different meanings. Study the contrasts in the chart that follows.

Imperfect	Preterit

1. Expresses a *past action* that was occurring or was *in progress*, with no emphasis on the beginning or end of the action.
 	
    El gato **dormía** frente a la chimenea.
    The cat was sleeping in front of the fireplace.
	1. Expresses a *single, past action*, generally quickly completed, or a *series of completed actions* in the past.
	
	    Juanito **hizo** la cama. Luego **desayunó** y **salió** para la escuela.
	    Juanito made the bed. Then he had breakfast and left for school.

2. Expresses a past action that was *repeated* over an indefinite period of time.
 	
    Mi abuela **siempre preparaba** la comida.
    *My grandmother **always prepared** the food.*
 	
    Hacía galletas **todos los sábados**.
    *She **made** (used to make) cookies **every Saturday**.*
	2. Expresses a past action within a *specific time frame* or a past action with a *specific beginning or end*.
	
	    Mi abuela **preparó** una comida deliciosa **anoche**.
	    *My grandmother **prepared** a delicious dinner **last night**.*
	
	    Empezó a prepararla **a las 4:00**.
	    *She **began** to prepare it **at four o'clock**.*
	
	    Ella **vivió** con nosotros **por diez años**.
	    *She **lived** with us **for ten years**.*

(*The chart continues on page 286.*)

Casas y otras cosas

Imperfect	Preterit
3. Describes *physical characteristics* or *background* (including ongoing *weather* conditions), often setting the scene for other actions or events to take place.	3. Indicates an *interrupting action* or event. Note that this action or event interrupts a scene described in the imperfect.

Imperfect

3. Describes *physical characteristics* or *background* (including ongoing *weather* conditions), often setting the scene for other actions or events to take place.

> La casa **era** vieja y muy grande.
> *The house was old and very large.*

> Esa noche **había** luna y **hacía** frío.
> *That night the moon was out and it was cold.*

4. Describes *conditions* or mental or emotional states or attitudes in the past.

> El niño **estaba** contento.
> *The child was happy.*

> No **tenía miedo** de las tormentas.
> *He wasn't afraid of storms.*

5. Indicates what *time it was* and *dates* and *age* in the past.

> **Eran las 12:00 de la noche.**
> **Era el 31 de octubre.**
> **Tenía 99 años.**

Preterit

3. Indicates an *interrupting action* or event. Note that this action or event interrupts a scene described in the imperfect.

> Dormíamos cuando de repente **oímos** algo extraño en el sótano.
> *We were sleeping peacefully when we **heard** something strange in the basement.*

4. Indicates a sudden, unexpected *change of condition* or attitude.

> **Tuvo miedo** cuando **vio** los relámpagos.
> *He **got scared** when he **saw** the lightning.*

When determining whether to use the preterit or the imperfect, keep in mind the following tips:

- When expressing past actions or events, the time reference may help you determine which tense to use. The following words or expressions serve as a general guideline.

Imperfect	Preterit
muchas veces *many times, often*	**una vez** *once, one time*
todos los días	**ayer**
cada verano *each, every . . .*	**el verano pasado**
con frecuencia	**anoche**
siempre/generalmente	**hace diez años**
mientras *while*	**de repente** *suddenly*
	por fin *finally*

Cada verano **íbamos** a la playa, pero el verano pasado **fuimos** a las montañas.

*Each summer we **would go** to the beach, but last summer we **went** to the mountains.*

- Use the imperfect when your focus is on the middle of the action, and the preterit when your focus is on the beginning and/or end.

| Los niños **jugaban** en el jardín cuando **empezó** a llover. | *The children **were playing** in the garden when it **began** to rain.* |

As you learned in Chapter 7, some verbs have a slightly different meaning when used in the preterit (see p. 227). However, in the imperfect this change in meaning does not occur.

VERBO	IMPERFECTO	PRETÉRITO
conocer	*to know*	*to meet* (first time)
saber	*to know*	*to find out*
querer	*to want*	*to try*
no querer	*to not want*	*to refuse*
poder	*to be able*	*to succeed in*
no poder	*to not be able*	*to fail*

Yo no **conocía** a nadie aquí pero ayer **conocí** a una persona interesante.	*I **didn't know** anyone here but yesterday **I met** an interesting person.*
Quería ir a Vermont con mis amigos.	*I **wanted** to go to Vermont with my friends.*
Cuando fui, no **quise** esquiar porque hacía mucho frío.	*When I went, **I refused** to ski because it was very cold.*

Práctica y comunicación

G. De repente... Los estudiantes tienen una vida muy interesante. Lea la descripción de lo que pasaba y luego busque la acción correspondiente en el cuadro para expresar lo que **de repente** ocurrió.

1. Los estudiantes trabajaban en las computadoras cuando de repente...
2. Ellos lo estaban pasando muy, muy bien en la fiesta cuando de repente...
3. Nadaban tranquilamente en el océano cuando de repente...
4. Caminaban por la selva amazónica cuando de repente...
5. Escalaban el pico Aconcagua cuando de repente...
6. Hacían un viaje en Jeep por el desierto de Atacama cuando por fin...

a. ...un policía llegó.
b. ...vieron una anaconda.
c. ...un virus entró en el sistema.
d. ...empezó a nevar.
e. ...encontraron un oasis.
f. ...¡vieron la aleta (*fin*) de un tiburón (*shark*)!

Study Hints
Review the preterit tense of regular, stem-changing, and irregular verbs in Chapters 6 and 7 (pp. 181–182, 188, and 226), and the imperfect tense in Chapter 8 (pp. 260–261).

H. La abuelita necesitaba un cambio de rutina. Indique lo que la abuelita hacía todos los días y diga lo que hizo un día para cambiar su rutina.

MODELO: casi todos los días... *caminar* por el parque
Casi todos los días caminaba por el parque.
Pero un día,... por la avenida principal de la ciudad.
Pero un día, caminó por la avenida principal de la ciudad.

Casi todos los días...	pero un día,...
1. *manejar* su viejo Ford	su nuevo Jaguar
2. *leer* su revista favorita, *Buenhogar*	la revista *Cosmopolitan* en español
3. *comer* en casa	en Pizza Hut
4. *preparar* una ensalada de frutas	una torta de crema y chocolate
5. *llamar* a su hija a las nueve de la mañana	¡a las seis de la mañana!

I. ¡Siempre hay interrupciones! Según los dibujos, indique lo que hacían los estudiantes cuando algo o alguien los interrumpió.

MODELO: **El profesor Marín-Vivar navegaba por Internet cuando Carmen entró en el laboratorio.**

El profesor Marín-Vivar/*navegar*...
Carmen/*entrar*...

Pepita/*pasar*...
Camila/*llamarla*

Esteban/*dormir*...
el teléfono/*sonar*

Inés/*tocar*...
Rubén/*entrar*

Alfonso/*tocar*... *cantar*...
Inés/*salir*...

J. Mi gato Rodolfo. Rodolfo se escapó de la casa y desapareció hace meses. ¡Qué triste! Describa al gato Rodolfo y las cosas que hacía o hizo. Use el pretérito o el imperfecto según las indicaciones.

MODELO: *tener* el pelo blanco y negro
   Tenía el pelo blanco y negro.

1. *tener* ojos verdes
2. *ser* gordo y bonito
3. *ser* muy especial
4. *poder* entender español
5. normalmente *dormir* en el sótano
6. una noche *dormir* en la cama con nosotros
7. muchas veces *subir* a los árboles
8. una vez no *poder* bajar
9. con frecuencia *beber* agua de la bañera
10. una vez *tomar* agua del inodoro
11. todas las mañanas *ir* a la cocina
12. todas las mañanas *beber* leche caliente
13. siempre *tomar* la siesta en el sillón
14. un día se *comer* el jamón de nuestros sándwiches
15. ¡*tener* que salir de la casa corriendo!
16. en el jardín *ver* un perro enorme y ¡*tener* miedo!
17. ¡*volver* a la casa rápidamente!
18. *vivir* con nosotros quince años ¡Qué gato más divertido!

K. Un testigo (*A witness*). Una noche en que ustedes no dormían bien, oyeron un ruido (*noise*) en la casa de su vecino. ¡Ustedes miraron por la ventana y vieron un robo! En parejas, narren la historia (*story*). Cambien los verbos al pretérito o al imperfecto según las indicaciones.

1. *Son* las dos de la mañana.
2. *Hace* viento.
3. *Hay* luna.
4. La casa de los vecinos *es* grande y vieja.
5. El perro viejo *duerme*.
6. De repente, un hombre *entra* por la ventana.
7. El hombre *es* alto y flaco.
8. *Lleva* un sombrero negro.
9. Inmediatamente *llamamos* a la policía.
10. El hombre *pasa* diez minutos en la casa.
11. Luego, *sale* con una bolsa grande.
12. El hombre *ve* el auto de la policía.
13. Los policías, en voz alta, *dicen*, «¡Alto!» (*Stop!*) pero...
14. ...el hombre *corre* en dirección contraria y...
15. ...*desaparece* en la noche.

Ahora, cuéntenle la historia a su profesor/a.

L. Una aventura fantástica. En grupos de cuatro estudiantes, escriban una aventura fantástica/extraordinaria/imaginaria en la vida de ustedes. Usen el pretérito y el imperfecto.

Temas:
1. una noche en la ciudad de Nueva York (u otra ciudad)
2. un viaje por el desierto de Atacama (Chile)
3. una excursión a los picos más altos de los Andes (Perú)
4. un viaje a una selva remota e inaccesible (Venezuela)
5. una semana acampando en un parque nacional (Costa Rica)
6. vacaciones en una isla tropical muy aislada (el Caribe)

Incluyan:
- referencia a la fecha/el día/la hora y el lugar donde estaban
- descripción del tiempo, del lugar, de las personas
- descripción de lo que pasaba en ese lugar (acciones en progreso, etc.)
- lo que pasó
- final del cuento

Un día durante las vacaciones de primavera en la playa...

M. Cuentos (*Stories*) **del momento.** Divídanse en grupos de cinco o seis estudiantes. Formen círculos. La persona más baja del grupo empieza el primer cuento con una oración descriptiva. Luego, él/ella indica quién debe continuar la historia. El/La estudiante nº 2 inventa otra oración para continuar la historia, etc. Comiencen con el imperfecto (descripciones y acciones en progreso) y luego cambien al pretérito (acciones completas, serie de acciones). Después, sigan al segundo cuento, y luego al tercero.

Cuento 1: Un sábado por la noche, en una fiesta en la universidad...

Cuento 2: Un día durante las vacaciones de primavera en la playa de Daytona...

Cuento 3: Un sábado en la vida de los Simpsons...

Noticias culturales

EL PATIO DE LAS CASAS HISPANAS: UN PARQUE PRIVADO

Uno de los elementos más representativos de muchas viviendas
hispanas es el patio. Casi todas las casas —aun las más pequeñas—
tienen un patio rodeado de° paredes altas. El diseño tradicional del   *surrounded by*
patio hispano es una mezcla° de influencias romanas y árabes. En estas   *mixture*
dos culturas la vida privada era muy importante y las casas eran
cerradas a la calle. La luz y el aire entraban en los cuartos por las
ventanas, puertas y balcones que rodeaban un patio central.

Hoy, las casas hispanas de estilo colonial tienen este tipo de patio
central, con una fuente° y plantas, pero en las casas más modernas, a   *fountain*
veces el patio está detrás de° la casa. En otras casas el patio también   *behind*
incluye los jardines que rodean la vivienda y, en estos casos, las paredes
del patio no permiten ver la casa desde la calle. A diferencia de los *decks*
tan populares en los EEUU, los patios hispanos no tienen pisos de
madera; frecuentemente el suelo está cubierto de cerámica o piedra°.   *stone*

El patio es un espacio fundamental en la vivienda hispana porque
tiene varias funciones importantes. El patio es un lugar privado al aire
libre°. Es un lugar cómodo° para tomar un poco de sol, recibir visitas o   *open air / comfortable*
dar una pequeña fiesta.

¿Qué hay de nuevo?
1. ¿Por qué dicen que el patio es un elemento representativo de las viviendas hispanas?
2. ¿Qué influencias culturales se manifiestan en el diseño de los patios hispanos?
3. ¿Cómo es el patio de una vivienda hispana tradicional?
4. ¿Dónde está el patio en las casas más modernas?
5. ¿Qué diferencia existe entre un *deck* y un patio?
6. ¿Cómo utilizan los hispanos el patio? Dé (*Give*) dos ejemplos.

Conexiones y contrastes
1. ¿Tiene su casa un patio o un *deck*? ¿Qué hace usted allí?
2. ¿Piensa usted que el patio o el *deck* de su casa es un área suficientemente privada? Descríbalo.
3. ¿Quiere usted vivir en una casa rodeada de paredes altas? Explique por qué sí o por qué no.

Un patio tradicional hispano. Colombia.
Describa este patio. ¿Qué actividades son
posibles en esta parte de la casa?

2. *Indicating where and when:*
Preposiciones de lugar y otras preposiciones útiles

Las preposiciones

Prepositions are words that express a relationship between nouns or pronouns and other words in a sentence. You have already learned some prepositions such as: **a** (*to, at*), **en** (*in, on, at*), **de** (*from, of, about*), **con** (*with*), and **sin** (*without*). Below you will find additional prepositions that will help you describe location, time, and other relationships.

PREPOSICIONES DE LUGAR	
cerca de/lejos de	*near/far from*
dentro de/fuera de	*inside/outside*
debajo de/encima de	*beneath, under/on top of, above*
detrás de/delante de	*behind/in front of*
enfrente de	*in front of, opposite*
frente a	*in front of, opposite, facing*
al lado de	*beside*
sobre, en	*on*
entre	*between, among*

OTRAS PREPOSICIONES ÚTILES	
acerca de, sobre	*about* (content)
antes de/después de	*before/after* (time)
durante	*during*
en vez de	*instead of*
al + *infinitive*	*upon* + (doing something)

Preposiciones con infinitivos

In Spanish, a verb following a preposition is always in the infinitive (**-ar**, **-er**, **-ir**) form. In contrast, English uses the *-ing* form.

Al entrar en la cocina, vimos los platos sucios.

Upon entering *the kitchen, we saw the dirty dishes.*

Después de lavar los platos, podemos ir al cine.

After washing *the dishes, we can go to the movies.*

The prepositions commonly used with infinitives are: **antes de, después de, en vez de, al, para,** and **sin.**

Práctica y comunicación ━━━━━━━

N. Una rima. Toda la clase, en coro, repite la rima. Dramaticen cada preposición, indicando con las manos la posición de cada preposición o dirección.

A la izquierda°	*left*
a la derecha°	*right*
delante	
detrás	
cerca	
lejos	
y algo más.	
Abajo°	*Down*
arriba°	*up*
enfrente	
encima	
y ahora muchachos/as,	
se acaba° la rima.	*ends*

Ñ. En la casa. Según los dibujos en las páginas 278-279, indique si las siguientes oraciones son correctas. Apunte *sí* o *no*.

1. La ropa está *fuera del* ropero. _____
2. El teléfono está *encima del* armario. _____
3. El gato está *enfrente de* la chimenea. _____
4. El gato está *debajo de* la alfombra. _____
5. El estéreo está *delante del* sillón. _____
6. La toalla está *al lado del* lavabo. _____
7. El perro está *fuera de* la casa. _____
8. La basura está *dentro del* cubo de la basura. _____
9. La cocina está *lejos del* comedor. _____
10. La madre está *frente al* horno. _____
11. La escalera está *entre* la sala y el comedor. _____

Si ustedes respondieron que *no* a una declaración, cámbienla para indicar la información correcta. Trabajen en parejas.

MODELO: **La ropa no está *fuera del* ropero; está *dentro del* ropero.**

O. La invasión de los gatos. ¡A la profesora Falcón le encantan los gatos! Mientras está en la universidad, sus 17 gatos lo pasan muy bien jugando en la sala familiar. En grupos de cuatro, identifiquen dónde están los gatos usando la preposición apropiada. Un/a secretario/a apunta la información. ¿Qué grupo puede identificar dónde está el mayor número de gatos? Tienen cinco minutos.

MODELO: **Un gato está encima del sofá. Otro está...**

Ofelia   Sofía   Maya

P. Expresión personal. Completen las ideas en parejas indicando **actividades** que son apropiadas para ustedes.

MODELO: Fui al examen **sin**...

Fui al examen sin estudiar.

1. Ayer, después de clase, fui al gimnasio **para**...
2. Generalmente, después de clase, vuelvo a mi cuarto **para**...
3. Esta noche voy a estudiar **antes de**...
4. Cuando estaba en la escuela secundaria, a veces miraba la televisión **en vez de**...
5. Ahora, no puedo vivir **sin**...
6. Sé que debo pensar **antes de**...
7. Nunca, nunca manejo **después de**...

Q. Información personal. En parejas, háganse las preguntas y contéstenlas.

1. ¿Qué hiciste al salir de clase ayer? ¿Y qué hiciste al volver a la residencia estudiantil o a tu apartamento?
2. Cuando estabas en la escuela secundaria, ¿qué hacías al volver de la escuela?
3. Cuando estabas en la escuela secundaria, ¿qué hacías durante las vacaciones de verano? ¿Y durante las vacaciones de primavera?
4. Cuando estabas en la escuela secundaria, ¿con frecuencia mirabas la televisión en vez de estudiar? Y ahora, generalmente miras la televisión antes o después de hacer la tarea?
5. ¿Vive tu familia lejos de o cerca de la universidad? ¿Dónde vive? ¿Viven tus abuelos lejos de o cerca de tus padres? ¿Dónde viven?
6. ¿Tiene tu familia gato o perro? ¿Pasa más tiempo dentro de la casa o fuera de la casa? ¿Le molesta a tu madre o padre encontrar al gato/perro encima del sofá?

3. To refer to persons without repeating the name: Pronombres preposicionales

Object pronouns that follow prepositions are the same as subject pronouns with the exception of **yo** and **tú**, which become **mí** and **ti**.

¿Es este cuadro para **mí**?	*Is this painting for **me**?*
Sí, es para **ti**.	*Yes, it's for **you**.*

mí[3]	*me*	**nosotros/as**	*us*
ti	*you* (informal)	**vosotros/as**	*you* (informal pl.)
usted	*you* (formal)	**ustedes**	*you* (formal pl.)
él	*him*	**ellos**	*them*
ella	*her*	**ellas**	*them*

---

[3]Note the accent on **mí** (*me*) vs. **mi** (*my*).

- The combination of **con** + **mí** or **ti** becomes **conmigo** (*with me*) or **contigo** (*with you*).

    ¿Quieres ir **conmigo**?   *Do you want to go **with me**?*
    ¡Sí! Voy **contigo**.   *Yes! I'll go **with you**.*

- A phrase consisting of **a** + *prepositional pronoun* is sometimes used for emphasis or clarification with the indirect object pronoun.

    ¿**Te** dio **a ti** el disco   *Did he give **you** the CD?*   (emphasis)
    compacto?
    A él no **le** gustó.   ***He** didn't like it.*   (clarification)
    A mí tampoco **me** gustó.   ***I** didn't like it either.*   (emphasis)

R. Más información personal. En parejas, háganse las preguntas y contéstenlas.

1. ¿Quieres ir al cine conmigo esta noche? ¿Quieres ir a un concierto de música clásica conmigo este fin de semana? ¿Quieres estudiar conmigo para el próximo examen de español?
2. ¿Estudió tu novio/a o tu mejor amigo/a contigo anoche? ¿Comió en la cafetería contigo? ¿Pasó mucho tiempo contigo el fin de semana pasado? ¿Qué hicieron ustedes? ¿Lo pasaron bien?
3. Normalmente, en la clase de español, ¿quién se sienta cerca de ti? Y detrás de ti? ¿A quién conoces mejor?
4. A mí me gustan los ejercicios que hacemos en parejas. ¿Te gustan a ti?

S. Aurora y Anselmo. En parejas, lean la conversación, completándola con los pronombres apropiados.

Aurora está sentada en un sillón grande en la sala de su casa. Habla por teléfono con su novio, Anselmo.

ANSELMO: Aurora, ¿quieres salir con _____ esta noche? Me muero por verte.

AURORA: Sí, mi amor. Voy con _____ adonde quieras.

ANSELMO: Pues, te voy a llevar a un lugar muy especial, y... ¡tengo una sorpresa maravillosa para _____!

AURORA: ¿Para mí? ¡Eres un ángel, Anselmo! A _____ me encantan las sorpresas. Yo también tengo una sorpresa para _____.

ANSELMO: ¿Ah, sí? ¿Cuál es?

AURORA: Pues, no vamos a estar solos esta noche porque mi hermanito menor tiene que venir con _____.

ANSELMO: ¿Con _____? ¿No pueden tus padres estar con _____?

AURORA: Anselmito, sé (*be*) flexible. ¿No quieres hacerlo por _____?

ANSELMO: Bueno. Parece (*It seems*) que los tres vamos a salir.

AURORA: ¡Gracias, mi amor!

4. *Stating purpose, destination, cause, and motive:* **Para** y **por**

The prepositions **para** and **por**, though both often translate as *for* in English, convey different meanings in Spanish. The chart that follows indicates some of the more frequent uses and meanings of **para** and **por**.

Para *is used to indicate:*	**Por** *is used to indicate:*
1. PURPOSE OR GOAL *in order to* + infinitive Elena compró el sillón **para** regalárselo a su madre.	1. CAUSE, REASON, MOTIVE *because of, on behalf of, for* ¿**Por qué** no pasó Carlos el examen? **Por** no estudiar lo suficiente. Su amiga habló con el profesor **por** él.
2. RECIPIENT *for* La lámpara es **para** su madre también.	2. DURATION OF TIME *for, in, during* Luego, Carlos habló con el profesor **por** una hora. Ahora Carlos estudia **por** la tarde y **por** la noche.
3. DESTINATION *for* Su madre sale **para** la Florida el sábado.	3. EXCHANGE, PRICE *for* Se compró un diccionario español/inglés **por** diez dólares.
4. DEADLINE *by, for* Tiene que vender el condominio **para** el primero de octubre.	4. GENERAL PHYSICAL MOVEMENT IN AND AROUND A GIVEN PLACE *down, by, along, through* Ahora siempre camina **por** el campus con sus libros.
5. EMPLOYMENT *for* Trabaja **para** una agencia de bienes raíces (*real estate*).	

DICHO **Más sabe el diablo° por viejo que por diablo.**
En su opinión, ¿saben las personas mayores más que los jóvenes?

———
devil

¡Un momento, por favor!

When you want to thank someone for something, use **gracias por...**
Gracias por las flores.

Práctica y comunicación

T. El viaje de Carmen a la península de Yucatán. Complete las oraciones para indicar dónde trabaja Carmen y adónde fue para unas pequeñas vacaciones. Refiérase a los dibujos.

1.

2.

3.

4.

5.

6.

1. Carmen trabaja **para** la compañía _____. Ahorró dinero y se fue de vacaciones a la península de Yucatán, México.

2. Salió **para** _____, la capital de la península, en el vuelo (*flight*) número _____ a las _____ de la mañana.

3. Fue a la península **para** _____ las famosas _____ mayas de Chichén-Itzá. Pasó mucho tiempo caminando **por** _____.

4. De una de las vendedoras, compró un _____ **para** su amiga Natalia. Ella _____ mil pesos **por** el cuadro.

5. Natalia le dio las gracias **por** _____.

6. Carmen tuvo que volver al trabajo **para** _____ de julio.

Un paso más: En parejas, identifiquen el uso de **por** o **para** que corresponde a cada oración. Luego, narren la historia refiriéndose sólo a los dibujos, no a las oraciones.

U. La historia de Fernando. Narre la historia de Fernando usando **por** o **para**.

1. Fernando trabaja _____ una compañía de computadoras.

2. Una tarde, _____ tener un resfriado horrible, tuvo que salir del trabajo temprano.

3. Al salir, su jefe le dijo: «¡Tiene que terminar este proyecto _____ mañana!»

4. Su secretaria le dijo: «Usted no está bien, don Fernando. Yo puedo terminarlo y se lo llevo al cliente _____ usted.»

5. ¡Pobre Fernando! Salió de la oficina _____ su casa.

6. Caminó _____ la Calle Tres y _____ la Avenida Cali.

7. Al llegar al Parque Central decidió sentarse en un banco _____ descansar.

8. Descansó allí _____ media hora.

9. Después del descanso, fue a la farmacia _____ comprar antibióticos.

10. Mientras estaba en la farmacia, compró un perfume _____ su novia.

11. Pagó dos mil bolívares _____ los antibióticos y el perfume.

12. Pero, en vez de volver a casa, Fernando salió _____ el apartamento de su novia.

13. Al llegar, le dijo: «Mi amor, este perfume es _____ ti.»

14. Ella le dijo: «Qué bueno eres, Fernando. ¡Gracias _____ el perfume!»

15. Esa noche los dos salieron contentos _____ cenar en un restaurante y después fueron a una discoteca _____ bailar.

Pero, irónicamente, allí Fernando se encontró con su jefe, quien le dijo: «Fernando, te recuperaste bastante rápido, ¿no?»

V. ¡Una semana libre (*free*)! Imaginen que tienen una semana libre y deciden explorar algún país interesante. Trabajen en grupos de tres. Usen las preguntas que siguen para formular su plan. Un/a secretario/a escribe el plan. *Destinos interesantes*: España, México, Costa Rica, Panamá, Argentina, Chile, Puerto Rico, Cuba, la República Dominicana.

1. ¿Cuándo salen para...?
2. ¿Por cuánto tiempo van a estar allí?
3. ¿Para qué van?
4. ¿Qué van a hacer por las mañanas/tardes/noches?
5. ¿Para qué fecha tienen que volver?
6. ¿Cuánto van a pagar por el viaje?

Algunos grupos presentan su plan a la clase.

Dicho y hecho

Conversando

Expresar nuestra individualidad

En parejas, lean la información que sigue y vean la foto. Luego, conversen, usando las preguntas como motivo de conversación.

¿Demasiado mexicana?

Sandra Cisneros, poeta y novelista de origen mexicano, vive en San Antonio, Tejas, en una vecindad histórica. ¡A ella le encantan los colores vivos! Ella pintó su casa de color azul (vea la foto) y en otra ocasión, ¡de color morado!

proud A Sandra no la intimidan las protestas ni las objeciones de la Comisión de Revisión y Diseño Histórico de San Antonio. «Lo que está diciendo esta casa —dijo Cisneros— es que 'soy muy mexicana y estoy orgullosa° de serlo' y esto es otra manera de ser americana».[4]

- ¿Qué opinan ustedes del color de la casa de Sandra Cisneros?
- ¿Debe o no debe protestar la Comisión?
- ¿Por qué dice ella «soy muy mexicana...»? ¿Qué relación hay entre esta cita (*quote*) y su casa?
- ¿Por qué dice ella «esto es otra manera de ser americana»?
  (Palabras útiles: **libertad** = *freedom*; el **derecho** = *the right*)
- ¿Cómo son las casas de sus sueños (*dream houses*)?

---

[4]*People en español*, October, 1998: p. 22.

¡A escuchar!

El nuevo apartamento de Susana

Su amiga Susana alquiló un apartamento y ahora ella necesita su ayuda para poner los muebles y otras cosas en un buen lugar. Escuche las instrucciones de ella y escriba el número de cada cosa en el lugar correspondiente.
Opcional: Después, dibuje *las cosas* en el lugar correspondiente.
(Palabra útil: el **rincón** = *corner*)

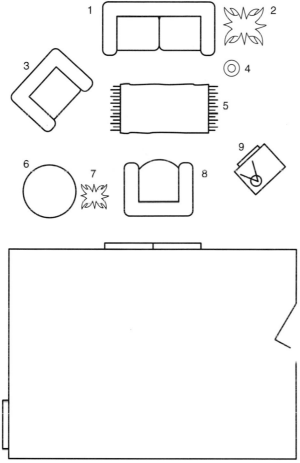

De mi escritorio

Cuando era niño/a...

Escriba una descripción de un incidente que ocurrió cuando era niño/a.
Use el imperfecto y el pretérito. Incluya:

* cuántos años tenía cuando ocurrió
* dónde estaba usted y una descripción del lugar
* lo que pasó y si usted estaba triste/contento(a)/enojado(a), etc. al final del incidente

Study Hints
See what you have learned!
Turn to pp. 306–307 to review the active vocabulary and take the self-test for this chapter.

México: una historia milenaria[1]

[www.wiley.com/college/dicho/panorama]

El encanto de la civilización azteca

Durante los últimos años del imperio tolteca, los aztecas se instalaron en el lago de Texcoco y fundaron su capital, Tenochtitlán. Los aztecas comenzaron una expansión desde el territorio central de México alrededor de 1325 d.C. En poco tiempo, por su habilidad militar y política, los aztecas llegaron a ser la civilización más poderosa[2] de Mesoamérica.

¡Fuego nuevo!

¿Sabía usted que cada 52 años, durante la ceremonia del fuego nuevo, los aztecas quemaban (burned) todos sus ídolos, muebles y ropas?

Cuando llegaron los españoles en el siglo XVI, los aztecas, desde Tenochtitlán, controlaban 371 tribus en 33 provincias. Tenochtitlán era una ciudad flotante[3] de unos 250.000 habitantes. ¡Sus impresionantes templos, calles, jardines y palacios estaban construidos sobre un lago! Un complejo sistema de puentes unía la ciudad a tierra firme y los canales facilitaban su defensa. Hoy esta ciudad es la ciudad de México, ¡la capital actual más antigua de Latinoamérica! Este modelo de la ciudad está en el famoso Museo de Antropología en México, D.F. ¿Cómo son los templos? ¿Dónde está situada la ciudad?

---

[1]*thousands of years old*
[2]*powerful*

---

[3]*floating*

1000 a.C.	1000 d.C.	1200	1400	1600

1000 a.C.
Durante esta época los olmecas, los toltecas y los mayas vivieron en el territorio mexicano. Eran muy avanzados en las ciencias, las matemáticas y la escritura.

1325 d.C.
El gran imperio azteca se estableció en los territorios del centro y el sur de México

1519
Hernán Cortés llegó a tierras mexicanas.

1521
Los españoles conquistaron a los aztecas.

1535
Los españoles establecieron en México el virreinato de la Nueva España.

Los aztecas eran buenos guerreros[4] y agricultores. La vida familiar era muy importante: los aztecas adoraban a sus hijos. La educación tenía mucha importancia; comenzaba en casa y continuaba en la escuela hasta los quince años. Después, los que debían ser sacerdotes[5] o jefes[6] iban a instituciones especiales y los que debían servir las necesidades y tradiciones del pueblo iban a otras.

¿Hablas náhuatl?
La lengua de los aztecas era el náhuatl. Hoy todavía se habla en algunos estados de México.

El pueblo azteca era muy religioso y su religión requería sacrificios humanos para honrar a sus dioses[7] y para asegurar[8] la continuación del mundo. Las víctimas eran jóvenes prisioneros de guerra— fuertes y valientes. Los sacrificios eran públicos, con la presencia del emperador, músicos, bailarines y sacerdotes que ofrecían el corazón[9] de las víctimas a los dioses. ¿Qué está pasando en la escena representada en este dibujo azteca del siglo XVI? Descríbala.
(Palabra útil: **sacar** = to take out)

Cada sacrificio era programado de acuerdo con un elaborado sistema de fechas. Por eso, para los aztecas el concepto del tiempo era muy importante. Tenían un calendario ritual y otro solar, llamado la Piedra del Sol. Hoy, la Piedra del Sol está en el Museo de Antropología en México, D.F. ¿Ve usted el sol en este calendario? ¿Qué le impresiona a usted más de este calendario?

1800	1820	1840	1860	1880
1810	**1821**	**1848**	**1864**	**1876**
El padre Hidalgo, héroe nacional de México, proclamó el «Grito de Dolores[10]» que inició la rebelión contra España.	México obtuvo su independencia de España.	Después de una guerra desastrosa con los EEUU, México perdió los territorios del Río Grande (Nevada, California, Utah, Arizona, Nuevo México y parte de Colorado).	Una invasión francesa dio origen al imperio del hapsburgo Maximiliano que duró tres años.	Después de perder las elecciones de 1876, Porfirio Díaz derrocó[11] el gobierno y comenzó una dictadura que duró 44 años.

[4]*warriors* [5]*priests* [6]*chiefs* [7]*gods* [8]*to ensure* [9]*heart* [10]*(battle) cry in Dolores* [11]*overthrew*

Cuando Hernán Cortés llegó a México en 1519, el imperio azteca era inmensamente extenso, sofisticado y rico. En sólo dos años, los españoles conquistaron a los aztecas (1521) y controlaron sus territorios. Después de la conquista española, el imperio azteca desapareció, pero su influencia cultural es parte integral de la identidad mexicana moderna. Vea el dibujo del encuentro de dos civilizaciones. ¿Puede usted identificar a Hernán Cortés? ¿Y al emperador de los aztecas, Moctezuma?

PAPÁ, ¡NO LO HAGO MÁS!
Los niños aztecas rebeldes tenían que dormir en la tierra húmeda.

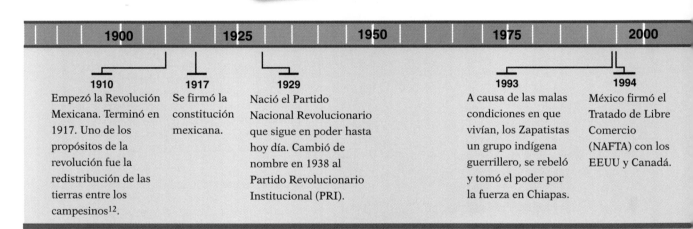

| 1900 | 1925 | 1950 | 1975 | 2000 |

1910
Empezó la Revolución Mexicana. Terminó en 1917. Uno de los propósitos de la revolución fue la redistribución de las tierras entre los campesinos[12].

1917
Se firmó la constitución mexicana.

1929
Nació el Partido Nacional Revolucionario que sigue en poder hasta hoy día. Cambió de nombre en 1938 al Partido Revolucionario Institucional (PRI).

1993
A causa de las malas condiciones en que vivían, los Zapatistas un grupo indígena guerrillero, se rebeló y tomó el poder por la fuerza en Chiapas.

1994
México firmó el Tratado de Libre Comercio (NAFTA) con los EEUU y Canadá.

---

[12]*peasants*

¿Qué descubrimos?

1. ¿Cuáles son cuatro culturas importantes del México precolombino?
2. ¿Cuándo llegó Hernán Cortés a México?
3. ¿Qué pasó en 1521? ¿Y en 1821?
4. ¿Cuál fue el resultado de la guerra que ocurrió en 1848?
5. ¿Cómo era Tenochtitlán?
6. ¿Qué aspectos de la vida diaria eran importantes para los aztecas?
7. ¿Quiénes eran las víctimas de los sacrificios a los dioses aztecas?
8. ¿Qué idioma hablaban los aztecas?

Adivinanzas

▶ En parejas, identifiquen cada una de las siguientes referencias: **Hernán Cortés, el padre Hidalgo, Porfirio Díaz, 1910, PRI, NAFTA, los Zapatistas, Tenochtitlán, la Piedra del Sol, náhuatl, la ceremonia del fuego nuevo.**

▶ Luego, cada pareja escribe una descripción de una de las referencias y se la entrega a la profesora/al profesor.

▶ La clase forma dos equipos. Por turnos, cada equipo escucha y luego identifica cada descripción. Cada respuesta correcta vale dos puntos. ¿Cuál de los equipos ganó?

ENCUENTRO CULTURAL
Artes literarias: La poesía moderna—México

Octavio Paz (1914–1998) fue un escritor mexicano y el ganador del Premio Nobel de Literatura en 1990. Sus poemas y ensayos constituyen la parte más famosa de su producción. Desde joven dividió su actividad intelectual entre la literatura y la historia. Sus poemas muestran la influencia de estas dos disciplinas. Con sus escritos, Paz intentó combatir la injusticia social y presentar una imagen de México que integraba la gloria del pasado azteca y maya. Sus temas preferidos eran: la sociedad, la naturaleza, la historia, el amor, la vida y la muerte.

READING STRATEGIES
Interpreting Poetry

1. Quickly skim the following poem. As you read, think about words and phrases that can help you classify the poem as belonging to specific themes from those listed in the introduction.

2. Personification is a poetic technique that gives inanimate objects the characteristics of living creatures. On your second, more detailed reading, try to find examples of this technique in the poem.

Serpiente[1] labrada[2] sobre un muro[3]

El muro al sol respira, vibra, ondula[4],
trozo[5] de cielo vivo y tatuado[6]:
el hombre bebe sol, es agua, es tierra.
Y sobre tanta vida la serpiente
que lleva una cabeza entre las fauces[7]:
los dioses[8] beben sangre, comen hombres.

Preguntas

1. Según el poema, ¿qué similitudes hay entre el muro y una serpiente?
2. ¿Cuáles son las frases en el poema que se refieren al sacrificio humano?
3. ¿Qué frases indican que «el hombre» es parte de la naturaleza?
4. ¿Quiénes construyeron el muro que describe Paz?
5. ¿Dónde piensa usted que está el muro?

---

[1]Quetzalcoatl, the feathered serpent, was one of the principal deities of the ancient peoples of Mexico.   [2]*carved*   [3]*wall*
[4]*ondulates*   [5]*piece*   [6]*tattooed*   [7]*jaws*   [8]*gods*

CAPÍTULO 10

Un momento especial en la vida diaria. Sevilla, España.

La vida diaria

Goals for communication

- To talk about daily routines
- To make telephone calls
- To describe actions
- To say what has happened
- To describe sequences of actions in the past

Cultural focus

- Festivals in the Hispanic world
- Spain and its history—a fusion of cultures

Structures

1. Los verbos reflexivos
2. Los adverbios
3. El presente perfecto
4. El pasado perfecto

La vida diaria

1. quitarse
2. tener sueño
3. acostarse (ue)
4. el despertador
5. despartarse (ie)
6. levantarse
7. bañarse
8. lavarse
9. el secador de pelo
10. secarse
11. las tijeras
12. cortarse
13. el peine
14. peinarse
15. el cepillo
16. cepillarse el pelo
17. maquillarse
18. el maquillaje
19. sentarse (ie)
20. estar sentado/a
21. estar de pie
22. divertirse (ie, i)
23. reírse (i, i) (de)

1. to take off (clothes, etc.) 2. to be sleepy 3. to go to bed 4. alarm clock 5. to wake up 6. to get up 7. to take a bath, bathe 8. to wash oneself 9. hairdryer 10. to dry oneself 11. scissors 12. to cut one's (hair, nails, finger, etc.) 13. comb 14. to comb one's hair 15. brush 16. to brush one's hair 17. to put on makeup 18. makeup 19. to sit down 20. to be seated 21. to be standing 22. to have a good time 23. to laugh (at)

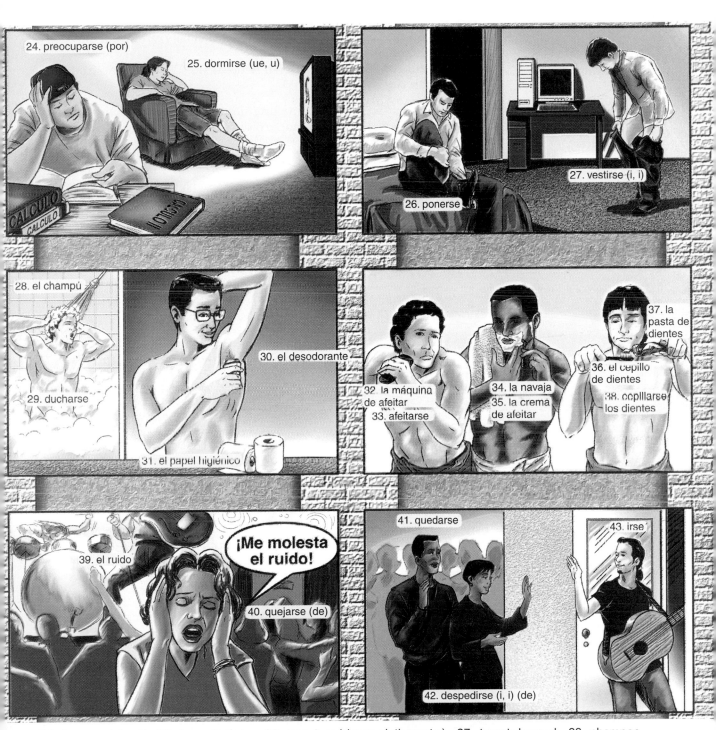

24. to worry (about) 25. to go to sleep 26. to put on (shoes, clothes, etc.) 27. to get dressed 28. shampoo
29. to take a shower 30. deodorant 31. toilet paper 32. electric shaver 33. to shave (oneself) 34. razor
35. shaving cream 36. toothbrush 37. toothpaste 38. to brush one's teeth 39. noise
40. to complain (about) 41. to stay, remain 42. to say good-bye (to) 43. to go (away), leave, depart

Práctica y comunicación

A. En la residencia estudiantil. Son las nueve de la noche en la residencia estudiantil. Indique lo que hacen los estudiantes. Conteste según los dibujos en las páginas 310–311.

1. La chica que está cerca de la ventana tiene sueño y quiere dormir. ¿Se quita[1] o se pone el suéter? **Se...**
   La otra chica en el cuarto también tiene sueño. ¿Va a acostarse o va a levantarse? **Va a...**

2. En el otro cuarto, la chica tomó una siesta. ¿Suena el teléfono o suena el despertador? ¿Debe despertarse o debe dormirse? **Debe...** ¿Debe levantarse o debe acostarse?

3. Una chica está en la bañera. ¿Se lava el pelo o se baña? ¿Qué usa Camila para secarse el pelo? **Usa...** ¿Qué usa Natalia para cortarse el pelo? La chica que está enfrente del lavabo, ¿se lava la cara o se lava las manos?

4. ¿Qué usa Pepita para peinarse? ¿Qué usa la amiga de Pepita para cepillarse el pelo? Inés se maquilla. ¿Piensa usted que ella va a estudiar o salir esta noche?

5. ¿Dónde se sentaron la profesora Falcón y su amigo? El profesor Marín-Vivar, ¿está de pie o está sentado? ¿Y su esposa, Nancy?

6. Los estudiantes que están en la fiesta, ¿lo están pasando mal o se divierten? ¿Qué están haciendo Linda y Manuel? Carmen y su amiga, ¿están tristes o se ríen?

7. Esteban está estudiando para un examen de cálculo. ¿Se preocupa mucho por el examen o se divierte? El compañero de cuarto de Esteban, ¿se preocupa por los exámenes? ¿Va a dormirse?

8. En el otro cuarto, los chicos van a salir. El chico que está sentado en la cama, ¿se pone o se quita los zapatos? El otro chico, ¿se quita la ropa o se viste?

9. El chico que se ducha, ¿qué usa para lavarse el pelo? ¿Qué se pone Alfonso? ¿Qué se ve cerca de la ventana? **Se ve...**

10. ¿Qué usa Octavio para afeitarse? ¿Y el otro chico? El chico que va a cepillarse los dientes, ¿qué pone en su cepillo de dientes?

11. ¿De qué se queja la chica que está cerca de la banda?

12. Javier y su amiga, Marlena, ¿saludan a Rubén o se despiden de él? ¿Ellos se quedan en la fiesta o se van? ¿Y Rubén?

---

[1]Most of the verbs presented thus far in this chapter use the pronoun **se** in the third person. You will formally study these verbs beginning in the first *Estructura* section of this chapter. For now, just follow the model and the verb forms in the questions.

B. Nuestras actividades diarias. De las actividades presentadas en los dibujos (páginas 310–311), ¿cuál o cuáles asocia usted con los objetos indicados?

MODELO: el despertador
sonar, despertarse, levantarse

1. la cama
2. la bañera
3. el pelo
4. las tijeras
5. el lavabo

6. el peine
7. el cepillo
8. el maquillaje
9. la ropa

10. el sillón
11. el jabón
12. el desodorante
13. la navaja

Bien dicho Condiciones

cansarse	*to get tired*	**enojarse**	*to get angry*
sentirse (ie, i) bien/mal	*to feel good/bad*	**aburrirse**	*to get bored*
enfermarse	*to get sick*		

Palabras útiles:
las **caries** = *cavities*
el **sarro** = *tartar*
mal aliento = *bad breath*

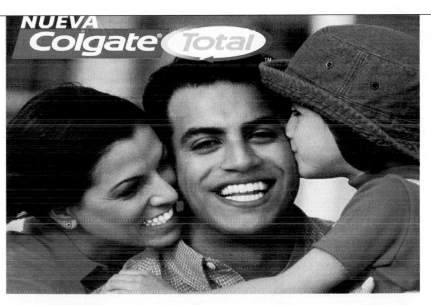

Protege tu boca aún cuando no te estás cepillando.

¡La nueva COLGATE TOTAL, con su avanzada fórmula de acción prolongada sigue trabajando después de cepillarte y te ayuda a proteger tu boca contra las caries, el sarro, la placa, la gingivitis y el mal aliento, hasta por doce horas! Colgate Total es una pasta tan avanzada que sigue trabajando entre cepilladas mientras te diviertes, mientras trabajas y hasta cuando duermes. ¡Hora tras hora tras hora!

Visite nuestro website: http://www.colgate.com

NEW

HELPS PREVENT CAVITIES · GINGIVITIS · PLAQUE

Colgate Total

ANTICAVITY FLUORIDE AND   ANTIGINGIVITIS TOOTHPASTE

LONG LASTING FRESH BREATH PROTECTION · FIGHTS TARTAR

La cepillada tan avanzada que trabaja entre cepilladas.

¿Contra qué protege Colgate? ¿Cuándo sigue (*continues*) trabajando? ¿Qué marca (*brand*) de pasta de dientes usa? ¿Por qué la usa?

C. La vida estudiantil. Estudien el *Bien dicho* en la página 313 y luego describan la vida estudiantil de su universidad. En parejas, lean la primera oración y completen la segunda con varias opciones.

1. Parece que (*It seems that*) los estudiantes de la clase están cansados hoy. Los estudiantes se cansan cuando...
2. Varios estudiantes están enfermos hoy. A veces los estudiantes se enferman porque...
3. Algunos estudiantes están muy bien hoy. Por lo general, los estudiantes se sienten bien cuando...
4. Parece que nuestro/a profesor/a está enojado/a con nosotros hoy. A veces el profesor/la profesora se enoja cuando nosotros...
5. Parece que algunos estudiantes están preocupados. Posiblemente, los estudiantes se preocupan por...
6. Algunos estudiantes no están contentos con la universidad. A veces los estudiantes se quejan de...
7. Algunos estudiantes están aburridos. Los estudiantes se aburren cuando...

Ahora, díganle a la profesora/al profesor algo de la vida estudiantil.

MODELO: **Los estudiantes se cansan cuando estudian mucho, duermen poco y van a muchas fiestas.**

Conversación

La guerra del baño

Alfonso está esperando para usar el baño. Como casi todas las mañanas, su hermana Clara está dentro y tarda mucho en salir.

ALFONSO: (*¡Pum!, ¡pum!, ¡pum!, dando con la mano en la puerta.*) ¿Qué estás haciendo, Clara? Hace media hora que quiero usar el baño. ¿Sabes que entraste a las seis y media y ya son las ocho menos cuarto?... (*Silencio.*) ¿No me oyes? (*Gritando°.*) ¿Puedes salir del baño y escucharme, por favor?

Yelling

CLARA: ¿Qué pasa? ¿Quieres ducharte?

ALFONSO: No. Quiero peinarme.

CLARA: ¡Peinarte! ¿No tienes un espejo en tu cuarto?

right ALFONSO: Sí, pero vivo en esta casa y también tengo derecho° a usar el baño.

CLARA: Voy a salir en un minuto. Solamente tengo que secarme el pelo, cepillarme los dientes, peinarme, ponerme la ropa...

Enough! ALFONSO: ¡Basta!° ¡Ya no puedo esperar más. Tengo que salir ahora para no llegar tarde a la universidad.

CLARA: Lo siento. Vas a tener que levantarte más temprano si quieres entrar al baño antes que yo.

¿Qué hay de nuevo?

1. ¿Por qué está enojado Alfonso?
2. ¿Qué necesita hacer Alfonso en el baño?
3. ¿Qué más tiene que hacer Clara?
4. ¿Puede Alfonso esperar? ¿Por qué?
5. ¿Qué tiene que hacer Alfonso para entrar al baño antes que Clara?

Estructuras

1. *Talking about daily routines and emotions or conditions:*
   Los verbos reflexivos

Los usos de los verbos reflexivos

Some verbs use the reflexive pronouns
(**me**, **te**, **se**, **nos**, **os**, **se**) to show that the
person is doing the action to her/himself. This *pronoun + verb* combination
often describes daily routine or personal care. Study the following pairs of
sentences and the change in meaning created by the addition of the
reflexive pronoun.

Carlos **baña** a su hermanito.	*Carlos **is bathing** his little brother.*
Carlos **se baña**.	*Carlos **is bathing** (himself).*
Debemos **vestir** a los niños.	*We ought **to dress** the children.*
Debemos **vestirnos**.	*We ought **to get dressed**.*

Other verbs use the reflexive pronouns to describe changes in emotional,
psychological, or physical status: **preocuparse, enojarse, enfermarse,
sentirse bien/mal,** etc. In English, these verbs are often rendered as *to
become* or *to get worried, angry, sick*, etc.

Me enojo cuando mi hermano lleva mi ropa.	*I get angry when my brother wears my clothes.*

La formación de los verbos reflexivos

Note that in the reflexive construction (the combination of reflexive
pronoun and verb), the reflexive pronoun and the subject of the verb refer
to the same person.

(yo)	**me** visto	(nosotros/as)	**nos** vestimos
(tú)	**te** vistes	(vosotros/as)	**os** vestís
(Ud., él, ella)	**se** viste	(Uds., ellos, ellas)	**se** visten

As with direct and indirect object pronouns, reflexive pronouns are either
placed immediately before the conjugated verb or may be attached to the
infinitive and the present participle.

Tengo que peinar**me**.	*I have to comb my hair.*
Me tengo que peinar.	
Linda está lavándo**se** el pelo.	*Linda is washing her hair.*
Linda **se** está lavando el pelo.	

¡Un momento, por favor!

Because the reference to possession is clear through the use of the reflexive verb, use the definite article, not the possessive adjective, to refer to a part of the body or article of clothing.

¿Te cortaste **las** uñas?   *Did you cut **your** nails?*

Voy a cepillarme **los** dientes.   *I'm going to brush **my** teeth.*

Práctica y comunicación

D. Lo que hago generalmente. Escuche las declaraciones. Apunte *sí* o *no* según sus hábitos.

Generalmente...

1. Me despierto inmediatamente cuando suena el despertador.
2. Me levanto antes de las 7:30 de la mañana.
3. Me acuesto después de la medianoche.
4. Me lavo el pelo todos los días.
5. Me cepillo los dientes tres veces al día.
6. Me ducho o me baño por la mañana.
7. Me afeito con una navaja.
8. Me seco el pelo con un secador.
9. Me quejo de la comida de la cafetería.
10. Me preocupo por mis notas.

Ahora, en parejas, comparen sus respuestas.

MODELO: ESTUDIANTE 1: **No me despierto inmediatamente cuando suena el despertador.**

ESTUDIANTE 2: **Yo tampoco me despierto...**

ESTUDIANTE 1: **Me levanto antes de las 7:30.**

ESTUDIANTE 2: **Yo también me levanto...**

Si tienen respuestas similares, díganselas a la clase.

MODELO: **...y yo generalmente nos acostamos después de la medianoche.**

E. Todas las mañanas—una cadena (*chain*). Formen grupos de cinco. Digan lo que hacen todas las mañanas y a la vez (*at the same time*) dramaticen la acción. Sigan el modelo, usando los verbos a continuación: **despertarse (ie), ducharse, lavarse el pelo, secarse el pelo, peinarse, vestirse (i), desayunar** (no reflexivo), **cepillarse los dientes, salir** (no reflexivo).

MODELO: ESTUDIANTE 1: **Me despierto a las 8:00.**

ESTUDIANTE 2: **Me despierto a las 8:00 y me ducho.**

ESTUDIANTE 3: **Me despierto a las 8:00, me ducho y me lavo el pelo. ...**

Repitan el ejercicio. Háganlo más rápido, con los libros cerrados.

F. Consejos (*Advice*). Un/a estudiante indica en qué condición está o qué problema tiene. Su compañero/a de clase le da consejos, diciéndole lo que debe hacer.

MODELO: ESTUDIANTE 1: **Tengo sueño.**

ESTUDIANTE 2: **Debes acostarte/tomar una siesta...**

1. Tengo que salir en 30 minutos. **Debes...**
2. Tengo frío.
3. Tengo calor.
4. No puedo levantarme por la mañana.
5. ¡Ay! Comí espaguetis con mucho ajo ¡y tengo bróculi entre los dientes!
6. Hace dos horas que estoy de pie.
7. Tengo el pelo muy largo. No me gusta.

G. Actrices y actores. Siete estudiantes, frente a la clase, dramatizan las siguientes actividades. Luego, la clase determina el orden de las actividades según la rutina normal de cada mañana. ¿Qué hacen primero? ¿Y después?

1. bañarse
2. vestirse
3. despertarse
4. peinarse
5. afeitarse
6. cepillarse los dientes
7. secarse

Luego, la clase indica lo que **está haciendo** cada actriz/actor.

MODELO: **Joe está despertándose...**

Al final, la clase indica lo que cada actriz/actor **hizo**.

MODELO: **Joe se despertó...**

H. Anoche y esta mañana. Escriba una lista de **tres** cosas que usted hizo **anoche** (incluso a qué hora se acostó) y **cuatro** cosas que usted hizo **esta mañana** (incluso a qué hora se levantó). Use el tiempo pretérito, verbos reflexivos y verbos no reflexivos. Ponga su firma en el papel. Tiene cinco minutos.

MODELO: **Anoche, estudié mucho...**

Dé su lista a la profesora/al profesor. Ella/Él se la da a otro/a estudiante, quien hace las correcciones si hay errores. Ahora, en parejas, digan lo que la persona que escribió la lista hizo anoche y esta mañana. Luego un/a estudiante lee la lista de su amigo/a a la clase.

MODELO: **Anoche, Pedro estudió mucho**, ... y... **Esta mañana,...**

Finalmente, devuelvan los papeles, por favor.

I. Antes y ahora. Manuel se graduó hace tres meses. Diga cómo era la vida de Manuel **antes** y cómo es **ahora**. Use el imperfecto y luego el presente.

MODELO: **Antes, Manuel se levantaba a las 9:30.**
Ahora, se levanta a las 6:00.

levantarse

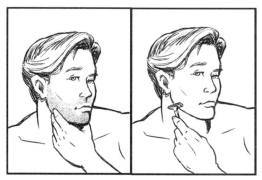

afeitarse

ir

jugar   levantar

acostarse

 Un paso más: En parejas hablen de los cambios entre su vida **antes** de venir a la universidad y **ahora**.

J. **Preguntas personales**. En parejas, háganse las preguntas y contéstenlas.

1. ¿Cómo te sientes hoy? ¿Tienes sueño?
2. ¿A qué hora te levantas normalmente los días de clase?
   ¿A qué hora te levantaste esta mañana?
3. ¿A qué hora te acostaste anoche?
4. Normalmente, ¿cuántas veces al día te cepillas los dientes?
   ¿Qué marca de pasta de dientes prefieres?
5. ¿Prefieres bañarte por la mañana o por la noche?
6. ¿Te lavaste el pelo esta mañana? ¿Te pusiste ropa limpia?
7. ¿Dónde te cortas el pelo? ¿Cuánto cuesta?
8. ¿Estás contento/a en la universidad? ¿A veces te quejas? (¿De qué?)
   ¿A veces te preocupas? (¿Por qué?) ¿Te cansas frecuentemente?
   (¿Por qué?) ¿Te enfermas frecuentemente?
9. ¿Te diviertes mucho los fines de semana? (¿Cómo?)
   ¿Te ríes[2] mucho cuando estás con tus amigos/as? (¿De qué se ríen?)

Bien dicho acabar de

acabar de + *infinitive*	*to have just (completed an action)*
¿Qué acabas de hacer?	*What have you just done?*
Acabo de vestirme.	*I have just gotten dressed.*

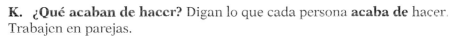

K. **¿Qué acaban de hacer?** Digan lo que cada persona **acaba de** hacer. Trabajen en parejas.

MODELO: Antes, el pelo de Rubén estaba muy largo. Ahora está corto.
Acaba de cortarse el pelo. o **Acaba de cortárselo.**

1. Antes, el profesor Marín-Vivar tenía una barba (*beard*). Ahora no la tiene. **Acaba de...**
2. Antes, Esteban llevaba zapatos muy viejos y sucios. Ahora, lleva zapatos nuevos. **Acaba de...**
3. Hace una hora, Javier y su hermano menor jugaban al tenis. Ahora están listos (*ready*) para salir. **Acaban de...**
4. Antes, Natalia tenía frío. Ahora, no. **Acaba de...**
5. Antes, teníamos hambre. Ahora nos sentimos bien. **Acabamos de...**
6. Antes, yo estaba muy cansado/a. Ahora, tengo mucha energía.
   Acabo de...

Y ahora, en parejas, háganse la siguiente pregunta: **¿Qué acabas de hacer?**

---

[2]The verb **reír** is conjugated as follows: (present) **río, ríes, ríe, reímos, reís, ríen**; (preterit) **reí, reíste, rio, reímos, reísteis, rieron**.

2. Describing how actions take place: Los adverbios

An adverb tells *how, how much, when, why,* or *where* an action takes place. Some adverbs that you already know are: **ahora, hoy, mañana, tarde, bien, mal, aquí, allí, muy, a veces, nunca,** and **siempre**.

How?	Me siento **muy bien**.
When?	**A veces**, desayuno en la cafetería.

Formación de los adverbios

You may have observed through usage in this and past chapters that a number of adverbs end in **-mente**; for example, **normalmente** and **generalmente**. Such adverbs are formed by adding **-mente** (equivalent to the English *-ly*) to an adjective. The suffix **-mente** is added directly to adjectives ending in **-e** or a consonant.

posible   > **posiblemente**
personal > **personalmente**

The suffix **-mente** is added to the feminine singular form of adjectives that end in **-o/-a**.

rápido   > rápida   > **rápidamente**
tranquilo > tranquila > **tranquilamente**

Algunos adverbios comunes

constantemente	*constantly*
desafortunadamente	*unfortunately*
fácilmente	*easily*
frecuentemente	*frequently*
generalmente	*generally*
inmediatamente	*immediately*
lentamente	*slowly*
normalmente	*normally*
personalmente	*personally*
posiblemente	*possibly*
probablemente	*probably*
rápidamente	*rapidly*
recientemente	*recently*

Adjectives with accents maintain the accent in the adverbial form:

     rápido > **rápidamente**   fácil > **fácilmente**

Práctica y comunicación

L. **¿Cómo o cuándo?** Complete las oraciones. Seleccione el adverbio que mejor corresponda a la situación.

lentamente	fácilmente	fuertemente
inmediatamente	rápidamente	frecuentemente

1. Por la mañana, cuando me despierto tarde, me visto...

2. Cuando veo a mi novio/a, lo/la abrazo...

3. Cuando estoy muy cansado/a y tengo que caminar una larga distancia, camino...

4. Cuando mis amigos/as me mandan mensajes por correo electrónico, les contesto...

5. Practico el piano todos los días. Puedo tocar las sonatas de Beethoven...

6. Cuando era niño/a, mi familia iba a la playa...

M. **Lo que hacen normalmente**. En grupos de tres, indiquen algunas actividades que hacen las siguientes personas. Cambien los adjetivos a adverbios y ¡usen la imaginación!

MODELO: los profesores (general)
            Los profesores generalmente hablan mucho y se preocupan por sus estudiantes.

1. mi padre o madre (probable)

2. los estudiantes (frecuente)

3. mi compañero/a de cuarto o mi amigo/a (desafortunado)

4. mi novio/a o amigo/a (normal)

5. mi hermano/a (constante)

Luego, presenten algunos ejemplos a la clase.

Noticias culturales

LOS DÍAS FESTIVOS

En los países hispanos, los días festivos son de dos tipos: religiosos o cívicos. Las celebraciones religiosas se basan en las tradiciones de la religión católica. Las fiestas cívicas celebran hechos° históricos. Cada país tiene un calendario festivo diferente, pero hay muchas fiestas que todos los hispanos celebran por igual.

set free, let loose (se refiere a sueltan°)

events, facts (se refiere a hechos°)

pilgrims (se refiere a peregrinos°)

La fiesta religiosa hispana más popular es la Semana Santa. Durante esta semana, mucha gente participa en procesiones por las calles. Los participantes

Semana Santa en Sevilla, España.

llevan figuras de Cristo o de la Virgen María y hay música y representaciones de escenas bíblicas. La celebración termina con bailes y fuegos artificiales° frente a las iglesias.

parades (se refiere a desfiles°)

fireworks (se refiere a fuegos artificiales°)

Otras festividades religiosas celebran el santo patrón de una ciudad o de un país. Durante la fiesta de San Fermín, los habitantes de Pamplona (España) sueltan° toros furiosos en las calles. Y la gente se divierte corriendo detrás (¡o delante!) de ellos. En México, en las fiestas de la Virgen de Guadalupe (patrona del país) miles de peregrinos° caminan días y días desde sus pueblos hasta el altar de la Virgen en la ciudad de México.

Las festividades cívicas son especialmente importantes en Latinoamérica. El Día de la Independencia es una de las fechas más importantes. Generalmente, esta celebración consiste en grandes desfiles°. En algunas comunidades desfilan las reinas de belleza de la zona, la armada nacional y los estudiantes de las escuelas y colegios. Numerosas banderas decoran las ciudades y la gente se divierte hasta muy tarde en las ferias y bailes.

¿Qué están haciendo estos jóvenes durante las fiestas de San Fermín? Pamplona, España.

Desfile cívico en el Zócalo de la ciudad de México. ¿Qué dice el mensaje?

¿Qué hay de nuevo?

Indique la fiesta (Semana Santa, San Fermín, la Virgen de Guadalupe, Día de la Independencia) que corresponde a la descripción.

1. Los toros y la gente corren por las calles.
2. Hay desfiles con reinas de belleza.
3. Las procesiones llevan figuras de Cristo.
4. Muchos peregrinos caminan desde sus pueblos hasta la capital.
5. Las ciudades están decoradas con banderas; hay ferias y bailes.
6. Se celebra al santo patrón de la ciudad.
7. Es la fiesta religiosa más popular de los países hispanos.

Conexiones y contrastes

¿Cuáles son algunas festividades famosas en su país? ¿Y en la región donde usted vive? ¿Cómo se celebran?

Bien dicho Las llamadas telefónicas

la **llamada (telefónica)**	*(telephone) call*
de **larga distancia**	*long-distance*
a **cobro revertido**	*collect call*
la **línea (está ocupada)**	*the line (is busy)*
la **operadora**/el **operador**	*operator*
el **código de área**	*area code*
el **contestador automático**	*answering machine*
el **mensaje**	*message*
dejar un mensaje	*to leave a message*
el **teléfono celular/móvil**	*cell/portable phone*
la **guía telefónica**	*phone book*
la **tarjeta telefónica**	*calling card*
¿Diga?, Dígame, Bueno, Aló	*Hello*

 ## Práctica y comunicación

N. Preguntas personales. Contesten las preguntas en parejas.

1. ¿Haces muchas llamadas de larga distancia? (¿A quién?)
2. ¿Tu cuenta de teléfono es muy cara? ¿Aproximadamente cuánto pagas cada mes?
3. ¿A veces haces llamadas a cobro revertido? (¿A quién?) (¿Por qué?)
4. ¿Quién te llama con mucha frecuencia? ¿A quién llamas tú?
5. ¿Tienes un contestador automático? (¿Recibes muchos mensajes?) (¿De quién?) ¿Cuál es la ventaja (*advantage*) principal de tener un contestador automático?
6. ¿Tienes tarjeta telefónica? (¿De qué compañía?) (¿Cuándo la usas?)
7. ¿Por qué son prácticos los teléfonos celulares? ¿Tienes un teléfono celular? (¿Cuándo lo usas?) (¿Cuánto pagas por mes por el uso del teléfono?)
8. Según la foto, ¿qué está haciendo la mujer? ¿Ves a muchas personas usando sus teléfonos celulares y a la vez haciendo otras cosas? (¿Qué cosas?) ¿Es buena o mala idea? ¿Por qué?

Ñ. Llamadas telefónicas. Con un/a compañero/a de clase, dramatice una conversación telefónica:

- para averiguar (*find out*) la tarea para la clase de español
- para hacer planes para este fin de semana

Ahora, con otro/a compañero/a de clase, tenga una conversación telefónica entre usted y el operador/la operadora:

- para decirle que el número que usted está marcando está ocupado y que usted tiene una emergencia
- para hacer una llamada de larga distancia a cobro revertido a su familia en los Estados Unidos

3. *Saying what has happened:* El presente perfecto

The present perfect combines the present tense of **haber** and a past participle. The present perfect corresponds to the English *have/has* + action.

¿Has visitado el museo?	***Have* you *visited*** *the museum?*
Carlos **ha ido** tres veces.	*Carlos **has gone** three times.*

Formación del presente perfecto

The present perfect is formed with the present tense form of **haber** (*to have*) and the past participle of a verb.

present tense of ***haber*** + past participle				
(yo)	**he**		*I have*	
(tú)	**has**		*you have*	
(Ud., él, ella)	**ha**	+ **llamado**	*you/he/she has*	+ *called*
(nosotros/as)	**hemos**	+ **salido**	*we have*	+ *left*
(vosotros/as)	**habéis**		*you have*	
(Uds., ellos, ellas)	**han**		*you/they have*	

Formación de los participios pasados

To form the regular past participle in Spanish, add **-ado** to the stem of **-ar** verbs and **-ido** to the stem of **-er** and **-ir** verbs.

llamar	llam-	+	**ado**	=	**llamado**
comer	com-	+	**ido**	=	**comido**
vivir	viv-	+	**ido**	=	**vivido**

The verbs listed below have irregular past participles.

abrir	**abierto**	*opened, open*
decir	**dicho**	*said, told*
escribir	**escrito**	*written*
hacer	**hecho**	*done*
morir	**muerto**	*died, dead*
romper	**roto**	*broken*
poner	**puesto**	*put, placed*
ver	**visto**	*seen*
volver	**vuelto**	*returned*
devolver	**devuelto**	*returned*
resolver	**resuelto**	*resolved*

Direct object, indirect object, and reflexive pronouns precede the conjugated form of **haber**.

Lo he hecho.	*I have done it.*
Le he escrito varias veces.	*I have written (to) him several times.*
Nos hemos divertido mucho.	*We have had a good time.*

Usos del presente perfecto

- The present perfect describes actions that have happened, the consequences of which are still felt in the present.

  ¿Has comido? ¿Quieres almorzar conmigo?
  Have you eaten? Do you want to have lunch with me?
  He terminado el proyecto. Ahora, voy a jugar al tenis.
  I have finished the project. Now, I am going to play tennis.

- Adverbs such as **recientemente** and **ya** (*already*) may accompany the present perfect to describe actions that have recently been completed.

  He visto muchas buenas películas **recientemente**.
  Ya hemos comprado las entradas.

The past participle may also be used as an adjective with **estar** and with nouns to show a condition. As an adjective, it has different forms to agree in gender and number with the noun it describes. You have used this construction in previous chapters.

La puerta está **cerrada**.	*The door is closed.*
Duermo con las ventanas **abiertas**.	*I sleep with the windows open.*
Mis amigos están **sentados** en el sofá.	*My friends are seated on the sofa.*

Remember, however, that the past participle used with **haber** (the present perfect) does *not* change; it always ends in **-o**.

María **ha cerrado** la puerta y **ha abierto** las ventanas.	*Maria has closed the door and has opened the windows.*

DICHOS   **Sobre gustos° no hay nada escrito.**
　　　　　Del dicho al hecho hay largo trecho°.
　　　　　Dicho° y hecho.

tastes
distance
No sooner said . . .

¿Cuál de estos refranes es el título de su libro de español? ¿Cuál se refiere a las personas que hablan mucho pero no hacen nada? ¿Cuál se refiere a las preferencias individuales?

Práctica y comunicación

O. ¿Qué han hecho? Lea cada declaración. ¿Qué **han hecho** las personas para resolver los problemas que tenían? Busque la solución que mejor corresponda.

1. Ya no tengo hambre.

2. Ya no tenemos sueño.

3. Los niños ya no tienen sed.

4. Inés ya no tiene frío.

5. El profesor ya no tiene calor.

6. Esteban ya no tiene miedo.

a.	Han bebido toda la limonada.
b.	Se ha puesto un suéter de lana.
c.	He comido un sándwich de pollo.
d.	Se ha quitado la corbata y la chaqueta.
e.	Se ha ido la serpiente.
f.	Hemos dormido doce horas.

P. Compañeros/as de apartamento. Usted y su compañero/a de apartamento esperan la visita de unos amigos muy especiales. ¿Qué han hecho ustedes para prepararse para la visita?

MODELO: lavar la ropa
           Hemos lavado la ropa.

1. pasar la aspiradora
2. hacer las camas
3. lavar los platos
4. sacar la basura
5. ir al supermercado

6. comprar los ingredientes para la cena
7. empezar a preparar la comida
8. poner la mesa
9. bañarse
10. vestirse

Q. ¿Qué hay de nuevo? Imagine que usted estudió en España el semestre pasado y al volver a la universidad descubre que han ocurrido muchas cosas.

MODELO: **Octavio se ha roto la pierna.**

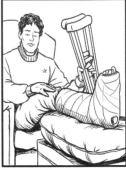

Octavio/romperse

Esteban/sacar

Rubén/cortarse

el profesor Marín-Vivar/
afeitarse la barba

Javier/ganar

Linda/aprender a...

Camila/pintar

R. Usted tiene preguntas. Escriba tres preguntas dirigidas a la persona con quien usted comparte (*share*) un apartamento/una habitación para averiguar si ha hecho ciertas cosas. Luego, escriba tres preguntas dirigidas a su hijo o hija. (Imagine que usted es su madre/padre.)

MODELO: **¿Has...?**   **¿Te has...?**

Luego, en parejas, háganse las preguntas y contéstenlas.

S. ¿Qué ha pasado recientemente? Camine por la clase, haciéndoles preguntas a sus amigos/as para averiguar lo que **han hecho recientemente**. Apunte el nombre de cada estudiante que responde afirmativamente a una pregunta. ¿Cuántas respuestas afirmativas puede usted descubrir en cinco minutos? (Incluya a la profesora/al profesor en la actividad.)

MODELO: *ir* a la biblioteca
      USTED: **¿Has ido a la biblioteca recientemente?**
      JUAN: **No, no he ido a la biblioteca recientemente.**
        (*Usted le hace la pregunta a otro/a estudiante.*)...
      ALICIA: **Sí, he ido a la biblioteca recientemente.**
        (*Usted apunta el nombre de Alicia.*)

Recientemente...

Nombres   [¡Ojo! * = *participio pasado irregular*]

_____ 1. *comer* una pizza

_____ 2. *beber* cerveza

_____ 3. *leer* una novela (¿Cuál?)

_____ 4. *ver** una película buena (¿Cuál?)

_____ 5. *ir* a un concierto de rock (¿Cuál?)

_____ 6. *sacar* una «A» en un examen

_____ 7. *escribir** un trabajo (¿Para qué clase?)

_____ 8. *decirle** una mentira (*lie*) a alguien

_____ 9. *viajar* fuera del país (¿Adónde?)

_____ 10. *limpiar* tu cuarto

_____ 11. *quejarte* de algo (¿De qué?)

_____ 12. *hacer** una llamada de larga distancia a alguien (¿A quién?)

_____ 13. *divertirte* mucho (¿Dónde?)

Ahora, según las firmas que tienen, díganle a la clase algo que un/a estudiante de la clase ha hecho. ¿Quién tiene el mayor número de firmas?

T. Aventuras interesantes. Escriba tres cosas interesantes que usted ha hecho recientemente—lugares adonde ha viajado/ido, cosas que ha visto, etc. Luego, en parejas, comparen sus aventuras. Finalmente, díganle a la clase la aventura más interesante de su compañero/a de clase.

Bien dicho ¡Ya no!

dejar de + *infinitive*	*to stop (doing something)*
demasiado	*too, too much* (adv.)
demasiado/a/os/as	*too much/too many* (adj.)

Comí **demasiado**. Comí **demasiados** tacos.

U. ¡Increíble! ¿Qué han dejado de hacer? Al volver de un viaje, usted descubre que muchas cosas han cambiado. Primero, diga lo que hacían las personas antes. Luego, indique lo que han dejado de hacer.

MODELO: **Antes el ogro comía demasiadas papas fritas.**
Ahora ha dejado de comerlas.

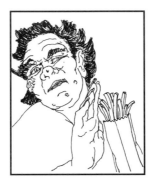

el ogro/papas fritas

Carmen/postres

Esteban/cerveza

El vagabundo/fumar

Y ahora, indique algo que usted **hacía** antes, pero que **ha dejado de hacer**.

MODELO: **Antes yo tomaba demasiado café, pero he dejado de tomarlo.**

4. *Describing what had happened:* **El pasado perfecto**

The past perfect is a past tense that describes an action that had already occurred prior to another event in the past.

The past perfect is formed with the imperfect tense of **haber** and the past participle of a verb. It corresponds to the English *had eaten, had spoken*, etc.

	*imperfect tense of **haber*** + *past participle*			
(yo)	**había**		*I had*	
(tú)	**habías**		*you had*	
(Ud., él, ella)	**había**	+ **llamado**	*you/he/she had*	+ *called*
(nosotros/as)	**habíamos**	+ **salido**	*we had*	+ *left*
(vosotros/as)	**habíais**		*you had*	
(Uds., ellos, ellas)	**habían**		*you/they had*	

Antes de salir, **había limpiado** el apartamento y **había hecho** las camas.

*Before leaving he **had cleaned** the apartment and **had made** the beds.*

As in the present perfect tense, direct object, indirect object, or reflexive pronouns are always placed *before* the conjugated form of **haber**.

Los niños ya **se habían duchado**.

*The children **had** already **taken a shower**.*

Práctica y comunicación

V. Antes de venir a esta universidad. En parejas, háganse las preguntas y contéstenlas para averiguar si lo siguiente ya **había ocurrido** o **no había ocurrido** antes de su llegada a esta universidad.

MODELO: Antes de venir a esta universidad, ¿habías tomado clases en otra universidad?
Sí, había tomado clases en otra universidad. o **No, no había tomado clases en otra universidad.**

Antes de venir a esta universidad...

1. ¿Habías tomado clases de lenguas? (¿Qué lenguas?) ¿Y clases de psicología? ¿Y clases de fotografía?
2. ¿Habías visitado el campus de esta universidad?
3. ¿Tienes compañero/a de cuarto? (¿Lo/La habías conocido antes de llegar a la universidad?)
4. ¿Habías conocido a algunos de los profesores?
5. ¿Habías aprendido a navegar por Internet?
6. ¿Habías vivido solo/a (separado/a de tu familia)?

W. ¡Los abuelos llegan! Antes de la llegada de los abuelos, ¿qué habían hecho los miembros de la familia? En grupos de tres, completen las oraciones con tantas actividades como sea posible. Tienen cuatro minutos.

Cuando llegaron mis abuelos...

1. Mi madre ya había...
2. Mi padre...
3. Mis hermanos/as...
4. Yo...

¿Qué grupo tiene el mayor número de actividades? Léanlas a la clase.

USTED NECESITA APRENDER OTRO IDIOMA
para mejorar sus notas escolares,
para ser más eficiente en su trabajo
o para comprender a gente de otros países.

CENTRO DE IDIOMAS SOLANO

Cursos de verano: inglés, francés, alemán.
Horarios flexibles: mañana, tarde, noche.
Salas con aire acondicionado.
Pague la matrícula en cuotas semanales.

Llámenos al 255 61 81 en San José.

¿Habías tomado clases de lenguas antes de venir a esta universidad? ¿Qué lenguas?

Study Hints
See what you have learned!
Turn to pp. 338–339 to review
the active vocabulary and
take the self-test for this
chapter.

Dicho y hecho

Conversando

Cinco conversaciones

Conversen en parejas por tres minutos acerca de los siguientes temas.
Cambien de pareja con cada tema. Hablen de:

- lo que les gusta y no les gusta de la rutina diaria en la universidad
- la vida universitaria comparada con la vida en la escuela secundaria
- sus pasatiempos favoritos/actividades favoritas en la universidad y las cosas interesantes que han hecho durante el semestre
- los grupos o las organizaciones en las cuales ustedes participan
- las ventajas y desventajas de tener «fraternidades» o «sororidades»

¡A escuchar!

¿Hubo un huracán?

Hace mucho tiempo que suena el teléfono en la habitación de Esteban; por
fin lo contesta. Su amigo Manuel lo llama. Escuche la conversación. Luego,
conteste las tres primeras preguntas.

1. ¿Qué hacía Esteban cuando el teléfono sonó? _____ estudiaba _____ dormía
2. ¿Se canceló el examen de sociología? _____ sí _____ no
3. ¿Esteban había estudiado mucho para el examen? _____ sí _____ no

Ahora, escuche la conversación otra vez y conteste las preguntas (del nº 4 al 7).

4. ¿A qué hora se acostó Esteban? **A las...**
5. ¿A qué hora llamó Manuel?...
6. ¿Qué causó la inundación (*flooding*) de los edificios?...
7. ¿Qué pasa en la universidad como resultado del huracán?...

De mi escritorio

¡Llegan en cinco minutos!

En parejas, escriban un diálogo entre dos amigos/as que viven en un
apartamento pequeño que tiene sólo un baño. Ustedes son los amigos/as.
Sus novios/as vienen de visita en 45 minutos y ustedes han hecho muy poco
para prepararse para la visita. Incluyan:

- las cosas que ya han hecho para prepararse para la visita
- lo que tienen que/deben hacer y quién va a hacerlo
- quién va a bañarse primero,...

MODELO: AMIGO 1: **¡Ay de mí! ¡... y ... llegan en 45 minutos!**

AMIGO 2: ...

España—un mosaico de culturas

[www.wiley.com/college/dicho/panorama]

1500 a.C.	500 a.C.	1 d.C.	500 d.C.	1000

1100 a.C.

218 a.C.

507 d.C.

711

Los primeros habitantes de la Península Ibérica pertenecieron a tribus iberas y celtas.

Llegaron los fenicios, los griegos y los cartagineses.

Llegaron los romanos y rápidamente conquistaron la península.

Los visigodos, de origen germánico, invadieron la Península Ibérica.

Los árabes del norte de África invadieron la Península Ibérica.

Escultura prerromana: La Dama de Elche.

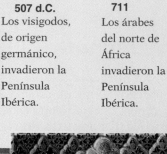

¡Oh, Roma! ¿En qué año llegaron los romanos? Conquistaron la península rápidamente y establecieron allí su forma de gobierno y sus leyes. Entre las contribuciones más importantes de los romanos está su lengua, el latín, que dio origen al español. Además, los romanos dejaron muchas obras de ingeniería y arquitectura, como acueductos y carreteras y, finalmente, introdujeron el cristianismo. En su opinión, ¿cuántos años hace que se construyó el acueducto romano de la foto? Las Ferrenas, España.

¡SOL, SOL, SOL!
Carlos I de España dijo: «En mis tierras nunca se pone (*sets*) el sol». ¿Por qué cree usted que dijo esto el rey? ¿Qué significa su famosa frase?

La España árabe Los árabes (moros) establecieron prósperas ciudades en la península y sobresalieron[1] por sus conocimientos en ciencias, filosofía, arte, literatura y agricultura. Hoy España conserva bellas muestras[2] de su arquitectura, como el palacio de la Alhambra en Granada. Considere la foto de una vista interior del palacio. ¿Son los diseños geométricos, o ve usted figuras de plantas o animales?

---
[1]*stood out* [2]*samples*

Un mosaico de culturas

Muchas palabras del español son de culturas extranjeras[3] y antiguas. Por ejemplo, ¿sabe usted que la palabra *cerveza* es de los celtas y la palabra *azul* viene del árabe? El español refleja cada episodio importante de la historia de la península. Examine la cronología. ¿Puede usted nombrar[4] las civilizaciones o culturas que se establecieron en la Península Ibérica antes de 1492? ¿Cuántas hay? ¿Puede usted identificar dos períodos de gran expansión en la historia de España?

¡¿HABLAMOS ÁRABE?!
¿Sabe usted que aproximadamente 4.000 palabras del español vienen del árabe? Muchas palabras que comienzan con **al** son de origen árabe, como **álgebra, alcalde** (*mayor*), **almanaque** (*almanac*), **almendra** (*almond*) y otras palabras como **naranja** y **albaricoque** (*apricot*).

100	1300	1500	1700	1900

1492
Los reyes Fernando e Isabel conquistaron el último reino moro poniendo fin a la Reconquista de España. España comenzó la exploración del Nuevo Mundo.

1519
El gran imperio español prosperó bajo el reino de Carlos I con posesiones en Europa, el mar Mediterráneo, África, las Filipinas y América.

1808
El emperador Napoleón I invadió la Península Ibérica.

1898
Espana pierde sus últimas colonias en Asia y América—las Filipinas, Cuba y Puerto Rico.

La Reconquista Durante el período de dominio árabe (aproximadamente ocho siglos), los reinos[5] cristianos del norte, como Castilla, Navarra y Aragón, comenzaron a expulsar a los árabes hacia el sur y reconquistaron los territorios. El Cid —héroe español por excelencia— ayudó a recobrar tierras árabes para el rey[6] de Castilla. Como el reino de Castilla era el más poderoso[7] durante la Reconquista, hoy hablamos español (castellano) y no aragonés ni otra lengua del norte de la península. Describa la estatua del Cid que se encuentra en Burgos, España. (Palabras útiles: **la espada** = *sword*; **la capa** = *cape*)

La unificación y la era de la exploración La España cristiana se unificó con el matrimonio de los reyes católicos Isabel de Castilla y Fernando de Aragón. En 1492 los Reyes Católicos conquistaron el último reino moro (Granada) poniendo fin al dominio árabe en España. En ese año España también comenzó la exploración del Nuevo Mundo financiando el viaje de Cristóbal Colón. Vea el dibujo. ¿Puede usted identificar a Colón? ¿Y a Fernando e Isabel?

UN DEMONIO ADENTRO
Un indio de Cuba le dio un cigarro a un español, Rodrigo de Xerez. Como en Europa no se conocía el tabaco, cuando vieron en España a este señor echando humo (*blowing smoke*) por la boca, la Inquisición lo condenó a varios años de cárcel (*jail*) «por estar endemoniado».

[3]*foreign* [4]*name* [5]*kingdoms* [6]*king* [7]*powerful*

| 1920 | 1940 | 1960 | 1980 | 2000 |

1936–39
La Guerra
Civil
española.

1939–75
La dictadura
de Francisco
Franco.

1978
Establecimiento
de la monarquía;
elecciones libres.

1986
Proceso de
entrada a la
Comunidad
Europea.

©*Art Resource, NYC./Artists Rights Society (ARS), New York.*

La Guerra Civil y el gobierno de Franco El evento más importante de la primera mitad[8] del siglo XX en España fue la Guerra Civil. La guerra entre los nacionalistas (conservadores) y los republicanos (liberales) comenzó en 1936 y terminó en 1939 cuando el general Francisco Franco venció[9] a los republicanos. Franco pronto se convirtió en dictador de España. Su dictadura militar duró hasta su muerte en 1975. La censura y la represión caracterizaron este período y obligaron a muchos intelectuales y artistas a dejar el país. *Guernica*, de Pablo Picasso (1937) refleja los horrores de la Guerra Civil. ¿Qué colores predominan en el cuadro? ¿Y qué símbolos?

¡Qué familia!
Juan Carlos, doña Sofía, don Felipe (sucesor a la corona), doña Cristina, doña Elena y el nieto Felipe forman esta admirada familia. Padres e hijos hablan varias lenguas.

[8]*half* [9]*defeated*

Democracia y progreso Cuando murió Franco, España se convirtió en una monarquía constitucional. El joven rey, Juan Carlos de Borbón, tomó posesión del gobierno y ayudó a legalizar los partidos políticos y a establecer la democracia y la libertad de expresión en la nación española. Hoy España es un ejemplo de tolerancia, democracia y progreso. Considere la foto de Felipe (el hijo mayor), Sofía (la reina) y Juan Carlos. ¿Le gusta a usted la idea de vivir bajo un rey a una reina? ¿Por qué?

¿Qué descubrimos?

Determine el orden cronológico de los siguientes eventos de la historia de España. ¿Qué pasó primero? ¿Y después?

_____ a. Comienza la construcción del palacio de la Alhambra.

_____ b. España tiene posesiones en Europa, África, Filipinas y América.

_____ c. España financia los viajes de exploración de Colón.

_____ d. Hay una guerra civil en España.

_____ e. Los habitantes de la península comienzan a hablar latín.

_____ f. Se legalizan los partidos políticos y se establece la democracia.

Ahora, ¿qué civilización o personaje(s) se relacionan con cada uno de los eventos?

ENCUENTRO CULTURAL
Artes pictóricas: Goya, un clásico español

Francisco José de Goya y Lucientes (1746–1828) comenzó su carrera como director asistente de la academia de pintura en Madrid en 1785 y alcanzó[1] su más alta ambición cuando fue nombrado pintor exclusivo de la corte de Carlos I en 1799. Poco después, una seria enfermedad lo dejó completamente sordo[2]. Se dedicó por mucho tiempo a pintar a la familia real y a los miembros de la alta sociedad, pero su obra también incluye pinturas y grabados[3] que critican a la sociedad de su tiempo y denuncian los horrores de la invasión francesa en España. Examine las tres obras.

_____
[1]*achieved* [2]*deaf* [3]*engravings*

«Los fusilamientos del 2 de mayo» de Francisco de Goya.
©*Art Resource, NYC.*

«El quitasol» de Francisco de Goya, 1777.
©*Museo del Prado, Madrid.*

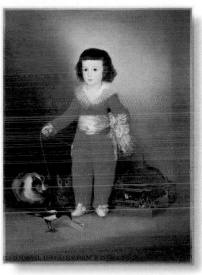

Goya y Lucientes, *Francisco de Don Manuel Osorio Manrique de Zuñiga* (1784-1792). Oil on canvas (127 x 101.6cm). Photograph 1994 The Metropolitan Museum of Art. ©*The Metropolitan Museum of Art, The Jules Bache Collection, 1949.*

Preguntas

1. ¿Puede usted establecer una relación entre el tema de cada pintura y sus colores predominantes?
2. ¿Qué contrastes ve usted en «Los fusilamientos del 2 de mayo»? (Palabres útiles: los **soldados**, la **víctima**)
3. Observe el retrato de Don Manuel. ¿Qué información sobre la vida diaria de un niño privilegiado puede usted encontrar?
4. ¿Cuál de estas tres pinturas le llama más la atención? ¿Por qué?

Sustantivos

La vida diaria

el cepillo
  el cepillo de dientes
el champú
la crema de afeitar
el desodorante
el despertador
el maquillaje
la máquina de afeitar
la navaja
el papel higiénico
la pasta de dientes
el peine
el ruido
el secador de pelo
las tijeras

Las llamadas telefónicas

el código de área
el contestador automático
la guía telefónica
la línea (está ocupada)
la llamada
  a cobro revertido
  de larga distancia
el mensaje
el operador
la operadora
la tarjeta telefónica
el teléfono celular/móvil

Verbos y expresiones verbales

Verbos reflexivos

aburrirse
acostarse (ue)
afeitarse
bañarse
cansarse
cepillarse
  cepillarse los dientes/el pelo
cortarse
despedirse (i, i) (de)
despertarse (ie)
divertirse (ie, i)
dormirse (ue, u)
ducharse
enfermarse
enojarse
irse
lavarse
levantarse
maquillarse
peinarse
ponerse
preocuparse (por)
quedarse
quejarse (de)
quitarse
reírse (i, i) (de)
secarse
sentarse (ie)
vestirse (i, i)

Otro verbo

haber

Expresiones verbales

acabar de + *infinitivo*
dejar de + *infinitivo*
dejar un mensaje
estar de pie
sentirse (ie, i) bien/mal
tener sueño

Adjetivos

demasiado/a
demasiados/as
sentado/a

Adverbios

constantemente
desafortunadamente
fácilmente
frecuentemente
generalmente
inmediatamente
lentamente
normalmente
personalmente
posiblemente
probablemente
rápidamente
recientemente
demasiado

I. Pronombres y verbos reflexivos

A. Son las ocho de la mañana en la residencia estudiantil. Indique las actividades de las personas.

MODELO: Linda/levantarse
Linda se levanta.

1. mi compañero/a de cuarto/despertarse
2. yo/levantarse
3. tú/bañarse
4. Elena/vestirse
5. nosotros/ponerse suéteres porque hace frío
6. Ana y Susana/irse a clase

B. Ahora son las ocho y media de la mañana. Indique las actividades que acaban de hacer estas personas.

MODELO: yo/levantarse
Acabo de levantarme. o **Me acabo de levantar.**

1. yo/ducharse
2. Felipe/peinarse
3. tú/lavarse la cara
4. nosotros/afeitarse
5. ellos/cepillarse los dientes

II. Los adverbios. ¿Cómo lo hace? Exprese la idea de otra manera, usando el adverbio apropiado.

MODELO: No camina muy rápido. Camina...
lentamente.

1. Llama a sus abuelos con mucha frecuencia. Los llama...
2. Habla español con facilidad. Lo habla...
3. Acaba de llegar. Llegó...
4. Mi amiga me responde por correo electrónico sin esperar. Me responde...

III. El presente perfecto. Ustedes están de vacaciones en Costa Rica. Hablan con sus amigos y les cuentan lo que han hecho.

MODELO: yo/caminar por la ciudad de San José
He caminado por la ciudad de San José.

1. nosotros/visitar los volcanes
2. tú/sacar fotos de los pájaros
3. Inés/ir al mercado público
4. ustedes/comprar muchas flores
5. mis amigos/escribir muchas tarjetas postales
6. usted/viajar por la costa del mar Caribe
7. tú/ver el bosque de nubes de Monteverde
8. yo/hacer muchas cosas interesantes
9. yo/divertirse mucho

IV. El pasado perfecto. Una noche, hubo una tormenta muy grande. Afortunadamente, habíamos hecho muchas cosas antes del apagón (blackout). ¿Qué **habíamos hecho**?

MODELO: nosotros/terminar nuestro proyecto
Habíamos terminado nuestro proyecto.

1. yo/apagar la computadora
2. tú/imprimir tu trabajo escrito
3. mi compañero/a de cuarto/cerrar las ventanas
4. nosotros/hacer la tarea para la clase de español
5. Linda y Teresa/leer la novela para la clase de inglés

V. Repaso general del Capítulo 10. Conteste con oraciones completas.

1. ¿Qué hace usted normalmente por la noche antes de acostarse?
2. ¿Qué hizo su compañero/a de cuarto o su amigo/a al levantarse?
3. ¿Qué ha hecho usted hoy?
4. Usted y sus amigos, ¿se han divertido mucho recientemente? ¿Qué han hecho?
5. ¿Qué cosas interesantes había hecho usted antes de su graduación de la escuela secundaria?

Answers to the **Autoprueba y repaso** are found in **Apéndice 2**.

CAPÍTULO 11

Las relaciones personales son muy importantes, ¿verdad?

Las amistades y el amor

Goals for communication

- To talk about human relationships and the stages of life
- To express wishes and requests related to other people's actions
- To express emotional reactions and feelings about other people's actions
- To give orders and advice to friends and family

Cultural focus

- Making friends and keeping them: Visiting in Hispanic societies
- Colombia and Venezuela

Structures

1. Los verbos reflexivos para indicar una acción recíproca
2. El subjuntivo: Introducción
3. El subjuntivo con expresiones de influencia
4. El subjuntivo con expresiones de emoción
5. Los mandatos de **tú** afirmativos y negativos

¡Bien dicho!

Las amistades y el amor

1. la amistad
2. llevarse bien

3. reunirse (con)

Marlena · Javier · Rub
Esteban

Pepita · Natalia

LA AMENAZA DEL FANTASMA

5. salir (con)
6. la cita

Inés

Octavio

4. encontrarse (ue) (con)

Carmen

Alfonso

13. los jóvenes

12. los niños

7. llorar
8. pensar (ie)

9. extrañar

Camila

10. la vida
11. nacer

1. friendship   2. to get along well (**llevarse mal** = *to get along badly*)   3. to meet, get together   4. to meet up (with) (by chance)   5. to go out (with), date   6. date, appointment   7. to cry   8. to think about (someone or something)   9. to miss   10. life   11. to be born   12. children   13. young people

17. el amor
18. enamorarse (de)
19. estar enamorado/a (de)

Linda
Manuel

16. la muerte

20. comprometerse (con)
21. estar comprometido/a

14. los adultos

15. los ancianos

30. estar embarazada
31. dar a luz

profesor Marín-Vivar

Nancy

22. la boda
23. casarse (con)
24. estar casado/a (con)

Les declaro marido y mujer.

27. ¡Felicitaciones!

25. el marido

profesora Falcón

Juan

26. la pareja

28. los recién casados
29. la luna de miel

14. adults 15. elderly (n.) 16. death 17. love 18. to fall in love (with) 19. to be in love (with) 20. to get engaged (to) 21. to be engaged 22. wedding 23. to get married (to) 24. to be married to 25. husband 26. couple, husband and wife, partner 27. congratulations 28. newlyweds 29. honeymoon 30. to be pregnant 31. to give birth

343

Práctica y comunicación

A. La vida, las amistades y el amor. Conteste las preguntas o complete las oraciones según los dibujos en las páginas 342–343.

1. Hace mucho tiempo que Pepita y Natalia son amigas. ¿Se llevan bien o mal?

2. ¿Con qué amigos y amigas se reúne Javier? ¿Qué están haciendo?

3. Carmen está caminando por el parque. ¿Con quién se encuentra? ¿Alfonso se despide de ella o la saluda?

4. Esta noche Octavio tiene una cita. ¿Con quién sale? ¿Adónde van?

5. ¿Camila piensa mucho en su ex-novio? ¿Lo extraña? Al mirar la foto de él, ¿cómo reacciona ella?

6. La primera vez que Manuel salió con Linda, se enamoró de ella. Es muy obvio que los dos están...

7. Un año más tarde, se comprometieron. Ahora,...

8. La profesora Falcón y Juan hacen buena pareja. Decidieron casarse. Es el día de su... ¿Qué dice el cura (*priest*)? ¿Están casados ya o están por casarse (*are they about to be married*)?

9. El viaje que hacen los recién casados es su... ¿Juan y la profesora van a las montañas o al mar? ¿Qué les dice el portero (*doorman*) del hotel?

10. ¿En qué condición está Nancy? ¿Para qué va al hospital?

11. ¿Cuáles son las etapas (*stages*) importantes de la vida? Primero, nosotros... y pasamos por la infancia. Luego, llegamos a ser (*we become*)..., y después adolescentes, y después... Cuando tenemos 20, 30 o 40 años y más, somos... Cuando llegamos a los 70, 80 o 90 años y más, ya somos... La etapa final es...

B. Un sondeo (*A poll*). Levante la mano para indicar qué categorías le corresponden a usted en este momento. ¿Cuántas personas hay en cada categoría?

¿Quiénes...

1. ...salen con «alguien especial»?

2. ...están enamorados/as?

3. ...están comprometidos/as?

4. ...están casados/as?[1]

5. ...tienen hijos?

6. ...quieren tener muchos hijos?

7. ...piensan casarse en unos 5 años?

8. ...prefieren ser solteros/as (*single*)?

---

[1] The status **casado/a**, though commonly used with **estar**, may also be used with **ser** in the present tense. The fluctuation depends upon personal perceptions, for example, emphasis on *married* as part of the person's identity = **ser**.

C. Preguntas personales. En parejas, háganse las preguntas y contéstenlas.

1. ¿En qué piensas cuando estás completamente solo/a? **Pienso en...** ¿Con frecuencia piensas en tus amigos de la escuela secundaria?
2. Aquí en la universidad, ¿dónde te reúnes[2] con tus amigos los sábados por la noche?
3. ¿Siempre te llevas bien con todos/as tus amigos/as? ¿Te llevas bien o mal con tu compañero/a de cuarto o compañero/a de apartamento?
4. ¿Con quién o con quiénes te encuentras cuando vas al centro estudiantil?
5. ¿Sales con alguien ahora? (¿Cuánto tiempo hace que lo/la conoces?) (¿Estás enamorado/a de él/ella?) (¿Lo/La extrañas cuando no estás con él/ella?)
6. En la escuela secundaria, ¿estabas enamorado/a de alguien? (¿De quién?)
7. ¿Tienes amigos que están comprometidos?
8. ¿Piensas comprometerte dentro de un año? ¿Dos años? ¿Cinco años?
9. En tu opinión, ¿cuál es la edad ideal para casarse?
10. En tu opinión, ¿es buena o mala idea casarse inmediatamente después de graduarse? ¿Por qué sí o no?
11. ¿Piensas casarte? (¿Sabes adónde quieres ir para tu luna de miel?)

Bien dicho Las amistades y el amor

el **amor a primera vista**	*love at first sight*
mi **media naranja**	*my better/other half*
soltero/a	*single*
viudo/a	*widower/widow*
cariñoso/a	*affectionate*
comprensivo/a	*understanding*
sincero/a	*honest, sincere*
juntos/as	*together*
ambos(as)/los (las) dos	*both*
romper (con)	*to break up (with)*
separarse (de)	*to separate (from)*
divorciarse	*to get divorced*
estar divorciado/a	*to be divorced*
acordarse de (ue)/recordar (ue)	*to remember*
olvidarse de/olvidar	*to forget*
comunicarse	*to communicate*
creer	*to think, believe*
cuidar	*to take care of, care for*
tener celos	*to be jealous*
estar listo/a	*to be ready*

---

[2]The verb **reunirse** is conjugated as follows in the present tense. Note the accent: **me reúno, te reúnes, se reúne, nos reunimos, os reunís, se reúnen.**

- Remember that **pensar en** means to think about something or someone.

    Con frecuencia **pienso en** mi familia.

- When seeking someone's opinion, use **pensar** + **de**.

    ¿Qué **piensas del** nuevo presidente?

- When responding to an opinion question, use **pensar** + **que** or **creer** + **que**.

    Pienso/Creo que es un hombre sincero.

Práctica y comunicación

D. Declaraciones. Combine las declaraciones de las personas (del n.º 1 al 9) con las descripciones o situaciones en el cuadro.

1. «Te amo con todo mi corazón.»
2. «Quiero verte. Hace mucho tiempo que no te veo.»
3. «¡Hola, Paco! ¡No sabía que eras miembro de este gimnasio!»
4. «¡Mi novio/a bailó con otro/a chico/a en la fiesta!»
5. «Lo siento mucho, pero amo a otro/a. Ya no puedo salir contigo.»
6. «Me gustan los abrazos.»
7. «Lo/La vi y en ese momento supe que era la persona perfecta para mí.»
8. «¡Ay! Lo siento. Estaba tan ocupado/a que ni pensé en la fecha.»
9. «Mira al bebito. ¡Qué precioso es!»

a. Es muy cariñoso/a.
b. Tiene celos.
c. Extraña a su novio/a.
d. Rompió con su novio/a.
e. Se encontró con su amigo/a.
f. Está enamorado/a.
g. ¡Dio a luz ayer!
h. Se olvidó del cumpleaños de su amigo/a.
i. Fue amor a primera vista.

E. Nuestras vidas personales. En grupos de tres o cuatro estudiantes, hagan un sondeo informal para ver cuántas personas del grupo responden afirmativamente a cada pregunta. Un/a secretario/a apunta los números e información interesante acerca del grupo.

1. ¿Quiénes creen en el amor a primera vista? ¿Por qué sí o por qué no?
2. ¿Quiénes buscan su media naranja? ¿Quiénes han encontrado a su media naranja?
3. ¿Quiénes han roto con alguien recientemente?
4. ¿Quiénes piensan que los novios deben vivir juntos antes de casarse? ¿Por qué sí o por qué no?
5. ¿Quiénes están listos/as para casarse? ¿Por qué sí o por qué no?
6. ¿A quiénes les gusta cuidar a los niños? ¿Quiénes están listos para tener hijos?
7. ¿Quiénes prefieren ser solteros en el futuro? ¿Por qué?
8. ¿Quiénes se acuerdan siempre de los cumpleaños de sus novios/as, amigos/as y padres?

Con

Fin d

Natalia
Natalia

RUBÉN
NATALIA
RUBÉN
NATALIA

RUBÉN

NATALIA:

RUBÉN:
NATALIA:
RUBÉN:

NATALIA:
RUBÉN:

NATALIA:
RUBÉN:

NATALIA:

¿Qué h

1. ¿Por
2. ¿Ha
3. ¿Qu
4. ¿Qu
5. ¿Por
6. ¿Cuá

«El

«No

«El
los d

¿Cuál es s

Las amista

F. Anuncios personales. En parejas, lean los siguientes anuncios personales. ¿Cuál, en su opinión, es el más interesante de los tres en la categoría **ellas**? ¿Por qué? ¿Y en la categoría **ellos**? ¿Por qué?

ELLAS

María Fernández. Viuda, 50 años, con mucha personalidad e independencia: toda una «señora Cosmo». Me encanta viajar y lo hago a menudo a Miami. Leo buenos libros y soy muy cariñosa. Cocino de maravilla y me encanta el mar. Busco un señor para pasar un buen rato, ir al teatro o a alguna isla del Caribe. Eso sí: ¡no me quiero casar! Dirección: Aptdo. Postal 777, Tegucigalpa, Honduras.

Angélica Gonzalo. Soltera, 20 años, secretaria. Busco un príncipe de buen carácter, divertido y comprensivo. Dirección: Aptos. De Fermán, Apto. C, 125 ms. Oeste Catedral, San José de Costa Rica.

Genovesa Vásquez. Maestra, casada, 33 años. Soy sagitaria, amistosa, alegre, expresiva, atractiva, hermosa, inteligente. Estoy atrapada en un matrimonio sin amor, me niegan el divorcio, me siento prisionera y necesito amor y amistad. ¡Busco un caballero valiente que me libere de esta cárcel! Dirección: 18 Av. A, 119, Zona 1, Guatemala, Guatemala.

ELLOS

Arturo Flores. Divorciado, 40 años, administrador de planta y estudiante de artes plásticas. Soy un hombre solitario, nacido en Perú y ciudadano de EEUU. Signo Leo, romántico y deportista. Serio, responsable, católico. No bebo ni fumo. Deseo tener amistades. Enviar foto. Dirección: 375 Forest Ave., Des Plaines, Illinois, EEUU.

Roberto R. Mendoza. Soltero, 33 años, dibujante comercial. Ardiente, apasionado, romántico. Dirección: San Antonio, Barrio Sta. María, Calle Atlántida No. 1180, San Salvador, El Salvador.

Ricardo A. L. Soltero, 29 años, inspector de control de calidad. Me gustaría que me escribieran chicas de 20 a 26 años con fines matrimoniales. Soy responsable, sincero, sin vicios, delgado, simpático, alegre. Si tú eres mi pareja, escríbeme. Dirección: Cerrado del Condor, 175 Bis., Sta. Cruz, Acayucán, México, D.F.

Un paso más: Ahora, escriba su propio anuncio personal. Incluya una descripción de sí mismo/a (años, personalidad, etc.) y las características que busca en otra persona. Refiérase al vocabulario *Bien dicho* en la pagina 345.

Las amistades y el amor

trescientos cuarenta y siete **347**

3. Expressing wishes and requests related to other people's actions: El subjuntivo con expresiones de influencia

You have learned how to express what you want or prefer to do by using **Quiero/Prefiero** + *infinitive.*

Quiero ir a la fiesta.	*I want to go to the party.*

However, when you want to express a desire, preference, recommendation, request, or suggestion that *someone else* does something, use **Quiero/Prefiero** + **que** + *subjunctive form.*

Quiero que **vayas** a la fiesta.	*I want you to go to the party.*

Notice that the verb in the main clause (**Quiero/Prefiero...**) is in the indicative; the verb in the secondary clause, which expresses what the speaker wishes (**que vayas.../que salgamos...**), is in the subjunctive. There are *two* subjects in each sentence: the person influencing and the person influenced. If there is no change in the subject, the subjunctive is not used. (**Quiero ir.** vs. **Quiero que vayas.**)

SUBJECT #1		SUBJECT #2
expression of wish to influence *indicative*	+ **que** +	action influenced *subjunctive*

Verbs that express the wish to influence include:

querer (ie)	*to want*	**Quiero** que me **ayudes.**
preferir (ie, i)	*to prefer*	**Prefieren** que **salgamos** ahora.
insistir (en)	*to insist (on)*	**Insisten** en que **lleguemos** a tiempo.
recomendar (ie)	*to recommend*	Te **recomiendo** que lo **llames.**
sugerir (ie, i)	*to suggest*	Te **sugiero** que lo **invites** a la fiesta.
pedir (i, i)	*to request*	Le **pedimos** que **traiga** pan.
decir (i)	*to say*	Te **digo** que no **esperes** más.

- The verbs **recomendar**, **sugerir**, **pedir**, and **decir** are commonly used with indirect object pronouns (**me, te, le, nos, os, les**), as one recommends, suggests, etc. something *to someone*. Study the examples at the bottom of page 354.

- When you specify to whom you are recommending something, place the noun or pronoun between the verb and before the **que**.

    Le **recomiendo a mi amiga Susana que** no lo haga.

Práctica y comunicación

L. Mi media naranja. En este momento usted no tiene vida romántica y por eso decide ir a la agencia Media Naranja para encontrar la persona de sus sueños. Complete el formulario:

Nombre: _____

Edad: _____

Soltero/a _____   *Divorciado/a* _____

Fuma. _____   *No fuma.* _____

Intereses y pasatiempos principales _____

_____

Complete las siguientes frases:
Prefiero que mi media naranja...

    sea...   *(mayor/menor/de la misma edad que yo)*

    sea...   *(más alto(a)/más bajo(a)/de la misma altura*
                             que yo)

    sea..., ..., ...

    viva en...

    tenga...

    pueda...

    quiera...

Y prefiero que a él/ella le guste(n)..., ..., ...

Después de completar el formulario, hable con un/a empleado/a de la agencia. Dígale sus preferencias. A ver si él/ella conoce a alguien que sea perfecto/a para usted. Trabajen en parejas. Luego, cambien de papel (*change roles*).

M. La influencia de mamá. Las madres siempre tienen mucha influencia en la vida de los hijos. Indique lo que tiene que hacer Juanito (y el perro) según los deseos de la madre.

MODELO: **La madre quiere que se acueste.**

1. La madre quiere que...

2. La madre quiere que...

3. La madre le pide que...

4. La madre le pide que...

5. La madre le sugiere que...

6. La madre insiste en que...

7. La madre le dice al perro que...

N. Prevenir el cáncer. La Liga Costarricense Contra el Cáncer nos da varias instrucciones para ayudar a prevenir el cáncer.

MÁS VALE...

Mantenga un comportamiento sexual sano y una adecuada higiene.

Evite un exceso de peso y coma frecuentemente fruta, cereales y legumbres.

No consuma tabaco y respete al no fumador.

Modere su consumo de bebidas alcohólicas.

Consulte al médico en caso de: Aparición de un bulto, llaga o herida que no cicatriza y cambio de color de un lunar o verruga.

Más del 75% de los diferentes tipos de CÁNCER son potencialmente evitables si nos alejamos de sus agentes causantes.

Protéjase durante la exposición al sol.

PREVENIR
QUE LAMENTAR...

1. ¿Qué recomienda la Liga que hagamos o no hagamos para prevenir el cáncer? **Recomienda que mantengamos...**
2. En parejas, decidan cuáles de las recomendaciones son más importantes para ustedes.

Ñ. Las preferencias de sus personas favoritas. ¿Quién tiene mucha influencia en su vida? Indique las preferencias de sus amigos/as, compañeros/as de cuarto y/o familia. Escriba tres o cuatro oraciones completas combinando los elementos de las columnas A y B. Las oraciones pueden ser *afirmativas* o *negativas*.

MODELO: **Mi mejor amigo/a me sugiere que no me corte el pelo.**

	A	B
Mi mejor amigo/a...	preferir insistir en	usar su tarjeta de crédito fumar
Mi compañero/a de cuarto...	recomendarme sugerirme	bajar la música de mi estéreo cortarme el pelo
Mi padre...	pedirme	limpiar mi cuarto
Mi madre...	querer decirme	sacar buenas notas escribirle/llamarlo(la)...

Un paso más: Hable con un/a compañero/a de clase acerca de las personas que tienen mucha influencia en su vida. ¿Qué más quieren/le recomiendan que usted haga o no haga?

O. ¿Qué desean estas personas? Indiquen los deseos de las siguientes personas. En grupos de cuatro, completen cada oración con varias actividades. Un/a secretario/a escribe las oraciones y al concluir puede compartirlas con la clase.

1. La profesora/El profesor de español nos recomienda que...

2. Quiero que mis amigos...

3. Le sugerimos a la profesora/al profesor que...

4. Mi compañero/a de cuarto insiste en que yo...

5. Prefiero que mi novio/a...

6. Les pido a mis hermanos/as menores que...

Noticias culturales

LAS VISITAS

En el mundo hispano, las visitas son indispensables para el cultivo de la amistad: son una manera evidente y expresiva de mostrar a nuestros amigos que disfrutamos de° conocerlos y de estar con ellos. *enjoy*
Por esta razón, en la sociedad hispana las visitas tienen gran importancia como actos que expresan cariño y consideración, y su omisión es una grave falta social. Existen muchos tipos de visitas. Por ejemplo:

En las *visitas de presentación* conocemos a otras personas y entablamos° amistad con ellas. Generalmente, las *visitas de* *we strike up* *felicitación* se hacen cada vez que ocurre algún evento feliz en la vida de un amigo: un cumpleaños, el nacimiento de un hijo, un nuevo empleo, un ascenso° o la feliz llegada de un viaje. *promotion*

Las *visitas de sentimiento* muestran que tomamos parte en el sufrimiento causado por una enfermedad o un evento desagradable. Las *visitas de duelo* se hacen en los dos primeros días después de la muerte de una persona. Las *visitas de pésame* toman lugar después del entierro° de la persona muerta. *burial*

Antes de salir de viaje por un período de tiempo prolongado es aconsejable° hacer *visitas de despedida*. También es necesario hacer *advisable* *visitas de agradecimiento* a las personas que nos han hecho servicios de alguna importancia.
Cualquier otra visita sin motivo especial y sólo por el placer de ver a un/a amigo/a y disfrutar de su compañía es una *visita de amistad*.

¿Disfrutan estas personas de esta visita de amistad? ¿Qué hacen? Cali, Colombia.

¿Qué hay de nuevo?

¿Puede usted asociar los siguientes eventos con el tipo de visita que les corresponde?

felicitación, sentimiento, pésame, despedida, amistad

1. Usted visita a José en el hospital después de un accidente de motocicleta.
2. El abuelo de Sandra se murió la semana pasada; usted pasa a visitarla.
3. Cándida y Manuel la/lo visitan el día de su cumpleaños.
4. Karina pasa por su casa para tomar un café y conversar con usted.
5. Ana la/lo visita para decirle que se va a estudiar a Chile por un semestre.

Conexiones y contrastes

1. ¿Qué tipos de visita hace usted con más frecuencia?
2. ¿Cree usted que las visitas son importantes en la cultura moderna de su país? Explique.
3. ¿Cree usted que las visitas eran más importantes en la época de sus abuelos? Explique.

CAPÍTULO 12

Los aviones nos abren la puerta a aventuras por
todo el mundo. ¿Sabe usted hacer *surf*? Lago y
volcán Villarrica, Chile.

De viaje: En el avión y en el hotel

Goals for communication

- To carry out simple travel transactions
- To perform simple transactions at a hotel
- To give orders and instructions
- To express doubt, uncertainty, and disbelief
- To state recommendations, emotional reactions, and doubts through impersonal expressions
- To react to recent events

Cultural focus

- Hispanic airlines
- Perú, Ecuador, and Bolivia

Structures

1. Los mandatos de **usted** y **ustedes**
2. El subjuntivo con expresiones de duda e incredulidad
3. El subjuntivo con expresiones impersonales
4. El presente perfecto del subjuntivo

¡Bien dicho!

De viaje: En el avión y en el hotel

AeroSA — 1. la línea aérea

3. VUELO	4. SALIDA	5. LLEGADA
#515 Lima	8:30	11:20

2. el horario

6. el boleto, el billete (Esp.)

11. despegar

13. la puerta — ①

14. la tarjeta de embarque

12. aterrizar

10. el avión

7. facturar

8. el equipaje

9. la maleta

16. el asiento

15. la sala de espera

23. el piloto

17. la pasajera

22. el auxiliar de vuelo

19. el pasajero

18. el maletín

20. tener prisa

21. la azafata

AeroSA

1. airline   2. schedule   3. flight   4. departure   5. arrival   6. ticket   7. to check (baggage)   8. luggage
9. suitcase   10. airplane   11. to take off   12. to land   13. gate   14. boarding pass   15. waiting room   16. seat
17. passenger, *f.*   18. briefcase, carry-on bag   19. passenger, *m.*   20. to be in a hurry   21. flight attendant, *f.*
22. flight attendant, *m.*   23. pilot (la **pilota**, *f.*)

24. customs   25. baggage claim   26. hotel   27. airport   28. welcome   29. plant   30. main floor   31. elevator
32. laptop/personal computer   33. bellboy   34. to register   35. receptionist, *f.*   36. receptionist, *m.*   37. key
38. A double room, please.   39. guest, *m.*   40. guest, *f.*   41. front desk

Práctica y comunicación

A. En el aeropuerto. Conteste las preguntas según los dibujos en las páginas 376–377.

1. ¿Cómo se llama la línea aérea?

2. ¿Cuál es el número del vuelo a Lima? ¿Qué otra información hay en el horario?

3. La profesora Falcón está hablando con la empleada de la línea aérea AeroSA. ¿Qué tiene la profesora en la mano?

4. ¿Qué hace el empleado con el equipaje de la profesora?

5. Carmen está detrás de la profesora. ¿Cuántas maletas lleva ella?

6. Juanito está mirando los aviones por la ventana. ¿Qué acaba de hacer el avión que está en el aire? ¿Y el que está en la tierra?

7. Pepita se va a Perú para estudiar por un semestre. Está en la puerta nº 1. ¿Qué tiene en la mano? ¿Qué está haciendo? ¿Cómo reacciona la madre de Pepita?

8. Hay varias personas en la sala de espera. ¿Qué lee la madre? Elena está sentada al lado de su madre. ¿Cómo está ella? ¿Qué está haciendo el abuelo? ¿Y el padre?

9. En la otra fila de asientos, ¿está sentado el niño? ¿Se preocupa su madre por él?

10. El pasajero y la pasajera no llevan maletas grandes. ¿Qué llevan? ¿Por qué (probablemente) tienen prisa?

11. ¿Quiénes son las personas que llevan uniforme?

12. Las personas en la puerta nº 2, ¿van a subirse al avión o ya se han bajado del avión? ¿Qué hacen las dos mujeres?

13. Éste es un aeropuerto internacional. ¿Dónde revisan los oficiales las maletas? ¿Dónde reclaman los pasajeros el equipaje?

14. El Hotel Aeropuerto tiene un letrero (*sign*) muy grande en la pared. ¿Qué dice?

15. En este hotel, ¿qué deben usar los huéspedes para subir de la planta baja[1] al segundo piso?

16. ¿Qué tipo de computadora usa la mujer que está sentada cerca del ascensor?

17. La mujer elegante que viaja con su perro Fifí va a quedarse en el hotel varios días. ¿Qué está haciendo? ¿Cuántas maletas tiene? ¿Quién va a llevar sus maletas a la habitación?

18. El tío Antonio y la tía Elisa también van a ser huéspedes en este hotel. ¿Qué le pide la tía Elisa al recepcionista? ¿Qué le da él a ella?

---

[1]Generally, **la planta baja** is the equivalent of our first floor, **el primer piso** is the second, and so on.

la **agencia de viajes**	*travel agency*
la **reservación**/la **reserva**	*reservation*
el **viaje de ida y vuelta**	*round-trip*
el **país**	*country*
la **demora**	*delay*
el **próximo**/la **próxima**	*the next*
el **pasillo**	*aisle (between rows of seats)*
la **ventanilla**	*window (airplane, train, car)*
confirmar	*to confirm*
conseguir (i, i)	*to get, obtain*
disfrutar (de)	*to enjoy* (something)
recoger	*to pick up, gather*
volar (ue)	*to fly*
sacar un pasaporte	*to get a passport*
subirse a.../**bajarse de...**	*to get on . . ./get off . . ., get out (of) . . .*
abrocharse el cinturón	*to fasten one's seatbelt*
hacer la maleta, empacar	*to pack*
la **cámara**	*camera*
sacar/tomar fotos	*to take photos*
el **rollo de película**	*roll of film*

B. Preguntas personales. En parejas, háganse las siguientes preguntas y contéstenlas.

1. ¿A veces tienes miedo de volar? Por lo general, ¿disfrutas de tus viajes en avión? ¿Por qué sí o por qué no?

2. ¿Qué línea aérea prefieres?

3. ¿Conoces varios aeropuertos? ¿Cuáles son? ¿Qué aeropuerto te gusta menos? ¿Por qué?

4. ¿Has volado mucho? (¿A qué ciudades?)

5. ¿Tienes pasaporte? ¿A cuántos países has viajado? ¿Cuál es tu país favorito? ¿Por qué?

6. En el avión, ¿prefieres un asiento de pasillo o de ventanilla?

7. ¿Te gusta la comida de los aviones? ¿Qué bebida tomas normalmente en los vuelos? ¿Quién sirve la comida y las bebidas?

8. ¿Has tenido una demora larga en algún viaje? ¿Cuánto tiempo tuviste que esperar? ¿Te quejaste? ¿Qué hiciste?

9. En el futuro, ¿qué países del mundo o qué continentes quieres visitar? ¿Japón o China? ¿África? ¿Europa? ¿Sudamérica?

10. ¿Tienes interés en ser azafata o auxiliar de vuelo? ¿Piloto/a? ¿Agente de viajes?

11. Al viajar, ¿te gusta sacar fotos? (¿De qué?) ¿Te gusta mandar tarjetas postales? Generalmente, ¿a quién se las mandas?

C. Un viaje en avión a Bolivia. Imaginen que ustedes volaron de Miami a La Paz, Bolivia. En grupos de tres, hagan una lista (en orden cronológico) de las cosas que hicieron desde que sacaron sus pasaportes hasta que recogieron el equipaje en La Paz al final del viaje. Tienen cinco minutos. ¿Qué grupo tiene la lista más larga? Léansela a la clase.

1. **Sacamos los pasaportes.**
2. ¿...?

D. Michael adora a Linda. En parejas, lean el artículo. Luego, contesten las preguntas.

1. ¿Cuál fue la avenida por donde pasó el avión? ¿En qué ciudad?
2. ¿Qué decía el letrero?
3. ¿Crees que Linda probablemente vio el letrero? ¿Por qué?
4. ¿Dónde aterrizó el avión?
5. ¿Qué opinas de esta manera de declarar el amor?

CHICAGO, (UPI).— Que Michael adora a Linda, lo sabía él y ahora lo sabe todo el mundo en el centro de Chicago, aunque no se sabe si Linda se enteró.

Los peatones de la avenida más importante de la ciudad, pudieron ver la declaración de los sentimientos de Michael a 90 metros de altura, cuando un pequeño avión sobrevoló la Avenida Michigan acarreando un largo letrero de 60 metros en el que se leía:

"Querida Linda, te adoro. Te amaré siempre. Michael".

El teniente policial John Campbell dijo que el avión hizo siete u ocho pases por la zona antes de dirigirse hacia el sur, para aterrizar en un pequeño aeropuerto a las afueras de la ciudad en University Park.

Palabras útiles: **se enteró** = *found out*; **peatones** = *pedestrians*

Bien dicho En el hotel *(continuación)*

la **habitación sencilla**	*single room*
la **cama doble**	*double bed*
la **cama sencilla**	*single bed*
el **baño privado**	*private bath*
el **aire acondicionado**	*air conditioning*
la **calefacción**	*heating*
la **camarera**	*maid* (hotel)
la **sábana**	*sheet*
la **manta**, la **cobija**	*blanket*
la **almohada**	*pillow*
el **servicio de habitación**	*room service*
la **piscina**	*swimming pool*
el **portero**	*doorman*
la **propina**	*tip*
dejar	*to leave* (object) *behind; to let, allow*

Study the difference between **salir** (*to leave, go out*) and **dejar** (*to leave an object behind*).

> **Salí** del hotel para cenar.　　*I **left** the hotel to have dinner.*
>
> **Dejé** mi chaqueta en el vestíbulo.　　*I **left** my jacket in the lobby.*

Remember that **dejar de** + *infinitive* means *to stop doing something.*

> **Dejé de fumar.**　　***I stopped smoking.***

E.　¿Qué dejaron en la habitación? Las siguientes personas están en un hotel. Indique lo que dejaron en sus habitaciones. Siga el modelo.

MODELO:　**Alfonso salió de su habitación y dejó su cámara.**

Alfonso

Camila

Rubón

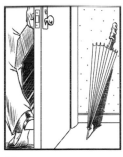
Elena y Juanito

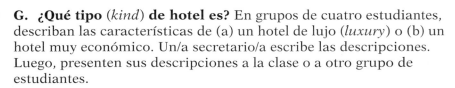
yo

F.　En el hotel. Imagine que usted y su amigo/a acaban de llegar al Hotel Oro Verde en Ecuador y hablan con el/la recepcionista sobre los servicios del hotel. El problema es que ustedes se han olvidado de algunas palabras del español. En parejas, túrnense para explicarle al/a la recepcionista lo que desean sin usar la palabra entre paréntesis.

MODELO:　Descamos (una habitación doble).
　　　　　Deseamos una habitación para dos personas.

Deseamos...
1.　(una habitación sencilla)
2.　(un baño privado)
3.　(la llave)
4.　(otra almohada)
5.　(otra toalla)
6.　(otra cobija)

G.　¿Qué tipo (*kind*) **de hotel es?** En grupos de cuatro estudiantes, describan las características de (a) un hotel de lujo (*luxury*) o (b) un hotel muy económico. Un/a secretario/a escribe las descripciones. Luego, presenten sus descripciones a la clase o a otro grupo de estudiantes.

Conversación

En el aeropuerto y en el hotel

La profesora Falcón y el profesor Marín-Vivar viajan a una conferencia en Perú. Al llegar al aeropuerto de Lima recogen su equipaje y van al hotel.

PROF. MARÍN: Bueno, por fin llegamos. ¿Qué tal el vuelo?

PROF. FALCÓN: Siempre me pongo nerviosa cuando el avión despega y cuando aterriza, pero los asientos eran muy cómodos° y las azafatas muy amables. Mira, allí está nuestro equipaje.

comfortable

PROF. MARÍN: Parece que todo está aquí. ¿Vamos a inmigración?

PROF. FALCÓN: Sí. ¿Tienes el pasaporte listo?

falls/drops

PROF. MARÍN: A ver... (*Busca en su chaqueta.*) Sí, aquí lo tengo. (*Se le cae° un papel al suelo.*)

you dropped

PROF. FALCÓN: (*Recogiendo el papel.*) Mira, se te cayó° este sobre. (*Lo examina.*) Es tu tarjeta de embarque.

PROF. MARÍN: Ya no la necesito. Puedes tirarla en la basura.

PROF. FALCÓN: ¿Y este papel con la dirección del hotel?

PROF. MARÍN: No es importante. Tengo las reservaciones en la maleta.

PROF. FALCÓN: Bueno, ahora vamos a recoger el equipaje, y luego, a la aduana.

(Más tarde, en un hotel del centro de Lima.)

RECEPCIONISTA: Buenas tardes. ¡Bienvenidos!

PROF. FALCÓN: Buenas tardes. Tenemos una reservación para dos habitaciones.

PROF. MARÍN: Así es. A nombre de Falcón y Marín-Vivar.

RECEPCIONISTA: Vamos a ver. Sí, aquí están: dos habitaciones sencillas, con baño privado y vista a la Plaza Central.

PROF. FALCÓN: Correcto. Señorita, si no es mucha molestia, ¿podemos enviar el equipaje a las habitaciones con el botones? Es que tenemos prisa. Nuestra conferencia comienza en 20 minutos.

RECEPCIONISTA: No hay problema. Vamos a hacerlo de inmediato.

PROF. MARÍN: Otra pregunta. Tenemos que comer algo antes de ir a la conferencia. ¿En qué piso está el restaurante?

RECEPCIONISTA: Tomen el ascensor hasta el piso doce. Allí hay un restaurante y una cafetería. ¿Algo más?

PROF. FALCÓN: No, creo que es todo. Gracias.

¿Qué pasa?

1. ¿Adónde viajan la profesora Falcón y el profesor Marín-Vivar?
2. Durante el vuelo, ¿qué le pone nerviosa a la profesora Falcón?
3. ¿Qué hay en el sobre que se le cae al profesor Marín-Vivar?
4. ¿Cómo son las habitaciones que han reservado la profesora Falcón y el profesor Marín-Vivar?
5. ¿Por qué tienen prisa?
6. ¿Dónde está el restaurante del hotel?

1. *Giving direct orders and instructions to others:*
Los mandatos de usted y ustedes

¡Corran!

In Spanish there are both formal and informal command forms. You studied the informal **tú** commands in Chapter 11. You have seen the formal **usted** and **ustedes** command forms throughout the text (**Escriba el ejercicio, Contesten las preguntas,** etc.). These command forms are used with people whom you address as **usted** or **ustedes**. Whether affirmative or negative, **usted/ustedes** commands are identical to the **usted** and **ustedes** subjunctive forms which you have just learned.

	esperar	volver	ir
Ud.	**Espere./No espere.**	**Vuelva./No vuelva.**	**Vaya./No vaya.**
Uds.	**Esperen./No esperen.**	**Vuelvan./No vuelvan.**	**Vayan./No vayan.**
	Wait./Don't wait.	*Come back./ Don't come back.*	*Go./Don't go.*

In all *affirmative* **usted** commands, object and reflexive pronouns are attached to the end of the command form. A written accent is necessary on the syllable of the command form that is normally stressed.

> Ayúde**me** con las maletas, por favor.   *Help me with the suitcases, please.*
> Abróche**se** el cinturón.   *Fasten your seatbelt.*

In all *negative* **usted** commands, the object and reflexive pronouns *precede* the verb.

> **No se** siente allí. Hay algo en el asiento.   *Don't sit there. There is something on the seat.*
> El pasaporte es importante. **No lo** pierda.   *The passport is important. Don't lose it.*

Práctica y comunicación

H. ¡Sigan (*Follow*) **las instrucciones!** Sigan las instrucciones del profesor/de la profesora. Dramaticen las acciones.

1. Levántense.
2. Hagan ejercicios.
3. Abrace a la persona que está al lado de usted.
4. Dígale algo en español a la persona que está al lado de usted.
5. Siéntense.
6. Lávense la cara.
7. Péinense.
8. Cepíllense los dientes.
9. Es la hora de la siesta. Duérmanse.
10. ¡Despiértense!

I. ¡Háganlo! Natalia, Camila y Rubén van a hacer un viaje a Perú. Denles recomendaciones según los dibujos. Trabajen en parejas y usen los mandatos de **ustedes**.

MODELO: **Saquen sus pasaportes con mucha anticipación.**

sacar...

hacer las reservas...

conseguir...
y *confirmar...*

llevar...

llegar...

Durante el viaje,
visitar... y *tomar...*

escribirnos/mandarnos...

divertirse...
y *disfrutar de...*

J. Consejos (*Advice*) **para la profesora/el profesor**. Decida lo que la profesora/el profesor debe hacer. Use los mandatos de **usted**.

MODELO: PROFESOR/A: Tengo mucha sed.
          ESTUDIANTE: **¡Tome un refresco!**

1. No me siento bien hoy.
2. Tengo un dolor de cabeza horrible.
3. Estoy muy cansado/a. He trabajado demasiado esta semana.
4. Tengo mucho frío.
5. Tengo hambre.
6. No tengo efectivo y tengo que comprar varias cosas.
7. ¡Acabo de recibir un cheque de 10.000 dólares!

K. ¿Cuántos mandatos pueden inventar? ¡Una competencia! La clase debe dividirse en cinco grupos. Cada grupo escoge uno de los siguientes temas e inventa varios mandatos de **usted** o **ustedes** (afirmativos y negativos), según la situación. Tienen seis minutos. Un/a secretario/a escribe los mandatos y al final los comparte con la clase. ¿Qué grupo tiene el mayor número de mandatos?

1. El/La agente de la línea aérea hablándole al pasajero/a la pasajera.
2. El/La gerente (*manager*) del hotel hablándole a la camarera.
3. El médico/La médica hablándole al/a la paciente.
4. Los estudiantes hablándoles a los profesores. (Uds.)
5. La profesora/El profesor hablándoles a los estudiantes. (Uds.)

L. Saeta, la aerolínea de Ecuador. En parejas, lean el anuncio. Luego, imaginen que ustedes son agentes de la línea aérea y deciden escribir una nueva versión del anuncio. Usen los mandatos de **usted** y su versión de la información presentada. Vea la lista de verbos. Tienen ocho minutos.

Verbos: **sentarse, disfrutar de, gozar de, seleccionar, pedir, tomar, ver, escuchar, leer, viajar.**

MODELO: **Siéntese en su asiento confortable y disfrute de su viaje.**

Al final, lean su anuncio a otra pareja y/o a la clase.

En el aire...

Un mayor espacio entre asientos (35 pulgadas°) hará[2] su viaje más confortable. Será mimado° con cócteles de cortesía, refrescos y bocaditos. Seleccione entre 3 platos fuertes, además de ensaladas frescas, una variedad de panes y la selección de un delicioso postre. Podrá seguir con café o algún licor para después disfrutar de una siesta o una película a bordo. También encontrará audífonos para disfrutar de la música o para ver una película; diarios locales y nuestra revista de cortesía *Aboard*... y la más amable tripulación°, dispuesta siempre a asistirlo.

inches
spoiled

crew

---

[2]The verbs **hará**, **será**, and **podrá** in this selection are in the future tense and translate as *will make*, *will be*, and *will be able to*.

Bien dicho Los números ordinales

primer, primero/a	*first*	**sexto/a**	*sixth*
segundo/a	*second*	**séptimo/a**	*seventh*
tercer, tercero/a	*third*	**octavo/a**	*eighth*
cuarto/a	*fourth*	**noveno/a**	*ninth*
quinto/a	*fifth*	**décimo/a**	*tenth*

¡Un momento, por favor!

Primero and **tercero** become **primer** and **tercer** when they immediately precede a masculine, singular noun.

El ascensor está en el
tercer piso.

*The elevator is on the **third** floor.*

M. Suba al quinto piso. Usted se está quedando en el Hotel Laguna Azul y desea usar ciertos servicios que se ofrecen allí. Usted va a la recepción para averiguar dónde puede encontrar los lugares o las cosas que usted busca. El/La recepcionista le indica el piso. Trabajen en parejas. Un/a estudiante es el huésped/la huéspeda y el otro/la otra es el/la recepcionista. Refiéranse a la siguiente «Guía para huéspedes» y sigan el modelo.

MODELO: Usted quiere cortarse el pelo.

HUÉSPED/A: **Perdón. ¿Dónde se encuentra la peluquería del hotel?**

RECEPCIONISTA: **Suba/Vaya al quinto piso. Allí está la peluquería.**

1. Usted desea tomar una bebida y cenar.
2. Usted quiere nadar y hacer ejercicio.
3. Usted quiere comprar un regalo para su novio/a.
4. Usted desea asistir a una de las sesiones de la conferencia que toma lugar en este hotel.
5. Usted desea unos refrescos y hielo para la habitación.
6. Usted quiere sacar fotos de la laguna y de la ciudad.
7. Usted tiene que buscar algo que está en el coche.

HOTEL LAGUNA AZUL
GUÍA PARA HUÉSPEDES

Servicios	Piso	Servicios	Piso
Recepción	Planta baja	**Balcón—Vista panorámica**	10
Restaurante	2	**Peluquería**	5
Bar	2	**Boutique**	1
Piscina	9	**Garaje**	Sótano
Gimnasio	9	**Refrescos y hielo**	4, 6, 8
Sala de conferencias	3, 7		

---

2. *Expressing doubt, uncertainty, or disbelief:* El subjuntivo con expresiones de duda e incredulidad

When a speaker expresses doubt, uncertainty, or disbelief relevant to an action or condition, the subjunctive is used.

Dudo que el avión **llegue** a tiempo.	***I doubt that** the plane **will arrive** on time.*
No puedo creer que las maletas no **estén** aquí.	***I can't believe that** the suitcases **aren't** here.*

The verb in the first clause, containing the expression that indicates the speaker's doubt, uncertainty, or disbelief, is in the indicative; the verb in the second clause is in the subjunctive.

expression that indicates doubt/uncertainty/disbelief (*indicative*)
+ **que** +
action or condition that is doubted, uncertain, etc. (*subjunctive*)

Some verbs and expressions of doubt, uncertainty, or disbelief are:

dudar	*to doubt*	**Dudo** que **haya** demora.
no estar seguro/a (de)	*not to be sure*	**No estamos seguros de** que **sirvan** comida en el vuelo.
no creer	*not to believe*	**No creen** que **podamos** aterrizar ahora.

- **Creer** and **estar seguro** may express the speaker's doubt or uncertainty when used to ask a question.

¿Estás seguro(a) de/Crees que **puedan** encontrar el equipaje?	*Are you sure/Do you think that they can find the luggage?*

- However, when **creer** and **estar seguro** are used to express certainty, the indicative is used.

El piloto **está seguro de/cree** que **podemos** aterrizar ahora.	*The pilot is sure/believes that we can land now.*

Práctica y comunicación

N. Opiniones y estereotipos. En nuestra sociedad se oyen muchas generalizaciones. Indique si usted **cree** o **duda** de las siguientes generalizaciones. Seleccione el verbo correcto según su opinión. Siga el modelo.

MODELO: Las líneas aéreas americanas son superiores a las europeas. (son/sean)
Yo creo que son superiores. o **Yo dudo que sean superiores.**

Generalizaciones: referencias nacionales

1. Los autos estadounidenses son inferiores a los autos japoneses. (son/sean)
2. Las cámaras japonesas son excelentes. (son/sean)
3. El vino de California es superior al vino francés. (es/sea)
4. La comida mexicana es superior a la comida francesa. (es/sea)
5. Las películas europeas son superiores a las estadounidenses. (son/sean)
6. Las líneas aéreas estadounidenses son muy eficientes. (son/sean)

Generalizaciones: los sexos

7. Las mujeres son más inteligentes que los hombres. (son/sean)
8. Los hombres prefieren a las mujeres inteligentes. (prefieren/prefieran)
9. Las mujeres prefieren a los hombres ricos. (prefieren/prefieran)
10. Los hombres son más sentimentales que las mujeres. (son/sean)
11. Las mujeres tienen más paciencia que los hombres. (tienen/tengan)
12. Los hombres de esta clase son muy machos. (son/sean)
13. Las mujeres de esta clase son extraordinarias. (son/sean)

Ñ. De viaje. A veces somos un poco pesimistas y tenemos muchas dudas de las condiciones que vamos a encontrar cuando nos vamos de viaje. En parejas, completen las oraciones de una manera original.

1. Dudamos que el avión...
2. No estamos seguros/as de que nuestro equipaje...
3. No creemos que los auxiliares de vuelo...
4. Dudamos que el hotel...
5. No estamos seguros/as de que las habitaciones...
6. No creemos que el piloto...

En otras ocasiones somos muy optimistas y viajamos **sin** dudas o preocupaciones. En parejas, completen las oraciones de una manera positiva y original. Usen el tiempo presente o **ir** + **a** + *infinitivo*.

7. Estamos seguros/as de que la línea aérea...
8. Creemos que el vuelo...
9. Estamos seguros/as de que el hotel...
10. No dudamos que las habitaciones...

Ahora, presenten algunas de sus ideas a la clase.

O. Viajes espaciales: ¡Bienvenidos a bordo! Lean la siguiente selección de la revista *Abordo Dominicana*. Luego, en parejas, escriban sus reacciones a la idea de hacer viajes a la luna. Usen las expresiones (**no**) **dudar**, (**no**) **estar seguro/a**, (**no**) **creer**, **esperar**, etc. Usen el subjuntivo o el indicativo según la situación. Al final, lean algunas de sus reacciones a la clase.

«Atención: Todos los pasajeros del vuelo espacial número uno, rumbo al Mar de la Tranquilidad con escalas° en el Mar de la Fertilidad, el Mar de la Serenidad, el Océano de la Tempestad, las Mesetas de Plato y el Cráter de Marco Polo, por favor, tengan los boletos de viaje a mano al pasar por la puerta de seguridad. Se les darán trajes de presión° y cascos° de oxígeno al llegar a su destino. ¡Qué tengan un buen viaje a la luna!»   *stops*   *pressure/helmets*

*A*unque éste le parezca un anuncio de ciencia ficción hay probabilidades de que se convierta en realidad en un futuro no muy lejano. Los últimos adelantos° en los viajes espaciales amplían las posibilidades para que, dentro de poco, las personas que hoy en día no son ni astronautas ni científicos especializados puedan disfrutar de las maravillas de los viajes espaciales.   *advances*

Noticias culturales

VOLAR EN AEROLÍNEAS HISPANAS

¿Le interesa a usted visitar Hispanoamérica o España? ¡Entonces haga las maletas y vaya al aeropuerto más cercano! Las líneas aéreas hispanas son famosas por su espectacular servicio internacional. El servicio de a bordo es de primera y puede satisfacer a los gustos más exigentes°. ¡Y usted no tiene que viajar en primera clase para experimentar este servicio amistoso y profesional!

demanding

Cuando usted viaja en clase turista en la mayoría de las líneas aéreas hispanas, los auxiliares de vuelo le invitan a una copa de champaña o vino y frutas frescas, quesos y galletas antes de servir la comida —¡gratis! Los chefs de las líneas aéreas preparan unas comidas exquisitas que se sirven en manteles° de lino, con platos de cerámica, copas y vasos de cristal y cubiertos° de metal. Es una experiencia inolvidable. ¡¿Cómo será el servicio de primera clase?!

tablecloths
cutlery

Por supuesto, puede tener otras experiencias con estas líneas aéreas—algunas bastante inesperadas. A veces, cuando los vuelos se atrasan°, el agente de vuelo anuncia que «en este vuelo hay embarque libre». Esto significa que no hay asientos asignados, aún si tiene una tarjeta de embarque en la mano. Tiene que correr y sentarse donde haya un asiento libre.

are late

a.    c.   e.    g.    i.

b.    d.   f.    h.

¿Qué hay de nuevo?

1. ¿Qué caracteriza a las aerolíneas del mundo hispano?
2. ¿Cómo es el servicio de a bordo de estas aerolíneas?
3. ¿Cómo se sirve la comida?
4. ¿Qué ocurre cuando hay embarque libre?

Conexiones y contrastes

1. En general ¿qué caracteriza el servicio de las aerolíneas domésticas de su país?
2. En su opinión, ¿cuál es el mejor método de transporte para viajar largas distancias? ¿Prefiere usted volar, manejar o tomar el tren o el bus? ¿Cuáles son las ventajas y desventajas de su selección? Explique.

Actividad

¿Puede usted identificar algunas de las líneas aéreas del mundo hispano? Relacione los símbolos (a–h) con los nombres.

1. _____ Líneas Aéreas Costarricenses S. A.
2. _____ Compañía Mexicana de Aviación
3. _____ Compañía Panameña de Aviación
4. _____ Aerolíneas Argentinas
5. _____ Línea Aérea Nacional de Chile
6. _____ Aerolíneas Nicaragüenses
7. _____ Empresa Consolidada Cubana de Aviación
8. _____ Lloyd Aéreo Boliviano
9. _____ Líneas Aéreas de España

3. Using impersonal expressions to express recommendations, emotion, and doubt: El subjuntivo con expresiones impersonales

In addition to the uses previously studied, the subjunctive may be used with impersonal expressions such as *It's important . . . ,* *It's necessary . . . ,* etc. to express:

● the desire to influence the actions of someone else

Es importante que **llames** a tus padres.

It's important *that **you call** your parents.*

● emotional reactions to the actions or conditions of another person or thing

Es una lástima que **tengas** que irte tan temprano.

It's a shame *that **you have** to go so early.*

● doubts and uncertainties

Es posible que **perdamos** la conexión en Miami.

It's possible *that **we'll miss** the connection in Miami.*

> impersonal expression + **que** + subjunctive

Some frequently used impersonal expressions are:

desire to influence	**es bueno**	*it's good*
	es mejor	*it's better*
	es necesario, es preciso	*it's necessary*
	es importante	*it's important*
	es urgente	*it's urgent*
emotional reactions	**es una lástima**	*it's a shame*
	es extraño	*it's strange*
	es ridículo	*it's ridiculous*
	es horrible	*it's horrible*
	no es justo	*it's unfair*
doubt and uncertainty	**es posible**	*it's possible*
	es imposible	*it's impossible*
	es probable	*it's probable*
	es improbable	*it's improbable*

If there is no change of subject after the impersonal expression, generally the infinitive is used, not **que** + *subjunctive*.

Es necesario salir para el aeropuerto ahora.

It's necessary to leave *for the airport now.*

Es necesario que **salgamos** para el aeropuerto ahora.

*It's necessary for **us to leave** for the airport now.*

Práctica y comunicación

P. Planes para una conferencia. Usted y el/la vice-presidente de su compañía están investigando sitios y hoteles donde puedan tener una conferencia grande en el futuro. Primero, lean el anuncio del Grand Hotel Guayaquil. Luego, comparen los atractivos que ofrece el hotel con su lista de requisitos para ver si es una buena opción. Lean los requisitos y contesten las siguientes preguntas. Trabajen en parejas.

Lista de requisitos:

1. **Es** muy **importante** que el hotel **tenga** más de 200 habitaciones. ¿Las tiene? _____ *sí* _____ *no*

2. **Es** absolutamente **necesario** que **tenga** una variedad de atractivos para los visitantes. ¿Los tiene? _____ *sí* _____ *no*

3. **Es preciso** que **ofrezca** oportunidades para divertirse, hacer ejercicio, etc. ¿Las ofrece? _____ *sí* _____ *no*

4. **Es importante** que **esté** bien ubicado (*situated*). ¿Está bien ubicado? _____ *sí* _____ *no* .

5. **Es** muy **necesario** que **esté** en una ciudad grande. ¿Está en una ciudad grande? _____ *sí* _____ *no*

¿Creen ustedes que este hotel sea una buena opción? ¿Por qué sí o por qué no? ¿Qué atractivos tiene?

Bienvenido
EL GRAND HOTEL GUAYAQUIL está ubicado a un costado de la Catedral, a pocos pasos del Centro Comercial y Financiero de Guayaquil. 180 habitaciones con TV por cable, cuatro restaurantes, dos bares, un complejo deportivo, piscina con cascada tropical y nuestro Minicentro Comercial con: agencia de viajes, alquiler de vehículos, salón de belleza unisex, etc. ... más una atención personalizada que lo hará sentir como en su casa.

Lo esperamos en su próxima visita...
Guayaquil es la «entrada principal» a las playas más lindas del Ecuador, las Islas Galápagos y uno de los mejores sitios de pesca deportiva del mundo. Guayaquil es la capital comercial e industrial y puerto principal del Ecuador. Población aproximada 2 millones de habitantes, altura 4 m., clima deliciosamente tropical.

El Terraza Racquet Club bar & grill
Para estar en forma. La mejor manera de relajarse y compartir momentos agradables es el Terraza Racquet Club. Un gimnasio modernamente equipado, sauna, baño, sala de masajes, dos canchas de squash, bar y grill con deliciosas bebidas y exquisitos platillos... hacen que el mantenerse en forma sea una experiencia placentera.

Restaurante Barbacoa
Al lado de la piscina. En un ambiente exótico al aire libre, con trío musical, disfrute de nuestras especialidades en lomo de res, langostinos y langosta al Grill. Una experiencia inolvidable.

La Pepa de Oro
Nuestra elegante cafetería capta el sabor de la época bonanza del cacao en el Ecuador a fines del siglo XIX. Abierta las 24 horas.

Q. ¿Es posible? Indique si, en su opinión, **es posible/imposible** o es **probable/improbable** que le ocurran a usted las siguientes cosas.

MODELO: sacar una «C» en español
Es imposible que yo saque una «C» en español.

1. sacar una «A» en español
2. sacar una «F» en español
3. ganar la lotería
4. viajar a la luna
5. casarse este año
6. comprometerse este año
7. recibir un cheque de su tía rica
8. hacer un viaje a Sudamérica este verano
9. comprar un coche nuevo este año
10. ser profesor/profesora de español algún día

R. Lo que debe hacer Esteban. Indique lo que debe hacer Esteban, usando las expresiones impersonales indicadas.

MODELO: **Es urgente que Esteban se despierte.**

Es urgente que...

Es importante que...

Es urgente que...

Es bueno que...

Es mejor que...

Un paso más: En parejas, hablen de lo que es urgente/importante/bueno/mejor/preciso que ustedes hagan en este momento de su vida universitaria.

S. **Un vuelo en la línea aérea «Buena Suerte»** (*Good Luck*). Indiquen su reacción a lo que pasa en el vuelo 13 con destino a la Isla de Paraíso. Usen las expresiones impersonales presentadas en la página 391. Trabajen en parejas. Sigan el modelo.

MODELO: No hay asientos reservados.
Es una lástima/Es extraño que no haya asientos reservados.

1. Las azafatas no dan instrucciones.

2. Las azafatas no traen comida.

3. Muchas personas no pueden ver la película desde sus asientos.

4. Hay mucha turbulencia.

5. Dos pasajeros no quieren abrocharse el cinturón.

6. Frecuentemente se apagan las luces.

7. Varios pasajeros duermen profundamente.

8. Una pasajera está fumando un cigarro en la sección de no fumar.

9. Un bebé está llorando.

10. Un niño tiene que vomitar.

11. El piloto pide un cóctel.

12. Uno de los motores no funciona bien.

13. ¡El avión no puede aterrizar!

T. **Situaciones**. En grupos de tres, escriban breves reacciones a las siguientes situaciones. Usen las expresiones **Es urgente que..., Es mejor que..., Es imposible que..., Espero/Siento que...**, etc.

1. Mi amigo/a acaba de recibir sus notas, ¡y sacó «D–» en tres de sus clases! **Es urgente que...**

2. Los padres de mi novio/a llegan en media hora, ¡y no estoy listo/a para su visita!

3. Estoy en el aeropuerto y anuncian que hay una demora de cinco horas de nuestro vuelo.

4. Estoy en el avión y el piloto anuncia que vamos a pasar por una tormenta grande y que el avión tiene problemas mecánicos.

5. Estoy en la aduana y el inspector de aduanas sospecha que tengo algo ilegal en la maleta. ¡No es verdad!

6. Estoy en un hotel y descubro que en el baño de la habitación no hay agua caliente, que las sábanas están sucias y que hay cucarachas.

4. Expressing reactions to recent events: El presente perfecto del subjuntivo

The present perfect subjunctive is used to express reactions to events that have occurred in the past but are closely tied to the present. Its form is very similar to the present perfect indicative.

> Espero que no **hayan salido** del aeropuerto.
>
> *I hope that they **have not left** the airport.*
>
> Es posible que **hayan ido** a buscar un teléfono.
>
> *It's possible that they **have gone** to look for a phone.*

The present perfect subjunctive is formed by using the present subjunctive of **haber** plus the past participle.

present subjunctive of **haber**	+	past participle

perder *to lose*	
Es improbable que...	*It is improbable that . . .*
(yo) **haya perdido** el boleto.	*I have lost the ticket.*
(tú) lo **hayas perdido**.	*you have lost it.*
(Ud., él, ella) lo **haya perdido**.	*you have/he/she has lost it.*
(nosotros/as) lo **hayamos perdido**.	*we have lost it.*
(vosotros/as) lo **hayáis perdido**.	*you have lost it.*
(Uds., ellos, ellas) lo **hayan perdido**.	*you/they have lost it.*

Práctica y comunicación

U. Su amigo se va a Quito. Su amigo va a pasar un semestre estudiando en Quito, Ecuador. ¿Qué espera usted que él **haya hecho** para prepararse para el viaje? Escoja la reacción que mejor corresponda a cada declaración (del n.º 1 al 6).

1. No debe llevar efectivo.

2. Le gusta sacar fotos.

3. Va a vivir con una familia ecuatoriana.

4. La familia no habla inglés.

5. Sus abuelos siempre se preocupan cuando viaja a otro país.

6. Él siempre espera hasta el último momento para organizarse.

a. Es bueno que él les haya escrito una carta.
b. Espero que haya conseguido los cheques de viajero.
c. Espero que haya comprado muchos rollos de película.
d. Dudo que haya hecho sus maletas.
e. Es improbable que les haya dicho que se va por un semestre.
f. Me alegro de que haya estudiado español por cuatro años.

Study Hints
Review the present perfect indicative studied in Chapter 10, pp. 325–326. Focus on the irregular past participles.

V. ¿Cómo reacciona usted? Según los dibujos, indique su reacción positiva o negativa a lo que ha ocurrido recientemente. Use **Me alegro de que...** o **Siento que...**

MODELO: **Me alegro de que Octavio haya ganado el campeonato de esquí.**

...Octavio...
el campeonato de esquí.

...Inés...
en un concierto.

...Camila...
en su trabajo escrito.

...Javier...
para su cumpleaños.

...Alfonso...
para nosotros.

¡Ay de mí! ...Rodolfo...
(Pobrecito.)

W. ¿Qué ha hecho? Piense en algo interesante que usted ha hecho recientemente. Puede ser algo real o imaginario. Presénteselo a la clase. Los otros/Las otras estudiantes dan su reacción usando: **Es bueno que..., Me alegro de que..., Es una lástima que..., Siento que..., Es improbable que..., Dudo que...,** etc.

MODELO: **He ganado la lotería.**

ESTUDIANTE: **Dudo que hayas ganado la lotería.**

X. Las cabañas Bataburo. Unos estudiantes han visitado una región remota de la selva amazónica de Ecuador. Para llegar, viajaron en autobús, en ranchera (bus abierto) y en canoas con motor por el río Tinguino. En grupos de tres, lean la descripción del lugar y las actividades.

Cabañas Bataburo

¿Desea más información? E-mail: [Kempery@ecuadorexplorer.com] o [www.ecuadorexplorer.com/kempery/home.html].

En el corazón místico y salvaje de la selva primaria del territorio Huaorani[3], se han construido las Cabañas Bataburo. El diseño de construcción está totalmente en armonía con la selva. Les ofrecemos un confort sin perder el sentimiento de aventura de este paraíso lleno de misterios. Alojamiento en habitaciones dobles o matrimoniales con baños privados o compartidos, mosquíteros, luz eléctrica y torre de observación de aproximadamente 40 mts. El comedor sirve excelente comida típica.

Actividades:

- Caminatas de 5 a 6 horas en las que el guía hablará sobre la flora y fauna de la zona.
- Tour nocturno de obser-vación de insectos (tierra) y caimanes (río).
- Pescar pirañas; ver anaconda.

1. Hablen acerca de las cabañas y el alojamiento. **Es bueno/interesante**, etc. **que las cabañas estén/tengan**, etc. ...
2. Los estudiantes participaron en todas las actividades. Den su reacción. **Es interesante/fascinante/extraño**, etc. **que ellos hayan...**
3. Decidan quién/quiénes quieren visitar este lugar. ¿Por qué sí o no? ¿En qué actividades les gustaría o no les gustaría participar?

[3]Indigenous group that lives in the Amazon region of Ecuador.

Dicho y hecho

Conversando

Problemas de viaje

¡Problemas, problemas, problemas! ¡Hay que resolverlos! La clase se divide en grupos de tres. Cada grupo selecciona uno de los siguientes problemas y trata de resolverlo. Al final, cuatro grupos pueden representar los cuatro problemas frente a la clase.

En el aeropuerto: problema 1

Personajes: Un/a agente de la línea aérea Buena Suerte y dos pasajeros/as que viajan juntos/as.

Situación: Dos pasajeros/as llegan muy tarde al aeropuerto. Van a una conferencia de negocios importantísima en Chicago. Descubren que la línea aérea Buena Suerte ha vendido sus asientos (los dos últimos asientos del avión) a dos millonarios/as. Hablan con el/la agente.

MODELO: PASAJERO/A 1: **Pero, señor/señorita...**

AGENTE: **...**

En la aduana: problema 2

Personajes: Dos pasajeros/as y el inspector/la inspectora de aduanas.

Situación: Dos pasajeros/as jóvenes llegan a la aduana del aeropuerto de Miami. El inspector/La inspectora de aduanas sospecha que hay un problema.

MODELO: INSPECTOR/A: (*a los pasajeros*) **Abran las maletas, por favor... ¿Qué es esto?**

PASAJERO/A 1: **...**

En el hotel: problema 3

Personajes: Aurora, Anselmo y el/la recepcionista.

Situación: Aurora y Anselmo hacen un viaje. (Están de luna de miel.) Han decidido que su viaje va a ser una aventura, como su amor. Por eso, no han reservado habitación en ningún hotel. Llegan al hotel Mil Estrellas y hablan con el/la recepcionista para averiguar si el hotel tiene todo lo que desean.

MODELO: RECEPCIONISTA: **Buenas noches. ¿En qué puedo servirles?**

AURORA: **...**

En el hotel, media hora más tarde: problema 4

Situación: Aurora y Anselmo están un poco desilusionados con el hotel. Su habitación, las condiciones del baño, etc. no son muy buenas. Hablan con el/la recepcionista para tratar de resolver los problemas.

MODELO: AURORA: **Perdón, señor/señorita, pero tenemos algunos problemas con nuestra habitación.**

RECEPCIONISTA: **¿Sí? ¿Qué tipo de problemas?**

¡A escuchar!

La inversión (*investment*) del siglo se perdió

Estamos en el vuelo 515 con destino a Caracas cuando de repente se oye un anuncio. Habla la azafata. Escuche lo que dice y también los comentarios de la pasajera del asiento 23F. Luego, conteste las dos primeras preguntas.

1.   ¿Por qué enciende el capitán la señal (*signal*) de emergencia?

___ Hay problemas mecánicos.   ___ Hay turbulencia.

2.   ¿La pasajera del asiento 23F coopera inmediatamente con la azafata?

___ sí ___ no

Ahora, escuche la conversación otra vez y complete las oraciones para indicar las instrucciones de la azafata y el problema de la pasajera.

3.   La azafata dice que es urgente que los pasajeros regresen a...
4.   Ella les dice: «Abróchense..., pongan..., terminen... y apaguen...»
5.   La pasajera estaba mandando mensajes por...
6.   Ella dice que ha perdido...

De mi escritorio

Unas vacaciones de maravilla

Imagine que usted es agente de una agencia de viajes. Escriba un anuncio (de diez a doce oraciones) promoviendo (*promoting*) unas vacaciones en un lugar específico del mundo hispano. Busque información sobre el lugar por Internet o en la biblioteca. Incluya:

*   una descripción del lugar
*   sugerencias para actividades que los pasajeros puedan hacer (mandato de usted: **vaya, venga, disfrute de...**, etc.)
*   información sobre el transporte (avión, autobús, tren, coche) y el alojamiento (los mejores hoteles)
*   las preparaciones que deben hacer antes del viaje (**Es importante que..., Es preciso que...**, etc.)
*   en conclusión, palabras que afirmen la idea de escoger este lugar para las vacaciones (**Estamos seguros/as que..., No hay duda de que...**, etc.)

Study Hints
See what you have learned! Turn to pp. 406–407 to review the active vocabulary and take the self-test for this chapter.

Los países andinos: Perú, Ecuador y Bolivia

[www.wiley.com/college/dicho/panorama]

Preguntas sobre el mapa

1. ¿Cuál es la capital de Ecuador? ¿Dónde está situada?
2. ¿Cuál es una ciudad importante en la costa de Ecuador?
3. ¿Cuál es la capital de Perú? ¿Dónde está situada? ¿Cuál es un puerto importante que está muy cerca de la capital?
4. ¿Cómo se llaman las ruinas incas cerca de Cuzco, Perú?
5. ¿Cuál es el lago que está en la frontera entre Perú y Bolivia?
6. ¿Con qué países tiene frontera Bolivia? ¿Cuáles son las capitales de Bolivia?

El gran imperio inca

Ecuador, Perú y Bolivia, situados en el corazón[1] de los Andes, formaban el imperio inca. Este imperio, llamado Tahuantinsuyo, tenía una extensión de tres mil millas de norte a sur. La zona andina contiene espectaculares picos nevados, impresionantes volcanes y el inmenso lago Titicaca.

Cerca de Cuzco, Perú, a más de ocho mil pies de altura, los incas construyeron la ciudad de Machu Picchu. Esta ciudad, perdida por siglos, refleja el alto nivel de tecnología del imperio inca, que contaba con diez millones de habitantes antes de la conquista. ¿Qué le impresiona a usted de esta vista de Machu Picchu?

DICTADURAS GENEROSAS
Los emperadores incas eran dictadores benevolentes. Bajo su gobierno nadie podía tener hambre o estar sin ropa.

¿PEINES DE ORO?
La nobleza (*nobility*) incaica usaba con frecuencia utensilios e instrumentos de oro, como los peines y los cuchillos, para cortar la comida.

Además de sus adelantos[2] en la arquitectura, la ingeniería y la medicina, los incas perfeccionaron el cultivo de la patata y el cuidado del ganado[3] de los Andes, como las llamas, alpacas y vicuñas. Muchos indígenas continúan llevando el traje típico de los indios andinos: sarapes, ponchos y sombreros hechos con lana de vicuña o alpaca. ¿Puede usted identificar este animal de la región andina de Perú?

En la frontera entre Bolivia y Perú, a 12.506 pies de altura, está el lago Titicaca. En la parte boliviana del lago está la Isla del Sol. Una leyenda dice que el primer inca salió de esta isla para fundar Cuzco, la capital del imperio. ¿Sabe usted que el Titicaca es el lago más grande de Sudamérica (122 millas) y el lago navegable más alto del mundo? ¿Cómo cruzan estas personas el lago Titicaca?

---

[1]*heart*   [2]*advances*   [3]*livestock*

Perú

Perú es el tercer país más grande de Sudamérica y tiene tres zonas geográficas distintas. La costa árida del Pacífico, donde están Lima y el puerto principal, El Callao, es la región más dinámica del país. La región andina, con montañas muy elevadas, domina la geografía del país. ¿Qué le impresiona a usted de esta escena de las montañas de Perú? Cordillera Blanca, Perú.

Al este del país, está la fascinante selva amazónica. Vea la foto. ¿De qué está hecha la canoa?

¿Sabía usted?

▶ En 1532 Francisco Pizarro y sus soldados llegaron a Perú en busca de metales preciosos.

▶ Utilizando sus caballos y sus armas de fuego, cosas que los incas nunca habían visto, los españoles capturaron al último emperador, Atahualpa, y conquistaron la región.

▶ En este período se estableció el virreinato, y Lima, la capital, se convirtió en el centro colonial más importante de Sudamérica.

▶ Después de su independencia en 1824, Perú tuvo numerosos conflictos internos y con países vecinos.

▶ Hoy Perú es un país democrático que lucha por resolver sus problemas económicos.

La influencia indígena es muy marcada en Perú. Las lenguas oficiales son el español y el quechua, idioma inca. Esta calle en Cuzco demuestra la fusión de la cultura indígena y española. ¿Quiénes construyeron el muro de piedra[4]? ¿Y la parte superior del edificio?

[4]*stone wall*

Ecuador

Ecuador es un país pequeño de grandes contrastes geográficos. En sus costas cálidas y secas, existen excelentes playas que dan al Pacífico. En la región oriental está la zona amazónica, donde el clima es caliente y húmedo y existe una gran variedad de vegetación y fauna. La región andina, con impresionantes volcanes, tiene un clima frío y seco. ¿Tiene usted interés en subir al Chimborazo, el volcán más alto de Ecuador? ¿Por qué?

SUPER TORTUGAS
Las tortugas de Galápagos, Ecuador, pueden vivir un año sin comer y pueden pesar (*weigh*) 500 libras y vivir por 100 años.

Las Islas Galápagos, a 960 millas de la costa ecuatoriana, son un verdadero tesoro ecológico, donde coexisten especies de reptiles, aves y plantas únicas en el mundo. ¿Cuál es la característica más interesante de estas aves de las Islas Galápagos?

¿Siete toneladas de oro?
La iglesia de la Compañía de Jesús en Quito, Ecuador, está decorada con más de 7 toneladas de oro.

Una rosa para ti
Muchas de las flores y plantas que se venden en las florerías de los EEUU y de Europa son de Ecuador. Llegan en aviones casi todos los días.

¿Sabía usted?

- La línea ecuatorial que pasa por el norte de Quito, la capital, le dio su nombre a este país.
- En 1535 se descubrieron las Islas Galápagos.
- El 10 de agosto de 1809 se dio en Quito el primer grito de independencia de América Latina.
- En 1822, después de la batalla de Pichincha, Ecuador se independizó de España y se incorporó a la Gran Colombia.
- Abandonó la Gran Colombia en 1830 y se convirtió en república independiente.
- En 1998, Ecuador firmó una serie de tratados con Perú para poner fin a los conflictos fronterizos que empezaron durante la época de la independencia.

Quito, la capital de Ecuador, es una ciudad con una zona antigua de gran belleza, en donde hay numerosos ejemplos del arte y la arquitectura coloniales. Por eso muchos la llaman «la cara de Dios[5]». Está situada en un valle andino y contempla desde su altura horizontes increíblemente bellos. Describa usted la Plaza de la Independencia en Quito.

_____
[5]*God*

BOMBEROS (FIREMEN) ABURRIDOS
La Paz, Bolivia es una ciudad donde hay muy pocos incendios (*fires*). Debido a su altura, hay tan poco oxígeno que es muy difícil encender y alimentar un fuego.

QUERIDO EQUIPO. . .
El pueblo boliviano le escribió una gran carta a su equipo nacional de fútbol para animarlo (*encourage*) antes de ir a La Copa Mundial de 1994 en los Estados Unidos. ¡La carta midió (*measured*) más de 4 millas! Un total de 24.953 bolivianos de todas partes del país la escribieron y se considera la carta más larga del mundo.

Bolivia

Sucre es la capital constitucional de Bolivia, y La Paz es la capital congresional—el verdadero centro administrativo del gobierno. La ciudad es famosa por ser la más alta del mundo: está a 12.725 pies de altura. Vea la foto de La Paz. ¿Hay mucha vegetación en esta ciudad? ¿Por qué?

¿Sabía usted?

▷ El nombre de este país es un homenaje a Simón Bolívar, el héroe sudamericano de las guerras de independencia.
▷ Bolivia fue parte de Perú durante casi toda la época colonial.
▷ Las minas de plata de Potosí fueron la atracción principal para los españoles. ¡En tiempos coloniales Potosí era la ciudad más poblada de América!
▷ Bolivia se independizó en 1825, pero poco después tuvo varias guerras con países vecinos. En una guerra con Chile perdió su única salida al mar.

¿Qué descubrimos?

1. ¿Cuál es el único país andino sin un puerto marítimo?
2. ¿Dónde es posible encontrar especies de animales y plantas únicas en el mundo?
3. ¿Dónde se encuentra el lago Titicaca?
4. ¿A qué país llegaron primero Francisco Pizarro y sus soldados?
5. ¿Cuál es el país andino con dos capitales? ¿Cuáles son?
6. ¿Cuáles son dos ejemplos del ganado de los Andes?
7. ¿En qué país está Machu Picchu? ¿Quiénes la construyeron?
8. ¿Qué línea pasa por el norte de la capital de Ecuador?

Adivinanzas

Divídanse en parejas. Seleccionen una categoría y busquen las frases que mejor describan el período o país indicado: **el imperio inca, Perú, Bolivia, Ecuador.** Ahora, algunas parejas presentan sus frases a la clase. Las otras parejas escuchan y luego identifican el período o el país.

ENCUENTRO CULTURAL
Artes literarias: Un cronista inca

El Inca, Garcilaso de la Vega (1539–1616), fue un famoso escritor peruano del siglo XVI. Su padre era español y su madre era inca. En 1609 publicó sus *Comentarios reales*, una crónica de la conquista española de Perú que incluye información extensa sobre la historia, la política y las costumbres de los incas antes de la llegada de los españoles. En la siguiente selección, el autor describe el sistema de correos y comunicaciones del imperio incaico.

READING STRATEGIES
Understanding a historic text

Note that the following selection was written in the 17th century and that grammatical usage in Spanish has changed and evolved since that time. Examples: **llamáronlos** *vs.* **los llamaron**, **habían puestos** *vs.* **habían puesto**. *If you do not recognize the ending on a verb (for example,* **olvidasen**), *look for the root word that you do understand (***olvidar***).*

Comentarios Reales
de El Inca, Garcilaso de la Vega

Chasqui llamaban a los correos[1] que habían puestos por los caminos, para llevar con brevedad los mandatos[2] del Rey y traer las nuevas[3] y los avisos[4] que por sus reinos y provincias, lejos o cerca, hubiese de importancia. [...]

Llamáronlos *chasqui*, que quiere decir trocar[5], o dar y tomar, que es lo mismo, porque trocaban, daban y tomaban de uno en otro, y de otro en otro, los recados[6] que llevaban. [...] El recado o mensaje que llevaban los chasquis era de palabra, porque los indios del Perú no supieron escribir. Las palabras eran pocas y muy concertadas[7] y corrientes[8], por que no se trocasen y por ser muchas se olvidasen. [...]

Otros recados llevaban, no de palabra sino por escrito, digámoslo así, aunque hemos dicho que no tuvieron letras. Las cuales eran nudos[9] dados en diferentes hilos[10] de diversos colores [...] A estos hilos anudados llamaban *quipu* (que quiere decir anudar y nudo, que sirve de nombre y verbo), por los cuales se entendían en sus cuentas[11].

COREON·MAIOR·IMENOR
HATVNCHASQVICHVRV
MVLLO·CHASQVI·CVRACA~

Preguntas

1. ¿Qué quiere decir *chasqui*? ¿Por qué se llamaban así los mensajeros de los inca?
2. ¿Llevaban los chasquis cartas escritas en papel? ¿Por qué?
3. ¿Cómo eran los mensajes de palabra que llevaban los chasquis? ¿Por qué tenían que ser así?
4. ¿Cómo eran los mensajes «escritos» que llevaban los chasquis? ¿Cuál es el nombre de ese tipo de mensaje?
5. ¿Qué tipos de recado utiliza usted con más frecuencia en la vida diaria? ¿Cree usted que es posible comunicarse en nuestro mundo sin escribir cartas en papel?

[1]*messengers* [2]*commands* [3]*news* [4]*announcements* [5]*to exchange* [6]*messages* [7]*methodical*
[8]*common* [9]*knots* [10]*threads* [11]*accounts*

REPASO DE VOCABULARIO ACTIVO

Sustantivos

En el aeropuerto

la aduana
la aerolínea
el asiento
el auxiliar de vuelo
el avión
la azafata
el billete
el boleto
la demora
el equipaje
el horario
la línea aérea
la llegada
la maleta
la pasajera
el pasajero
el pasaporte
el pasillo
la pilota
el piloto
la puerta
la sala de espera
la salida
la tarjeta de embarque
la ventanilla
el viaje de ida y vuelta
el vuelo

En el hotel y en la habitación

el aire acondicionado
la almohada
el ascensor
el baño privado
la calefacción
la cama doble
la cama sencilla
la cobija
la computadora portátil
la habitación doble
la habitación sencilla
la llave
la manta
la piscina
la planta
la planta baja
la propina
la recepción
la sábana
el servicio de habitación

Las personas en el hotel

el botones
la camarera
el huésped
la huéspeda
el portero
el/la recepcionista

Otras palabras y expresiones útiles

la agencia de viajes
la cámara
la foto
el país
la reserva
la reservación
el rollo de película
el/la próximo/a
bienvenidos

Verbos y expresiones verbales

aterrizar
confirmar
conseguir (i, i)
dejar
despegar
disfrutar (de)
dudar
facturar
recoger
registrarse
servir (i, i)
volar (ue)
abrocharse el cinturón
bajarse de...
estar seguro/a (de)
hacer la maleta
sacar/tomar fotos
subirse a...
tener prisa

Expresiones impersonales

es bueno
es extraño
es horrible
es importante
es imposible
es improbable
no es justo
es mejor
es necesario
es posible
es preciso
es probable
es ridículo
es una lástima
es urgente

I. Los mandatos de *usted* y *ustedes* afirmativos y negativos. Imagine que usted es agente de viajes. ¿Qué le dice usted a su cliente?

MODELO: sacar su pasaporte con mucha anticipación
Saque su pasaporte con mucha anticipación.

1. hacer las reservaciones hoy
2. conseguir los boletos pronto
3. confirmar el vuelo
4. tener paciencia si hay demoras
5. encontrar un hotel cerca de la playa
6. pedir una habitación con baño privado
7. pagar con tarjeta de crédito
8. mostrarme las fotos al volver
9. divertirse

II. El subjuntivo—expresiones de duda e incredulidad.

A. Escriba sus reacciones a las actividades de sus amigos.

MODELO: *dudar*/que Juan *pasar* por la aduana fácilmente
Dudo que Juan pase por la aduana fácilmente.

1. no *creer*/que ustedes *encontrar* sus asientos rápidamente
2. no *estar* seguro(a) de/que el auxiliar de vuelo *saber* hablar español
3. *dudar*/que el avión *despegar* a tiempo
4. no *estar* seguro(a) de/que (nosotros) *llegar* a tiempo
5. no *creer*/que (tú) *poder* ir con nosotros

B. Conteste las preguntas. Use el subjuntivo solo *(only)* para expresar duda.

MODELO: ¿Tiene la azafata la revista *Sports Illustrated*? (creer)
Creo que la tiene.
¿Tiene la revista *People en español*? (no creer)
No creo que la tenga.

1. ¿Cuesta el boleto más de mil doscientos dólares? (creer)
2. ¿Hay un problema serio? (no creer)
3. ¿Llega nuestro equipaje a tiempo? (dudar)
4. ¿Es una línea aérea muy eficiente? (no estoy seguro/a de)
5. ¿Aterrizamos a tiempo? (estoy seguro/a de)

III. Expresiones impersonales. Complete las oraciones combinando la información de las declaraciones con la expresión impersonal indicada.

MODELO: No llevo mi computadora portátil. Es mejor que...
Es mejor que no lleve mi computadora portátil.

1. El avión llega tarde. Es una lástima que...
2. Tengo todo el equipaje. Es bueno que...
3. Vamos a la aduana. Es urgente que...
4. No puedo encontrar el boleto. Es horrible que...
5. No hay azafatas. Es extraño que...

IV. El presente perfecto de subjuntivo. ¿Sientes que o te alegras de que las siguientes cosas hayan ocurrido?

MODELO: mi mejor amiga/irse de la universidad
Siento que mi mejor amiga se haya ido de la universidad.

1. mis amigos/llegar recientemente
2. mi mejor amiga/comprarme un regalo
3. tú/perder tu cámara
4. mis amigos/no llamarme
5. ellos/tener un accidente
6. Elena y Marta/conseguir las entradas para el concierto

V. Repaso general del Capítulo 12. Conteste con oraciones completas.

1. En el aeropuerto, ¿qué información encontramos en el horario?
2. Al llegar al aeropuerto, ¿qué hacen los pasajeros generalmente?
3. ¿Cree usted que los aviones generalmente llegan a tiempo?
4. ¿Duda usted que las líneas aéreas norteamericanas sean eficientes?
5. En su opinión ¿cuáles son las características de un hotel de cinco estrellas?
6. Usted y su familia, ¿han viajado mucho? ¿Se alegra usted de que hayan viajado mucho o siente usted que no hayan viajado más?

Answers to the **Autoprueba y repaso** are found in **Apéndice 2**.

CAPÍTULO 13

La Carretera Panamericana conecta las culturas y los paisajes de las tres
Américas—América del Norte, América Central y América del Sur.
¡Qué bello y majestuoso es el paisaje del norte de Chile!

Viajes terrestres: Coches y carreteras

Goals for communication

- To talk about travel by car, train, and bus
- To refer to unspecified or nonexistent persons and things
- To talk about what will happen and pending actions
- To express conditions and purpose
- To make suggestions

Cultural focus

- The Pan American Highway
- Guatemala, Honduras, Nicaragua, and El Salvador

Structures

1. El subjuntivo con referencia a lo indefinido o inexistente
2. El futuro
3. El subjuntivo: conjunciones temporales
4. El subjuntivo: conjunciones de condición y de finalidad
5. Los mandatos de **nosotros** (*Let's*)

Viajes terrestres: Coches y carreteras

1. la estación de servicio, la gasolinera
15. la velocidad
14. el kilómetro **80 KM MAX**
16. la carretera, la autopista
13. el camino
9. el motor
10. arreglar, reparar
12. desinflada
2. Aire
11. la llanta
3. la gasolina
8. el parabrisas
4. echar gasolina
5. llenar
6. el tanque
7. revisar (el aceite)

1. service/gas station   2. air (m.)   3. gasoline   4. to put gas (in the tank)   5. to fill   6. tank   7. to check (the oil)
8. windshield   9. motor   10. to fix, repair   11. tire   12. flat (tire)   13. road   14. kilometer   15. speed   16. highway

20. el semáforo
21. doblar
22. a la izquierda
17. el camión
19. cruzar
18. el puente
25. a la derecha
24. derecho, recto
23. seguir (i, i)
27. parar
28. el accidente
29. el choque
30. chocar
5. la mujer
olicía
31. el policía
32. la motocicleta

León   67   Ríos   67
Taos

17. truck   18. bridge   19. to cross   20. traffic light   21. to turn   22. to the left   23. to continue, follow
24. straight, straight ahead   25. to the right   26. policewoman   27. to stop (movement)   28. accident   29. crash
30. to crash   31. policeman   32. motorcycle

Práctica y comunicación ━━━━━━━━

A. Coches y carreteras. Conteste las preguntas según los dibujos en las páginas 410–411.

1. ¿Dónde está el coche VW?

2. ¿Qué echa uno de los empleados en el tanque? ¿Qué están haciendo los otros dos empleados?

3. El otro coche tiene problemas mecánicos. ¿Qué está haciendo el mecánico?

4. ¿En qué condición está una de las llantas del coche? ¿Qué va a hacer el hombre que lleva la llanta nueva?

5. ¿A qué velocidad se puede manejar en el camino que está cerca de la estación de servicio?

6. En la carretera que está a la distancia hay un camión. ¿Qué está cruzando el camión?

7. Para ir a León por la carretera 67, ¿en qué dirección se debe doblar? ¿Y para ir a Ríos? Para ir a Taos, ¿se debe doblar o seguir recto?

8. ¿Qué ha ocurrido en la intersección cerca del semáforo? ¿Piensa usted que el coche rojo paró o no paró al llegar al semáforo?

9. Según las señales (*signals*) que da la mujer policía, ¿qué tiene que hacer el coche que viene por el camino?

10. El hombre que está en la motocicleta, ¿puede seguir adelante o tiene que esperar? ¿Por qué? ¿Qué tipo de chaqueta lleva?

B. Juego de palabras. ¿Qué asocia usted con las siguientes palabras?

MODELO: llenar
el tanque, la gasolina, etc.

1. revisar

2. cambiar

3. arreglar o reparar

4. limpiar

5. cruzar

6. doblar

7. el accidente

8. el semáforo

Bien dicho Coches y carreteras (continuación)

los **frenos**	*brakes*
el **limpiaparabrisas**	*windshield wiper*
el **tráfico,** el **tránsito**	*traffic*
la **cuadra,** la **manzana**	*block (city)*
la **esquina**	*corner*
la **milla**[1]	*mile*
la **frontera**	*border*
el **carnet,** la **licencia de conducir**	*driver's license*
la **multa**	*fine*
funcionar	*to work (machine)*
estacionar	*to park*
el **estacionamiento**	*parking*
tener cuidado	*to be careful*
ponerse impaciente	*to get (become) impatient*
tratar de + *infinitivo*	*to try to (do something)*
despacio	*slow, slowly*
cómodo/a	*comfortable*
seguro/a	*safe*

C. Preguntas personales. En parejas, háganse las siguientes preguntas y contéstenlas.

1. ¿Qué tipo de coche manejas? ¿Es un coche seguro? ¿Cómodo?
2. ¿Cuántos años tenías cuando sacaste tu licencia de conducir?
3. ¿Te gusta la idea de viajar por todo el país en auto? ¿Y en motocicleta?
4. ¿Has cruzado la frontera entre los Estados Unidos y México? (¿Dónde?) ¿Entre los Estados Unidos y Canadá? (¿Dónde?)
5. ¿Has chocado alguna vez? (¿Dónde?) (¿Cuándo?) (¿Qué pasó?)
6. ¿Has recibido una multa recientemente? (¿Por qué?) (¿De cuánto?)
7. Cuando empezaste a conducir, ¿al principio manejabas con mucho cuidado? ¿Manejabas despacio? Y ahora, ¿tienes cuidado cuando manejas? ¿Debes manejar más despacio?
8. Cuando tu coche tiene una llanta desinflada, ¿tratas de inflarla? Si tienes que cambiarla, ¿puedes hacerlo tú mismo/a? Cuando tu coche no funciona, ¿tratas de repararlo? Si hay problema con los frenos, ¿tratas de repararlos?
9. A veces, ¿te olvidas de llenar el tanque? ¿Te olvidas de revisar el aceite? ¿Te olvidas de revisar las llantas?
10. ¿Te acuerdas siempre de abrocharte el cinturón? ¿Por qué es importante abrocharse el cinturón?
11. En un semáforo, ¿te acuerdas siempre de parar antes de doblar a la derecha?
12. Al manejar, ¿te pones impaciente cuando hay mucho tráfico? ¿En qué otras situaciones te pones impaciente?
13. Cuando estás manejando por la carretera y tienes prisa, ¿a qué velocidad manejas (millas/kilómetros por hora)?
14. En la universidad, ¿es fácil o difícil encontrar estacionamiento? ¿A veces estacionas donde no debes? ¿Cuánto cuesta el estacionamiento?

---

[1]One mile = 1.60 kilometers.

D. ¿Cuál es su destino? Usted está en la esquina de la calle 18 y la avenida D. Siga las instrucciones del profesor/de la profesora para llegar a su misterioso destino.

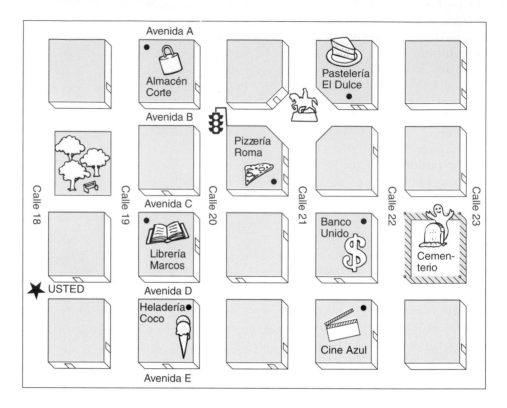

1. Camine dos cuadras por la Avenida D. Cómprese un helado en la Heladería Coco que está en la esquina.
2. Doble a la izquierda en la Calle 20 y siga recto dos cuadras hasta llegar al semáforo. Pare en el semáforo.
3. Doble a la derecha en la Avenida B y siga recto una cuadra hasta llegar a la estatua.
4. Doble a la derecha en la Calle 21 y siga recto una cuadra. Cómprese una pizza en la Pizzería Roma que está en la esquina.
5. Cruce la Avenida C y doble a la izquierda.
6. Pase el Banco Unido a mano derecha. Cruce la Calle 22 y camine una cuadra más hasta llegar a su destino. ¿Dónde está usted?

Un paso más: En parejas, un/a estudiante le pide direcciones a otro/a estudiante para llegar a los siguientes lugares. Túrnense.

1. Tengo que ir de compras. ¿Cómo se llega del cementerio al Almacén Corte?
2. Tengo ganas de ver una película. ¿En qué esquina está el Cine Azul? ¿Cómo se llega del Almacén Corte al Cine Azul?
3. Quiero comprarme un libro. ¿En qué esquina está la Librería Marcos? ¿Cómo se llega del Cine Azul a la Librería Marcos?
4. Voy a comprar pasteles para mi profesor/a de español. ¿En qué calle está la pastelería El Dulce? ¿Cómo se llega de la Librería Marcos a la pastelería?

E. Viajando por el laberinto. Un/Una estudiante de la clase tiene que pasar por un laberinto para llegar a su destino final. El otro/La otra es su guía. Instrucciones: (1) Dos estudiantes salen de la clase. (2) Los otros estudiantes cambian la posición de las sillas y de los pupitres, etc. formando un laberinto. (3) Los dos estudiantes, uno con los ojos tapados (*covered*), vuelven a la clase. (4) El /La estudiante con los ojos tapados pasa por el laberinto siguiendo las direcciones de su guía. ¿Tal vez una sorpresa lo/la espera al final?

Expresiones útiles: **Dobla a la derecha/izquierda, Sigue recto/derecho, Para, Ten cuidado, Despacio, Un poco más/menos...**

BASF aprende de la naturaleza para encontrar soluciones novedosas y responsables con el medio ambiente. El "Pez Globo" se llena de aire y aumenta de volumen para evitar los ataques de sus depredadores. BASF ha hecho evolucionar este sistema con la creación de plásticos técnicos más seguros para recubrimientos de airbags.

Grupo BASF en España: BASF Española S.A. - BASF Coatings S.A. - BASF Management Services S.A.Laboratorios Knoll S.A. BASF Curtex S.A. - Elastogran S.A. - BASF Sistemas de Impresión S.A. - BASF Labiana S.A. - Norteña de Distribución S.L.

BASF División Regional Europa Sur. Paseo de Gracia, 99 - 08008 Barcelona.

COMPROMISO DE PROGRESO

El airbag ya estaba inventado. Los plásticos de BASF lo han hecho más seguro.

El «Pez Globo» se llena de aire y aumenta de volumen para evitar los ataques de sus depredadores. ¿Qué relación existe entre el «Pez Globo» y los *airbags*? ¿Tiene *airbags* su coche? ¿Se siente usted más seguro/a con *airbags*?

Bien dicho ¡Reacciones!

¡Caramba!	*Oh, my gosh!*
¡Claro!, ¡Por supuesto!	*Of course!*
¡Socorro!	*Help!*
Lo siento mucho.	*I'm so sorry.*
¡Qué barbaridad!	*How awful!*
¡Qué lástima!	*What a shame!*
¡Qué lío!	*What a mess!*
¡Ay de mí!	*Poor me! (What am I going to do?)*
¡Qué suerte!	*What luck!/How lucky!*

F. ¡Caramba! ¿Qué dice usted en las siguientes situaciones? Use todas las reacciones de la lista. Hay más de una respuesta posible.

¿Qué dice usted cuando...?

1. Un amigo de su compañero/a de cuarto ha tenido un accidente horrible y está en el hospital.

2. Usted está en el centro de la ciudad de Nueva York y ¡su coche tiene una llanta desinflada!

3. Llueve mucho y ¡los limpiaparabrisas no funcionan!

4. Usted está manejando **muy** rápidamente por las calles de San Francisco y descubre que ¡los frenos no funcionan!

5. Le cuentan a usted que alguien robó el coche nuevo de su amiga.

6. El policía le pide a usted la licencia de conducir y usted no la tiene.

7. Usted abre la puerta de su coche y ve que todo está **muy, muy** sucio por dentro. Hay papeles, comida vieja, ropa sucia y vieja, etc., por todas partes.

8. Una tía rica le pregunta a usted si quiere un coche nuevo de regalo.

Conversación

Un viaje en coche

Linda y Pepita viajan en coche para pasar el fin de semana con sus amigos en la playa. Linda conduce y Pepita está un poco nerviosa.

PEPITA: Linda, vas muy rápido y casi no tenemos gasolina.

LINDA: ¡Ay, Pepita! ¡Cálmate! Todo va a estar bien. Tengo prisa por llegar a la playa.

PEPITA: ¿Qué es ese ruido? ¿No lo oyes, Linda? Hay un ruido en la llanta.

LINDA: ¡Pepita! Es tu imaginación. Es mejor que te duermas.

PEPITA: Linda, por favor. Párate en esa estación de servicio para que revisen el coche. Si no lo haces, voy a tomar el autobús hasta la playa.

LINDA: Bueno, bueno... está bien. Voy a parar sólo para que te calles°.   *be quiet/shut up*

(Entran en la estación de servicio.)

LINDA: (*Al empleado.*) Buenas tardes, ¿puede llenar el tanque y revisar las llantas, por favor?

EMPLEADO: Sí, inmediatamente. (*El empleado echa la gasolina y revisa las llantas.*) ¿Quiere que revise el motor y los frenos?

LINDA: No, no es necesario.

PEPITA: ¡Sí! ¡Sí, es necesario!

(El empleado revisa el motor y los frenos.)

EMPLEADO: (*A Linda.*) Señorita, la llanta delantera derecha está en muy malas condiciones y necesita cambiarse; el coche casi no tiene aceite; los frenos están muy malos... Necesito por lo menos cuatro horas para repararlo todo. Lo siento mucho.

PEPITA: (*A Linda.*) ¿Qué dices ahora, Linda?

LINDA: ¡Caramba!

¿Qué pasa?

1. ¿Adónde van Linda y Pepita?
2. ¿Quién está conduciendo el coche?
3. ¿Por qué está nerviosa Pepita?
4. ¿En dónde se paran?
5. ¿Qué revisa el empleado?
6. ¿Qué le pasa al coche?

Estructuras

1. *Talk about unknown or nonexistent persons or things:*
El subjuntivo con referencia a lo indefinido o inexistente

¿No hay nadie aquí que pueda ayudarnos?

In Spanish, when a reference to a person or thing is either (1) *nonspecific* (*unidentified*, *hypothetical*, *unknown*) or (2) *nonexistent* in the mind of the speaker, the subjunctive is used.

> nonspecific or nonexistent reference + **que** + subjunctive

(1) *Nonspecific (unidentified, hypothetical, unknown)*

¿**Hay alguien** aquí que **pueda** ayudarme a reparar el motor?	*Is there someone here who can help me fix the motor?*
Preferimos un coche que **tenga** aire acondicionado.	*We prefer a car that has air conditioning.*

(2) *Nonexistent in the mind of the speaker*

No hay ningún coche aquí que **funcione** bien.	*There are no cars here that work well.*

However, if the person or thing referred to is known, identified, or definitely exists in the mind of the speaker, the indicative is used.

> reference to what is definite, known, existing + **que** + indicative

Tenemos un coche para usted que **está** en excelentes condiciones.	*We have a car for you that is in excellent condition.*

Práctica y comunicación

G. Un sondeo (*A poll*). Escuche las preguntas del profesor/de la profesora. Levante la mano para contestar afirmativamente. La clase cuenta las respuestas afirmativas para cada pregunta y apunta el total.

En esta clase, ¿hay alguien...	*Número*
(a) que sea de Vermont?	_____
(b) que sepa pilotear un avión?	_____
(c) que sepa tocar el violín?	_____
(d) que sea vegetariano/a?	_____
(c) que tenga ocho hermanos?	_____
(f) que tenga su cumpleaños este mes?	_____
(g) que haya dejado de fumar?	_____
(h) que tenga un coche nuevo?	_____

Ahora, en parejas, repasen los resultados de cada pregunta. Hagan oraciones según el modelo.

MODELO: **En esta clase, hay dos personas que son de Vermont.** *o*
No hay nadie (ninguna persona) que sea de Vermont.

> DICHO **No hay mal que por bien no venga.**
> *¿Puede usted explicar el significado de este dicho en español?*

H. Preguntas personales. En parejas, hagan las siguientes preguntas y contéstenlas.

MODELO: ¿Hay alguien de tu familia que... *saber* hablar chino?
¿Hay alguien de tu familia que sepa hablar chino?
Sí, mi tía sabe hablar chino. *o* **No, no hay nadie de mi familia que sepa hablar chino.**

1. ¿Hay alguien de tu familia que...
   tener más de ochenta años? (¿Quién?)
   saber tocar el piano? (¿Quién?)
   ser famoso/a? (¿Quién?)
   se *haber* graduado de esta universidad? (¿Quién?)

2. ¿Conoces algún/alguna estudiante que...
   haber sacado la nota «A» en todas sus clases?
   nunca *haber* estado en la biblioteca?
   no *saber* manejar un coche de transmisión manual?
   conducir un BMW?

3. ¿Tienes una clase que...
   ser muy fácil? (¿Cuál?)
   ser muy difícil? (¿Cuál?)
   ser un poco aburrida? (¿Cuál?)
   tener más de cien estudiantes? (¿Cuál?)

I. **Un mundo ideal**. Divídanse en siete grupos. Cada grupo selecciona una oración y la completa con tres o cuatro posibilidades diferentes. En cada grupo, un/a secretario/a escribe las oraciones. Al concluir, él/ella las comparte con la clase.

1. Queremos un/a profesor/a que...
2. Necesitamos encontrar un/a compañero/a de cuarto o de apartamento que...
3. Nosotras (las mujeres de la clase) estamos buscando un hombre que...
4. Nosotros (los hombres de la clase) estamos buscando una mujer que...
5. Buscamos un lugar de vacaciones que...
6. Vamos a conseguir un trabajo o empleo que...
7. Queremos comprar un coche que...

2. *Talking about what will happen:* **El futuro**

Note that in Spanish, the future may be expressed three ways:

present tense

Ella **llega** esta noche.   *She **is arriving** tonight.*
immediate future

ir + **a** + infinitive

Voy a estudiar en Guatemala este verano.   *I'm going to study* in Guatemala *this summer.*

future tense

Estudiaré[2] en Guatemala este verano.   *I will study* in Guatemala *this summer.*

---

[2]In spoken Spanish, the **ir** + **a** + *infinitive* construction is used more frequently than the future tense to refer to the future.

In Spanish, as in English, the future tense tells what *will* happen. The future tense of all regular **-ar**, **-er**, or **-ir** verbs is formed by adding the same set of endings to the infinitive.

infinitive + **-é, -ás, -á, -emos, -éis, -án**			
	llam<u>ar</u>	**volv<u>er</u>**	**<u>ir</u>**
(yo)	llamar**é**	volver**é**	ir**é**
(tú)	llamar**ás**	volver**ás**	ir**ás**
(Ud., él, ella)	llamar**á**	volver**á**	ir**á**
(nosotros/as)	llamar**emos**	volver**emos**	ir**emos**
(vosotros/as)	llamar**éis**	volver**éis**	ir**éis**
(Uds., ellos, ellas)	llamar**án**	volver**án**	ir**án**

¿**Comprarás** un coche nuevo el año próximo?

Will you **buy** a new car next year?

Lo **compraré** si consigo un buen trabajo.

I **will buy** it if I get a good job.

The following verbs add regular future endings to the irregular stems shown (not to the infinitive).

infinitive	*stem*	*future forms*
hacer	**har-**	haré, harás, hará, haremos, haréis, harán
decir	**dir-**	diré, dirás,...
poder	**podr-**	podré, podrás,...
querer	**querr-**	querré, querrás,...
saber	**sabr-**	sabré, sabrás,...
poner	**pondr-**	pondré, pondrás,...
salir	**saldr-**	saldré, saldrás,...
tener	**tendr-**	tendré, tendrás,...
venir	**vendr-**	vendré, vendrás,...

Harán todo lo posible para resolver el problema.

They **will do** everything possible to solve the problem.

Tendremos que tener paciencia.

We **will have** to be patient.

¡Un momento, por favor!

- The future tense may also be used to express conjecture or probability.

   ¿Qué hora **será**?

   *I **wonder** what time it is?*

   Serán las tres.

   *It's **probably** three o'clock.*

- The future of **hay** (*there is, there are*) is **habrá** (*there will be*).

   ¿**Habrá** una fiesta este fin de semana?

   ***Will there be** a party this weekend?*

Bien dicho Verbos y expresiones útiles

mudarse	*to move (from house to house)*
reemplazar	*to replace*
(no) estar de acuerdo	*to agree (to disagree)*

Práctica y comunicación

J. Dentro de 50 años, ¿cómo será nuestra vida y nuestro planeta?
Observe la mariposa (*butterfly*) en la foto. ¿Está usted de acuerdo o no con los pronósticos presentados? ¿Por qué?

Dentro de 50 años, todas las selvas desaparecerán. Miles de especies se perderán.

Indique si usted está de acuerdo o no con los siguientes pronósticos. Apunte **sí** o **no**.

Dentro de 50 años...

1. El número de automóviles en circulación aumentará.
2. Los coches eléctricos reemplazarán a los que usan gasolina.
3. Habrá más contaminación del aire y de los ríos y mares.
4. En las ciudades grandes tendremos que llevar máscaras de oxígeno por la contaminación del aire.
5. Para disminuir la congestión en las ciudades, muchas personas se mudarán al campo.
6. Habrá más pobreza en el mundo.
7. El uso de la tecnología y de las computadoras aumentará.
8. En las universidades, las máquinas reemplazarán a muchos de los profesores.
9. Encontraremos una cura para el cáncer.
10. Podremos viajar a la luna fácilmente.

En grupos de cuatro, comparen sus respuestas. ¿Están de acuerdo?

MODELO: ESTUDIANTE 1: **Yo creo que las selvas desaparecerán.**

ESTUDIANTE 2: **Estoy de acuerdo/No estoy de acuerdo porque...**

K. Los planes para el año próximo. ¿Qué cosas positivas ocurrirán el año próximo? Seleccione dos o tres opciones de cada categoría. Dígaselas a la clase. Use el tiempo futuro.

MODELO: (yo) *comer* menos comida rápida
      Comeré menos comida rápida.

1. Para mejorar mi salud, yo...
   comer menos comida rápida/chocolate/postres   *acostarme* más temprano
   comer más frutas y vegetales   *tomar* menos refrescos
   desayunar todos los días

2. En nuestra vida académica, nosotros...
   asistir a todas las clases   *terminar* los proyectos a tiempo
   estudiar más   *sacar* mejores notas
   leer más y *ver* la tele menos

3. En general, mis amigos/as...
   tener más cuidado al manejar   *pensar* en el futuro
   tomar buenas decisiones para el futuro   *tratar* de ayudarse y *ser* buenos/as amigos/as

L. Planes para el verano. En parejas, háganse las preguntas sobre lo que piensan hacer durante el verano y contéstenlas.

1. ¿Te mudarás? ¿Volverás a casa?
2. ¿Buscarás trabajo?
3. ¿Cuándo sabrás si tienes empleo?
4. ¿Tendrás que trabajar todo el verano?
5. ¿Qué más querrás hacer este verano?
6. ¿Qué cosas no podrás hacer?
7. ¿Vendrás a la universidad para asistir a la escuela de verano? (¿Qué clases tomarás?)
8. ¿Saldrás con frecuencia con tus amigos? (¿Adónde irán ustedes?)
9. ¿Harás algún viaje? (¿Adónde?)

M. La adivina/El adivino (*The fortune teller*). Imaginen que ustedes son adivinas/adivinos y pueden pronosticar el futuro según las líneas de la mano. Trabajando en parejas, indiquen lo que ocurrirá en el futuro en la vida del otro/de la otra estudiante. Usen la siguiente información como guía.

MODELO: Esta línea de tu mano me dice que **tendrás cinco hijas.**

PERSONAS	POSIBILIDADES
tú...	graduarte en...
tu futuro/a esposo/a	mudarte a...
tus hijos/as	trabajar en...
tus amigos/as de la	ser (*descripción/profesión*, etc.)
universidad	estar casado/a con...
	tener...
	vivir...

Un paso más: Escriba cuatro oraciones pronosticando su futuro. Luego, entregue su papel a la profesora/al profesor. Ella/Él se lo lee a la clase, y pregunta de quién será. La clase trata de determinar a quién describe. **Será...**

N. El auto del siglo XXI. Trabajen en parejas. Primero, estudien este auto de carreras (*race car*) diseñado por estudiantes de México. ¿Les gustaría tener un auto solar como éste? ¿Por qué? ¿Serán los autos solares los autos del futuro? ¿Por qué sí o por qué no?

Ahora, inventen ustedes el auto del siglo XXI. ¿Cómo será? ¿Qué características tendrá o no tendrá? Usen las siguientes características como guía, y sean creativos.

1. *ser*: solar, barato/caro, grande/pequeño, reciclable, seguro, ¿...?
2. *tener*: motor de combustión/eléctrico, faros (*headlights*) que se ajustan automáticamente, llantas permanentes/reciclables, asientos cómodos/móviles, una velocidad máxima de ... millas por hora, ¿...?
3. *haber* (montados en el carro): computadora, televisor, teléfono, telecámaras para ver el tráfico, ¿...?

Presenten a la clase algunas características de su auto del futuro. ¿Qué pareja tiene el más original?

Diseñado por un grupo de estudiantes de diferentes universidades y especialistas en diversas disciplinas, el auto solar de carreras —Tonatiuh— es un hito en el devenir tecnológico del país.

Palabra útil: **hito** = *milestone*

la est
la est
el tre
perde
la taq
el bo
de
de
de
el an
el ma
los a

Pré

Q. E
descr
grupo

R. F
hace
pasa

1. c
2. p
   c
3. h
   c

MODI

Noticias culturales

LA CARRETERA PANAMERICANA

¿Sueña usted con cruzar toda Latinoamérica detrás del volante° de su automóvil? La Carretera Panamericana le ofrece una aventura inigualable°.

La Carretera Panamericana comienza en Fairbanks, Alaska, y continúa hasta Ushuaia, Tierra del Fuego, en Argentina. Esta gran vía conecta las culturas y los paisajes de las tres Américas, pasando por numerosas ciudades y pueblos, y cruzando las selvas y las montañas más importantes del continente. A veces es una autopista. Otras veces es un camino de dos carriles°.

El plan para su construcción comenzó en 1925 con un congreso celebrado en Buenos Aires. Los Estados Unidos cooperó con los países de Latinoamérica en la planificación y construcción de esta carretera, y actualmente sólo falta construir 160 km (casi 100 millas) en la densa selva del Darién, entre Panamá y Colombia. A causa de la importancia ecológica de la zona, es muy probable que nunca se termine

de construir esta parte de la carretera. Al llegar a este lugar, los viajeros deben transportar sus vehículos en barco hasta Venezuela o Colombia. Allí pueden retomar la Carretera Panamericana y continuar su viaje hacia el sur. ¡Como promedio°, un viaje a lo largo de toda la Carretera Panamericana puede durar hasta 13 meses!

wheel

unequaled

average

lanes

Condorito es el protagonista de una tira cómica chilena. ¿Qué trabajo tiene Condorito? ¿En qué lugar de la Panamericana cree usted que está? ¿Por qué quiere suicidarse?

¿Qué hay de nuevo?
1. ¿Dónde comienza la Carretera Panamericana? ¿Dónde termina?
2. ¿En dónde se interrumpe la carretera?
3. ¿Por qué es probable que nunca se termine la construcción de la carretera?
4. ¿Qué hay que hacer para continuar el viaje a Sudamérica?
5. ¿Aproximadamente cuánto tiempo es necesario para recorrer toda la Carretera Panamericana?

Conexiones y contrastes
1. ¿Le gusta a usted hacer viajes muy largos en coche? ¿Por qué?
2. ¿Recuerda usted su viaje más largo en coche? ¿Adónde iba?
3. ¿Cuál es la carretera más pintoresca de su país o su región? ¿Por qué?

Al fi

Viaje

4. *Expressing condition and purpose:* **El subjuntivo después de conjunciones de condición y de finalidad**

The subjunctive is always used after the following conjunctions:

en caso de que	*in case*
con tal (de) que	*provided that*
a menos (de) que	*unless*
para que	*so that, in order that*

These conjunctions denote purpose (*so that*) and condition or contingency (*unless, provided that, in case*). These meanings indicate that the outcome of these actions is dependent on other actions. Therefore, in the mind of the speaker, the outcomes are considered to be indefinite or pending, and may or may not take place.

Trae tu tarjeta de crédito **en caso de que** la **necesites**.	*Bring your credit card **in case you need it**.*
Puedes comprar un coche usado **con tal que** un mecánico lo **inspeccione**.	*You can buy a used car provided that a mechanic inspects it.*
No lo compres **a menos que** te **guste** mucho.	*Don't buy it **unless** you **like it** a lot.*
Vamos al concesionario Ford **para que** también **veas** los nuevos modelos.	*Let's go to the Ford dealership **so that you can** also **see** the new models.*

¡Un momento, por favor!

When there is no change of subject, the conjunction **para que** most commonly becomes the preposition **para** + *infinitive*.

Vamos a la estación de ferrocarril...	*We are going to the train station . . .*
...**para que** ella **compre** los boletos.	*. . . **so that** she **can buy** the tickets.*
...**para comprar** los boletos.	*. . . **to (in order to) buy** the tickets.*

Práctica y comunicación

S. Un viaje en tren por Europa. Imagine que usted y sus amigos/as están en España y están haciendo los preparativos para un viaje en tren por Europa. En parejas, lean las declaraciones (del nº 1 al 6) y complétenlas con las frases que les correspondan (a.–f.).

1. No podemos visitar todos los países de Europa...
2. Vamos a la estación de ferrocarril...
3. Vamos a comprarte un mapa de Europa...
4. Será difícil dormir en el tren...
5. Carlos viene con nosotros...
6. Debemos llevar los pasaportes originales (no las copias)...

a. ...en caso de que los oficiales quieran revisarlos.
b. ...para buscar información acerca de los horarios de los trenes.
c. ...con tal que reciba el dinero que le mandó su tío.
d. ...a menos que tengamos seis semanas de vacaciones.
e. ...a menos que el tren tenga coches-cama.
f. ...para que veas los países que vamos a visitar.

T. Por si acaso (*Just in case*). Alfonso hace un viaje a Honduras. ¿Por qué lleva las siguientes cosas?

MODELO: **Alfonso lleva el diccionario de español en caso de que no sepa algunas palabras.**

en caso de que

U. **La mujer y el hombre de negocios**. Una mujer y un hombre de negocios llegan a Miami de El Salvador para asistir a una conferencia y conocer la ciudad. Ustedes son los guías. En parejas, digan **para qué** ustedes los llevan a los lugares indicados. Completen las oraciones.

MODELO: Voy a llevarlos a un restaurante de comida rápida...
para que coman una hamburguesa.

Voy a llevarlos...

1. al centro comercial...
2. al banco...
3. a la oficina de correos...
4. a la pequeña Habana en Miami...
5. a Kinko's...
6. a Office Max...

V. **Un viaje extraordinario en coche**. Imaginen que después de graduarse, ustedes quieren hacer un viaje largo en coche. Completen las siguientes oraciones para indicar sus planes. Trabajen en grupos de cuatro. Un/a secretario/a escribe las respuestas.

1. Haremos un viaje a ... con tal que...
2. Saldremos cuando/tan pronto como...
3. No vamos a ... a menos que...
4. Vamos a llevar ... en caso de que...
5. Vamos a hacer el viaje para (*in order to*)...

Al final, lean sus planes a otro grupo y/o a la clase.

5. *Making suggestions:* **Los mandatos de nosotros** (*Let's*)

- To express the *let's* command, Spanish uses a form identical to the **nosotros** form of the present subjunctive.

> **Revisemos** la batería.　　*Let's check the battery.*
> No **esperemos** más.　　*Let's not wait any longer.*

- As in other command forms, object and reflexive pronouns in the **nosotros** commands are attached to the end of the affirmative command and placed before the negative command.

> **No lo hagamos ahora. Hagámoslo más tarde.**

- To form the affirmative *let's* command of reflexive verbs, the final **-s** of the present subjunctive form is dropped before adding the pronoun **nos**. Note the written accent.

> levantemos > levantemo- + **nos** = ¡**Levantémonos!**

- The verbs **ir** and **irse** have irregular affirmative *let's* commands.

> **¡Vamos!** or **¡Vámonos!**　*Let's go!*

But the negative command is the same as the subjunctive form.

> **¡No vayamos!** or **¡No nos vayamos!**

¡Un momento, por favor!

The affirmative *let's* command can also be formed by using **vamos a** + *infinitive*.

> **¡Vamos a parar** aquí!   ***Let's stop*** *here!*

However, the negative *let's* command uses the subjunctive form.

> ¡No **paremos** aquí!   ***Let's*** *not* ***stop*** *here!*

Práctica y comunicación

W. Un viaje a las montañas para acampar. Usted y sus amigos piensan hacer un viaje en coche a las montañas y luego acampar por una noche. Una persona del grupo es un poco mandona (*bossy*) y siempre quiere darles instrucciones a todos. Determinen el orden de las instrucciones. Escriban 1, 2, etc. al lado de cada oración. Trabajen en parejas.

_____ a. Vamos a la estación de servicio Mobil.

__1__ b. Levantémonos a las seis de la mañana.

_____ c. Durante el viaje, cambiemos de chofer cada tres horas.

_____ d. Luego, desayunemos.

_____ e. Almorcemos en el Burger King antes de llegar a las montañas.

_____ f. Pongamos la tienda de campaña y las mochilas en el coche antes de las siete.

_____ g. Llenemos el tanque y revisemos el aceite y las llantas.

_____ h. Preparemos la cena antes de que oscurezca (*it gets dark*).

_____ i. Durmamos o en la tienda de campaña o a la luz de la luna.

_____ j. Al llegar al lugar de campamento, primero armemos (*set up*) la tienda de campaña.

_____ k. Acostémonos a la medianoche.

_____ l. Luego, hagamos un fuego.

¿Compremos otro coche! Este no sirve.

Una pareja lee la serie de acciones a la clase. ¿Hay diferencias de opinión?

X. Tarde una noche. Tarde una noche, usted y tres amigos/as empiezan a pensar en un posible viaje en motocicleta, coche, autobús o tren que ustedes quieren hacer este verano. Usen los mandatos de **nosotros** para expresar sus deseos. Trabajen en grupos de cuatro. Escriban su plan. Piensen en:

1. cuándo quieren salir y regresar; **Salgamos...**
2. adónde quieren ir y si van en moto, coche, autobús o tren
3. lo que quieren (o no quieren) hacer durante el viaje
4. lo que deben llevar (*take*)
5. dónde van a dormir (acampar, moteles, etc.)
6. cuánto dinero deben llevar para los gastos (*expenses*) del viaje

Lean su plan a otro grupo y/o a la clase.

Dicho y hecho

Conversando

Nuestros planes y proyecciones para el futuro
En grupos de tres, hablen de sus planes para el futuro.

Temas:

- Lo que harán inmediatamente después de graduarse (probablemente):
  ¿escuela para graduados?
  ¿mudarse?
  ¿empleo?
  ¿viajar?
  ¿alquilar un apartamento?
  ¿preocupaciones?

- Cómo será su vida cinco a diez años después de graduarse:
  ¿carrera?
  ¿familia?
  ¿hijos?
  ¿casa?
  ¿reuniones?
  ¿preocupaciones?

¡A escuchar!

¡Vengan aquí a comprar coches!
Tres vendedores de coches (A, B y C) hacen anuncios en la televisión para promover (*promote*) sus modelos especiales. Aquí tenemos tres personas que desean comprar coches. Escuche los tres anuncios y decida de qué vendedor cada persona va a comprar su coche. Indique **A**, **B** o **C** según la letra del vendedor.

Personas

_____ 1. Marcos, un ejecutivo de posición prestigiosa en su compañía.

_____ 2. Lidia, una persona joven, profesional, enérgica y aventurera.

_____ 3. Paco, un joven de 18 años que trabaja pero gana poco dinero.

Ahora, escuche los anuncios otra vez. Decida cuál de los coches usted desea comprar y por qué. Mencione dos o tres razones.

4. Marca (*brand*) de coche que desea:...

5. Por qué lo desea comprar:...

De mi escritorio

Cartas a los «desesperados»

Imagine que usted trabaja para el periódico *El Investigador*. Usted es Victoria y responde a los problemas de los lectores del periódico. Escríbale una carta breve a una de las dos siguientes personas, indicando sus reacciones y recomendaciones. Use las expresiones siguientes como guía:
Te recomiendo que.../Te sugiero que..., Cuando..., Tan pronto como..., Debes... con tal que..., No debes... a menos que..., Mi recomendación final es: ...

Querida Victoria:

Salgo para la universidad en un mes. No te puedes imaginar cuántas ganas tengo de comprarme una motocicleta. ¡Me encanta manejar rápidamente con el viento en la cara! ¡Y he ahorrado suficiente dinero para comprármela! Pero mis padres quieren que compre un Volvo usado del año '90. ¡Qué aburrido! Pero dicen que es más seguro°. ¿Qué debo hacer?

«El frustrado en San Salvador»

safe

Querida Victoria:

Me he enamorado de un coche. Es un convertible rojo, con un potente motor de 320 caballos de fuerza. Tiene una velocidad máxima de 250 kilómetros (155 millas) por hora. Mis amigos me recomiendan que no lo compre, porque cuesta 60.000 dólares. Pero tengo cinco tarjetas de crédito y también puedo pedir un préstamo° del banco.

«El soñador° en Managua»

loan
dreamer

Study Hints
See what you have learned! Turn to pp. 440–441 to review the active vocabulary and take the self-test for this chapter.

Guatemala, Honduras, Nicaragua y El Salvador

[www.wiley.com/college/dicho/panorama]

Nacionalidades:

guatemalteco(a)
salvadoreño(a)
hondureño(a)
nicaragüense

La América Central

Preguntas sobre el mapa

1. ¿Cuáles son los cuatro países vecinos de Guatemala?
2. ¿Qué país tiene una capital con el mismo nombre del país?
3. ¿Cuál es el país más pequeño de América Central? ¿Cuál es su capital?
4. ¿Cuál es la capital de Honduras? ¿Cuál es una ciudad importante en el noroeste del país?
5. En Nicaragua, ¿qué lago grande se encuentra cerca de la capital? ¿Y más hacia el sur?
6. ¿En qué país se encuentra Tikal, la famosa ciudad de los mayas? ¿Y los templos y pirámides de Copán?

Guatemala, Honduras, Nicaragua y El Salvador

Guatemala, Honduras, Nicaragua y El Salvador forman la parte norte de Centroamérica. Estos países tienen un clima y una geografía similares. Sus tierras son muy fértiles y fáciles de cultivar; y con la excepción de Honduras, todos tienen volcanes. El clima de la región es agradable, pero los huracanes y las tormentas son comunes. En 1998, el huracán Mitch causó grandes daños[1] en toda el área, sobre todo en Honduras.

---

[1]damages

Guatemala

La mitad de los guatemaltecos es de origen maya. Por eso, Guatemala tiene la cultura indígena más dinámica de todos los países centromericanos. Las ruinas mayas más impresionantes están en Tikal, en la selva guatemalteca. ¿Puede usted imaginar cuántos escalones[2] es necesario subir para llegar al altar de este templo en Tikal?

Indígena guatemalteca gana el Premio Nobel
Rigoberta Menchú ganó el Premio Nobel de la Paz por sus contribuciones a ponerle fin pacífico a 30 años de guerra civil en Guatemala.

Originalmente, la capital del país era la ciudad de Antigua. Después de varios terremotos[3] catastróficos, la capital se transfirió a la ciudad de Guatemala. Hoy Antigua es un importante destino turístico por la belleza de su arquitectura colonial y su paisaje.[4] ¿El Volcán de Agua ocupa un lugar muy grande en la vida del pueblo. ¿Le molestaría a usted vivir cerca de un volcán?

El señor presidente
Miguel Ángel Asturias, escritor guatemalteco, ganó el Premio Nobel de Literatura (1967) por su controversial novela *El señor presidente*.

¿Sabía usted?

▶ Guatemala fue el centro de la civilización maya.
▶ En 1960 comenzó una lucha entre grupos revolucionarios y el gobierno, pero desde 1997 está en marcha un proceso de paz que empieza a consolidar la democracia.

Honduras

Las dos ciudades más importantes de Honduras son San Pedro Sula, el centro industrial del país y la capital, Tegucigalpa. Tegucigalpa está situada en la montañosa zona central. Observe esta iglesia pintoresca en el centro de Tegucigalpa. ¿Qué se puede comprar en este mercado?

¿Sabía usted?

▶ Los habitantes indígenas de Honduras eran los mayas y los lencas.
▶ Para el año 800 d.C., los mayas habían abandonado inexplicablemente sus ciudades.
▶ Cuando llegaron los españoles en 1523, sólo encontraron las ruinas de Copán, una gran ciudad de palacios y pirámides.

En Honduras, predominan varios grupos étnicos. El área más aislada y remota del país es la Mosquitia, donde viven 50.000 indios miskitos. (Vea el mapa.) En la costa caribeña viven los garífuna, quienes llegaron a Honduras en el siglo XVIII, escapándose de la esclavitud[5] bajo las colonias inglesas del Caribe. Vea la foto de esta magnífica familia garífuna. Describa a la familia y la escena.

[2]*steps* [3]*earthquakes* [4]*landscape* [5]*slavery*

Nicaragua

Nicaragua es el país más grande de Centroamérica y se caracteriza por sus hermosos lagos y volcanes. Managua, la capital de Nicaragua desde 1858, está al lado del lago del mismo nombre. Vea esta perspectiva de Managua. Describa la escena. ¿Qué se ve en la distancia?

El gran Lago de Nicaragua tiene más de 8.000 km^2 y es el más grande de Centroamérica. Ometepe, en el gran Lago de Nicaragua, es la isla más grande del mundo situada en un lago. Describa la escena. ¿Se están divirtiendo los niños?

¿Sabía usted?

▶ La dictadura de Anastasio Somoza causó la revolución sandinista (de orientación marxista) en 1979.
▶ Los Sandinistas tomaron posesión del gobierno, pero los Contras, apoyados[6] por el gobierno de los EEUU, lucharon contra los Sandinistas.
▶ Esta guerra civil continuó hasta finales de los años ochenta. Las elecciones de 1990 establecieron la democracia en Nicaragua.

El Salvador

El Salvador tiene casi seis millones de habitantes. Es el país más poblado y más pequeño de Centroamérica. Es un país de impresionantes volcanes. Vea la foto del volcán Izalco. Permaneció activo desde 1770 hasta 1966. ¿Le gustaría a usted escalar este volcán? ¿Por qué?

¿Sabía usted?

▶ Los pipiles y los mayas fueron los únicos habitantes de El Salvador hasta 1524, cuando los españoles colonizaron la zona.

¿Qué descubrimos?

¿A qué país (Guatemala, Honduras, Nicaragua, El Salvador) se refiere cada una de las siguientes frases?

1. El 50% del país es de origen maya.
2. El lago más grande de Centroamérica.
3. Las ruinas de la ciudad maya de Copán.
4. Las ruinas de la ciudad maya de Tikal.
5. El país más pequeño y más poblado de Centroamérica.
6. Anastasio Somoza y la revolución sandinista.

Adivinanzas

● En parejas, identifiquen cada una de las siguientes referencias: **Mitch, Tikal, Antigua, Copán, los garífuna, los miskitos, Tegucigalpa, Managua, San Salvador, San Pedro Sula, los Contras.**
● Luego, cada pareja escribe una descripción de una de las referencias y se la entrega a la profesora/al profesor.
● La clase forma dos equipos. Por turnos, cada equipo escucha y luego identifica cada descripción. Cada respuesta correcta vale dos puntos. ¿Cuál de los equipos ganó?

---

[6]*supported*

ENCUENTRO CULTURAL
Artes populares: Textiles de Guatemala

Las telas[1] guatemaltecas son famosas en todo el mundo por sus colores brillantes y sobre todo por sus diseños, que indican la región de origen del textil. Esto ocurre porque hasta hace poco tiempo, la población guatemalteca vivía en regiones bastante aisladas[2] entre sí. La falta de comunicación contribuyó a la conservación de tradiciones de origen maya que han cambiado poco desde la época prehispánica.

Los textiles tradicionales de Guatemala utilizan materiales, colores y técnicas que forman parte de la herencia cultural maya. La fibra favorita en esta zona desde tiempos prehispánicos es el algodón. Las tintas y colorantes naturales que usan los guatemaltecos están hechos a base de plantas, insectos y minerales. Cientos de símbolos diferentes aparecen en los textiles mayas. Cada persona que fabrica una tela selecciona una combinación de símbolos para representar una historia o un episodio mitológico; por eso, es casi imposible encontrar dos piezas idénticas. Los siguientes son ejemplos de los símbolos más comunes:

Una interesante combinación de figuras y motivos tradicionales decoran este *tzute* (manto para la cabeza).

Los diamantes (1) representan el universo y el movimiento diario del sol: los diamantes más pequeños que están arriba y abajo representan el este y el oeste. El diamante en el centro representa el sol al mediodía. La segunda figura (2) representa una deidad[3] suprema: el dios de la tierra. El siguiente símbolo (3) representa la cola[4] de un escorpión, a su lado está la representación de una rana[5] (4). El último símbolo (5) representa un buitre[6]. Observe los ejemplos de textiles.

Detalle de los coloridos bordados de un huipil.

Preguntas

1. ¿Qué caracteriza los textiles guatemaltecos?
2. ¿Qué elementos tradicionales de la cultura maya persisten en la fabricación de los textiles guatemaltecos?
3. ¿Cuáles son los símbolos que usted reconoce en los tejidos que aparecen en las fotos?
4. ¿Puede usted encontrar un diseño nuevo en estas fotos? ¿Puede describirlo?
5. En su país, ¿se utilizan símbolos en la ropa? Dé ejemplos.
6. ¿Qué tipo de textiles prefiere usted ponerse? ¿Algodón? ¿Lana? ¿Lino?

---

[1]*fabrics* [2]*isolated* [3]*deity* [4]*tail* [5]*frog* [6]*vulture*

CAPÍTULO 14

Photo by Michael Navarro

Elisabet, voluntaria del orfanato «Nuestros Pequeños Hermanos»
(Honduras) es amiga de Nahum. ¿Participa usted en trabajo voluntario?

El siglo 21: desafíos y oportunidades

Goals for communication

- To talk about challenges and opportunities relevant to today's society and world
- To react to past actions or events
- To talk about what might or would happen
- To hypothesize
- To express hope or uncertainty

Cultural focus

- Hispanic students—volunteerism and involvement in social causes
- Paraguay and Uruguay

Structures

1. El imperfecto del subjuntivo
2. El pluscuamperfecto del subjuntivo
3. El condicional
4. Cláusulas con **si**
5. El subjuntivo con **ojalá**

¡Bien dicho!

El siglo 21: desafíos y oportunidades

4. la pobreza
2. el desempleo
3. la economía
AGENCIA DE EMPLEO
5. los desamparados
8. el crimen
6. sufrir
7. el hambre
1. DESAFÍOS
9. el criminal
10. la víctima
11. robar
12. la violencia
13. la drogadicción
17. la sobrepoblación
14. el tabaco
18. la urbanización
15. el alcohol
16. las drogas

1. challenges 2. unemployment 3. economy 4. poverty 5. homeless 6. to suffer 7. hunger 8. crime
9. criminal 10. victim (*m.f.*) 11. to rob 12. violence 13. drug addiction 14. tobacco 15. alcohol 16. drugs
17. overpopulation 18. urbanization 19. opportunities 20. employment 21. company 22. to be successful

23. application 24. to apply (for a job), to request

44. el voluntarismo
46. dar de comer
45. cultivar
PROYECTO HABITAT
47. el voluntario
48. la vivienda

39. la educación
40. la voluntaria
41. la salud
42. la enfermedad
43. la cura

33. el gobierno
34. las elecciones
35. la candidata
36. el candidato
VOTE
VOTE
37. los ciudadanos
38. votar (por)

19. OPORTUNIDADES

20. el empleo
21. la compañía, la empresa
2005
2000
1995
22. tener éxito
27. la jefa
23. la solicitud
24. solicitar
26. el gerente
25. la entrevista

28. los/las líderes
29. el acuerdo de paz
30. la igualdad
31. los derechos humanos
32. la justicia

25. interview 26. manager (la **gerenta**, *f.*) 27. boss, *f.* (el **jefe**, *m.*) 28. leaders 29. peace accord 30. equality
31. human rights 32. justice 33. government 34. elections 35. candidate, *f.* 36. candidate, *m.* 37. citizens
38. to vote (for) 39. education 40. volunteer, *f.* 41. health 42. sickness 43. cure 44. volunteerism
45. to cultivate, grow 46. to feed 47. volunteer, *m.* 48. housing

445

Práctica y comunicación

A. El siglo 21: desafíos y oportunidades. En parejas, describan lo que ocurre en cada círculo, según los dibujos en las páginas 444–445.

DESAFÍOS

1. el desempleo
2. la pobreza
3. el crimen
4. la drogadicción
5. la sobrepoblación

OPORTUNIDADES

6. el empleo
7. los/las líderes del mundo
8. el gobierno/las elecciones
9. la educación y la salud
10. el voluntarismo

Presentes algunas de sus ideas a la clase.

B. Preguntas para conversar. Contesten las preguntas en parejas.

Desafíos

1. ¿En qué ciudades y/o países del mundo es la sobrepoblación un problema muy grande? ¿Cuáles son los efectos de la sobrepoblación?
2. Donde tú vives, ¿hay personas que sufran de hambre o de pobreza? Explica. ¿De desempleo? ¿Hay mucho crimen? Explica.
3. ¿En qué partes de este país hay muchos desamparados? En tu opinión, ¿por qué hay tantos desamparados en este país?
4. En la ciudad donde vive tu familia o en tu universidad, ¿hay un evidente problema de drogas? Explica. ¿Hay un problema de alcoholismo? Explica.

> ¿Sabías que nueve de cada diez drogadictos en centros de rehabilitación no se curan? ¿Conoces a personas que usen drogas? ¿Cómo y por qué comienzan a usar drogas algunas personas? ¿Es el alcohol también una droga? ¿Causa adicción?

"Una Vida Sin Drogas Es Una Vida Feliz"

HISPANIC YELLOW PAGES™
a division of Vega & Associates

Oportunidades

5. Cuando te gradúes, ¿piensas que podrás encontrar empleo fácilmente? ¿Qué tipo de empleo vas a buscar? ¿Cuánto anticipas ganar por año durante tu primer año de trabajo?
6. ¿Has tenido entrevistas de empleo? ¿Para qué trabajo?
7. ¿Tienes fe (*faith*) en los líderes de este país? Explica. ¿Crees que haya justicia e igualdad para todos en este país? Explica. ¿Qué países, en tu opinión, no respetan (o antes, no respetaban) los derechos humanos?
8. ¿Has votado en alguna elección? (¿Por quién votaste?) ¿Crees que votar debe ser una obligación para cada ciudadano?
9. ¿Haces o has hecho trabajo de voluntario/a? (¿En qué tipo de proyecto participaste?)

Bien dicho La sociedad

la **ley**	*law*
la **discriminación**	*discrimination*
el **prejuicio**	*prejudice*
el **SIDA**	*AIDS*
el **aborto**	*abortion*
la **paz**/la **guerra**	*peace/war*
la **solución**	*solution*
apoyar	*to support (cause)*
eliminar	*to eliminate*
escoger[1]	*to choose*
evitar	*to avoid*
luchar (por)	*to fight (for)*
prevenir	*to prevent*
proponer	*to propose*
todo el mundo	*everyone*
estar a favor de/en contra de	*to be in favor of/against*

C. Opiniones. Para mejorar nuestro mundo, ¿cree usted que sea posible hacer las siguientes cosas? Apunte *sí* o *no* según su opinión.

¿Cree usted que sea posible...

1. evitar las guerras?
2. eliminar la mayor parte de la pobreza del mundo?
3. dar de comer a todo el mundo?
4. eliminar el prejuicio y la discriminación?
5. encontrar una solución al problema de la sobrepoblación?
6. prevenir el narcotráfico y la drogadicción si todos los gobiernos trabajan juntos?

¿Quiénes son los idealistas de la clase? ¿Quiénes indicaron que *sí* a la mayoría de las declaraciones?

¿Está usted a favor de o en contra de...?

1. el derecho a llevar armas muy peligrosas?
2. el derecho de la mujer a escoger el aborto?
3. la pena de muerte (*death penalty*)?
4. eliminar las leyes que prohíben el consumo de alcohol para los menores de 21 años?
5. legalizar la marijuana?
6. gastar mucho más para la exploración del espacio?
7. gastar mucho más para ayudar a los desamparados?
8. gastar mucho más para encontrar curas para el cáncer y el SIDA?

En grupos de tres, hablen de sus respuestas. Digan por qué están a favor de o en contra de las ideas. **Yo estoy a favor de/en contra de... porque...**

---

[1]**Escoger**, like **proteger** (Chapter 8), changes the **g** to **j** in the **yo** form of the present tense (**escojo**, **protejo**), and consequently, in all forms of the present subjunctive (**escoja**, **escojas**,...; **proteja**, **protejas**,...).

D. Organizaciones. ¿Qué causas apoyan las siguientes organizaciones? Combine la organización (1–8) con las causas (a–h).

1. Habitat para la Humanidad
2. Asociación Americana contra Cáncer
3. Amnistía Internacional
4. SPCA
5. UNICEF
6. Green Peace
7. Ejército de Salvación (*Salvation Army*)
8. La Cruz Roja

a. Lucha por los derechos humanos por todo el mundo, especialmente los de los prisioneros políticos.

b. Protege los mares, los animales en peligro de extinción, el medio ambiente, etc.

c. Ayuda a los que sufren en catástrofes naturales, en guerras, etc.

d. Construye viviendas para los desamparados.

e. Ayuda a los pobres, los desamparados, los alcohólicos, etc.

f. Defiende los derechos de los animales.

g. Busca curas para una enfermedad muy seria.

h. Defiende los derechos de los niños por todo el mundo.

E. Voluntarios: Ángeles al rescate (*rescue*). En parejas, lean los artículos y contesten las preguntas. Al final, decidan cuál de los tres ejemplos de «Ángeles al rescate» es el más heroico.

(1) Jóvenes al rescate: El huracán Georges, 22 de septiembre de 1998, la República Dominicana

¿A quiénes salvaron estos jóvenes? ¿Qué resultado positivo ocurrió en la comunidad a causa del huracán?

Palabras útiles:
herido = *wounded*;
ciego = *blind*;
casucha = *little house*

Jóvenes al rescate

La noche de la tormenta, varios chicos adolescentes se reunieron, como uno de ellos dice, "en pleno ciclón", para asegurarse de que nadie resultara herido. "Había gente que no quería salir de sus casas—dice Jorge Tiburcio Rodríquez, de 18 años—. De esa casa sacamos a una mujer embarazada. De allá sacamos a un par de ancianos." En un caso, los jóvenes salvaron a un hombre de 70 años, Enemencio Agüero Rosario, justo antes de que una de las paredes de su casucha se le viniera abajo. "Al huracán Georges, aunque destruyó el barrio, le

Jorge (a la derecha) y sus amigos salvaron a varias personas la noche de la tormenta, incluyendo a un anciano ciego.

agradecemos porque nos trajo integración—dice Montero—. Este fenómeno ha unido a la comunidad."

(2) La Madre Teresa: Misionera de la caridad (*charity*)

La madre de los pobres

Los menesterosos, los huérfanos, los rechazados, los leprosos y los agonizantes hallaron el amor de Dios en la Madre Teresa de Calcuta. "Que toda acción mía sea algo bello para Dios", el lema de sus Misioneras de la Caridad, fue la experiencia vivida por ella, cuyas misiones continúan abiertas en 120 países.

Palabras útiles:
menesterosos = *needy*;
huérfanos = *orphans*;
rechazados = *rejected*;
hallaron = encontraron;
Dios = *God*

¿A quiénes ayudaba la Madre Teresa? ¿En qué ciudad? ¿En qué país? ¿Cuál es el lema (*motto*) de sus Misioneras de Caridad?

(3) La línea aérea TACA: ayuda a los damnificados del huracán Mitch

> ## TACA, PUENTE REGIONAL DE LA SOLIDARIDAD
>
> El Grupo Taca se sumó a las labores de ayuda a los damnificados del huracán Mitch en Centroamérica... De inmediato se establecieron vuelos de carga internos a fin de movilizar ayuda a las poblaciones hondureñas incomunicadas... Los viajes repetitivos del carguero han transportado hasta la fecha más de 225.000 libras de alimentos, medicinas, agua y artículos de primera necesidad.... *El Heraldo*

Palabras útiles:
damnificados = *victims*;
alimentos = comida

¿Cómo se llama el programa de ayuda? ¿Qué carga llevaron? ¿Por qué fue necesario llevar la carga por avión? ¿Creen ustedes que sea normal que una compañía ayude cuando hay una emergencia? ¿Ocurre con frecuencia en su país?

Conversación

¡Quiero ser voluntario!

Es el último día de clases. Carmen y Javier están en la cafetería tomando un refresco. Carmen le pregunta a Javier sobre sus planes para el verano.

CARMEN: Javier, ¿qué piensas hacer este verano?

JAVIER: Me gustaría participar en alguna organización de voluntarios, pero todavía no he decidido en cuál.

CARMEN: ¿Qué tipo de organizaciones te interesa más? Rubén y Camila trabajarán con una organización que combate la contaminación ambiental. Octavio trabajará de voluntario en un centro que ayuda a víctimas de la drogadicción y el alcoholismo.

JAVIER: Yo quiero trabajar con una organización que defienda los derechos humanos.

CARMEN: ¿Sabes? La hermana del gerente de la empresa donde trabajo es la jefa de una organización que se dedica a defender la igualdad y la justicia social en varios países. ¿Te interesa?

It sounds JAVIER: Suena° interesante. ¿Sabes cómo puedo ponerme en contacto con ella?

CARMEN: Sí, las oficinas de la organización están cerca de la universidad, en el edificio blanco frente al parque. Puedes pasar por allí y *fill out* rellenar° una solicitud.

JAVIER: ¿Y tendré que ir para una entrevista?

CARMEN: Claro, el proceso es el mismo que hay que seguir para conseguir cualquier empleo.

JAVIER: ¿Y después de la entrevista?

CARMEN: Bueno, si tienes éxito, entonces tendrás que asistir a unas sesiones de entrenamiento.

JAVIER: ¿Sesiones de entrenamiento? ¿Qué es eso?

CARMEN: Esas sesiones te darán más información sobre los problemas de *level* cada país: el nivel° de pobreza, la economía, el gobierno, la educación, etcétera.

JAVIER: ¡Qué interesante! Definitivamente creo que me gustaría trabajar allí. Pero, ¿y cómo sabes tú tanto acerca de esta organización?

CARMEN: Yo trabajo allí los fines de semana. Soy una de las secretarias voluntarias.

¿Qué hay de nuevo?

1. ¿Qué quiere hacer Javier este verano?
2. ¿Qué va a hacer Octavio este verano?
3. ¿Qué tipo de organización le interesa a Javier?
4. ¿Quién es la hermana del gerente de Carmen?
5. ¿Dónde puede Javier conseguir una solicitud?
6. ¿Qué tiene que hacer Javier después de la entrevista? ¿Por qué?
7. ¿Por qué sabe Carmen tanta información acerca de la organización?

Estructuras

1. *Reacting to past actions or events:*
El imperfecto del subjuntivo

¡Qué triste! ¡Les pedí que no contaminaran nuestro mundo!

You have studied many different uses of the subjunctive and practiced the present subjunctive (relating actions that take place in the present or in the future) and the present perfect subjunctive (relating actions and events that have taken place in the immediate past).

PRESENT SUBJUNCTIVE
Espero que **ayuden** a los pobres.   *I hope that **they (will) help** the poor.*

PRESENT PERFECT SUBJUNCTIVE
Me alegro de que los **hayan ayudado**.   *I am glad that **they have helped** them.*

Note in the above examples that the verb in the *main clause* is in the *present tense,* and the verb in the *secondary clause* is in the *present subjunctive* or *present perfect subjunctive.*

In general, the imperfect (past) subjunctive is used in the same kinds of situations as the present subjunctive, but relates actions or events that took place in the past. When the verb in the *main clause* is in a *past tense* (most commonly preterit or imperfect), the *imperfect subjunctive* is used in the *secondary clause*.

MAIN CLAUSE	SECONDARY CLAUSE
present tense	*present subjunctive*
Es una lástima...	...que **lleguen** tarde.
	present perfect subjunctive
	...que **hayan llegado** tarde
past tense	*imperfect subjunctive*
Les **recomendé**...	...que **votaran** en las elecciones.
Siempre les **recomendaba**...	...que **votaran** en las elecciones.

La formación del imperfecto del subjuntivo

The imperfect subjunctive of **-ar**, **-er**, and **-ir** verbs is formed by using the **ellos** form of the preterit indicative minus the **-ron** and adding the following endings: **-ra, -ras, -ra, -ramos, -rais, -ran**[2]. The imperfect subjunctive thus automatically reflects all irregularities of the preterit.

	apoyar apoya~~ron~~	**escoger** escogie~~ron~~	**sufrir** sufrie~~ron~~
(yo)	apoya**ra**	escogie**ra**	sufrie**ra**
(tú)	apoya**ras**	escogie**ras**	sufrie**ras**
(Ud., él, ella)	apoya**ra**	escogie**ra**	sufrie**ra**
(nosotros/as)	apoyá**ramos**	escogié**ramos**	sufrié**ramos**
(vosotros/as)	apoya**rais**	escogie**rais**	sufrie**rais**
(Uds., ellos, ellas)	apoya**ran**	escogie**ran**	sufrie**ran**

Study Hint

As the formation of the imperfect subjunctive is based on the preterit tense, review the regular, stem-changing, and irregular preterit tense verbs on pp. 181, 188, and 226.

Otros ejemplos:

dormir:	durmieron	>	**durmiera, durmieras**, ...
pedir:	pidieron	>	**pidiera, pidieras**, ...
ir/ser:	fueron	>	**fuera, fueras**, ...
tener:	tuvieron	>	**tuviera, tuvieras**, ...
estar:	estuvieron	>	**estuviera, estuvieras**, ...
construir:	construyeron	>	**construyera, construyeras**, ...

¡Un momento, por favor!

Hubiera is the imperfect subjunctive form of **había** (*there was, there were*).

Sentíamos que **hubiera** tanta pobreza en el mundo.
*We were sorry that **there was** so much poverty in the world.*

Los niños se alegraron de que hubiera voluntarios.

---

[2]In Spain and in certain Spanish dialects, the imperfect subjunctive is also commonly formed with an alternate set of endings: **-se, -ses, -se, -semos, -seis, -sen**. These forms are frequently seen in reading selections.

Práctica y comunicación

F. Jefes, profesores y padres: lo que esperaban. Según la situación, identifique quién esperaba o quiénes esperaban cada una de las siguientes cosas.

MODELO: se cepillaran los dientes
Los padres esperaban que sus hijos se cepillaran los dientes.

1. hicieran la tarea
2. fueran profesionales
3. se bañaran todas las noches
4. llegaran al trabajo a tiempo
5. comieran bien
6. dijeran la verdad
7. hablaran en español
8. aprendieran el imperfecto del subjuntivo
9. no salieran del trabajo temprano
10. se acostaran temprano

a. El jefe esperaba que los empleados...
b. Los profesores esperaban que los estudiantes...
c. Los padres esperaban que sus hijos...

G. Estudiantes voluntarios. Diga lo que las personas indicadas hicieron en las siguientes situaciones. Use el imperfecto del subjuntivo.

1. **En la casa de ancianos**: Durante mi primer año de la universidad algunos amigos míos me pidieron que **yo**...
   ...*ir* con ellos a una casa de ancianos
   ...*ayudar* a los ancianos
   ...*pasar* tiempo con ellos
   ...*leerles* periódicos
   ...*llevarles* regalos
   ...*volver* a visitarlos frecuentemente

2. **En un orfanato** *(orphanage)*: En nuestro trabajo de verano en un orfanato en Asunción, Paraguay, los niños querían que **nosotros**...
   ...*jugar* con ellos
   ...*hacerles* galletas
   ...*traerles* regalos
   ...*enseñarles* inglés
   ...*contarles* cuentos
   ...*abrazarlos* mucho

3. **En un refugio para los desamparados**: Los miembros de una iglesia buscaban jóvenes voluntarios que pudieran ayudarlos en el refugio. Querían que **algunos estudiantes**...
   ...*recoger* ropa para el refugio
   ...*venir* al refugio los sábados
   ...*preparar* la comida
   ...*poner* las mesas
   ...*servir* la comida
   ...*limpiar* la cocina

H. La misión de Natalia en los Andes. Natalia trabajaba de voluntaria en una clínica en Mérida, Venezuela. Una amiga le dijo que Los Nevados, un pueblo remoto situado en los Andes, necesitaba medicamentos. Decidió ir al pueblo para llevársela. ¿Qué le recomendó su amiga? Trabajen en parejas.

MODELO: Le recomendó que...
Le recomendó que llevara su mochila, la medicina y comida.

Le recomendó que...

llevar...

despertarse...

ponerse...

escoger la ruta...

escalar... despacio

cruzar... con cuidado

tomar mucha... comer...

darle los medicamentos...

despedirse de...
volver ese mismo día

I. Hablando de la vida personal. Trabajando en parejas, comenten lo que pasaba en su vida personal durante los períodos indicados. Completen las oraciones indicando varias actividades. Túrnense.

1. Cuando tenía diez años,
   (a) yo esperaba que mis padres...
   (b) quería que mis hermanos/as...

2. Cuando estaba en la escuela secundaria,
   (a) yo buscaba un/a novio/a que...
   (b) mis padres querían que yo...
   (c) Mis maestros recomendaban que yo...

3. Cuando salí para la universidad,
   (a) yo temía que mi nuevo compañero/a de cuarto...
   (b) yo esperaba que los profesores...
   (c) yo esperaba que los otros estudiantes...

Al final, compartan algunos de sus deseos, temores y esperanzas con la clase.

J. Cosas de Dalí. En parejas, lean esta selección acerca de Salvador Dalí, famoso pintor español (1904–1989). Luego, contesten las preguntas. (¿Pueden ustedes encontrar en la selección los dos verbos en el imperfecto del subjuntivo?)

SALVADOR DALI

COSAS DE DALI

· ·

El excéntrico y famosísimo pintor Salvador Dalí sentía una gran compasión por aquellas personas que vivían privadas de libertad, por lo que cuando vivía en Nueva York en 1965, donó una acuarela suya a la prisión de Rykers Island, la que está situada en medio del East River de la ciudad, y es una de las prisiones más tristes del mundo. A Dalí le daba mucha lástima que los prisioneros "vivieran rodeados del perfil iluminado de la ciudad más excitante del planeta y no pudieran disfrutarla como la disfruto yo", decía, y para hacerles su vida más interesante decidió donar la pintura que hoy en día cuelga en una de sus paredes.

Palabras útiles: **privados de** = *deprived of*; **acuarela** = *watercolor*; **cuelga** = *hangs*

1. ¿Por quiénes sentía Dalí una gran compasión?
2. ¿Qué donó?
3. ¿Cómo se describe la prisión de Ryker's Island?
4. ¿Qué le daba mucha lástima a Dalí?
5. ¿Por qué decidió donar la pintura?

2. Expressing reactions relevant to past events: El pluscuamperfecto del subjuntivo

The pluperfect subjunctive (past perfect subjunctive) is used in the same kinds of situations as the present perfect subjunctive but expresses reactions to events that *had occurred* prior to another past event. Note the sequence of tenses.

PRESENT + PRESENT PERFECT SUBJUNCTIVE
Siento que ella **se haya ido**.   *I am sorry that she **has gone**.*

PAST + PLUPERFECT SUBJUNCTIVE
Sentí que ella **se hubiera ido**.   *I was sorry that she **had gone**.*

The pluperfect subjunctive is formed by using the imperfect subjunctive of **haber** plus the past participle.

hacer *to do, make*		
El jefe dudó que...		*The boss doubted that...*
(yo)	lo **hubiera hecho**.	*I had done it.*
(tú)	lo **hubieras hecho**.	*you had done it.*
(Ud., él, ella)	lo **hubiera hecho**.	*you/he/she, etc. had done it.*
(nosotros/as)	lo **hubiéramos hecho**.	*we had done it.*
(vosotros/as)	lo **hubierais hecho**.	*you had done it.*
(Uds., ellos, ellas)	lo **hubieran hecho**.	*you/they had done it.*

Práctica y comunicación

K. La tragedia del huracán Mitch. En el otoño de 1999, Honduras y otros países centroamericanos sufrieron uno de los más trágicos huracanes del siglo. Algunos estudiantes fueron a Honduras como voluntarios y escucharon las reacciones de la gente. ¿Qué dijeron los hondureños? En parejas, completen las oraciones. Usen el pluscuamperfecto del subjuntivo.

MODELO: (*destruir*)
            Fue una tragedia que el huracán **hubiera destruido** el 25% de la zona urbana de Tegucigalpa y el 65% de los puentes.

¿Qué dijeron los hondureños?

1. (*dejar*) Fue una tragedia que el huracán ... ... a siete mil muertos.

2. (*desaparecer*) No pudieron creer que pueblos enteros de los garífuna en la costa caribeña ... ...

3. (*perderse*) Lamentaron que las plantaciones de banano ... ... para siempre.

4. (*mandar*) Se alegraron de que Cuba ... ... 2.000 médicos para impulsar un plan sanitario.

5. (*donar*) Fue increíble que la comunidad internacional ... ... más de $67 millones en las primeras dos semanas.

6. (*ayudarlos*) Fue bueno que voluntarios ... ...

Noticias culturales

VOLUNTARISMO Y ACTIVISMO ESTUDIANTIL

En los países hispanos, muchos jóvenes forman y participan en organizaciones que contribuyen con una variedad de servicios al país. Especialmente para los estudiantes universitarios, el trabajo voluntario y el activismo ofrecen oportunidades para educarse y participar en la vida de la sociedad.

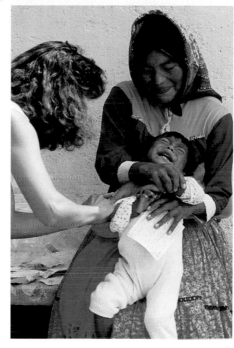

literacy

En muchos países, grupos de estudiantes voluntarios se dedican a la investigación y promoción del patrimonio cultural y ecológico, y también al cuidado del medio ambiente. Los estudiantes voluntarios se ocupan de gran parte de los programas de alfabetización° en las zonas rurales. De igual importancia son los programas de salud y planificación familiar. Los participantes en estos programas son generalmente estudiantes universitarios de medicina o ciencias sociales, pero también es común encontrar estudiantes de otras disciplinas y hasta estudiantes de escuelas secundarias.

La expresión política es también parte de la vida estudiantil. Es frecuente ver grupos de estudiantes protestando contra la contaminación ambiental en una manifestación callejera. Otras veces los estudiantes protestan contra las condiciones educativas en las universidades o contra el aumento en el costo de la matrícula.

¿Qué hay de nuevo?

1. ¿Cuáles son algunos ejemplos de las actividades de los estudiantes voluntarios hispanos?
2. ¿Quiénes participan en los programas de salud y planificación familiar?
3. Generalmente, ¿contra qué protestan los estudiantes en las universidades hispanas?

Conexiones y contrastes

1. ¿Participa usted en una organización de voluntarios? ¿A qué tipo de actividades se dedica su organización?
2. ¿Ha protestado usted en alguna manifestación estudiantil? ¿Contra qué protestaba?
3. ¿Contra qué protestarían típicamente los estudiantes en una universidad como la suya?

3. *Talking about what would happen:* El condicional

The conditional tells what *would* potentially happen in certain circumstances. Example: *I would[3] go to South America (if I had the money).* The conditional of all regular **-ar**, **-er**, and **-ir** verbs is formed by adding the following endings to the infinitive. Note that the conditional endings are identical to the imperfect tense endings of **-er** and **-ir** verbs.

infinitive + -ía, -ías, -ía, -íamos, -íais, -ían			
	llamar	*volver*	*ir*
(yo)	llamar**ía**	volver**ía**	ir**ía**
(tú)	llamar**ías**	volver**ías**	ir**ías**
(Ud., él, ella)	llamar**ía**	volver**ía**	ir**ía**
(nosotros/as)	llamar**íamos**	volver**íamos**	ir**íamos**
(vosotros/as)	llamar**íais**	volver**íais**	ir**íais**
(Uds., ellos, ellas)	llamar**ían**	volver**ían**	ir**ían**

¿**Solicitarías** empleo en esa compañía?
Would you seek a job with that company?

Yo **buscaría** empleo en otra.
I would look for a job in another one.

The following verbs add regular conditional endings to irregular stems (not to the infinitive). The irregular stems for both the conditional and the future are identical.

infinitive	*stem*	*conditional forms*
hacer	**har-**	haría, harías, haría, haríamos, haríais, harían
decir	**dir-**	diría, dirías,...
poder	**podr-**	podría, podrías,...
querer	**querr-**	querría, querrías,...
saber	**sabr-**	sabría, sabrías,...
poner	**pondr-**	pondría, pondrías,...
salir	**saldr-**	saldría, saldrías,...
tener	**tendr-**	tendría, tendrías,...
venir	**vendr-**	vendría, vendrías,...

¿**Podrías** ayudarnos?
Would you be able to help us?

Ella dijo que lo **haría**.
She said that she would do it.

¡Un momento, por favor!

The conditional of **hay** (*there is, there are*) is **habría** (*there would be*).

Dijo que no **habría** ningún problema.
He said that there would be no problem.

---

[3]When *would* implies *used to* (*habitual past action*) the imperfect is used. *Every summer, I would go to South America.* **Cada verano, iba a Sudamérica.**

Práctica y comunicación

L. ¿Lo harías o no? En parejas, háganse las preguntas. Luego, díganle a la clase lo que ustedes harían o no harían.

1. ¿Vivirías cerca de un volcán activo?
2. ¿Saltarías (*Would you jump*) de un avión?
3. ¿Harías un salto «bungee» del rascacielos Empire State? ¿De otro lugar?
4. ¿Comerías carne de serpiente o insectos para no morirte de hambre?
5. ¿Pasarías una noche en el bosque solo/a?
6. ¿Nadarías en un río con pirañas?

M. Soluciones. ¿Qué harían ustedes para empezar a resolver los problemas del mundo? Refiéranse a los dibujos en la página 444. Escriban una o dos cosas que ustedes harían en cada caso. Usen el **condicional**. Trabajen en grupos de cuatro y sean creativos.

Categorías

1. el desempleo **Encontraría...**
2. la pobreza
3. el crimen
4. la drogadicción
5. la sobrepoblación/la contaminación

4. *Hypothesizing:* Cláusulas con si

The past subjunctive may be used to express what would happen in a situation that is hypothetical, i.e., contrary-to-fact or very unlikely to occur. The conditional is used to express the result, i.e., what *would occur* as a consequence. These sentences can appear in either order (hypothetical situation first or last).

> **si** + imperfect subjunctive + conditional
> or
> conditional + **si** + imperfect subjunctive

Si **tuviera** el dinero,	If **I had** the money,
se lo **donaría** a los pobres.	**I would donate** it to the poor.
Hablaría con el presidente	**I would speak** with the president
si él **estuviera** aquí.	if he **were** here.

When an *if* clause poses a situation that is *possible* or *likely* to occur (not obviously contrary-to-fact or hypothetical), the *if* clause is in the *present* tense and the *present or future* is used to express the result.

> **si** + present + present/future

Si **tengo** tiempo, **voy/iré**.	If **I have** time, **I go/I'll go**.

Práctica y comunicación

N. Tu punto de vista—¿Lo harías o no? Trabajando en parejas, háganse las preguntas y contéstenlas según su punto de vista.

1. Si hubiera una manifestación en Washington en contra de la discriminación sexual, ¿participarías o no? ¿Por qué?
2. Si hubiera una manifestación en la universidad que propusiera eliminar las «fraternidades» y «sororidades», ¿participarías o no? ¿Por qué?
3. Si un candidato político o una candidata política apoyara el derecho de la mujer a escoger el aborto, ¿votarías por él/ella o no? ¿Por qué?
4. Si un partido político decidiera apoyar a unas compañías grandes que destruyen el medio ambiente pero benefician la economía, ¿lo apoyarías o no? ¿Por qué?
5. Si hubiera una guerra ahora como la de Vietnam, ¿lucharías o no? ¿Por qué?
6. Si el presidente de la universidad recomendara fines de semana de tres días, ¿estarías a favor de la idea o no? ¿Por qué?
7. Si tus amigos decidieran tomar bebidas alcohólicas ilegalmente y luego manejar, ¿irías con ellos o no? ¿Por qué?

Ñ. Viajes imaginarios. Si ustedes pudieran ir a los lugares indicados, ¿qué cosas llevarían, según el clima, etc.? ¿Y qué harían ustedes allí? Trabajen en grupos de tres.

MODELO: Si pudiéramos ir a Panamá...
   llevaríamos ropa de verano, sandalias, etc.
   visitaríamos el canal y las islas de San Blas, etc.

1. Si pudiéramos ir a Puerto Rico para las vacaciones de primavera...
2. Si pudiéramos ir a la región andina de Chile o Argentina en el invierno...
3. Si pudiéramos ir a España por un semestre...
4. Si pudiéramos ir a la región andina o incaica de Perú en el verano...

Al final, algunos grupos presentan sus ideas a la clase.

O. Emociones. Exprese las causas posibles de sus sentimientos. Escriba sus respuestas.

MODELO: Estaría muy triste si...
   Estaría muy triste si mi perro se muriera.

1. Estaría muy preocupado/a si...
2. Estaría muy enojado/a si...
3. Estaría muy sorprendido/a (*surprised*) si...
4. Estaría muy contento/a si...

Lean algunas de sus conclusiones a la clase.

P. La imaginación. Mire los dibujos e indique lo que usted haría en esas circunstancias. Sea creativo/a.

MODELO: **Si estuviera en la selva, observaría la naturaleza, me escaparía de las serpientes, exploraría el río,** etc.

Si/*estar*...

Si/*ser*...

Si/*ser*...

Si/*vivir*...

Si/*vivir* en una casa encantada...

Si/*estar* en la prisión...

Si/*ver* un extraterrestre...

Si/*ser*...

Si/*ser* invisible...

Q. Una cadena (*chain*) **de posibilidades**. La clase se divide en seis grupos. Cada grupo escoge uno de los siguientes temas. En cinco minutos, escriban una cadena muy larga según el modelo. Después lean sus «creaciones» a la clase.

MODELO: Si tuviera mil dólares...
> **Si tuviera mil dólares, haría un viaje.**
> **Si hiciera un viaje, iría a México.**
> **Si fuera a México, comería muchas tortillas.**
> **Si comiera muchas tortillas,...** etc.

1. Si tuviera un coche nuevo...
2. Si tuviera tiempo...
3. Si tuviera un novio (una novia) muy especial...
4. Si no estuviera aquí...
5. Si pudiera hablar japonés...
6. Si me quedara solo/a un año de vida...

R. Conversaciones. En parejas, conversen acerca de los siguientes temas.

1. Si ganaras la lotería, ¿cómo cambiaría tu vida?
2. Si hubiera un incendio (*fire*) en tu casa y tuvieras cinco minutos para recoger cinco cosas, ¿qué cosas recogerías? ¿Por qué?
3. Si pudieras vivir en cualquier lugar del mundo, ¿dónde vivirías? ¿Por qué?
4. Si pudieras conocer a cualquier persona en la historia del mundo, ¿a quién te gustaría conocer? ¿Por qué?

Presenten algunas de sus ideas a la clase.

S. Si fuera presidente/presidenta. Escriba cinco oraciones indicando lo que usted haría si fuera presidente/presidenta de este país. Lea sus oraciones a un/a compañero/a de clase o a la clase.

5. *Expressing hopes, both real and unreal:* El subjuntivo con **ojalá**

Ojalá que no destruyan nuestro bosque.

Ojalá... or **ojalá que...** (*I hope that/wish that/if only*) translates literally as "May Allah (God) grant you. . . ." The expression was introduced into the Spanish language during the Arab occupation of Spain (711–1492 A.D.). **Ojalá** or **ojalá que** is always followed by the subjunctive, since it expresses hope or desire.

● When used with the present subjunctive, **ojalá** and **ojalá que** indicate that there is a good possibility the situation will occur.

   PRESENT SUBJUNCTIVE
   Ojalá (que) mi candidato **gane**   ***I hope that*** *my candidate **wins***
      la elección.   *the election.*

● When used with the imperfect subjunctive, **ojalá** and **ojalá que** indicate that the situation is not likely to occur or is impossible.

   IMPERFECT SUBJUNCTIVE
   Ojalá (que) pudiéramos hacer   ***I wish we could*** *take the trip to*
      el viaje a Washington.   *Washington* (*but we can't*).

Práctica y comunicación _____

1. Los políticos. Diga si usted espera que los políticos hagan o no hagan las siguientes cosas. Responda con **Ojalá que sí** u **Ojalá que no.**

MODELO: reduzcan el déficit fiscal
        Ojalá que sí reduzcan el déficit fiscal.

1. trabajen para mejorar la economía
2. suban los impuestos (*taxes*)
3. apoyen las leyes en contra de la discriminación
4. sean honestos
5. se olviden de los pobres
6. escuchen a los ciudadanos
7. digan mentiras
8. gasten más en las campañas políticas
9. luchen por los derechos de todos

U. Científicos clonan embrión humano. En parejas, lean el siguiente anuncio de periódico. Contesten las preguntas.

Científicos clonan embrión humano

LONDRES (AFP)- Unos científicos norteamericanos realizaron la primera clonación de un embrión humano, indica el diario británico *The Daily Mail*.

Utilizando métodos idénticos a los que permitieron el nacimiento de Dolly, la oveja clonada en el instituto Roslin de Edimburgo (Escocia), los científicos norteamericanos de la empresa Advanced Cell Technology de Massachusetts lograron producir un embrión macho compuesto por unas 400 células, según el diario, y lo incineraron al cabo de dos días.

Los científicos quieren producir tejidos humanos que se puedan utilizar para curar a pacientes aquejados de diferentes enfermedades, como las del sistema nervioso, la diabetes o el mal de Parkinson.

Desde que procedió a la clonación de su primer embrión, en noviembre de 1998, pesa sobre la empresa la sospecha de que haya llevado a cabo muchas más y los haya incinerado todos antes de que llegaran a la edad de 14 días, explica el diario.

Palabras útiles:
oveja = *sheep*;
al cabo de = *after*;
tejidos = *tissue*;
sospecha = *suspicion*

1. ¿Qué produjeron los científicos?
2. ¿Qué pasó dos días más tarde?
3. ¿Para qué quieren clonar embriones humanos?

Ahora, indiquen sus opiniones y sus deseos en cuanto a la continuación de este experimento.

_____ Ojalá que sigan con este experimento. Estoy de acuerdo con lo que están haciendo los científicos.

_____ Ojalá que abandonen este experimento. No estoy de acuerdo con lo que están haciendo los científicos.

Hablen de sus opiniones y defiéndanlas. **Es bueno/malo que clonen... porque...**

V. Sueños (*Dreams*) **imposibles**. En parejas, completen las oraciones.

1. Ojalá que en este mundo no tuviéramos...
2. Ojalá que en este mundo pudiéramos...

Díganle a la clase algunos de sus sueños.

W. Cifras (*Statistics*) **alarmantes**. En parejas, lean las siguientes cifras. Luego, completen las oraciones para indicar sus reacciones.

La Organización Mundial de Salud (OMS) declara que las enfermedades infecciosas constituyen la primera causa de mortalidad infantil y juvenil en el mundo. Seis enfermedades (infecciones de	las vías respiratorias, SIDA, diarrea, tuberculosis, malaria y rubeola) son responsables del 90% de las muertes de los niños del mundo. (*El Mercurio*, Cuenca, Ecuador, viernes 18 de junio de 1999)

1. Ojalá que...
2. Una solución para el problema de las enfermedades sería...

La Organización Internacional de Trabajo (OIT) estima en 250 millones el número de niños menores de 18 años que trabajan en el mundo, de los cuales la mitad a	tiempo completo. Según la OIT, entre 50 y 60 millones de niños entre 5 y 11 años trabajan diariamente en el mundo. (*El Mercurio*, Cuenca, Ecuador, miércoles 2 de junio de 1999)

3. Ojalá que...
4. Es trágico que...
5. Una solución al problema de los niños trabajadores sería...

Ahora, compartan algunas de sus ideas con la clase.

X. Invenciones. En parejas, lean los dos anuncios de invenciones. ¿Qué opinan ustedes de ellas?

¿En moto bajo el agua? Un joven inglés de 33 años, que vive en California, inventó una moto submarina. Ya han empezado a comercializarlas.	**¿Plásticos se convierten en petróleo?** Una compañía española que fabrica plástico también ha logrado convertir los plásticos usados en petróleo y gas natural. Así ayuda a conservar el medio ambiente.

Ahora, piensen en dos cosas extraordinarias que a ustedes les gustaría inventar. Incluyan por lo menos una invención que sea para mejorar la condición del mundo. Escriban sus ideas.

MODELO: **Ojalá que pudiéramos inventar... para...** *o*
Sería fenomenal si pudiéramos inventar... para...

Dicho y hecho

Conversando

Dramaturgos, actores y actrices

En grupos de tres a cinco estudiantes, escriban y presenten mini-dramas originales a base de los temas de todo el libro. Seleccionen uno de los siguientes temas:

1. en el restaurante o en el café
2. en el consultorio del médico
3. en la tienda de ropa o en el almacén
4. en el banco
5. tratando de alquilar un apartamento
6. problemas familiares y/o de amor
7. acampando en las montañas
8. haciendo un viaje en automóvil, tren, autobús o avión
9. en el hotel
10. en la oficina
11. en las Naciones Unidas, resolviendo los problemas del mundo

Instrucciones:

- Escriban un mini-drama utilizando vocabulario y estructuras del libro. ¡No traduzcan del inglés!
- Cada mini-drama será de cinco a seis minutos.
- Aprendan sus papeles de memoria.
- Al presentar su mini-drama, hablen claramente, con buena pronunciación ¡y con mucha expresión!

¡A escuchar!

¡Manos a la obra (*Let's get to work*)**!**
Escuche los siguientes anuncios de la estación de radio KZK 95fm que presenta oportunidades de trabajo voluntario en todas partes del mundo. Decida qué oportunidad (**A, B** o **C**) mejor corresponda con cada uno de los tres estudiantes indicados.

Estudiantes

_____ 1. Elena, estudiante de biología, adora los animales y le encanta viajar.
_____ 2. Jaime, estudiante de matemáticas, tiene siete hermanos menores, es muy extrovertido y practica varios deportes.
_____ 3. María, estudiante de español, vivió en México por un año, le interesa la sociología y le gusta mucho conocer gente de otros países.

Ahora, escuche los anuncios otra vez. Decida cuál de las tres oportunidades sería la mejor para usted y por qué. Mencione dos o tres razones.

Oportunidades

_____ A. Los Ángeles (Programa de Verano)

_____ B. El Paso (Centro de Auxilios Familiares)

_____ C. Galápagos (Centro Charles Darwin)

¿Por qué?...

De mi escritorio

Presentaciones: Los países hispanos
En grupos de tres, hagan una investigación de un país hispano. Busquen información por Internet o en la biblioteca. Luego, presenten la información a la clase de una manera interesante y creativa. Las presentaciones deben ser de cinco minutos. Hablen de:

• un aspecto importante de la historia del país
• la geografía del país y el clima
• las atracciones de interés para el visitante

Study Hints
See what you have learned! Turn to pp. 472–473 to review the active vocabulary and take the self-test for this chapter.

Paraguay y Uruguay

[www.wiley.com/college/dicho/panorama]

Nacionalidades:
paraguayo(a)
uruguayo(a)

Preguntas sobre el mapa

1. ¿Cuáles son los tres países vecinos de Paraguay?
2. ¿Cuál es la capital de Paraguay?
3. ¿Dónde está situada la capital de Uruguay? ¿Qué opciones cree usted que hay para viajar de Montevideo a Buenos Aires?

Paraguay y Uruguay

Durante el período colonial estos países tuvieron una historia muy similar. Sin embargo, su situación geográfica y su destino político generaron diferencias regionales que resultaron en dos naciones con identidades muy distintas. Por ejemplo, en Uruguay, la población es uniforme—casi todos descienden de inmigrantes. En Paraguay hay mucha diversidad. La población incluye inmigrantes europeos y proximadamente veinticinco tribus indígenas.

Paraguay

Como Bolivia, Paraguay está en el corazón de Sudamérica y no tiene salida al océano. Paraguay deriva su nombre del río que lo cruza de norte a sur. Casi el 95% de la población vive al este del río. La zona del oeste es una extensa planicie llamada el Gran Chaco, que significa «lugar de caza[1]» en quechua.

La capital, Asunción, está a orillas[3] del río Paraguay. Es la ciudad más moderna del país y es el puerto más importante. La ciudad conserva muchos ejemplos de arquitectura colonial. Los tranvías[4] amarillos de Asunción se consideran una antigüedad. ¿Existen tranvías en alguna ciudad de su país?

Hoy en día Paraguay está a la cabeza en la producción de energía eléctrica. La represa[2] de Itaipú puede generar hasta 12.600.000 kilovatios. Paraguay exporta la mayor parte de esta enorme producción eléctrica a Brasil. ¿Hay una represa tan grande en su país?

A partir de 1609 los jesuitas establecieron comunidades autosuficientes que agrupaban a cientos de indígenas guaraníes y los protegían de los traficantes de esclavos[5] portugueses y españoles. Vea la foto de las ruinas de las misiones en Trinidad, Paraguay. ¿Conoce usted unas misiones en los EEUU? ¿En qué estados están?

¿Sabía usted?

▶ Hoy, existen en Paraguay dos lenguas principales, el español y el guaraní. Los paraguayos cantan, escriben y dan expresión a sus emociones en las dos lenguas.

Las espectaculares cataratas del Iguazú están en la frontera entre Argentina, Brasil y Paraguay. ¿Preferiría usted visitarlas en avión o en canoa?

---

[1]*hunt*   [2]*dam*   [3]*on the banks*   [4]*trolleys*   [5]*slaves*

Uruguay

Uruguay es la república sudamericana más pequeña. El nombre del país viene de un río, el río Uruguay, que lo separa de Argentina. La geografía uruguaya es uniforme: al norte están las llanuras[6] y al sur está la Banda Oriental, una región muy plana donde está situada la capital.

La agricultura y la ganadería son la base de la economía del país. La industria pesquera y la manufactura de productos derivados del ganado (lana, cuero, carne) son otra parte importante del sector comercial. El turismo también genera muchos beneficios y representa casi el 30% de la actividad económica.

> **UN NOMBRE PARA LA CAPITAL**
> En 1520 un marinero portugués, cuando vio desde el barco de Magallanes el lugar donde está la capital de Uruguay dijo: «¡Monte vide eu!» (Yo veo una montaña). Éste es el origen del nombre Montevideo.

La yerba mate es un tipo de té muy popular en Uruguay y otros países del Cono Sur. ¿Qué bebidas prefiere usted para mantenerse alerta?

Montevideo, la bella capital con playas en el Atlántico, atrae a muchos turistas. En esta ciudad vive la mitad de la población del país. Inicialmente Montevideo era un fuerte militar; por eso, no existen grandes edificios ni monumentos coloniales como en otras capitales. El aspecto de la ciudad es moderno. Según la foto, ¿qué atracciones turísticas ofrece Montevideo?

¿Qué descubrimos?

Existen varios contrastes importantes entre Paraguay y Uruguay. ¿A qué país hace referencia cada oración?

1. No tiene costas.
2. Su capital tiene costas sobre el Atlántico.
3. El español es la única lengua oficial.
4. Se hablan dos idiomas principales.
5. Tiene una capital que conserva bellos ejemplos de arquitectura colonial.
6. Su capital se caracteriza por su aspecto moderno, sin monumentos coloniales.
7. Su población es diversa: existe una gran variedad de tribus indígenas.
8. Su población es uniforme, casi todos descienden de inmigrantes.

---

[6]*flatlands*   [7]*to retire*   [8]*literacy*

¿Sabía usted?

▶ La legislación social de Uruguay es una de las más innovadoras de Hispanoamérica. Todas las personas que han trabajado 30 años tienen derecho a jubilarse[7] con pensión.

▶ Los uruguayos aman el fútbol y han ganado el campeonato mundial varias veces.

▶ La vida cultural de Uruguay es muy intensa: el país tiene uno de los índices de alfabetismo[8] más altos de Hispanoamérica.

Adivinanzas

Divídanse en parejas. Busquen y escriban las frases que mejor describan Uruguay y Paraguay—su **historia**, **geografía**, **economía**, etc. Dos parejas competirán frente a la clase. La clase presenta las frases y cada pareja, por turnos, escucha y luego identifica el país. La pareja que identifique correctamente el mayor número de frases gana.

ENCUENTRO CULTURAL
Artes literarias: El cuento contemporáneo—Uruguay

Mario Benedetti (1920–) es un famoso escritor uruguayo. En 1973 debió abandonar su país por razones políticas. Durante sus doce años de exilio vivió en Argentina, Perú, Cuba y España. Su vasta producción literaria abarca todos los géneros, con un total de más de sesenta obras. En la siguiente selección, Benedetti nos ofrece una preocupante visión del futuro.

El niño Cinco Mil Millones

En un día del año 1987 nació[1] el niño Cinco Mil Millones. Vino sin etiqueta[2], así que podía ser negro, blanco, amarillo, etc. Muchos países, en ese día eligieron al azar[3] un niño Cinco Mil Millones para homenajearlo[4] y hasta para filmarlo y grabar[5] su primer llanto[6].

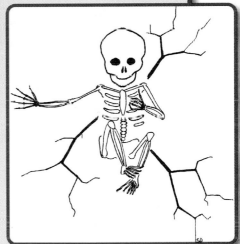

Sin embargo, el verdadero niño Cinco Mil Millones no fue homenajeado ni filmado ni acaso tuvo energías para su primer llanto. Mucho antes de nacer ya tenía hambre. Un hambre atroz. Un hambre vieja. Cuando por fin movió sus dedos, éstos tocaron tierra seca. Cuarteada[7] y seca. Tierra con grietas[8] y esqueletos de perros o de camellos o de vacas. También con el esqueleto del niño 4.999.999.999.

El verdadero niño Cinco Mil Millones tenía hambre y sed, pero su madre tenía más hambre y más sed y sus pechos oscuros eran como tierra exhausta. Junto a ella, el abuelo del niño tenía hambre y sed más antiguas aún y ya no encontraba en sí mismo ganas[9] de pensar o creer.

Una semana después el niño Cinco Mil Millones era un minúsculo esqueleto y en consecuencia disminuyó en algo el horrible riesgo[10] de que el planeta llegara a estar superpoblado.

Preguntas

1. ¿Cómo querían homenajear al niño Cinco Mil Millones? ¿Lo hicieron con el verdadero niño Cinco Mil Millones?
2. ¿Por qué cree usted que el niño Cinco Mil Millones no tuvo energías para su primer llanto?
3. ¿Cómo es la tierra en que nació el niño Cinco Mil Millones? ¿Por qué cree usted que la tierra está en esas condiciones?
4. ¿En qué condiciones están la madre y el abuelo del niño?
5. ¿Qué le pasa al niño al final del cuento?
6. ¿Cree usted que el final del cuento es irónico? ¿Por qué?
7. En su opinión, ¿cuál es el mensaje de este cuento?

---

[1]*was born* [2]*label* [3]*chose at random* [4]*honor him* [5]*record* [6]*crying* [7]*Cracked* [8]*cracks* [9]*the will* [10]*risk*

Sustantivos

Los problemas humanos

el aborto
el alcohol
el crimen
el criminal
los desamparados
el desempleo
la discriminación
la droga
la drogadicción
la enfermedad
la guerra
el hambre
la pobreza
el prejuicio
el SIDA
la sobrepoblación
el tabaco
la urbanización
la víctima
la violencia

El empleo

la compañía
la economía
la empresa
la entrevista
el/la gerente
la jefa
el jefe
la solicitud

La política y la sociedad

el acuerdo de paz
la candidata
el candidato
la ciudadana
el ciudadano
la cura
los derechos humanos
la elección
el gobierno
la igualdad
la justicia
la ley
el/la líder
la paz
la salud
la solución
la vivienda
la voluntaria
el voluntario
el voluntarismo

Verbos y expresiones verbales

apoyar
eliminar
escoger
luchar (por)
prevenir (ie, i)
proponer
robar
solicitar
sufrir
votar (por)
dar de comer
estar a favor de
estar en contra de
tener éxito

I. El imperfecto del subjuntivo. Indique los deseos de las personas, contestando las preguntas con la siguiente información.

MODELO: ¿Qué querías? mi amigo/no apoyar esa causa
Quería que mi amigo no apoyara esa causa.

1. ¿Qué querías?
   mi amigo/ser más conservador
   mi amigo/encontrar empleo
   mi amigo/resolver sus problemas

2. ¿Qué esperaban los padres?
   los hijos/no sufrir la discriminación
   los hijos/no tener que luchar en una guerra
   los hijos/tener éxito

3. ¿Qué sugirió el profesor de ciencias políticas?
   tú/escuchar las noticias
   tú/participar en las elecciones
   tú/votar por el mejor candidato

4. ¿Qué recomendó la profesora de biología?
   nosotros/reciclar muchas cosas
   nosotros/no desperdiciar el agua
   nosotros/no contaminar el río

II. El pluscuamperfecto del subjuntivo. ¿De qué se alegraron los líderes del Club Medio Ambiente? Conteste usando la siguiente información y el pluscuamperfecto del subjuntivo.

MODELO: nosotros/no desperdiciar el agua
Se alegraron de que no hubiéramos desperdiciado el agua.

1. nosotros/no contaminar el lago **Se alegraron de que...**
2. los estudiantes/ayudar a conservar el bosque
3. tú/plantar más árboles
4. yo/reciclar el papel y el aluminio
5. mi amiga/decidir participar en el club

III. El condicional. Diga lo que las personas harían con un millón de dólares.

MODELO: Carlos/comprar una casa
Carlos compraría una casa.

1. yo/viajar a muchos países
2. Pepe/poner el dinero en el banco
3. tú/darles dinero a los pobres

4. ustedes/gastar todo el dinero
5. nosotros/hacer un viaje a la Patagonia
6. mis amigas/ir a Chile a esquiar

IV. Cláusulas con *si*. Haga usted oraciones indicando la condición (**si...**) y el resultado.

MODELO: encontrar un trabajo bueno/ganar más dinero
Si encontrara un trabajo bueno, ganaría más dinero.

1. ganar más dinero/ahorrarlo
2. ahorrarlo/tener mucho dinero
3. tener mucho dinero/comprar un coche
4. comprar un coche/hacer un viaje
5. hacer un viaje/ir a México
6. ir a México/quedarme allí dos meses
7. quedarme allí dos meses/perder mi trabajo
8. perder mi trabajo/no tener dinero

V. Cláusulas con *ojalá*. Indique sus deseos en las siguientes situaciones. Use la expresión **ojalá** y el imperfecto del subjuntivo.

MODELO: Mi padre es muy conservador.
Ojalá (que) mi padre no fuera tan conservador.

1. ¡El aire está tan contaminado!
2. Hay mucho desempleo en esta ciudad.
3. Tenemos muchas guerras en el mundo hoy.
4. Muchas personas sufren del SIDA y del cáncer.

VI. Repaso general del Capítulo 14. Conteste con oraciones completas.

1. En su opinión, ¿cuáles son algunos de los problemas más serios de nuestra nación hoy en día?
2. Si usted pudiera cambiar una cosa de nuestro mundo, ¿qué cambiaría? ¿Por qué?
3. Cuando usted estaba en la escuela secundaria, ¿se preocupaba por algunos de los problemas del mundo? (¿Cuáles?) ¿Se preocupaba por otros problemas? (¿Cuáles?)
4. ¿Qué quería usted que sus padres/maestros/amigos hicieran para hacer su vida mejor?

Answers to the **Autoprueba y repaso** are found in **Apéndice 2**.

Apéndice 1: Verbos

A. REGULAR VERBS

INFINITIVE

-ar	**-er**	**-ir**
hablar, *to speak*	**comer,** *to eat*	**vivir,** *to live*

PRESENT PARTICIPLE

hablando, *speaking*	**comiendo,** *eating*	**viviendo,** *living*

PAST PARTICIPLE

hablado, *spoken*	**comido,** *eaten*	**vivido,** *lived*

INDICATIVE MOOD

Present

I speak, do speak, am speaking, etc.		*I eat, do eat, am eating, etc.*		*I live, do live, am living, etc.*	
hablo	hablamos	como	comemos	vivo	vivimos
hablas	habláis	comes	coméis	vives	vivís
habla	hablan	come	comen	vive	viven

Preterit

I spoke, did speak, etc.		*I ate, did eat, etc.*		*I lived, did live, etc.*	
hablé	hablamos	comí	comimos	viví	vivimos
hablaste	hablasteis	comiste	comisteis	viviste	vivisteis
habló	hablaron	comió	comieron	vivió	vivieron

Imperfect

I was speaking, used to speak, spoke, etc.		*I was eating, used to eat, ate, etc.*		*I was living, used to live, lived, etc.*	
hablaba	hablábamos	comía	comíamos	vivía	vivíamos
hablabas	hablabais	comías	comíais	vivías	vivíais
hablaba	hablaban	comía	comían	vivía	vivían

Future

I will speak, etc.		*I will eat, etc.*		*I will live, etc.*	
hablaré	hablaremos	comeré	comeremos	viviré	viviremos
hablarás	hablaréis	comerás	comeréis	vivirás	viviréis
hablará	hablarán	comerá	comerán	vivirá	vivirán

I would speak, etc.		*I would eat, etc.*		*I would live, etc.*	
hablaría	hablaríamos	comería	comeríamos	viviría	viviríamos
hablarías	hablaríais	comerías	comeríais	vivirías	viviríais
hablaría	hablarían	comería	comerían	viviría	vivirían

Present Perfect

I have, etc., . . .   *. . . spoken*   *. . . eaten*   *. . . lived*

he	hemos			
has	habéis	hablado	comido	vivido
ha	han			

Past Perfect (Pluperfect)

I had, etc., . . .   *. . . spoken*   *. . . eaten*   *. . . lived*

había	habíamos			
habías	habíais	hablado	comido	vivido
había	habían			

Future Perfect

I will have, etc., . . .   *. . . spoken*   *. . . eaten*   *. . . lived*

habré	habremos			
habrás	habréis	hablado	comido	vivido
habrá	habrán			

Conditional Perfect

I would have, etc., . . .   *. . . spoken*   *. . . eaten*   *. . . lived*

habría	habríamos			
habrías	habríais	hablado	comido	vivido
habría	habrían			

SUBJUNCTIVE MOOD

Present Subjunctive

(that) I (may) speak, etc.   *(that) I (may) eat, etc.*   *(that) I (may) live, etc.*

hable	hablemos	coma	comamos	viva	vivamos
hables	habléis	comas	comáis	vivas	viváis
hable	hablen	coma	coman	viva	vivan

Imperfect Subjunctive

(that) I might speak, etc.   *(that) I might eat, etc.*   *(that) I might live, etc.*

hablara	habláramos	comiera	comiéramos	viviera	viviéramos
hablaras	hablarais	comieras	comierais	vivieras	vivierais
hablara	hablaran	comiera	comieran	viviera	vivieran

Present Perfect Subjunctive

(that) I (may) have, etc., . . .   *. . . spoken*   *. . . eaten*   *. . . lived*

haya	hayamos			
hayas	hayáis	hablado	comido	vivido
haya	hayan			

Past Perfect (Pluperfect) Subjunctive

(that) I might have, etc., . . .   *. . . spoken*   *. . . eaten*   *. . . lived*

hubiera	hubiéramos			
hubieras	hubierais	hablado	comido	vivido
hubiera	hubieran			

Command Forms

usted	hable	coma	viva
	no hable	no coma	no viva
ustedes	hablen	coman	vivan
	no hablen	no coman	no vivan
nosotros	hablemos	comamos	vivamos
	no hablemos	no comamos	no vivamos
tú	habla	come	vive
	no hables	no comas	no vivas
(vosotros)	[hablad]	[comed]	[vivid]
	[no habléis]	[no comáis]	[no viváis]

B. STEM-CHANGING VERBS

Only the tenses with stem changes are given.

1. -ar and -er stem-changing verbs: e → ie and o → ue

pensar (ie)   *to think*

Present Indicative:	**pienso, piensas, piensa,** pensamos, penśais, **piensan**
Present Subjunctive:	**piense, pienses, piense,** pensemos, penséis, **piensen**
Commands:	**piense (usted), piensen (ustedes),** pensemos (nosotros), **piensa (tú), no pienses (tú),** [pensad (vosotros), no penséis (vosotros)]

volver (ue)   *to return*

Present Indicative:	**vuelvo, vuelves, vuelve,** volvemos, volvéis, **vuelven**
Present Subjunctive:	**vuelva, vuelvas, vuelva,** volvamos, volváis, **vuelvan**
Commands:	**vuelva (usted), vuelvan (ustedes),** volvamos (nosotros), **vuelve (tú), no vuelvas (tú),** [volved (vosotros), no volváis (vosotros)]

Other verbs of this type are:

cerrar (ie)	*to close*	**acostarse (ue)**	*to go to bed*
despertarse (ie)	*to wake up*	**almorzar (ue)**	*to have lunch*
empezar (ie)	*to begin*	**contar (ue)**	*to count, tell*
encender (ie)	*to turn on (light)*	**costar (ue)**	*to cost*
entender (ie)	*to understand*	**encontrar (ue)**	*to find*
nevar (ie)	*to snow*	**jugar (ue)**	*to play*
perder (ie)	*to lose*	**mostrar (ue)**	*to show*
querer (ie)	*to wish, want, love*	**poder (ue)**	*to be able, can*
recomendar (ie)	*to recommend*	**recordar (ue)**	*to remember*
sentarse (ie)	*to sit down*	**resolver (ue)**	*to resolve*
		sonar (ue)	*to sound, ring*

2. -ir stem-changing verbs: e → ie, i and o → ue, u

referir (ie, i)   *to refer*

Present Participle:	**refiriendo**
Present Indicative:	**refiero, refieres, refiere,** referimos, referís, **refieren**
Preterit:	referí, referiste, **refirió,** referimos, referisteis, **refirieron**
Present Subjunctive:	**refiera, refieras, refiera, refiramos, refiráis, refieran**
Imperfect Subjunctive:	**refiriera, refirieras, refiriera, refiriéramos, refirierais, refirieran**
Commands:	**refiera (usted), refieran (ustedes), refiramos (nosotros), refiere (tú), no refieras (tú),** [referid (vosotros), **no refiráis (vosotros)**]

dormir (ue, u)   *to sleep*

Present Participle:	**durmiendo**
Present Indicative:	**duermo, duermes, duerme,** dormimos, dormís, **duermen**
Preterit:	dormí, dormiste, **durmió,** dormimos, dormisteis, **durmieron**
Present Subjunctive:	**duerma, duermas, duerma, durmamos, durmáis, duerman**
Imperfect Subjunctive:	**durmiera, durmieras, durmiera, durmiéramos, durmierais, durmieran**
Commands:	**duerma (usted), duerman (ustedes), durmamos (nosotros), duerme (tú), no duermas (tú),** [dormid (vosotros), **no durmáis (vosotros)**]

Other verbs of this type are:

divertirse (ie, i)	*to have a good time*
morir (ue, u)	*to die*
sentir (ie, i)	*to be sorry, regret*
sentirse (ie, i)	*to feel*
sugerir (ie, i)	*to suggest*

3. -ir stem-changing verbs: e → i, i

pedir (i, i)   *to ask for*

Present Participle:	**pidiendo**
Present Indicative:	**pido, pides, pide,** pedimos, pedís, **piden**
Preterit:	pedí, pediste, **pidió,** pedimos, pedisteis, **pidieron**
Present Subjunctive:	**pida, pidas, pida, pidamos, pidáis, pidan**
Imperfect Subjunctive:	**pidiera, pidieras, pidiera, pidiéramos, pidierais, pidieran**
Commands:	**pida (usted), pidan (ustedes), pidamos (nosotros), pide (tú), no pidas (tú),** [pedid (vosotros), **no pidáis (vosotros)**]

Other verbs of this type are:

conseguir (i, i)	*to get, obtain*
despedirse de (i, i)	*to say good-bye*
reírse (i, i)	*to laugh*
repetir (i, i)	*to repeat*
servir (i, i)	*to serve*
seguir (i, i)	*to follow*
vestirse (i, i)	*to get dressed*

C. VERBS WITH ORTHOGRAPHIC CHANGES

Only the tenses with orthographic changes are given.

1. c → qu

tocar   *to play (instrument)*

Preterit: **toqué,** tocaste, tocó, tocamos, tocasteis, tocaron
Present Subjunctive: **toque, toques, toque, toquemos, toquéis, toquen**
Commands: **toque (usted), toquen (ustedes), toquemos (nosotros),**
                         toca (tú), **no toques (tú),** [tocad (vosotros), **no toquéis
                         (vosotros)**]

Like **tocar** are **buscar,** *to look for;* **explicar,** *to explain;* **pescar,** *to fish;* and **sacar,** *to take out.*

2. z → c

empezar (ie)   *to begin*

Preterit: **empecé,** empezaste, empezó, empezamos, empezasteis,
                         empezaron
Present Subjunctive: **empiece, empieces, empiece, empecemos, empecéis,
                         empiecen**
Commands: **empiece (usted), empiecen (ustedes), empecemos
                         (nosotros),** empieza (tú), **no empieces (tú)** [empezad
                         (vosotros), **no empecéis (vosotros)**]

Like **empezar** are **abrazar,** *to hug;* **almorzar** (ue), *to have lunch;* and **cruzar,** *to cross.*

3. g → gu

pagar   *to pay (for)*

Preterit: **pagué,** pagaste, pagó, pagamos, pagasteis, pagaron
Present Subjunctive: **pague, pagues, pague, paguemos, paguéis, paguen**
Commands: **pague (usted), paguen (ustedes), paguemos (nosotros),**
                         paga (tú), **no pagues (tú),** [pagad (vosotros), **no paguéis
                         (vosotros)**]

Like **pagar** are **llegar,** *to arrive;* **jugar** (ue), *to play;* and **apagar,** *to turn off.*

4. gu → g

seguir (i, i)   *to follow, continue*

Present Indicative: **sigo,** sigues, sigue, seguimos, seguís, siguen
Present Subjunctive: **siga, sigas, siga, sigamos, sigáis, sigan**
Commands: **siga (usted), sigan (ustedes), sigamos (nosotros),**
                         sigue (tú), **no sigas (tú),** [seguid (vosotros), **no sigáis
                         (vosotros)**]

5. g → j

recoger   *to pick up*

Present Indicative: **recojo,** recoges, recoge, recogemos, recogéis, recogen
Present Subjunctive: **recoja, recojas, recoja, recojamos, recojáis, recojan**
Commands: **recoja (usted), recojan (ustedes), recojamos (nosotros),**
                         recoge (tú), **no recojas (tú),** [recoged (vosotros), **no recojáis
                         (vosotros)**]

Like **recoger** is **escoger,** *to choose,* and **proteger,** *to protect.*

6. i → y

leer *to read*

Present Participle:	**leyendo**
Preterit:	leí, leíste, **leyó,** leímos, leísteis, **leyeron**
Imperfect Subjunctive:	**leyera, leyeras, leyera, leyéramos, leyerais, leyeran**

Like **leer** is **oír,** *to hear;* and in the present participle **traer,** *to bring:* **trayendo;** and **ir,** *to go:* **yendo.**

construir *to construct*

Present Participle:	**construyendo**
Present Indicative:	**construyo, construyes, construye,** construimos, construís, **construyen**
Preterit:	construí, construiste, **construyó,** construimos, construisteis, **construyeron**
Present Subjunctive:	**construya, construyas, construya, construyamos, construyáis, construyan**
Imperfect Subjunctive:	**construyera, construyeras, construyera, construyéramos, construyerais, construyeran**
Commands:	**construya (usted), construyan (ustedes), construyamos (nosotros), construye (tú), no construyas (tú),** [construid (vosotros), **no construyáis (vosotros)**]

Like **construir** is **destruir,** *to destroy.*

D. IRREGULAR VERBS

Only the tenses and commands that have irregular forms are given.

andar *to walk, to go, to run (machinery)*

Preterit:	**anduve, anduviste, anduvo, anduvimos, anduvisteis, anduvieron**
Imperfect Subjunctive:	**anduviera, anduvieras, anduviera, anduviéramos, anduvierais, anduvieran**

conocer *to know, be acquainted with*

Present Indicative:	**conozco,** conoces, conoce, conocemos, conocéis, conocen
Present Subjunctive:	**conozca, conozcas, conozca, conozcamos, conozcáis, conozcan**

dar *to give*

Present Indicative:	**doy,** das, da, damos, dais, dan
Preterit:	**di, diste, dio, dimos, disteis, dieron**
Present Subjunctive:	**dé,** des, **dé,** demos, deis, den
Imperfect Subjunctive:	**diera, dieras, diera, diéramos, dierais, dieran**

decir *to say, tell*

Present Participle:	**diciendo**
Past Participle:	**dicho**
Present Indicative:	**digo, dices, dice,** decimos, decís, **dicen**
Preterit:	**dije, dijiste, dijo, dijimos, dijisteis, dijeron**
Present Subjunctive:	**diga, digas, diga, digamos, digáis, digan**
Imperfect Subjunctive:	**dijera, dijeras, dijera, dijéramos, dijerais, dijeran**
Future:	**diré, dirás, dirá, diremos, diréis, dirán**
Conditional:	**diría, dirías, diría, diríamos, diríais, dirían**
Affirmative tú *command:*	**di**

estar   *to be*

Present Indicative:	**estoy, estás, está,** estamos, estáis, **están**
Preterit:	**estuve, estuviste, estuvo, estuvimos, estuvisteis, estuvieron**
Present Subjunctive:	**esté, estés, esté,** estemos, estéis, **estén**
Imperfect Subjunctive:	**estuviera, estuvieras, estuviera, estuviéramos, estuvierais, estuvieran**

haber   *to have*

Present Indicative:	**he, has, ha, hemos,** habéis, **han**
Preterit:	**hube, hubiste, hubo, hubimos, hubisteis, hubieron**
Present Subjunctive:	**haya, hayas, haya, hayamos, hayáis, hayan**
Imperfect Subjunctive:	**hubiera, hubieras, hubiera, hubiéramos, hubierais, hubieran**
Future:	**habré, habrás, habrá, habremos, habréis, habrán**
Conditional:	**habría, habrías, habría, habríamos, habríais, habrían**

hacer   *to do, make*

Past Participle:	**hecho**
Present Indicative:	**hago,** haces, hace, hacemos, hacéis, hacen
Preterit:	**hice, hiciste, hizo, hicimos, hicisteis, hicieron**
Present Subjunctive:	**haga, hagas, haga, hagamos, hagáis, hagan**
Imperfect Subjunctive:	**hiciera, hicieras, hiciera, hiciéramos, hicierais, hicieran**
Future:	**haré, harás, hará, haremos, haréis, harán**
Conditional:	**haría, harías, haría, haríamos, haríais, harían**
Affirmative tú *command:*	**haz**

ir   *to go*

Present Participle:	**yendo**
Past Participle:	**ido**
Present Indicative:	**voy, vas, va, vamos, vais, van**
Preterit:	**fui, fuiste, fue, fuimos, fuisteis, fueron**
Imperfect:	**iba, ibas, iba, íbamos, ibais, iban**
Present Subjunctive:	**vaya, vayas, vaya, vayamos, vayáis, vayan**
Imperfect Subjunctive:	**fuera, fueras, fuera, fuéramos, fuerais, fueran**
Affirmative tú *command:*	**ve**
Affirmative nosotros *command:*	**vamos**

oír   *to hear*

Present Participle:	**oyendo**
Past Participle:	**oído**
Present Indicative:	**oigo, oyes, oye,** oímos, oís, **oyen**
Preterit:	oí, **oíste, oyó,** oímos, oísteis, **oyeron**
Present Subjunctive:	**oiga, oigas, oiga, oigamos, oigáis, oigan**
Imperfect Subjunctive:	**oyera, oyeras, oyera, oyéramos, oyerais, oyeran**

poder   *to be able, can*

Present Participle:	**pudiendo**
Present Indicative:	**puedo, puedes, puede,** podemos, podéis, **pueden**
Preterit:	**pude, pudiste, pudo, pudimos, pudisteis, pudieron**
Present Subjunctive:	**pueda, puedas, pueda,** podamos, podáis, **puedan**
Imperfect Subjunctive:	**pudiera, pudieras, pudiera, pudiéramos, pudierais, pudieran**
Future:	**podré, podrás, podrá, podremos, podréis, podrán**
Conditional:	**podría, podrías, podría, podríamos, podríais, podrían**

poner *to put, place*

Past Participle:	**puesto**
Present Indicative:	**pongo,** pones, pone, ponemos, ponéis, ponen
Preterit:	**puse, pusiste, puso, pusimos, pusisteis, pusieron**
Present Subjunctive:	**ponga, pongas, ponga, pongamos, pongáis, pongan**
Imperfect Subjunctive:	**pusiera, pusieras, pusiera, pusiéramos, pusierais, pusieran**
Future:	**pondré, pondrás, pondrá, pondremos, pondréis, pondrán**
Conditional:	**pondría, pondrías, pondría, pondríamos, pondríais, pondrían**
Affirmative tú command:	**pon**

Like **poner** is **proponer,** *to propose.*

querer *to wish, want*

Present Indicative:	**quiero, quieres, quiere,** queremos, queréis, **quieren**
Preterit:	**quise, quisiste, quiso, quisimos, quisisteis, quisieron**
Present Subjunctive:	**quiera, quieras, quiera,** queramos, queráis, **quieran**
Imperfect Subjunctive:	**quisiera, quisieras, quisiera, quisiéramos, quisierais, quisieran**
Future:	**querré, querrás, querrá, querremos, querréis, querrán**
Conditional:	**querría, querrías, querría, querríamos, querríais, querrían**

saber *to know*

Present Indicative:	**sé,** sabes, sabe, sabemos, sabéis, saben
Preterit:	**supe, supiste, supo, supimos, supisteis, supieron**
Present Subjunctive:	**sepa, sepas, sepa, sepamos, sepáis, sepan**
Imperfect Subjunctive:	**supiera, supieras, supiera, supiéramos, supierais, supieran**
Future:	**sabré, sabrás, sabrá, sabremos, sabréis, sabrán**
Conditional:	**sabría, sabrías, sabría, sabríamos, sabríais, sabrían**

salir *to go out, leave*

Present Indicative:	**salgo,** sales, sale, salimos, salís, salen
Present Subjunctive:	**salga, salgas, salga, salgamos, salgáis, salgan**
Future:	**saldré, saldrás, saldrá, saldremos, saldréis, saldrán**
Conditional:	**saldría, saldrías, saldría, saldríamos, saldríais, saldrían**
Affirmative tú command:	**sal**

ser *to be*

Present Indicative:	**soy, eres, es, somos, sois, son**
Preterit:	**fui, fuiste, fue, fuimos, fuisteis, fueron**
Imperfect:	**era, eras, era, éramos, erais, eran**
Present Subjunctive:	**sea, seas, sea, seamos, seáis, sean**
Imperfect Subjunctive:	**fuera, fueras, fuera, fuéramos, fuerais, fueran**
Affirmative tú command:	**sé**

tener *to have*

Present Indicative:	**tengo, tienes, tiene,** tenemos, tenéis, **tienen**
Preterit:	**tuve, tuviste, tuvo, tuvimos, tuvisteis, tuvieron**
Present Subjunctive:	**tenga, tengas, tenga, tengamos, tengáis, tengan**
Imperfect Subjunctive:	**tuviera, tuvieras, tuviera, tuviéramos, tuvierais, tuvieran**
Future:	**tendré, tendrás, tendrá, tendremos, tendréis, tendrán**
Conditional:	**tendría, tendrías, tendría, tendríamos, tendríais, tendrían**
Affirmative tú command:	**ten**

Like **tener** is **contener,** *to contain.*

traducir *to translate*

Present Indicative:	**traduzco,** traduces, traduce, traducimos, traducís, traducen
Preterit:	**traduje, tradujiste, tradujo, tradujimos, tradujisteis, tradujeron**
Present Subjunctive:	**traduzca, traduzcas, traduzca, traduzcamos, traduzcáis, traduzcan**
Imperfect Subjunctive:	**tradujera, tradujeras, tradujera, tradujéramos, tradujerais, tradujeran**

Like **traducir** is **conducir,** *to drive.*

traer *to bring*

Present Participle:	**trayendo**
Past Participle:	**traído**
Present Indicative:	**traigo,** traes, trae, traemos, traéis, traen
Preterit:	**traje, trajiste, trajo, trajimos, trajisteis, trajeron**
Present Subjunctive:	**traiga, traigas, traiga, traigamos, traigáis, traigan**
Imperfect Subjunctive:	**trajera, trajeras, trajera, trajéramos, trajerais, trajeran**

venir *to come*

Present Participle:	**viniendo**
Present Indicative:	**vengo, vienes, viene,** venimos, venís, **vienen**
Preterit:	**vine, viniste, vino, vinimos, vinisteis, vinieron**
Present Subjunctive:	**venga, vengas, venga, vengamos, vengáis, vengan**
Imperfect Subjunctive:	**viniera, vinieras, viniera, viniéramos, vinierais, vinieran**
Future:	**vendré, vendrás, vendrá, vendremos, vendréis, vendrán**
Conditional:	**vendría, vendrías, vendría, vendríamos, vendríais, vendrían**
Affirmative tú command:	**ven**

Like **venir** is **prevenir,** *to prevent.*

ver *to see*

Past Participle:	**visto**
Present Indicative:	**veo,** ves, ve, vemos, veis, ven
Preterit:	**vi,** viste, **vio,** vimos, visteis, vieron
Imperfect:	**veía, veías, veía, veíamos, veíais, veían**
Present Subjunctive:	**vea, veas, vea, veamos, veáis, vean**

Apéndice 2: Respuestas para las autopruebas

AUTOPRUEBA Y REPASO 1

I. 1. PEPITA: (Muy) Bien, gracias.
PROFESORA: (Muy) Bien, gracias.
2. PROFESORA: ¿Cómo te llamas?
3. CARMEN: ¿Cómo estás? (¿Qué tal?)
PEPITA: Muy bien, gracias. (Regular.)
4. PROFESORA: Mucho gusto. (Encantada.)
CARMEN: El gusto es mío. (Igualmente.)
5. MANUEL: Me llamo Manuel.
PEPITA: Me llamo Pepita.
PEPITA: Igualmente.
6. CARMEN: ¿Qué hora es?
PEPITA: Hasta luego. (Hasta pronto. Chao. Adiós.)

II. 1. Ellos son de Chile pero nosotras somos de México. 2. Tú eres de Colombia pero ustedes son de España. 3. Luis es de El Salvador pero Juan y Elena son de Honduras.

III. 1. Sí, soy de Tejas. *o* No, no soy de Tejas. 2. Sí, soy muy sentimental. *o* No, no soy muy sentimental. 3. Sí, soy pesimista. *o* No, no soy pesimista. 4. Sí, somos responsables. *o* No, no somos responsables. 5. Sí, somos arrogantes. *o* No, no somos arrogantes.

IV. 1. Son japonesas. 2. Es española. 3. Es canadiense. 4. Son mexicanas. 5. Son alemanes.

V. 1. lunes, los miércoles, los viernes (los martes, los jueves)... 2. los sábados, los domingos

VI. A. 1. Es la una y cuarto (quince) de la tarde. 2. Son las nueve y media (treinta) de la noche. 3. Son las seis menos diez de la mañana. *o* Son las cinco y cincuenta de la mañana. 4. Son las doce menos veinte de la noche. *o* Son las once y cuarenta de la noche. 5. Es (el) mediodía.

B. 1. ¿A qué hora es la clase de historia? Es a las ocho y cuarto (quince) de la mañana. 2. ¿A qué hora es la clase de español? Es a las nueve y veinte de la mañana. 3. ¿A qué hora es la clase de religión? Es a las dos y media (treinta) de la tarde.

VII. 1. Es el catorce de febrero. 2. Es el primero de abril. 3. Es el cuatro de julio. 4. Es el veintitrés de noviembre. 5. Es el veinticinco de diciembre.

VIII. 1. Me llamo... 2. Muy bien, gracias. (Regular.) 3. Soy de... 4. Soy... 5. Es el... de... 6. Es lunes, etc. 7. Son las... (Es la...)

AUTOPRUEBA Y REPASO 2

I. A. 1. el, los ejercicios 2. la, las lecciones 3. la, las páginas 4. el, los exámenes

B. 1. un, una 2. un, una, unas 3. una, unos

II. 1. Voy a la cafetería (al centro estudiantil). 2. Vamos al laboratorio (a la residencia estudiantil/al cuarto). 3. Vamos al gimnasio. 4. Van a la oficina del profesor. 5. Vas a la librería. 6. Va al cuarto (a la residencia estudiantil/a casa/al apartamento).

III. 1. Tomo... 2. Llegan... 3. ¿Estudia...? 4. ¿Trabajas...? 5. Usamos...

IV. 1. Asistimos... aprendemos... 2. Vivo... estudio... 3. Comen... toman... 4. Leemos... escribimos... 5. Imprimes... usas... 6. Hago... salgo...

V. 1. Sí, voy a clases todos los días. o No, no voy... 2. Hay... estudiantes en la clase de español. 3. Sí, hay (mucha) tarea todas las noches. o No, no hay... 4. Sí, escribimos en el *Cuaderno de ejercicios* todas las noches. o No, no escribimos... 5. Voy a la librería. Voy al laboratorio (al centro de computadoras). 6. Voy a... 7. Ceno a las... 8. Como en casa (en la cafetería/en mi apartamento).

AUTOPRUEBA Y REPASO 3

I. 1. tengo 2. tiene 3. tienen 4. tenemos 5. tienes

II. 1. Tengo mis fotos. 2. ¿Tienes tus libros? 3. Tiene su diccionario. 4. Tenemos nuestro televisor. 5. ¿Tienen sus calculadoras?

III. 1. soy, son débiles 2. son, es bajo 3. somos, somos ricos 4. es, son difíciles

IV. 1. Estoy nervioso/a (preocupado/a). 2. Están (muy) ocupados/as. 3. Está (muy) enfermo/a. 4. Estamos contentos/as.

V. 1. es 2. son 3. es, es 4. es 5. está 6. están 7. son 8. son

VI. 1. Tengo... años. 2. Mi madre es simpática, etc. o Mi padre es alto, etc. 3. Mis amigos/as son simpáticos/as, etc. 4. Mis amigos/as están bien (contentos/as), etc. 5. Sí, estamos preocupados/as por nuestras notas en la clase de... o No, no estamos preocupados/as por nuestras notas. 6. Tenemos clases los lunes, etc. 7. Mis (Nuestras) clases son difíciles, etc.

AUTOPRUEBA Y REPASO 4

I. 1. ¿Pueden cocinar? Sí, podemos cocinar. o No, no podemos... 2. ¿Quieren ir de compras? Sí, queremos ir de compras. o No, no queremos... 3. ¿Almuerzan a las doce todos los días? Sí, almorzamos a las doce todos los días. o No, no almorzamos... 4. ¿Prefieren cenar en un restaurante o en la cafetería? Preferimos cenar en un restaurante (en la cafetería). 5. ¿Normalmente piden postres en los restaurantes? Sí, normalmente pedimos postres en los restaurantes. o No, normalmente no pedimos...

II. 1. Voy a imprimir mi trabajo escrito. 2. Vamos a tomar una siesta. 3. Vas a escuchar cintas en el laboratorio. 4. Van a ir al gimnasio. 5. Va a hablar con la profesora.

III. 1. Dos cuestan doscientos cincuenta dólares. 2. Dos cuestan ciento cuarenta dólares. 3. Dos cuestan setecientos dólares. 4. Dos cuestan dos mil ochocientos dólares. 5. Dos cuestan novecientos dólares. 6. Dos cuestan treinta y dos mil dólares.

IV. 1. ¿A sus padres les gusta tomar café? Sí, les gusta tomar café. o No, no les gusta... 2. ¿A ustedes les gusta la comida italiana? Sí, nos gusta la comida italiana. o No, no nos gusta... 3. ¿A ustedes les gusta tomar el desayuno temprano? Sí, nos gusta tomar el desayuno temprano. o No, no nos gusta... 4. ¿A su abuela le gustan los postres? Sí, le gustan los postres. o No, no le gustan... 5. ¿A usted le gustan los frijoles negros? Sí, me gustan los frijoles negros. o No, no me gustan...

V. 1. ¿Qué bebe? *o* ¿Por qué no bebe vino? 2. ¿Cuál es su fruta favorita?
3. ¿Cuándo trabaja? 4. ¿De dónde es? 5. ¿Cuántos años tiene? 6. ¿Dónde vive?
7. ¿Adónde va? 8. ¿Cómo está?

VI. 1. Como huevos, etc. 2. Mi postre favorito es el helado, etc. 3. Me gustan más las
manzanas, etc. 4. Quiero cenar en... 5. Voy a estudiar, etc. 6. Generalmente
dormimos... horas. 7. Sí, podemos estudiar toda la noche sin dormir. *o* No, no
podemos...

AUTOPRUEBA Y REPASO 5

I. 1. Busco **a** mi amigo. Busco la casa. Busco **al** médico. 2. Conozco **a** la señorita
Méndez. Conozco **al** señor Lorca. Conozco la ciudad de Nueva York.

II. 1. Tú vienes a clase todos los días. Yo vengo... 2. Nosotros decimos «hola» al entrar...
Yo digo «hola»... 3. Usted conoce bien al profesor. Yo conozco... 4. Nosotros
sabemos todo el vocabulario. Yo sé... 5. Ustedes hacen preguntas en clase. Yo hago...
6. Ana traduce las oraciones. Yo traduzco... 7. Ellas traen la tarea a clase. Yo traigo...
8. Tú no sales de clase temprano. Yo no salgo...

III. 1. Hace fresco. (Hace buen tiempo.)... 2. Hace frío. (Nieva.)... 3. Hace buen tiempo.
(Llueve mucho.)... 4. Hace mucho calor. (Hace sol.)...

IV. 1. Está nevando. 2. El niño está durmiendo. 3. Estoy leyendo una novela.
4. Estamos viendo la tele. 5. Mis hermanos están preparando la cena.

V. 1. Hace dos semanas que trabajo aquí. 2. Hace media hora que juego al tenis.
3. Hace un año que conozco a mi mejor amigo/a.

VI. 1. Conozco a... 2. Tengo que estudiar, etc. 3. Tengo ganas de dormir, etc. 4. Mi
estación favorita es la primavera, etc. porque... 5. Sí, tengo resfriados frecuentemente.
o No, no tengo... Tengo tos, fiebre, dolor de garganta, etc. 6. Estoy escribiendo los
ejercicios de la *Autoprueba*. 7. Hace (*semanas, meses*) que estudio español usando este
libro de texto.

AUTOPRUEBA Y REPASO 6

I. 1. Empecé a trabajar a las nueve. 2. Muchas personas abrieron cuentas. 3. Mi
prima cobró un cheque. 4. Cambiaste cheques de viajero. 5. Firmamos los cheques.
6. Saqué fotocopias para un cliente. 7. Ustedes pagaron la cuenta. 8. Vi a muchos
clientes nuevos en el banco. 9. Trabajé en el banco todo el día.

II. 1. Ana, ¿pidió usted las entradas? Carlos y Felipe, ¿pidieron ustedes...? 2. Ana,
¿prefirió usted la ópera o el ballet? Carlos y Felipe, ¿prefirieron...? 3. Ana, ¿durmió
usted bien después de volver del centro? Carlos y Felipe, ¿durmieron ustedes...?

III. A. 1. Antonio va a llevarme. 2. Antonio va a llevarnos. 3. Antonio va a llevarlos.
4. Antonio va a llevarlas. 5. Antonio va a llevarlos. 6. Antonio va a llevarla.
7. Antonio va a llevarte. .

B. 1. Sí, las encontré. 2. Si, las firmé. 3. Sí, la cambié. 4. Sí, los recibí.

C. 1. Sí, quiero verlos/las. (Sí, los/las quiero ver.) *o* No, no quiero verlos/las. (No, no
los/las quiero ver.) 2. Sí, voy a llamarlos. (Sí, los voy a llamar.) *o* No, no voy a llamarlos.
(No, no los voy a llamar.) 3. Sí, necesito depositarlo. (Sí, lo necesito depositar.) *o* No, no
necesito depositarlo. (No, no lo necesito depositar.) 4. Sí, quiero abrirla ahora. (Sí, la
quiero abrir ahora.) *o* No, no quiero abrirla ahora. (No, no la quiero abrir ahora.)

IV. 1. No, no pedí nada. 2. No, nadie encontró tus cheques de viajero. *o* No, nadie los
encontró. 3. No, no hay ningún taxi esperando en la avenida. *o* No, no hay ninguno
esperando en la avenida.

V.   1. Abren los bancos a las... de la mañana. Abren los almacenes a las...   2. Sí, gasté mucho dinero en el centro comercial el mes pasado. Compré... o No, no gasté... No compré nada./Compré...   3. Pedimos...   4. Sí, fuimos al centro para ir a un restaurante, etc. o No, no fuimos al centro.   5. Sí, vimos la película «Titanic». Nos gustó.../No nos gustó. o No, no vimos...   6. Dormí... horas.   7. Casi nunca./Casi siempre duermo ocho horas porque...

AUTOPRUEBA Y REPASO 7

I.   **A.** 1. Voy a comprar esta corbata.   2. Voy a comprar esos zapatos.   3. Voy a comprar esas camisetas blancas.   4. Voy a comprar ese reloj «Rolex».

B. 1. Estas gafas cuestan treinta y ocho dólares, ésas cuestan veintidós dólares y aquéllas cuestan diecinueve dólares.   2. Estos jeans cuestan setenta y cinco dólares, ésos cuestan sesenta y tres dólares, y aquéllos cuestan treinta y cuatro dólares.   3. Este traje cuesta trescientos cuarenta y cinco dólares, ése cuesta doscientos treinta dólares y aquél cuesta ciento cincuenta dólares.   4. Esta casa cuesta dos millones de dólares, ésa cuesta un millón de dólares y aquélla cuesta quinientos mil dólares.

II.   **A.** 1. El abrigo es mío. Las botas son mías. Los guantes son míos. La gorra es mía.   2. La ropa interior es nuestra. Los jeans son nuestros. Las corbatas son nuestras.   3. La blusa es tuya. El vestido es tuyo. La camiseta es tuya. Las medias son tuyas.   4. La ropa de verano es suya. Las faldas son suyas. Los trajes de baño son suyos.

B. 1. Mi primo va con unos amigos suyos.   2. Viviana va con un amigo suyo.   3. Mi hermana y yo vamos con un amigo nuestro.   4. Voy con unos amigos míos.

III.   1. Natalia y Linda trajeron las decoraciones.   2. Pusimos las flores en la mesa.   3. Javier quiso venir pero no pudo.   4. Casi todos los estudiantes vinieron.   5. Estuviste en la fiesta por cuatro horas.   6. Tuve que salir temprano.

IV.   1. Él nos regaló un televisor pequeño.   2. Él le regaló una mochila nueva (a mi hermano).   3. Él les regaló joyas (a mis hermanas).   4. Él le regaló un abrigo de lana (a mi madre).   5. Él me regaló una chaqueta de cuero.

V.   1. Fui a la playa hace cinco años.   2. Visité a mis abuelos (Los visité) hace seis meses.   3. Hice ejercicio en el gimnasio hace tres semanas.

VI.   1. (Las mujeres) llevan vestido, etc. (Los hombres) llevan chaqueta y corbata, etc.   2. Debo llevar mi abrigo, mis suéteres, etc. a Alaska. Debo llevar mi traje baño, mis pantalones cortos, etc. a la Florida.   3. Sí, fui de compras ayer a Sears. Compré zapatos de tenis, etc. o No, no fui de compras ayer.   4. Estudié, etc.   5. Sí, conduje a la universidad esta mañana. No, no conduje...   6. Es mi coche. (Es el coche de mi padre...)   7. Traje mis libros, etc.   8. Sí, le di la tarea para hoy a la profesora/al profesor. o No, no le di...   9. Empecé a estudiar el vocabulario de este capítulo hace (*días/semanas*).

AUTOPRUEBA Y REPASO 8

I.   1. Nos fascinan los relámpagos.   2. Les molestan los mosquitos.   3. Le interesa la biología. (Le interesan los libros de biología.)   4. Me encanta pescar.   5. (A Pablo) Le importa la familia.

II.   1. Sí, se las di.   2. Sí, se lo expliqué.   3. Sí, se lo mandé.   4. Sí, te lo devolví.   5. Sí, puedo prestárselos. (Sí, se los puedo prestar.)

III.   1. Ahorraba la gasolina.   2. No desperdiciábamos el agua.   3. Protegías los animales del bosque.   4. Ellos plantaban árboles.   5. Rubén les escribía a los representantes del Congreso.   6. Mis amigos eran muy responsables cuando acampaban.

las *f, pl. definite article* the   2
lástima *f* shame   12
lavabo *m* sink (bathroom)   9
lavadora *f* washer   9
lavaplatos *m* dishwasher   9
lavar to wash   9; **lavarse** to wash (oneself)   10
le *ind. obj.* you, him, her (to/for . . .)   7
lección *f* lesson   2
leche *f* milk   4
lechuga *f* lettuce   4
leer to read   2
legumbre *f* vegetable   4
lejos de far from   9
lentamente slowly   10
lentes *m, pl.* o *f, pl.* **de contacto** contact lenses   7
les *ind. obj.* you, them (to/for you, them)   7
levantar pesas to lift weights   5
levantarse to get up   10
ley *f* law   14
librería *f* bookstore   2
libro *m* book   2
licencia *f* **de conducir** driver's license   13
líder *m/f* leader   14
limón *m* lemon   4
limpiaparabrisas *m* windshield wiper   13
limpiar to clean   5
limpio/a clean   7
línea *f* line   10
línea *f* **aérea** airline   12
listo/a (estar listo/a) to be ready   11
literatura *f* literature   2
llamada *f* telephone call   10
llamar to call   5
llanta *f* tire   13
llave *f* key   12
llegada *f* arrival   12
llegar to arrive   2
llenar to fill   13
llevar to wear   7; **llevarse bien** to get along well   11
llorar to cry   11
llover (ue) to rain   5; **está lloviendo** it's raining   5;
llueve it's raining, it rains   5
lluvia *f* rain   5
lo *dir. obj. m,* him, you, it   6; **lo que** what, that which   4; **lo siento (mucho)** I'm (so) sorry   1
los *m, dir.* them, you   6; *m, pl., definite article* the   2
luchar (por) to fight (for)   14
luego then   6
lugar *m* place   6
luna *f* moon   8; **luna de miel** honeymoon   11

lunes *m* Monday   1
luz *f* light   9

M

madrastra *f* stepmother   3
madera *f* wood   8
madre *f* mother   3
maestro/a *m/f* teacher   2
maíz *m* corn   4
mal bad, badly   3
maleta *f* suitcase   12; **hacer la maleta** to pack   12
maletero *m* porter   13
maletín *m* briefcase, carry-on bag   12
malo/a *m/f* bad   3
mañana tomorrow   2; morning (*f*)   1; **de la mañana** A.M. (in the morning)   1; **en la mañana** in the morning   2; **hasta mañana** see you tomorrow   1; **por la mañana** in the morning   2
mandar to send   6
manejar to drive   5
manga *f* sleeve   7; **de manga corta** short-sleeved   7; **de manga larga** long-sleeved   7
manta *f* blanket   12
mantequilla *f* butter   4
manzana *f* apple   4; block (city)   13
mapa *m* map   2
maquillaje *m* make-up   10
maquillarse to put on make-up   10
máquina *m* **de afeitar** electric shaver   10
marido *m* husband   11
marisco *m* seafood   4
marrón brown   7
martes *m* Tuesday   1
marzo March   1
más more   4; **más tarde** later   2
matar to kill   8
matemáticas *f, pl.* mathematics   2
mayo May   1
mayor older   3
me *dir. obj.* me   6; *ind. obj.* me (to/for me)   7; **me gustaría presentarle a** I would like to introduce you to   1; *refl. pron.* myself   10; **me llamo** my name is   1
media *f* half   1; **media hermana** half-sister   3; **mi media naranja** my better/other half   11
medias *f, pl.* stockings, hose, socks   7
medianoche *f* midnight   1
médico/a *m/f* doctor   3
medio hermano *m* half-brother   3
medio *m* **ambiente** environment   8
mediodía *m* noon   1
mejor better, best   6; **mejor amigo/a** *m/f* best friend   3

melocotón *m* peach   4
menor younger   3
menos less   4; **a menos que** unless   13
mensaje *m* message   10
mercado *m* market   4
merienda *f* afternoon snack   4
mermelada *f* jam   4
mes *m* month   1
mesa *f* table   2
metro *m* metro, subway   6
mexicano/a *m/f, n., adj.* Mexican   1
mí *obj. prep. pron.* me   9; **¡Ay de mí!** Poor me! (What am I going to do?)   13
mi/mis my   3
mientras while   9
miércoles *m* Wednesday   1
milla *f* mile   13
mío/a/os/as (of) mine   7; **el gusto es mío** the pleasure is mine   1
mirar to look at   5
mochila *f* backpack   2
molestar to bother, be annoying to   8
moneda *f* currency, money, coin   6
montaña *f* mountain   3; **escalar una montaña** to climb a mountain   8
montar a caballo to ride horseback   8
morado/a purple   7
moreno/a brunet(te), dark-skinned   3
morir (ue, u) to die   6
mostrar (ue) to show   7
motocicleta *f* motorcycle   13
motor *m* motor   13
muchacha *f* girl   3
muchacho *m* boy   3
mucho *adv.* much, a lot   4; **mucho/a/os/as** *adj.* much, a lot, many   4; **(muchas) gracias** thank you (very much)   1; **muchas veces** many times, often   9; **mucho gusto** pleased to meet you   1
mudarse to move (from house to house)   13
muebles *m, pl.* furniture   9
muerte *f* death   11
mujer *f* woman   3; **mujer de negocios** businesswoman   3; **mujer policía** policewoman   13
multa *f* fine   13
museo *m* museum   6
música *f* music   2
muy very   3; **muy bien** very well   1

N

nacer to be born   11
nada nothing   6; **nada nuevo** nothing new/nothing much   1; **de nada** you're welcome   1

nadar to swim   5
nadie no one, nobody   6
naranja *f* orange   4; **mi media naranja** my better/other half   11
naturaleza *f* nature   8
navaja *f* razor   10
navegar por Internet to explore (surf) the Internet   2
necesario necessary   12
necesitar to need   4
negro/a black   7
nervioso/a nervous   3
nevar (ie) to snow   5; **está nevando** it's snowing   5
ni... ni neither . . . nor   6
nicaragüense *m/f, n., adj.* Nicaraguan   1
nieta *f* granddaughter   3
nieto *m* grandson   3
nieva it's snowing   5
nieve *f* snow   5
ningún (ninguno/a) no, none, not one   6
niña *f* child   3
niño *m* child   3
niños *m, pl.* children   11
noche *f* night   1; **buenas noches** good evening   1; **de la noche** P.M. (in the evening)   1; **en la noche** at night   2; **por la noche** in the evening   2
normalmente normally   10
nos *dir. obj.* us   6; *ind. obj.* us (to/for us)   7; *refl. pron.* ourselves   10
nosotros/as *m/f, subj.* we   1; *obj. prep.* us   9
nota *f* grade   2
noveno/a ninth   12
novia *f* girlfriend   3
noviembre November   1
novio *m* boyfriend   3
nube *f* cloud   5, 8
nublado cloudy   5; **está (muy) nublado** it's (very) cloudy   5
nuestro/a/os/as our   3; (of) ours   7
nuevo/a new   3

O

o or   3; **o... o** either . . . or   6
octavo/a eighth   12
octubre October   1
ocupado/a busy   3
oficina *f* office   2; **oficina de correos** post office   6
oír to hear   5
ojalá (que) I hope that/wish that/if only   14
olvidar to forget   11; **olvidarse de** to forget   11
operador/a *m/f* operator   10

oportunidad *f* opportunity   14
oración *f* sentence   2
oro *m* gold   7
os *dir. obj.* you (*pl.*)   6; *ind. obj.* you (to/for you)   7; *refl. pron.* yourselves   10
otoño *m* autumn, fall   5
otro/a another   4
otros/as other   4

P

padrastro *m* stepfather   3
padre *m* father   3
padres *m, pl.* parents   3
pagar to pay (for)   6
página *f* page   2; **página-web** Web page   2
país *m* country   12
pájaro *m* bird   8
palabra *f* word   2
pan *m* **(tostado)** bread (toast)   4
panameño/a *m/f, n., adj.* Panamanian   1
pantalla *f* screen   2
pantalones *m, pl.* pants   7; **pantalones cortos** shorts   7
pantimedias *f, pl.* panty hose   7
papa *f* potato   4; **papa frita** French fries   4
papel *m* paper   2; **papel higiénico** toilet paper   10
para for, in order to   9; **para que** so that, in order that   13; **para + infinitivo** to (in order to) do something   6
parabrisas *m* windshield   13
parada *f* **de autobús** bus stop   6
paraguas *m* umbrella   7
paraguayo/a *m/f, n., adj.* Paraguayan   1
parar to stop (movement)   13
pared *f* wall   9
pareja *f* couple, partner   11
parientes *m, pl.* relatives   3
parque *m* park   6
parrilla (a la parrilla) grilled   4
partido *m* game, match   5
pasado (pasado mañana) day after tomorrow   2
pasajero/a *m/f* passenger   12
pasar to happen, pass, spend (time)   6; **pasarlo bien** to have a good time   8
pasillo *m* aisle (between rows of seats)   12
pasta *f* **de dientes** toothpaste   10
pastel *m* pie, pastry   4
patata *f* potato   4
paz *f* peace   14

pedir (i, i) to ask for, request, order   4; to request   11
peinarse to comb   10
peine *m* comb   10
película *f* film   6; **rollo** *m* **de película** roll of film   12
peligro *m* danger   8
peligroso/a dangerous   8
pelirojo/a redhead   3
pelo *m* hair   10; **secador** *m* **de pelo** hairdryer   10
pelota *f* ball   5
pendientes *m, pl.* earrings   7
pensar (ie) to think   4; **pensar (ie) + infinitivo** to intend (plan) to do something   6; **pensar (ie) en** to think about (someone, something)   11
peor worse, worst   6
pequeño/a small, little   3
pera *f* pear   4
perder (ie) to lose   5; **perder el tren** to miss the train   13
perdón pardon me, excuse me   1
perezoso/a lazy   3
periódico *m* newspaper   6
pero but   3
perro *m* dog   3
persona *f* person, people (*pl.*)   3
personalmente personally   10
peruano/a *m/f* Peruvian   1
pescado *m* fish   4
pescar to fish   8
pez *m* **(los peces)** fish   8
pie *m* foot; **estar de pie** to be standing, stand   10
piloto/a *m/f* pilot   12
pimienta *f* pepper   4
piña *f* pineapple   4
pintar to paint   5
piscina *f* swimming pool   12
piso *m* floor (of a building)   9
pizarra *f* chalkboard   2
pizzería *f* pizza shop   6
planeta *f* planet   8
planta *f* plant   12; **planta baja** main floor   12
plantar to plant   8
plata *f* silver   7
plátano *m* banana   4
plato *m* dish, course   4; plate   9
playa *f* beach   3
plaza *f* plaza, town square   6
pobre poor   3
pobreza *f* poverty   14
poco *adv.* little   4; **un poco** a little bit, somewhat   3
poco/a *m/f, adj.* little (quantity)   4; **pocos/as** *m/f, adj.* few   4
poder (ue) to be able, can   4
policía *m* policeman   13

pollo *m* chicken   4

poner to put, place   5; **ponerse** to put on (shoes, clothes, etc.)   10; **ponerse impaciente** to get (become) impatient   13

por for, down, by, along, through   8; **por favor** please   1; **por fin** finally   9; **por la mañana** in the morning   2; **por la noche** in the evening   2; **por la tarde** in the afternoon   2; **¿por qué?** why?   4; **¡Por supuesto!** Of course!   13

porque because   4

portero *m* doorman   12

portugués *m* Portuguese (language)   1

portugués/portuguesa *m/f, n., adj.* Portuguese   1

posible possible   12

posiblemente possibly   10

póster *m* poster   9

postre *m* dessert   4

practicar to practice   5

precio *m* price   7

preciso necessary   12

preferir (ie, i) to prefer   4

pregunta *f* question   2

preguntar to ask   7

prejuicio *m* prejudice   14

prender to turn on   9

preocupado/a *m/f* busy   3

preocuparse (por) to worry (about)   10

preparar to prepare   4

prestar to lend   7

prevenir to prevent   14

primavera *f* spring   5

primer (primero/a/os/as) *adj.* first   12; **primer piso** *m* first floor, story   9; **primera clase** first class   13

primero *adv.* first   6

primo/a *m/f* cousin   3

probable probable   12

probablemente probably   10

problema *m* problem   8

profesor/a *m/f* professor   2

programador/a *m/f* computer programmer   3

propina *f* tip   12

proponer to propose   14

proteger to protect   8

protestar to protest   8

próximo/a next   6

psicología *f* psychology   2

pueblo *m* town, village   8

puente *m* bridge   13

puerta *f* door   2; gate   12

puertorriqueño/a *m/f, n., adj.* Puerto Rican   1

pues well   1

pulsera *f* bracelet   7

pupitre *m* (student) desk   2

Q

que that, which, who   4; **lo que** what, that which   4

¿qué? what? which?   4; **¿qué hay de nuevo?** what's new? (*informal*)   1; **¿qué pasa?** what's happening? (*informal*)   1; **¿qué tal?** how are you? (*informal*)   1

¡qué!: ¡qué barbaridad! how awful!   13; **¡qué lástima!** what a shame!   13; **¡qué lío!** what a mess!   13; **¡qué suerte!** what luck! how lucky!   13

quedarse to stay, remain   10

quejarse (de) to complain   10

querer (ie) to want, wish, love   4

queso *m* cheese   4

¿quién/quiénes? who?   3; **¿de quién?** whose?   4

química *f* chemistry   2

quinto/a fifth   12

quiosco *m* newsstand   6

quisiera I would like   4

quitarse to take off (clothes, etc.)   10

R

radio *f* radio   9

radiograbadora *f* **con CD** radio/tape/CD player   9

rápidamente rapidly   10

rascacielos *m* skyscraper   6

ratón *m* mouse   2

rayos *m, pl.* **ultravioleta del sol** ultraviolet sun rays   8

recámara *f* bedroom   9

recepción *f* front desk   12

recepcionista *m/f* receptionist   12

recibir to receive   6

reciclar to recycle   8

recientemente recently   10

recoger to pick up, gather   12

recomendar (ie) to recommend   11

recordar (ue) to remember   11

reemplazar to replace   13

refresco *m* soft drink   4

refrigerador *m* refrigerator   9

regalar to give (as a gift)   7

regalo *m* gift   7

registrarse to register   12

regresar to return   6

regular okay, so-so   1

reírse (i, i) (de) to laugh   10

relámpago *m* lightning   8

religión *f* religion   2

reloj *m* watch   7

reparar to fix, repair   13

repetir (i, i) to repeat   6

reserva *f* reservation   12

reservación *f* reservation   12

---

resfriado *m* cold   5

residencia *f* **estudiantil** dormitory   2

resolver (ue) to resolve   8

respirar to breathe   8

respuesta *f* answer   2

restaurante *m* restaurant   6

retirar to withdraw, take out   6

reunirse (con) to meet, get together   11

revisar to check   13

revista *f* magazine   6

rico/a rich   3

ridículo/a ridiculous   12

río *m* river   8

robar to rob   14

rojo/a red   7

rollo *m* **de película** roll of film   12

romper to break   10; **romper (con)** to break up with   11

ropa *f* clothes   7; **ropa** *f* **interior** underwear   7

ropero *m* closet   9

rosado/a pink   7

rubio/a blond(e)   3

ruido *m* noise   10

ruso *m* Russian (language)   1

ruso/a *m/f, n., adj.* Russian   1

S

sábado *m* Saturday   1

sábana *f* sheet   12

saber to know (facts, information); to know how to (skills)   1

sacar: sacar fotos *f, pl.* to take photos   12; **sacar las fotocopias** *f, pl.* to make photocopies   2; **sacar un pasaporte** to get a passport   12; **sacar una nota** to get a grade   2

sal *f* salt   4

sala *f* living room   9; **sala de equipajes** baggage claim   12; **sala de espera** waiting room   12; **sala familiar** family room   9

salchicha *f* sausage   4

salida *f* departure   12

salir to leave, go out   2; **salir (con)** to go out with, date   11

salud *f* health   14

salvadoreño/a *m/f, n., adj.* Salvadorean   1

sandalias *f, pl.* sandals   7

sandía *f* watermelon   4

sándwich *m* sandwich   4

se *reflex. pron.* yourself, himself, herself, themselves   10

secador *m* **de pelo** hairdryer   10

secadora *f* dryer   9

secar to dry   9; **secarse** to dry (oneself)   10

seguir (i, i) to continue, follow   13
segundo/a second   12; **segunda clase** second class   13; **segundo piso** second floor, story   9
seguro/a sure   12; safe   13
selva *f* jungle   8
semáforo *m* traffic light   13
semana *f* week   6; **fin de semana** *m* weekend   1; **fin de semana** *m* **pasado** last weekend   1; **semana** *f* **pasada** last week   6; **semana** *f* **que viene** next week   6
sentado/a seated   10
sentarse to sit down   10
sentir (ie, i) to be sorry/regret   11; **lo siento (mucho)** I'm (so) sorry   1; **sentirse (ie, i) bien/mal** to feel good/bad   10
separarse (de) to separate (from)   11
septiembre September   1
séptimo/a seventh   12
ser to be   1
serio/a serious   3
serpiente *f* snake   8
servicio *m* restroom   13; **servicio de habitación** room service   12
servilleta *f* napkin   9
servir (i, i) to serve   4
sexto/a sixth   12
SIDA *m* AIDS   14
silla *f* chair   2
sillón *m* easy chair   9
simpático/a nice   3
sin without   4
sincero/a honest, sincere   11
sitio-web *m* Website   3
sobre about (content)   9; on   9
sobrepoblación *f* overpopulation   14
sobrina *f* niece   3
sobrino *m* nephew   3
sociología *f* sociology   2
socorro help   13
sofá *m* sofa   9
sol *m* sun   8; **hace sol** it's sunny   5
solicitar to apply (job), request   14
solicitud *f* application   14
soltero/a single   11
solución *f* solution   14
sombrero *m* hat   7
sonar (ue) to ring   9
sopa *f* soup   4
sótano *m* basement   9
su/sus his, her, its, your (*formal*), their   3
subir to go up   9; **subirse (a)** to get on   12
sucio/a dirty   7
suegra *f* mother-in-law   3
suegro *m* father-in-law   3
suelo *m* floor   9
suéter *m* sweater   7

sufrir to suffer   14
sugerir (ie, i) to suggest   11
suyo/a/os/as (of) his, (of) hers, (of) theirs, (of) yours (*formal*)   7

T

tabaco *m* tobacco   14
talla *f* size (clothing)   7
también also   4
tampoco neither, not either   6
tan: tan... como as . . . as   8; **tan pronto como** as soon as   13
tanque *m* tank   13
tanto: tanto como as much as   8; **tanto/a/os/as... como** as much (many) . . . as   8
taquilla *f* ticket window   13
tarde *f* afternoon, evening   1; late   2; **buenas tardes** good afternoon   1; **de la tarde** P.M. (in the afternoon)   1; **en la tarde** in the afternoon   2; **por la tarde** in the afternoon   2
tarea *f* assignment   2
tarjeta *f* card; **tarjeta de crédito** credit card   6; **tarjeta de embarque** boarding pass   12; **tarjeta telefónica** calling card   10
taxi *m* taxi   6
taza *f* cup   9
te *dir. obj.* you (*informal*)   6; *ind. obj.* you (to/for you) (*informal*)   7; **te presento** I want to introduce . . . to you   1; *reflex. pron.* yourself (*informal*)   10
té *m* tea   4
teatro *m* theater   6
techo *m* roof   9
teclado *m* keyboard   2
teléfono *m* telephone   9; **teléfono celular/móvil** cell/portable phone   10
televisión *f* TV   9; **ver la tele(visión)** to watch TV   9
televisor *m* television set   2
temer to fear/be afraid of   11
temprano early   2
tenedor *m* fork   9
tener to have   3; **tener... años** to be . . . years old   3; **tener calor/frío** to be hot/cold   5; **tener celos** to be jealous   11; **tener cuidado** to be careful   13; **tener éxito** to be successful   14; **tener ganas de** + *infinitivo* to feel like (doing something)   5; **tener hambre/sed** to be hungry/thirsty   4; **tener miedo** to fear/be afraid of   11; **tener prisa** to be in a hurry   12; **tener que** + *infinitivo* to have to . . .   5; **tener sueño** to be sleepy   10
tenis *m* tennis   5

tercer third   12
tercero/a/os/as third   12
terminar to finish   6
ti *obj. prep.* you (*informal*)   9
tía *f* aunt   3
tiempo *m* weather   5; **a tiempo** on time   2
tienda *f* store   6; **tienda de campaña** tent   8; **tienda de ropa** clothing store   6
tierra *f* land, earth   8
tijeras *f, pl.* scissors   10
tío *m* uncle   3
tiza *f* chalk   2
toalla *f* towel   9
tocar to play (instruments)   5
tocineta *f* bacon   4
tocino *m* bacon   4
todo/a/os/as *adj.*: **toda la mañana** all morning   2; **toda la noche** all night   2, **toda la tarde** all afternoon   2; **todas las mañanas** every morning   2; **todas las noches** every evening, night   2; **todas las tardes** every afternoon   2; **todo el día** all day   2, **todo el mundo** everyone   14; **todos los días** every day   2
todavía still, yet   4
tomar to take, drink   2; **tomar apuntes** *m, pl.* to take notes   2; **tomar el sol** to sunbathe   5; **tomar fotos** *f, pl.* to take photos   12
tomate *m* tomato   4
tonto/a dumb, silly   3
tormenta *f* storm   8
torta *f* cake   4
tos *f* cough   5
trabajador/a hardworking   3
trabajar to work   2
trabajo: trabajo *m* **(escrito)** paper (academic)   2; **en el trabajo** at work   3
traducir to translate   5
traer to bring   5
tráfico *m* traffic   13
traje *m* suit;
traje de baño bathing suit   7
tránsito *m* traffic   13
tratar de + *infinitivo* to try to (do something)   13
tren *m* train   13
triste sad   3
tú *subj.* you (*informal*)   1
tu/tus your (*informal*)   3
tuyo/a/os/as (of) yours (*informal*)   7

U

un/uno/una a   2; one   1; **un poco** a little   3; **una vez** once, one time   9

unos/unas some   2
universidad *f* college/university   2
urbanización *f* urbanization   14
urgente urgent   12
uruguayo/a *m/f, n., adj.* Uruguayan   1
usar to use   2
usted you (*formal*)   9; *obj. prep.* you (*formal*)   9
ustedes *subj.* you (*pl.*)   1; *obj. prep.* you (*pl.*)   9
uva *f* grape   4

V

vaca *f* cow   8
vacaciones *f, pl.* vacation   8
valle *m* valley   8
vaqueros *m, pl.* jeans   7
vaso *m* glass (drinking)   9
VCR *m* VCR   2
vecino/a *m/f* neighbor   9
velocidad *f* speed   13
vender to sell   4
venezolano/a *m/f, n., adj.* Venezuelan   1
venir to come   5
ventana *f* window   2

ventanilla *f* window (airplane, train, car)   12
ver to see   5; **ver la tele** to watch TV   5
verano *m* summer   5
verde green   7
verdura *f* vegetable   4
vestido *m* dress   7
vestirse to get dressed   10
vez *f* time (occurrence)   9
viajar to travel   8
viaje *m* a trip   8; **agencia** *f* **de viajes** travel agency   12; **hacer un viaje** to take a trip   8; **viaje de ida y vuelta** round-trip   12
víctima *f* victim   14
vida *f* life   11
vídeo *m* video   2
videograbadora *f* VCR   2
viejo/a old   3
viernes Friday   1
vinagre *m* vinegar   4
vino *m* wine   4
violencia *f* violence   14
visitar to visit   6
viudo/a *m/f* widower/widow   11
vivienda *f* housing   14
vivir to live   2
volar (ue) to fly   12

volcán *m* volcano   8
vólibol *m* volleyball   5
voluntario/a *m/f* volunteer   14
voluntarismo *m* volunteerism   14
volver (ue) to return   6
vosotros/as *m/f, subj.* you (*informal, pl., Sp.*)   1; *obj. prep.* you (*informal, pl., Sp.*)
votar (por) to vote (for)   14
vuelo *m* flight   12; **auxiliar** *m* **de vuelo** flight attendant (*m*)   12
vuestro/a/os/as your (*informal*)   3; (of) yours (*informal*)   7

Y

y and   3
ya already   6
yo *subj.* I   1

Z

zanahoria *f* carrot   4
zapatería *f* shoe store   6
zapatos *m, pl.* shoes   7; **zapatos de tenis** tennis shoes   7
zumo *m, pl.* juice   4

English-Spanish

A

a un/uno/una   2
A.M. de la mañana   1
able: to be . . . poder (ue)   4
abortion aborto *m*   14
about acerca de, sobre   9
above encima de   9
accident accidente *m*   13
accountant contador/a *m/f*   3
accounting contabilidad *f*   2
acquainted: to be . . . with conocer   5
address (E-mail . . .) dirección *f* electrónica,   2
adults adultos *m, pl.*   11
affectionate cariñoso/a   11
afraid (to be . . . of) temer; tener miedo de   11
after después de *prep.*   9; después de que *conj.*   13
afternoon tarde *f*   1; **every . . .** todas las tardes   2; **good . . .** buenas tardes   1; **in the . . .** en la tarde   2; por la tarde   2
afterwards después   6
against (to be . . .) estar en contra de   14
agency agencia *f*   12
agree estar de acuerdo (con)   13
AIDS SIDA *m*   14
air aire *m*   8; **air conditioning** aire acondicionado   12
airline aerolínea *f*   12; línea *f* aérea   12
airplane avión *m*   12
airport aeropuerto *m*   12
aisle pasillo *m* (between two rows of seats)   12
alarm clock despertador *m*   10
alcohol alcohol *m*   14
algebra álgebra *f* 2
all todo/a/os/as *adj.*   2; **. . . afternoon** toda la tarde   2; **. . . morning** toda la mañana   2; **. . . night** toda la noche   2

allow dejar   12
along por   8; **to get . . . well** llevarse bien (con)   11
already ya   6
also también   4
American (from the United States) estadounidense *m/f, n., adj.*   1
among entre   9
amusing divertido/a   3
and y   3
angry enojado/a   3; **to get . . .** enojarse   10
annoy (to be annoying to) molestar   8
another otro/a   4
answer respuesta *f*   2; contestar   6
answering machine contestador *m* automático   10
any algún (alguno/a/os/as)   6
apartment apartamento *m*   2
apple manzana *f*   4
application solicitud *f*   14
apply (job) solicitar   14
appointment cita *f*   11
April abril   1
area code código *m* de área   10
Argentinian argentino/a *m/f, n., adj.*   1
arrival llegada *f*   12
arrive llegar   2
art arte *m* (*but las* artes)   2
as: as . . . as tan... como   8; **as much as** tanto como   8; **as soon as** tan pronto como   13
ask preguntar   7; **to . . . for** pedir (i, i)   4
assignment tarea *f*   2
at a   1; en   3
attend asistir a   2
August agosto   1
aunt tía *f*   3
autumn otoño *m*   5
avenue avenida *f*   6
avoid evitar   14
awful (how . . . !) ¡qué barbaridad!   13

B

baby bébé *m/f*   3
backpack mochila *f*   2
bacon tocineta *f*; tocino *m*   4
bad mal   3; malo/a   3
badly mal   3
bag bolsa *f*   7; bolso *m*   7
baggage equipaje *m*   12; **. . . claim** sala *f* de equipajes   12
baked al horno *m*   4
ball pelota *f*   5
ballpoint pen bolígrafo   2
banana banana *f*; plátano *m*   4
bank banco *m*   6
bar bar *m*   6
basement sótano *m*   9
basketball baloncesto *m*; básquetbol *m*   5
bath: private . . . baño *m* privado   12
bathe bañar(se)   10
bathing suit traje *m* de baño   7
bathroom baño *m*   9
bathtub bañera *f*   9
be ser   1; estar   3
beach playa *f*   3
bean (green) habichuela *f*; judía *f* verde   4
beans frijoles *m, pl*   4
because porque   4; **. . . of** a causa de   8
become: to . . . impatient ponerse impaciente   13
bed cama *f*   9; **double . . .** cama doble   12; **single . . .** cama sencilla   12; **to go to . . .** acostarse (ue)   10
bedroom dormitorio *m*; recámara *f*   9
beer cerveza *f*   4
before antes de *prep.*   9; antes de que *conj.*   13
begin empezar (ie)   6
behind detrás de   9
believe creer   11
bellboy botones *m*   12

belt cinturón *m*   7
bench banco *m*   6
beneath debajo de   9
beside al lado de   9
best mejor   6
better mejor   6
between entre   9
bicycle bicicleta *f*   6; **to ride a . . .** ir en bicicleta   6
bill cuenta *f*   6
biology biología *f*   2
bird pájaro *m*   8
birthday cumpleaños *m, pl.*   1
black negro/a   7
blanket cobija *f;* manta *f*   12
block (city) cuadra *f;* manzana   13
blond(e) rubio/a   3
blouse blusa *f*   7
blue azul   7
boarding pass tarjeta *f* de embarque   12
boat barco *m*   8 **boat (small) . . .** bote *m*   8; **by . . .** en barco *m*   8
Bolivian boliviano/a *m/f, n., adj.*   1
book libro *m*   2; **telephone . . .** guía *f* telefónica   10
bookshelf estante *m*   9
bookstore librería *f*   2
boots botas *f, pl.*   7
border frontera *f*   13
bored aburrido/a   3; **to get . . .** aburrirse   10
boring aburrido/a   3
born (to be . . .) nacer   11
boss jefe *m,* jefa *f*   14
both ambos/as; los/las dos   11
bother molestar   8
boy chico *m;* muchacho *m*   3;
boyfriend novio *m*   3
bracelet pulsera *f*   7
brakes frenos *m, pl.*   13
bread pan *m*   4
break romper   10; **to . . . up with** romper (con)   11
breakfast desayuno *m*   4; **to have . . .** desayunar   2
breathe respirar   8
bridge puente *m*   13
briefcase maletín *m*   12
bring traer   5
broccoli brócoli *m*   4
brother hermano *m*   3
brother-in-law cuñado *m*   3
brown marrón   7
brunet(te) moreno/a   3
brush cepillar(se)   10; cepillo *m*   10; **to . . . one's hair** cepillarse el pelo   10; **to . . . one's teeth** cepillarse los dientes   10; **tooth . . .** cepillo *m* de dientes   10
building edificio *m*   6

bureau cómoda *f*   9
bus autobús *m*   6; **. . . stop** parada *f* de autobús   6
businessman hombre *m* de negocios   3
businesswoman mujer *f* de negocios   3
busy ocupado/a   3
but pero   3
butter mantequilla *f*   4
buy comprar   2
by por   8
bye chao   1

C

cafe café *m*   6
cafeteria cafetería *f*   2
cake torta *f*   4
calculator calculadora *f*   2
calculus cálculo *m*   2
call llamar   5; **collect . . .** llamada a cobro revertido   10; **telephone . . .** llamada *f* (telefónica)   10
camera cámara *f*   12
camp acampar   8
can poder (ue)   4
Canadian canadiense *m/f, n., adj.*   1
cancer cáncer *m*   8
candidate candidato/a *m/f*   14
cap gorra *f*   7
car auto *m;* carro *m;* coche *m*   3
card tarjeta *f*   6; **calling . . .** tarjeta telefónica   10; **credit . . .** tarjeta de crédito   6
care: to . . . for cuidar   11; **to take . . . of** cuidar   11
careful: to be . . . tener cuidado   13
carpet alfombra *f*   9
carrot zanahoria *f*   4
carry-on bag maletín *m*   12
cash cobrar   6; efectivo *m*   6
cassette casete *m*   2; cinta *f*   2
cat gato *m*   3
cathedral catedral *f*   6
cause causar   8
CD CD *m;* disco *m* compacto   2
CD-ROM CD-ROM *m*   2
center centro *m*   6; **student . . .** centro estudiantil   2
cereal cereal *m*   4
chain cadena *f*   7
chair silla *f*   2; **easy . . .** sillón *m*   9
chalk tiza *f*   2
chalkboard pizarra *f*   2
challenges desafíos *m, pl.*   14
change cambiar   6; cambio *m*   6
chapter capítulo *m*   2
charge cobrar   6

check cheque *m*   6; **traveler's . . .** cheque de viajero   6; revisar   13; **to . . . (baggage)** facturar   12
cheese queso *m*   4
chemistry química *f*   2
cherry cereza *f*   4
chicken pollo *m*   4; gallina *f*   8
child niño/a *m/f*   3
children niños *m, pl.*   11
Chilean chileno/a *m/f, n., adj.*   1
chimney chimenea *f*   9
Chinese chino/a *m/f, n., adj.*   1; **(language)** chino *m*   1
choose escoger   14
church iglesia *f*   6
cinema cine *m*   6
citizen ciudadano/a *m/f*   14
city ciudad *f*   3
class clase *f*   2
classroom aula *f* (but *el* aula)   2
clean limpiar   5; limpio/a   7
clerk (store) dependiente *m/f*   3
climb: to . . . a mountain escalar una montaña   8
close cerrar (ie)   6
closed cerrado/a   3
closet armario *m;* ropero   9
clothes *f* ropa   7
clothing store tienda *f* de ropa   6
cloud nube *f*   5
cloudy: it's (very) . . . está (muy) nublado   5
coat abrigo *m*   7
coffee café *m*   4
coin moneda *f*   6
cold resfriado *m*   5; frío/a   4; **it's (very) . . .** hace (mucho) frío   5; **to be . . .** tener frío   5
college universidad *f*   2
Colombian colombiano/a *m/f, n., adj.*   1
comb peine *m*   10; **to . . .** peinar(se)   10
come venir   5
comfortable cómodo/a   13
commons centro *m* estudiantil   2
communicate comunicarse   11
compact disk CD *m*   2, CD-ROM *m*   2; disco *m* compacto   2
company compañía *f;* empresa *f*   14
complain quejarse (de)   10
computer computadora *f*   2; **laptop . . .** computadora portátil   12; **. . . programmer** programador/a *m/f*   3; **. . . science** computación *f,* informática *f*   2
confirm confirmar   12
congratulations felicitaciones *f, pl.*   11
conserve conservar   8
constantly constantemente   10
construction construcción *f*   8
contact lenses lentes *m, pl.* or *f, pl.* de contacto   7

contaminate contaminar 8
contaminated contaminado/a 8
contamination contaminación *f* 8
continue seguir (i, i) 13
cook cocinar 4
cookie galleta *f* 4
cool fresco/a 5; **it's . . .** hace fresco 5
corn maíz *m* 4
corner esquina *f* 13
cost costar (ue) 7
Costa Rican costarricense *m/f, n., adj.* 1
cotton algodón *m* 7
cough tos *f* 5
count contar (ue) 6
country campo *m* 3; país *m* 12
couple pareja *f* 11
course plato *m* 4; **Of . . . !** ¡claro!; ¡por supuesto! 13
cousin primo/a *m/f* 3
cow vaca *f* 8
crash choque *m* 13
cream crema *f* 4; **shaving . . .** crema de afeitar 10
crime crimen *m* 14
criminal criminal *m* 14
cross cruzar 13
cruise ship crucero *m* 8
cry llorar 11
Cuban cubano/a *m/f, n., adj.* 1
cultivate cultivar 14
cup taza *f* 9
cure cura *f* 14
currency moneda *f* 6
curtain cortina *f* 9
customs aduana *f* 12
cut cortar 8; **to . . . oneself** cortarse 10

D

dance bailar 5
danger peligro *m* 8
dangerous peligroso/a 8
dark-skinned moreno/a 3
date cita *f* 11; fecha *f* 1; salir con 11
daughter hija *f* 3
day día *m* 1; **. . . after tomorrow** pasado mañana 2; **. . . before yesterday** anteayer 6; **all . . .** todo el día 2; **every . . .** todos los días 2
death muerte *f* 11
December diciembre 1
deforestation desforestación *f* 8
delay demora *f* 12
delighted: . . . to meet you encantado/a 1
deodorant desodorante *m* 10
depart irse 10

department store almacén *m* 6
departure salida *f* 12
deposit depositar 6
desert desierto *m* 8
desire desear 4
desk escritorio *m* 2; **student classroom . . .** pupitre *m* 2; **front . . .** recepción *f* 12
dessert postre *m* 4
destruction destrucción *f* 8
dictionary diccionario *m* 2
die morir (ue, u) 6
difficult difícil 3
dining room comedor *m* 9
dinner cena *f* 4; **to have . . .** cenar 2
dirty sucio/a 7
disagreeable (person) antipático/a 3
disappear desaparecer 8
discrimination discriminación *f* 14
dish plato *m* 4
dishwasher lavaplatos *m* 9
disk disquete *m* 2
divorced divorciado/a 11; **to get . . .** divorciarse 11
do hacer 2
doctor médico/a *m/f* 3
dog perro *m* 3
Dominican dominicano/a *m/f, n., adj.* 1
door puerta *f* 2
doorman portero *m* 12
dormitory residencia *f* estudiantil 2
doubt dudar 12
down: to go . . . bajar 9
downtown centro *m* 6
dress vestido *m* 7
dressed: to get . . . vestirse 10
drink beber, tomar 2; bebida *f* 4; **soft . . .** refresco *m* 4
drive conducir; manejar 5
drug addiction drogadicción *f* 14
drugs drogas *f, pl.* 14
dry secar 9; **to . . . (oneself)** secarse 10
dryer; hair . . . secador *m* 10; **clothes . . .** secadora *f* 9
dumb tonto/a 3
during durante 9

E

each cada 9
early temprano 2
earn ganar 6
earrings aretes *m, pl*; pendientes *m, pl.* 7
earth tierra *f* 8
easily fácilmente 10
easy fácil 3
eat comer 2

economics economía *f* 2
economy economía *f* 14
Ecuadorian ecuatoriano/a *m/f, n., adj.* 1
education educación *f* 14
egg huevo *m* 4; **scrambled eggs** huevos *m, pl.* revueltos 4
either: either . . . or o... o 6; **not . . .** tampoco 6
elderly ancianos *m, pl.* 11
election elección *f* 14
electricity electricidad *f* 8
elevator ascensor *m* 12
eliminate eliminar 14
E-mail correo *m* electrónico 2
employment empleo *m* 14
endorse (a check) endosar 6
engaged comprometido/a 11; **to get . . . (to)** comprometerse (con) 11
English inglés/a *m/f, n., adj.* 1; **(language)** inglés *m* 1
enjoy (something) disfrutar (de) 12
enter entrar (en) 6
environment medio ambiente 8
equality igualdad *f* 14
eraser borrador *m* 2
evening tarde *f* 1; **every . . .** todas las noches 2; **in the . . .** por la noche 2
every cada 9
everyone todo el mundo 14
exchange cambiar 6; cambio *m* 6
excuse me con permiso; perdón 1
exercise ejercicio *m* 2; hacer ejercicio 5
expect esperar 11
expensive caro/a 7
explain explicar 7
explore (the Internet) navegar por Internet 2

F

facing frente a, enfrente de 9
factory fábrica *f* 8
fair justo 12
fall otoño *m* 5; **to . . . in love (with)** enamorarse (de) 11
family familia *f* 3
family room sala *f* familiar 9
far (from) lejos (de) 9
farm granja *f* 8
fascinate fascinar 8
fasten: to . . . one's seatbelt abrocharse el cinturón 12
fat gordo/a 3
father padre *m* 3
father-in-law suegro *m* 3
favor: to be in . . . of estar a favor de 14
fear temer; tener miedo (de) 11

February febrero   1
feed dar de comer   14
feel (good/bad) sentirse (bien/mal)   10
fever fiebre *f*   5
fifth quinto/a   12
fight (for) luchar (por)   14
fill llenar   13
film película *f*   6
finally por fin   9
find encontrar (ue)   6
fine bien   1; multa *f*   13
finish terminar   6
fire fuego *m*   8
fireplace chimenea *f*   9
first primer (primero/a/os/as) *adj.*   12; primero *adv.*   6
fish (cooked) pescado *m*   4; **to . . .** pescar   4; **(live)** pez *m* (los peces)   8
fix arreglar; reparar   13
flat (tire) desinflado/a   13
flight vuelo *m*   12; **...attendant (m)** auxiliar *m* de vuelo   12; (*f*) azafata   12
floor suelo *m*   9; piso *m* (of a building)   9; **main . . .** planta *f* baja   12
flower flor *f*   8
flu gripe *f*   5
fly volar (ue)   12
follow seguir (i, i)   13
food comida *f*   4
foot pie m
football fútbol *m* americano   5
for por, para   8
forest bosque *m*   8
forget olvidar; **to . . . (to do something)** olvidarse de   11
fork tenedor *m*   9
fourth cuarto/a   12
French francés/francesa *m/f, n., adj.*   1; **(language)** francés *m*   1
French fries papas *f, pl.* fritas   4
frequently frecuentemente   10
Friday viernes *m*   1
fried frito/a   4
friend amigo/a *m/f*   3; **best . . .** mejor amigo/a *m/f*   3
friendship amistad *f*   11
from de *prep.*
front: in . . . of delante de   9; enfrente de   8; frente a   9
fruit fruta *f*   4
funny divertido/a   3
furniture muebles *m, pl.*   9

G

game partido *m*   5
garage garaje *m*   9
garbage basura *f*   8
garden jardín *m*   9

garlic ajo *m*   4
gas station gasolinera *f*   13
gas(oline) gasolina *f*   3; **to put . . . (in tank)** echar gasolina *f*   13
gate puerta *f*   12
gather recoger   12
generally generalmente   10
German alemán/alemana *m/f, n., adj.*   1; **(language)** alemán *m*   1
get conseguir (i, i)   12; **to . . . along well** llevarse bien   11; **to . . . angry** enojarse   10; **to . . . bored** aburrirse   10; **to . . . dressed** vestirse   10; **to . . . a grade** sacar una nota   2; **to . . . impatient** ponerse impaciente   13; **to . . . married (to)** casarse (con)   11; **to . . . off** bajarse (de)   12; **to . . . on** subirse a...   12; **to . . . a passport** sacar un pasaporte   12; **to . . . sick** enfermarse   10; **to . . . tired** cansarse   10; **to . . . together** reunirse (con)   11; **to . . . up** levantarse   10
gift regalo *m*   7
girl chica *f;* muchacha *f*   3
girlfriend novia *f*   3
give dar   5; **to . . . (as a gift)** regalar   7; **to . . . birth** dar a luz   11
glad: to be . . . about alegrarse (de)   11
glass (drinking) vaso *m*   9
glasses anteojos *m. pl.*; gafas *f, pl.*   7
gloves guantes *m, pl.*   7
go ir   2; **to . . . away** irse   10; **to . . . to bed** acostarse (ue)   10; **to . . . down** bajar   8; **to . . . out (with)** salir (con)   11; **to . . . to sleep** dormirse (ue, u)   10; **to . . . up** subir   8;
goblet copa *f*   9
gold oro *m*   7
golf golf *m*   5
good bueno/a   3; **to have a . . . time** parsarlo bien   8;
good-bye adiós   1; **to say . . .** despedirse (i, i) (de)   10
good-looking guapo/a   3
gosh (Oh, my . . . !) ¡Caramba!   13
government gobierno *m*   14
grade nota *f*   2
granddaughter nieta *f*   3
grandfather abuelo *m*   3; **great . . .** bisabuelo *m*   3
grandmother abuela *f*   3; **great . . .** bisabuela *f*   3
grandparents abuelos *m, pl.*   3
grandson nieto *m*   3
grape uva *f*   4
grass hierba *f*   8
gray gris   7
green verde   7
green bean habichuela *f*; judía *f* verde   4

grilled a la parilla   4
grow cultivar   14
Guatemalan guatemalteco/a *m/f, n., adj.*   1
guest huésped/a *m/f*   12
guitar guitarra *f*   5
gym(nasium) gimnasio *m*   2

H

hair pelo *m*   10
hairdryer secador *m* de pelo   10
half media *f*   1; **better/other . . .** media naranja   11
half-brother medio hermano *m*   3
half-sister media hermana *f*   3
ham jamón *m*   4
hamburger hamburguesa *f*   4
handsome guapo/a   3
happen pasar   6
happening (what's . . . ?) ¿qué pasa? (*formal*)   1
happy contento/a   3
hard difícil   3
hardworking trabajador/a   3
hat sombrero *m*   7
have tener   3; **to . . . a good time** divertirse (ie, i)   10; **to . . . dinner** cenar   2; **to . . . just** acabar de + *infinitivo*   10; **to . . . lunch** almorzar (ue)   4; **to . . . to** tener que + *infinitivo*   5;
he él *m, subj.*   1
head cabeza *f*   5
headache dolor *m* de cabeza *f*   5
headphones audífonos *m, pl.*   2
health salud *f*   14
hear oír   5
heating calefacción *f*   12
help ayudar (a)   9
Help! ¡Socorro!   13
her su/sus   3; suyo/a/os/as   7; ella *obj. prep.*   9; la *dir. obj.*   6; **(to, for . . .)** le *ind. obj.*   7
here aquí   3
herself se *refl. pron.*   10
hi ¡hola!   1
highway autopista *f*   13; carretera *f*   13
hike: to take a . . . dar una caminata   8
hill colina *f*   8
him él *obj. prep., pron.*   9; **to/for . . .** le *ind. obj.*   7; lo *dir. obj.*   6
himself se *refl. pron.*   10
his su/sus   3; suyo/a/os/as   7
history historia *f*   2
home casa *f*   3; hogar *m*   9; **at . . .** en casa   3
homeless desamparados *m, pl.*   14

homemaker ama *m* de casa   3
Honduran hondureño/a *m/f*   1
honest sincero/a   11
honeymoon luna *f* de miel   11
hope esperar   11; **I... (that)** ojalá (que)   14
horrible horrible   12
horse caballo *m*   8
horseback: to ride . . . montar a caballo *m*   8
hose medias *f, pl.*.   7
hot (temperature) caliente   4; **it's . . .** hace calor   5; **to be . . .** tener calor   5
hotel hotel *m*   12
house casa *f*   3
housing vivienda *f*   14
how? ¿cómo?; **. . . are you?** ¿Cómo está usted?, ¿Cómo estás? (*informal*); ¿Qué tal? (*formal*)   1; **. . . many?** ¿cuantos/as?   3; **. . . much?** ¿cuanto/a?   4,
hug abrazar   5
hunger hambre *m*   14
hungry: to be . . . tener hambre   4
hurry: to be in a . . . tener prisa   12
husband esposo *m*   3; marido   11
hut choza *f*   8

I yo *subj.*   1
ice hielo *m*   4; **. . . cream** helado *m*   4
immediately inmediatamente   10
important importante   12; **to be . . .** importar   8
impossible imposible   12
improbable improbable   12
in en   3; **. . . case** en caso de que   13; **. . . love (with)** enamorado/a (de)   11
inexpensive barato/a   7
inside dentro de   9
insist (on) insistir (en)   11
instead of en vez de   9
intelligent inteligente   3
intend: to do something pensar (ie) + *infinitivo*
interest interesar   8; **to be interesting to** interesar   8
interview entrevista *f*   14
introduce presentar   1
invest invertir (ie, i)   6
invite invitar   6
island isla *f*   8
it la *f, dir. obj.*,   6; lo *dir. obj.*   7
Italian italiano/a, *m/f, n., adj.*   1; **(language)** italiano *m*   1
its su/sus   3

jacket chaqueta *f*   7
jam mermelada *f*   4
January enero   1
Japanese japonés/a *m/f, n., adj.*   1; **(language)** japonés *m*   1
jealous: to be . . . tener celos   11
jeans jeans *m, pl.*; vaqueros *m, pl.*   7
jewelry joyas *f, pl.*   7; **. . . shop** joyería *f*   6
jewels joyas *f, pl.*   7
juice jugo *m*; zumo *m*   4
July julio   1
June junio   1
jungle selva *f*   8
just: to have . . . acabar de + *infinitivo*   10
justice justicia *f*   14

keep guardar   9
key llave *f*   12
keyboard teclado *m*   2
kill matar   8
kilometer kilómetro *m*   13
kind amable   3
kiss besar   5
kitchen cocina *f*   9
knife cuchillo *m*   9
know conocer; saber   5; **to . . . how to** saber   5

laboratory laboratorio *m*   2
lake lago *m*   8
lamp lámpara *f*   9
land aterrizar   12; tierra *f*   8
large grande   3
last night anoche   6
late tarde   2
later más tarde   2
laugh reírse (i, i) (de)   10
law ley *f*   14
lawyer abogado/a *m/f*   3
lazy perezoso/a   3
leader líder *m/f*   14
learn aprender   2
leather cuero *m*   7
leave [(object) behind] dejar   12; salir   2; irse   10
left izquierda *f*   13
lemon limón *m*   4
lend prestar   7
less menos   4
lesson lección *f*   2
let dejar   12

lettuce lechuga *f*   4
library biblioteca *f*   2
license: driver's . . . carnet *m* de conducir; licencia *f* de conducir   13
life vida *f*   11
lift levantar   5
light luz *f*   9
lightning relámpago *m*   8
like gustar   4; **I would . . .** quisiera...   4; **to . . . a lot** encantar   8
line (of people or things) cola *f*,   fila *f*   6; línea *f*   10
listen (to) escuchar   2
literature literatura *f*   2
little pequeño/a *adj.*   3; poco *adv.*   4; **(quantity)** poco/a *adj.*   4; **a . . .** un poco   3
live vivir   2
living room sala *f*   9
lobster langosta *f*   4
long largo/a   7; **. . .-distance call** llamada *f* de larga distancia   10
long-sleeved de manga *f* larga   7
look: to . . . at mirar   5; **to . . . for** buscar   5
lose perder (ie)   5
lot: a . . . mucho   4; mucho/a/os/as *adj.*   4
love querer (ie)   4; amar   5; encantar   8; amor *m*   11; **. . . at first sight** amor *m* a primera vista   11; **to fall in . . . (with)** enamorarse (de)   11; **in . . .** enamorado/a   11
luck (what . . . !) ¡qué suerte!   13
lucky (how . . . !) ¡qué suerte!   13
lunch almuerzo *m*   4; **to have . . .** almorzar (ue)   4

machine: answering . . . contestador *m* automático   10
magazine revista *f*   6
maid (hotel) camarera *f*   12
mail enviar por correo   6
mailbox buzón *m*   6
make hacer   2; **to . . . photocopies** sacar fotocopias *f, pl.*   2
make-up maquillaje *m*   10; **to put on . . .** maquillarse   10
mall (shopping) centro *m* comercial   6
man hombre *m*   3
manager gerente/a *m/f*   14
many mucho/a/os/as *adj.*   4; pocos/as *m/f, adj.*   4; **as . . . as** tanto/a/os/as... como   8; **. . . times** muchas veces *f, pl.*   9; **too . . .** demasiados/as *adj.*   10
map mapa *m*   2
March marzo   1
market mercado *m*   4

married casado/a   11; **to get . . . (to)** casarse (con)   11
match partido *m*   5
mathematics matemáticas *f, pl.*   2
matter importar   8
May mayo   1
me me *dir. obj.*   6; **to/for . . .** me *ind. obj.*   7; mí *obj. prep.*   9; **poor . . . !** ¡ay de mí!   13
meal (main) comida *f*   4
meat carne *f*   4
meet reunirse (con)   11; **to . . . up (with) (by chance)** encontrarse (ue) (con)   11
mess (what a . . . !) ¡qué lío!   13
message mensaje *m*   10
metro metro *m*   6
Mexican mexicano/a *m/f, n., adj.*   1
microwave oven horno *m* de microondas   9
midnight medianoche *f*   1
mile milla *f*   13
milk leche *f*   4
mine mío/a/os/as   7
mirror espejo *m*   9
miss extrañar   11; **to . . . the train** perder (ie) el tren   13
Monday lunes *m*   1
money moneda *f*   6
month mes *m*   1
moon luna *f*   8
more más   4
morning: every . . . todas la mañanas   2; **good . . .** buenos días   1; **in the . . .** en la mañana   2; por la mañana   2
mother madre *f*   3
mother-in-law suegra *f*   3
motor motor *m*   13
motorcycle motocicleta *f*   13
mountain montaña *f*   3
mouse ratón *m*   2
move (from house to house) mudarse   13
movies cine *m*   6
much mucho   4; mucho/a/os/as *adj.*   4; **as . . . as** tanto como   8; **too . . .** demasiado/a *adj.*   10; demasiado *adv.*   10
museum museo *m*   6
music música *f*   2
my mi/mis   3
myself me *refl. pro.*   10

N

napkin servilleta *f*   9
nature naturaleza *f*   8
near cerca de   9
necessary necesario; preciso   12
neck cuello *m*   5

necklace collar *m*   7
need necesitar   4
neighbor vecino/a *m/f*   9
neither tampoco   6; **. . . nor** ni... ni   6
nephew sobrino *m*   3
nervous nervioso/a   3
new nuevo/a   3; **what's . . . ?** ¿qué hay de nuevo? (*formal*)   1
newlyweds recién casados *m, pl.*   11
newspaper periódico *m*   6
newsstand quiosco *m*   6
next próximo/a   6; **. . . week** semana *f* que viene   6
Nicaraguan nicaragüense *m/f, n., adj.*   1
nice amable; simpático/a   3; **. . . meeting you too** igualmente   1
niece sobrina *f*   3
night noche *f*   1; **at . . .** en la noche   2; **every . . .** todas las noches   2; **last . . .** anoche   6
ninth noveno/a   12
no ningún (ninguno/a)   6
no one nadie   6
nobody nadie   6
noise ruido *m*   10
none ningún (ninguno/a)   6
noon mediodía *m*   1
normally normalmente   10
notebook cuaderno *m*   2
notes apuntes *m, pl.*   2; **to take . . .** tomar apuntes   2
nothing nada   6; **. . . new/much** nada nuevo   1
November noviembre   1
now ahora   2
nurse enfermero/a *m/f*   3

O

obtain conseguir (i, i)   12
October octubre   1
of de *prep.*
off: to turn . . . apagar   9; **to get . . .** bajarse (de)   12
office oficina *f*   2
often muchas veces *f, pl.*   9
oil aceite *m*   4
okay regular   1
old viejo/a   3; **to be . . . years . . .** tener... años   3
older mayor   3
olive aceituna *f*   4
on sobre (content)   9
once una vez *f*   9
one un/uno/una   2
onion cebolla *f*   4
only (if . . .) ojalá (que)   14
open abierto/a   6
open abrir   6
operator operador/a *m/f*   10

opportunity oportunidad *f*   14
opposite enfrente de   8; frente a   9
or o   3
orange anaranjado/a   7; naranja *f*   4
order pedir (i, i)   4; **in . . . that** para que   13; **in . . . to (do something)** para + *infinitivo*   6
other otros/as   4
ought to deber   5
our nuestro/a/os/as   3
ours nuestro/a/os/as   7
ourselves nos *refl. pron.*   10
outside fuera de   9
oven horno *m*   9; **microwave . . .** horno *m* de microondas   9
overpopulation sobrepoblación *f*   14
ozone layer capa *f* de ozono *m*   8

P

P.M. de la tarde (in the afternoon); de la noche   1
pack empacar; hacer la maleta   12
page página *f*   2; **Web . . .** página-web *f*   2
paint pintar   5
painting cuadro *m*   5
Panamanian panameño/a *m/f, n., adj.*   1
pants pantalones *m, pl.*   7
panty hose pantimedias *f, pl.*   7
paper papel *m*   2; **(academic)** trabajo *m* (escrito)   2
Paraguayan paraguayo/a *m/f, n., adj.*   1
pardon me con permiso; perdón   1
park parque *m*   6; **to . . .** estacionar   13
parking estacionamiento *m*   13
partner pareja *f*   11
party fiesta *f*   2
pass pasar   6
pass (boarding . . .) tarjeta *f* de embarque   12
passenger pasajero/a *m/f*   12
pastry pastel *m*   4
pay (for) pagar   6
pea guisante *m*   4
peace paz *f*   14; **. . . accord** acuerdo *m* de paz   14
peach durazno *m*; melocotón *m*   4
pear pera *f*   4
pen (ballpoint . . .) bolígrafo *m*   2
pencil lápiz *m*   2
people gente *f*   6; personas *f, pl.*   3; **young . . .** jóvenes *m, pl.*   11
pepper pimienta *f*   4
person persona *f*   3
personally personalmente   10
Peruvian peruano/a *m/f, n., adj.*   1

philosophy filosofía *f* 2
photocopier fotocopiadora *f* 2
photos (to take . . .) tomar/sacar fotos *f, pl.* 12
physics física *f* 2
pick up recoger 12
picture cuadro *m* 5
pie pastel *m* 4
pig cerdo *m* 8; puerco *m* 4
pillow almohada *f* 12
pilot piloto/a *m/f* 12
pineapple piña *f* 4
pink rosado/a 7
pizza shop pizzería *f* 6
place lugar *m* 6; **to . . .** poner 5
plan (to do something) pensar (ie) + *infinitivo*
planet planeta *f* 8
plant planta *f* 12; plantar 8
plate plato *m* 9
platform andén *m* 13
play jugar (ue) 5, **(instruments)** tocar 5; **(sports)** jugar (ue) al (deporte) 5
plaza plaza *f* 6
please por favor 1
pleased: . . . to meet you mucho gusto 1
pleasure: the . . . is mine el gusto es mío 1
policeman policía *f* 13
policewoman mujer *f* policía 13
pollute contaminar 8
polluted contaminado/a 8
pollution contaminación *f* 8
pool (swimming) piscina *f* 12
poor pobre 3
pork carne *f* de cerdo/puerco 4; **. . . chop** chuleta *f* de cerdo 4
porter maletero *m* 13
Portuguese portugués/a *m/f, n., adj.* 1; **(language)** portugués *m* 1
possible posible 12
possibly posiblemente 10
post office oficina *f* de correos 6
poster póster *m* 9
potato papa *f*; patata *f* 4
poverty pobreza *f* 14
practice praticar 5
prefer preferir (ie, i) 4
pregnant embarazada 11
prejudice prejuicio *m* 14
prepare preparar 4
pretty bonito/a 3
prevent prevenir 14
price precio *m* 7
print imprimir 2
printer impresora *f* 2
probable probable 12
probably probablemente 10
problem problema *m* 8
professor profesor/a *m/f* 2

programmer (computer) programador/a *m/f* 3
propose proponer 14
protect proteger 8
protest protestar 8
provided that con tal (de) que 12
psychology psicología *f* 2
Puerto Rican puertorriqueño/a *m/f, n., adj.* 1
purple morado/a 7
purse bolsa *f* 7; bolso *m* 7
put poner 5; **to . . . gas (in tank)** echar gasolina 13; **to . . . on (shoes, clothes, etc.)** ponerse 10

Q

quarter cuarto 1
question pregunta *f* 2

R

radio radio *f* 9
radio/tape/CD player radiograbadora *f* con CD 9
rain llover (ue) 5
rain lluvia *f* 5
raincoat impermeable *m* 7
raining: it's . . . está lloviendo 5; llueve 5
rapidly rápidamente 10
ray rayo *m* 8
razor navaja *f* 10
read leer 2
ready listo/a 11
receive recibir 6
recently recientemente 10
receptionist recepcionista *m/f* 12
recommend recomendar (ie) 11
recorder: tape . . . grabadora 2
recycle reciclar 8
red rojo/a 7
redhead pelirojo/a *m/f* 3
refrigerator refrigerador *m* 9
register registrarse 12
regret sentir (ie, i) 11
relatives parientes *m, pl.* 3
religion religión *f* 2
remain quedarse 10
remember acordarse (ue) de; recordar (ue) 11
rent alquilar 9
repair arreglar; reparar 13
repeat repetir (i, i) 6
replace reemplazar 13
request pedir (i, i) 11; solicitar 14
reservation reserva *f*; reservación *f* 12
resolve resolver (ue) 8

rest descansar 5
restaurant restaurante *m* 6
restroom aseos *m, pl.*; servicio *m* 13
return volver (ue); regresar 6; **to . . . (something)** devolver (ue) 7
rice arroz *m* 4
rich rico/a 3
ride: to . . . a bicycle ir en bicicleta 6; **to . . . horseback** montar a caballo 8
ridiculous ridículo/a 12
right derecha 13
rights derechos *m, pl.* 14; **human . . .** derechos *m, pl.* humanos 14
ring sonar (ue) 9; anillo *m* 7
river río *m* 8
road camino *m* 13
rob robar 14
roll of film rollo *m* de película 12
roof techo *m* 9
room cuarto *m* 2; habitación *f* 12; **double . . .** habitación *f* doble 12; **. . . service** servicio *m* de habitación 12; **single . . .** habitación *f* sencilla 12
roommate compañero/a *m/f* de cuarto 3
round-trip viaje *m* de ida y vuelta 12
rug alfombra *f* 9
run correr 5
Russian ruso/a *m/f, n., adj.* 1; **(language)** ruso *m* 1

S

sad triste 3
safe seguro/a 12
salad ensalada *f* 4
salt sal *f* 4
Salvadorean salvadoreño/a *m/f, n., adj.* 1
sandals sandalias *f, pl.* 7
sandwich bocadillo *m*; sándwich *m* 4
Saturday sábado *m* 1
sausage chorizo *m*; salchicha *f* 4
save conservar 8; **to . . . (money)** ahorrar 6
say decir 5
schedule horario *m* 12
school escuela *f* 3; **at . . .** en la escuela 3; **elementary . . .** escuela primaria 3; **high . . .** escuela secundaria 3
science ciencia *f* 2; **computer . . .** computación *f*; informática *f* 2; **political . . .** ciencias *f* políticas 2
scissors tijeras *f, pl.* 10
scrambled (eggs) huevos *m, pl.* revueltos 4
screen pantalla 2
seafood marisco *m* 4

season estación *f* 5
seat asiento *m* 12
seatbelt cinturón *m* 12
seated sentado/a 10
second segundo/a 12
see ver 5
sell vender 4
send enviar; mandar 6
sentence oración *f* 2
separate (from) separarse (de) 11
September septiembre 1
serious serio/a 3
serve servir (i, i) 4
service: . . . station estación *f* de servicio 13; **room . . .** servicio *m* de habitación 12
seventh séptimo/a 12
shame lástima *f* 12; **what a . . . !** ¡qué lástima! 13
shampoo champú *m* 10
shave afeitarse 10
shaver (electric . . .) máquina *f* de afeitar 10
shaving cream crema *f* de afeitar 10
she ella *f*, *subj.* 1
sheet sábana *f* 12
shelf estante *m* 9
shirt camisa *f* 7
shoes zapatos *m*, *pl.* 7; **tennis . . .** zapatos *m*, *pl.* de tenis 7
shopping: to go . . . ir de compras 6; **. . . mall** centro *m* comercial 6
short bajo/a 3; corto/a 7; **short-sleeved** de manga *f* corta 7
shorts pantalones *m*, *pl.* cortos 7
should deber 5
show mostrar (ue) 7
shower ducha *f* 9; **to take a . . .** ducharse 10
shrimp camarón *m* 4
sick enfermo/a 3; **to get . . .** enfermarse 10
sickness enfermedad *f* 14
sign firmar 6
silly tonto/a 3
silver plata *f* 7
sincere sincero/a 11
sing cantar 5
single soltero/a 11
sink: kitchen . . . fregadero *m* 9; **bathroom . . .** lavabo *m* 9
sister hermana *f* 3
sister-in-law cuñada *f* 3
sit: to . . . down sentarse (ie) 10
sixth sexto/a 12
size talla *f* 7
ski esquiar 5
skinny flaco/a 3
skirt falda *f* 7
sky cielo *m* 8

skyscraper rascacielos *m* 6
sleep dormir (ue, u) 4; **to go to . . .** dormirse (ue, u) 10
sleepy: to be . . . tener sueño 10
sleeve manga *f* 7; **long-/short-sleeved** de manga larga/corta 7
slow despacio 13
slowly lentamente 10; despacio 13
small pequeño/a 3
smoke fumar 5
snack (afternoon) merienda *f* 4
snake culebra *f*; serpiente *f* 8
snow nieve *f* 5; **to . . .** nevar (ie) 5
snowing (it's . . .) está nevando 5; nieva 5
so: . . . long chao 1; **. . . that** para que 13
soap jabón *m* 9
soccer fútbol *m* 5
sociology sociología *f* 2
socks calcetines *m*, *pl.*; medias *f*, *pl.* 7
sofa sofá *m* 9
soft drink refresco *m* 4
solution solución *f* 14
some algún (alguno/a/os/as) 6; unos/unas 2
somebody alguien 6
someone alguien 6
something algo 6
son hijo *m* 3
soon: as . . . as tan pronto como 13; **see you . . .** hasta pronto 1
sorry: I'm (so) . . . lo siento (mucho) 1; **to be . . .** sentir (ie, i) 11
so-so regular 1
soup sopa *f* 4
Spanish español/española *m/f*, *n.*, *adj.* 1; **(language)** español *m* 1
speak hablar 2
speed velocidad *f* 13
spend gastar 6; **to . . . (time)** pasar 6
spoon cuchara *f* 4
sport deporte *m* 5; **to play a . . .** jugar (ue) al (deporte) 5
spring primavera *f* 5
square (town) plaza *f* 6
stairs escalera *f* 9
stand: to . . . in line hacer cola *f*; hacer fila *f* 6
standing: to be . . . estar de pie 10
star estrella *f* 8
station estación *f* 13; **bus . . .** estación de autobuses 13; **gas . . .** gasolinera *f* 13; **service . . .** estación de servicio 13; **train . . .** estación de ferrocarril 13
statue estatua *f* 6
stay quedarse 10
steak bistec *m* 4
stepbrother hermanastro *m* 3

stepfather padrastro *m* 3
stepmother madrastra *f* 3
stepsister hermanastra *f* 3
stereo estéreo *m* 9
still todavía 4
stockings medias *f*, *pl.* 7
stomach estómago *m* 5; **. . . ache** dolor *m* de estómago 5
stop (movement) parar 13; **bus . . .** parada *f* de autobus 6; **to . . . (doing something)** dejar de + *infinitivo* 10
store tienda *f* 6; **clothing . . .** tienda *f* de ropa 6; **department . . .** almacén *m* 6; **shoe . . .** zapatería *f* 6
storm tormenta *f* 8
stove estufa *f* 9
straight: . . . ahead derecho, recto 13
strange extraño/a 12
strawberry fresa *f* 4
street calle *f* 6
strong fuerte 3
student estudiante *m/f* 2; alumno/a *m/f* 2; **. . . center** centro *m* estudiantil 2
study estudiar 2
subway metro *m* 6
successful: to be . . . tener éxito 5
suddenly de repente 9
suffer sufrir 14
sugar azúcar *m* 4
suggest sugerir (ie, i) 11
suit traje *m* 7; **bathing . . .** traje de baño 7
suitcase maleta *f* 12
summer verano *m* 5
sun sol *m* 8
sunbathe tomar el sol 5
Sunday domingo *m* 1
sunglasses gafas *f*, *pl.* de sol 7; anteojos *m*, *pl.* de sol 7
sunny: it is . . . hace sol 5
supper cena *f* 4
support (cause) apoyar 14
sure seguro/a 12
surf hacer *surf* 8; **to . . . the Internet** navegar por Internet 2
sweater suéter *m* 7
swim nadar 6
swimming pool piscina *f* 12

T

table mesa *f* 2
take tomar 2; **to . . . a bath** bañarse 10; **to . . . a hike** dar una caminata 8; **to . . . off (clothes, etc.)** quitarse 10; **(plane)** despegar 12; **to . . . out** retirar 6; **to . . . photos** sacar/tomar

fotos *f, pl.* 12; **to . . . a shower**
ducharse 10; **to . . . a walk** dar un
paseo 8
tall alto/a 3
tank tanque *m* 13
tape (cassette) casete *m* 2; cinta *f* 2;
. . . recorder grabadora 2
taxi taxi *m* 6
tea té *m* 4
teach: to . . . how to do something
enseñar 8; enseñar + a +
infinitivo 8
teacher maestro/a *m/f* 2
team equipo *m* 5
telephone teléfono *m* 9; **. . . book** guía
f telefónica 10; **. . . call** llamada *f*
(telefónica) 10; **cell/portable**
teléfono *m* celular/móvil 10
television set televisor *m* 2
tell contar (ue) 6; decir (i) 5
tennis tenis *m* 5; **. . . shoes** zapatos *m,
pl.* de tenis
tent carpa *f*; tienda *f* de campaña 8
tenth décimo/a 12
test examen *m* 2
thank you gracias 1
that aquel/aquella 7; ese/a 7; que 4
the el *m. def. art.* 2; la *f. def. art.* 2; las
f, pl. def. art. 2; los *m, pl. def. art.* 2
theater teatro *m* 6
their su/sus 3
theirs suyo/a/os/as 7
them las *f.dir.obj.* 6; **to, for . . .** les
ind. obj. 7; los *m, dir. obj.* 7;
ellas/ellos *obj. prep.* 9
themselves se *refl. pron.* 10
then entonces; luego 6
there allí 3
these estos/as 7
they ellas *f subj.,* ellos *m, subj.* 1
thing cosa *f* 7
think creer 11; pensar (ie) 4; **to . . .
about** pensar (ie) en 11
third tercer 12; tercero/a/os/as 12
thirsty: to be . . . tener sed 4
this este/esta *adj.* 7; éste/ésta *pron.* 7
those aquellos/as *adj.* 7; aquéllos/as
pron. 7
those esos/as 7
throat: sore . . . dolor *m* de garganta *f* 5
through por 8
Thursday jueves *m* 1
ticket billete *m* 12; boleto *m* 12;
(movie, theater) entrada *f* 6; **. . .
window** taquilla *f* 13
tie corbata *f* 7
time hora *f* 1; **(occurrence)** vez *f* 9;
on . . . a tiempo 2; **one . . .** una vez *f*
9; **to have a good . . .** pasarlo bien 8;
divertirse (ie, i) 10

tip propina *f* 12
tire llanta *f* 13
tired cansado/a 3; **to get . . .** cansarse
10
to a 1
toast pan *m* tostado 4
tobacco tabaco *m* 14
today hoy 2
together juntos/as 11
toilet inodoro *m* 9; **. . . paper** papel *m*
higiénico 10
tomato tomate *m* 4
tomorrow mañana 2; **day after . . .**
pasado mañana 2; **see you . . .** hasta
mañana 1
tonight esta noche 2
too demasiado *adv.* 10
toothpaste pasta *f* de dientes 10
top: on . . . of encima de 9
towel toalla *f* 9
town pueblo *m* 8; **. . . square** plaza *f*
6
traffic tráfico *m* 13; tránsito *m* 13;
. . . light semáforo *m* 13
train tren *m* 13; **. . . station** estación *f*
de ferrocarril 13
translate traducir 5
trash basura *f* 8; **. . . can** cubo *m* de la
basura 9
travel viajar 8; **. . . agency** agencia *f* de
viajes 12
tree árbol *m* 8
trip viaje *m* 8; **to take a . . .** hacer un
viaje *m* 8
truck camión *m* 13
try: to . . . to do something tratar de +
infinitivo 13
T-shirt camiseta *f* 7
Tuesday martes *m* 1
turn doblar 13; **to . . . off** apagar 9;
to . . . on encender (ie); prender 9

U

ugly feo/a 3
ultraviolet ultravioleta 8
umbrella paraguas *m* 7
uncle tío *m* 3
under debajo de 9
undershirt camiseta *f* 7
understand entender (ie) 4
understanding comprensivo/a 11
underwear ropa *f* interior 7
unemployment desempleo *m* 14
unfortunately desafortunadamente
10
university universidad *f* 2
unless a menos que 13
unpleasant (persons) antipático/a 3

until hasta que 13
up: to go . . . subir 9
upon (doing something) al + *infinitivo*
9
urbanization urbanización *f* 14
urgent urgente 12
Uruguayan uruguayo/a *m/f, n., adj.*
1
us: to/for . . . nos *ind. obj.* 7; *dir. obj.*
6; nosotros/as *obj. prep.* 9
use usar 2

V

vacation vacaciones *f, pl.* 8; **to be on
. . .** estar de vacaciones 8; **to go on
. . .** ir de vacaciones 8
valley valle *m* 8
VCR VCR *m* 2; videograbadora *f* 2
vegetable legumbre *f*; verdura *f* 4
Venezuelan venezolano/a *m/f, n., adj.*
1
very muy 3
victim víctima *f* 14
video vídeo *m* 2
village pueblo *m* 8
vinegar vinagre *m* 4
violence violencia *f* 14
visit visitar 6
volcano volcán *m* 8
volleyball vólibol *m* 5
volunteer voluntario/a *m/f* 14
volunteerism voluntarismo *m* 14
vote (for) votar (por) 14

W

wait (for) esperar 6
waiter camarero *m* 3
waiting room sala *f* de espera 12
waitress camarera *f* 3
wake up despertarse (ie) 10
walk caminar 5; **to take a . . .** dar un
paseo 8
wall pared *f* 9
wallet billetera *f* 7; cartera *f* 7
want querer (ie); desear 4
war guerra *f* 14
wash lavar 9; **to . . . oneself** lavarse
10
washer lavadora *f* 9
waste desperdiciar 8
watch reloj *m* 7; **to . . . TV** ver la
tele(visión) 5
water agua *f* (*but el* agua) 4
waterfall cascada *f* 8; catarata *f* 8
watermelon sandía *f* 4
we nosotros/as *m/f, subj. pron.* 1

weak débil   3

wear llevar   7

weather tiempo *m*   5; **it's good/bad
. . .** hace buen/mal tiempo   5

Website sitio-web *m*   3

wedding boda *f*   11

Wednesday miércoles   1

week semana *f*   6

weekend fin *m* de semana   1; **last . . .**
fin de semana pasado   6; **on
weekends** los fines *m, pl.* de semana
2

weights pesas *f, pl.*   5; **to lift . . .**
levantar pesas *f, pl.*   5

welcome bienvenido/a   12; **you're . . .**
de nada   1

well bien   3; pues   1

what lo que   4

what? ¿qué?   4; **What's your name?**
¿Cómo se llama usted? (*formal*),
¿Cómo te llamas? (*informal*)

when cuando   4

when? ¿cuándo?   2

where? ¿dónde?   3; **(to) where?**
¿adónde?   4; **from . . .** ¿de dónde?   1

which que; lo que   4; **that . . .** lo que
4

which? ¿qué?   4; **. . . one?** ¿cuál?   4;
. . . ones? ¿cuáles?   4

while mientras   9

white blanco/a   7

who que   4

who? ¿quién/quiénes?   3

whose? ¿de quién?   4

why? ¿por qué?   4

widow viuda *f*   11

widower viudo *m*   11

wife esposa *f*   3

win ganar   5

window ventana *f*   2; **(airplane, train,
car)** ventanilla *f*   12; **ticket . . .**
taquilla *f*   13

windshield parabrisas *m*   13; **. . .
wiper** limpiaparabrisas *m*   13

windy: it's . . . hace viento   5

wine vino *m*   4

winter invierno *m*   5

wish desear; querer (ie)   4; **I . . . that**
ojalá (que)   14

with con   4

withdraw retirar   6

without sin   4

woman mujer *f*   3

wood madera *f*   8

wool lana *f*   7

word palabra *f*   2

work trabajar   2; trabajo *m*   2; **to . . .
(machine)** funcionar   13; **at . . .** en el
trabajo *m*   3

worried preocupado/a   3

worry (about) preocuparse (por)   10

worse peor   6

worst peor   6

write escribir   2

Y

yard jardín *m*   9

year año *m*   6; **to be . . . years old**
tener... años   3

yellow amarillo/a   7

yesterday ayer   6; **day before . . .**
anteayer   6

yet todavía   4

you la *f, s., dir. obj.*   6; las *f, pl., dir.
obj.*   6; **to/for . . .** le *s., ind. obj.*   7;
to/for . . . les *pl., ind. obj.*   7; lo *m,
dir. obj.*   7; los *m, dir. obj.*   7; os
dir. obj.   6; **to/for . . .** os *ind. obj.*
7; te *dir. obj.*   6; **to/for . . .** te *ind.
obj.*   7; ti *obj. prep.* (*informal*)   9; tú
subj. (*informal*)   1; vosotros/as (*pl,
informal*); vosotros/as *m/f* (*formal*)
1

young joven   3; **. . . people** jóvenes *m,
pl.*   11

younger menor   3

your su/sus (*formal*)   3; tu/tus
(*informal*)   3; vuestro/a/os/as (*formal*)
3

yours suyo/a/os/as (*formal*)   7;
tuyo/a/os/as (*informal*)   7;
vuestro/a/os/as (*informal*)   7

yourself se *refl. pron.*   10; te *refl. pron.*
10

yourselves os *refl. pron.*   10

Índice

PHOTO CREDITS

CHAPTER 1 *Page 8:* Flip Chalfant/The Image Bank. *Page 15 (left of center):* Gary Gershoff/Retna. *Page 15 (center):* Scott Teitler/Retna. *Page 15 (right of center):* Jean-Marc Giboux/Gamma Liaison. *Page 15 (bottom left):* Theodore Wood/Retna. *Page 15 (bottom right):* @Latin focus. *Page 20 (left):* Robert Frerck/Odyssey Productions. *Page 20 (center):* Robert Frerck/Odyssey Productions. *Page 20 (right):* Robert Frerck/Odyssey Productions. *Pages 22, 33* Netscape Communicator browser window ©1999 Netscape Communications Corporation. Used with permission. Netscape Communications has not authorized, sponsored, endorsed, or approved this publication and is not responsible for its content. *Page 36 (center):* Jonathan Kirn/Gamma Liaison. *Page 36 (left):* Casteran/Explorer/Photo Researchers. *Page 36 (right):* Robert Frerck/Odyssey Productions. *Page 37 (left):* Unknown artist (Mexican), *De Espanol, é India, Mestisa,* circa 1725. Oil on canvas. Museo de America, Madrid. Reproduced with permission. *Page 37 (right):* Unknown artist (Mexican), *De Español, y Negra, Mulato,* 1760–1770. Oil on canvas. Collection of Jan and Frederick Mayer. Reproduced with permission.

CHAPTER 2 *Page 40:* John Henley/The Stock Market. *Page 54 (left):* Peter Menzel/Stock, Boston. *Page 54 (right):* Robert Frerck/Odyssey Productions. *Page 58:* Netscape Communicator browser window ©1999 Netscape Communications Corporation. Used with permission. Netscape Communications has not authorized, sponsored, endorsed, or approved this publication and is not responsible for its content.

CHAPTER 3 *Page 70:* Dick Luria/FPG International. *Page 86:* Suzanne Murphy-Larronde/D. Donne Bryant Stock. *Page 88:* Michael Newman/PhotoEdit. *Page 89 (top left):* Suzanne L. Murphy/D. Donne Bryant Stock. *Page 89 (top right):* Robert Frerck/The Stock Market. *Page 89 (center and on left):* J.P. Courau/D. Donne Bryant Stock. *Page 89 (center and on right):* Robert Frerck/Woodfin Camp & Associates. *Page 89 (on right just above bottom photo):* Tony Freeman/PhotoEdit/P.N.I. *Page 89 (bottom):* Robert Frerck/Woodfin Camp & Associates. *Page 93:* Jose L. Palaez/The Stock Market. *Page 97:* B. Daemmrich/The Image Works. *Page 98 (top left):* ©Rick Poley. *Page 98 (top right):* Susan Greenwood/Gamma Liaison. *Page 98 (bottom):* Collins/Monkmeyer Press Photo. *Page 99 (top and center):* Jeff Scheid/Gamma Liaison. *Page 99 (left):* ©Time, Inc. *Page 99 (far right):* ©Gamma Liaison. *Page 99 (bottom):* David Samuel Robbins/Corbis Sygma. *Page 100:* John Pugh, *Siete Punto Uno.* Photo courtesy of John Pugh. *Page 101:* Yreina Cervantes, *La Ofrenca.* Mural, Toluca Street under 1st Street Bridge, Los Angeles. A Neighborhood Pride: Great Walls Unlimited project. ©SPARC.

CHAPTER 4 *Page 104:* Keith Wood/Tony Stone Images/New York, Inc. *Page 118 (left):* Robert Frerck/Odyssey Productions. *Page 118 (top and center):* Focus-Stock Fotografico. *Page 118 (top right):* John Lei/Stock, Boston. *Page 118 (bottom left):* Matthew Klein/Photo Researchers. *Page 118 (bottom right):* David Simson/Stock, Boston. *Page 121:* David Simon/Stock, Boston. *Page 123:* Chad Slattery/Tony Stone Images/New York, Inc. *Page 135 (center):* Richard A. Cooke II/Tony Stone Images/New York, Inc. *Page 135 (bottom):* Richard During/Tony Stone Images/New York, Inc. *Page 136 (top right):* Robert Frerck/Odyssey Productions. *Page 136 (center and left):* Russell Cheyne/Tony Stone Images/New York, Inc. *Page 136 (bottom):* ©Everton/The Image Works. *Page 137:* D. Donne Bryant Stock.

CHAPTER 5 *Page 140:* Tony Duffy/Allsport. *Page 146:* ©Yellow Dog Productions/The Image Bank. *Page 147:* Mug Shots/The Stock Market. *Page 154 (top right):* Pablo Corral Vega/Corbis Images. *Page 154 (bottom):* Owen Franken/Corbis Images. *Page 159 (top):* Art Wolfe/Tony Stone Images/New York, Inc. *Page 159 (center left):* Courtesy Laila Dawson. *Page 159 (center right):* ©AP/Wide World Photos. *Page 159 (bottom left):* ©Everton/The Image Works. *Page 159 (bottom and center):* Chip and Rosa Maria Peterson. *Page 159 (bottom right):* Michael Busselle/Tony Stone Images/New York, Inc. *Page 166:* Jeremy Horner/Corbis Images. *Page 167 (top):* ©AP/Wide World Photos. *Page 167 (bottom left):* Klaus D. Francke/BILDERBERG/The Stock Market. *Page 167 (bottom right):* D. Donne Bryant/D. Donne Bryant Stock. *Page 168 (top):* J.W. Mowbray/Photo Researchers. *Page 168 (center):* Max & Bea Hunn/D. Donne Bryant Stock. *Page 169 (top):* Robert Frerck/Odyssey Productions. *Page 169 (bottom):* Mark Bacon/Latin Focus.

CHAPTER 6 *Page 174:* Ontanon Nunez/The Image Bank. *Page 185:* ©Disney Enterprises, Inc. *Page 187:* Owen Franken/Stock, Boston. *Page 201 (top and center):* Robert Frerck/Odyssey Productions. *Page 201 (bottom left):* Robert Frerck/Odyssey Productions. *Page 201 (bottom and center):* Sylvain Grandadam/Tony Stone Images/New York, Inc. *Page 203 (top right):* ©Cover/The Image Works. *Page 203 (center):* B. Daemmrich/The Image Works. *Page 203 (just below center):* Apesteguy/Deville/Gamma Liaison. *Page 203 (bottom left):* Robert Frerck/Odyssey Productions. *Page 204 (top right):* Pedro Coll/The Stock Market. *Page 204 (center):* Salvador Dali, *Still Life;* ©1996 Demart Pro Arte, Geneva/Artists Rights Society (ARS), New York/Salvador Dali Museum, St. Petersburg, FL/Lerner/SUPERSTOCK. *Page 204 (bottom right):* Julieta Serrano/Orion Pictures Corp./Photofest. *Page 205 (top):* Courtesy Laila Dawson. *Page 205 (center):* Robert Frerck/Odyssey Productions.

CHAPTER 7 *Page 208:* Juan Silva/The Image Bank. *Page 220:* Laila Dawson. *Page 225 (top):* Suzanne Murphy/D. Donne Bryant Stock. *Page 225 (center):* Chip and Rosa Maria Peterson. *Page 225 (bottom):* Byron Augustin/D. Donne Bryant Stock. *Page 237 (top):* Chad Ehlers/Tony Stone Images/New York, Inc. *Page 237 (bottom):* Robert Frerck/Odyssey Productions. *Page 238 (top):* Loren McIntyre. *Page 238 (center):* Courtesy Argentina Department of Tourism. *Page 239 (top):* Steve Benbow/Woodfin Camp & Associates. *Page 239 (bottom):* Alex Stewart/The Image Bank. *Page 240:* Courtesy Laila Dawson.

CHAPTER 8 *Page 244:* Michael Fogden/Animals Animals. *Page 253:* Robert Frerck/Odyssey Productions. *Page 258 (left):* Ken Graham/Tony Stone Images/New York, Inc. *Page 258 (right):* Art Wolfe/Tony Stone Images/New York, Inc. *Page 259:* Michael Fogden/Animals Animals NYC. *Page 271 (top):* Courtesy Laila Dawson. *Page 271 (center):* ©Victor Englebert. *Page 271 (bottom):* D. Donne Bryant Stock. *Page 272 (center left):* Will & Deni McIntyre/Photo Researchers. *Page 272 (center right):* Danny Lehman/Corbis Images. *Page 272 (bottom):* Robert Frerck/Odyssey Productions. *Page 273 (top):* Kevin Schafer/Corbis-Images. *Page 273 (center):* Kevin Schafer/Corbis-Images.

CHAPTER 9 *Page 276:* Gordon R. Gainer/The Stock Market. *Page 290:* Max & Bea Hunn/D. Donne Bryant Stock. *Page 291:* Timothy Ross/The Image Works. *Page 300:* ©Bryce Harper. *Page 302:* ©Rogers/Monkmeyer Press Photo. *Page 303 (top right):* Courtesy Biblioteca Medicea Laurenziana. *Page 303 (center):* Robert Frerck/Odyssey Productions. *Page 304:* Mary Evans Picture Library.

CHAPTER 10 *Page 308:* Erica Lansner/Tony Stone Images/New York, Inc. *Page 322:* Robert Frerck/Woodfin Camp & Associates. *Page 323 (top):* L. Mangino/The Image Works. *Page 323 (center):* Robert Frerck/Odyssey Productions. *Page 324:* Daniel Aubry/Odyssey Productions. *Page 334 (left):* Robert Frerck/Odyssey Productions. *Page 334 (center):* Robert Frerck/Odyssey Productions. *Page 334 (right):* Ron May/Gamma Liaison. *Page 335 (left):* Peter Menzel/Stock, Boston. *Page 335 (right):* Robert Frerck/Odyssey Productions. *Page 336 (left):* Pablo Picasso, *Guérnica,* 1937/Art Resource/Artists Rights Society (ARS), NYC. *Page 336 (right):* Daniel Beltra/Gamma Liaison. *Page 337 (bottom left):* Francisco José de Goya, *El Quitasol,* 1777. ©Museo del Prado, Madrid. *Page 337 (bottom right):* Francisco José de Goya y Lucientes, *Francisco de Don Manuel Osorio Manrique de Zuñiga* (1784–1792). Oil on canvas (127 x101.6cm). Photograph 1994 The Metropolitan Museum of Art. ©The Metropolitan Museum of Art, The Jules Bache Collection, 1949. *Page 337 (top):* ©Art Resource.

CHAPTER 11 *Page 340:* Robert Frerck/Odyssey Productions. *Page 359:* ©Victor Englebert. *Page 369 (top):* ©Victor Englebert. *Page 369 (center):* Erik Svensson/The Stock Market. *Page 369 (bottom):* Joseph Standart/The Stock Market. *Page 370 (top):* Loris Barbazza/Tony Stone Images/New York, Inc. *Page 370 (just below top photo):* ©Rogers/Monkmeyer Press Photo. *Page 370 (just above bottom photo):* M. Algaze/The Image Works. *Page 370 (bottom):* Russell A. Mittermeier/Bruce Coleman, Inc.

CHAPTER 12 *Page 374:* Latin Stock/The Stock Market. *Page 389:* Courtesy NASA. *Page 401 (top):* John Maier/The Image Works. *Page 401 (center right):* Robert Frerck/Odyssey Productions. *Page 401 (bottom):* Robert Frerck/Odyssey Productions. *Page 402 (top right):* Ted Kerasote/Photo Researchers. *Page 402 (center):* ©Victor Englebert. *Page 402 (bottom):* George Holton/Photo Researchers. *Page 403 (top):*

TEXT CREDITS

REALIA CREDITS

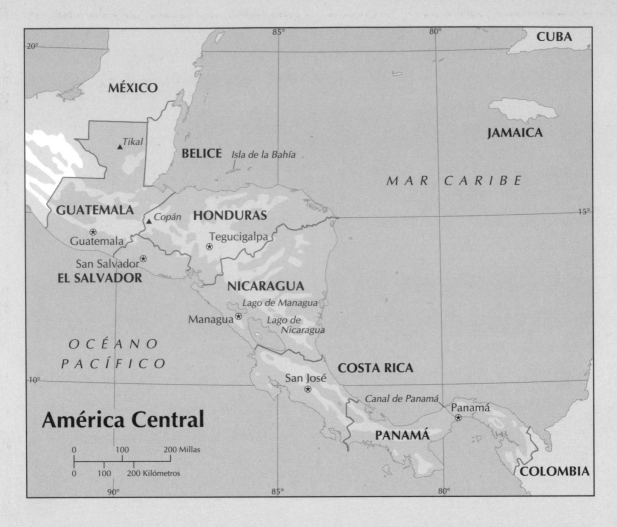

América Central

20°

MÉXICO

▲ *Tikal*

BELICE   *Isla de la Bahía*

GUATEMALA   ▲ *Copán*   **HONDURAS**

✪ Guatemala   Tegucigalpa ✪

San Salvador ✪

EL SALVADOR   **NICARAGUA**

Lago de Managua

Managua ✪   *Lago de Nicaragua*

O C É A N O   **COSTA RICA**

P A C Í F I C O   San José ✪

15°

M A R   C A R I B E

CUBA

JAMAICA

Canal de Panamá   Panamá ✪

10°   **PANAMÁ**

0   100   200 Millas

0   100   200 Kilómetros   **COLOMBIA**

90°   85°   80°

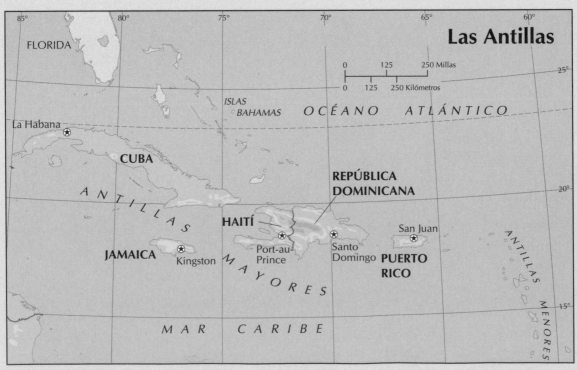

Las Antillas

85°   80°   75°   70°   65°   60°

FLORIDA   25°

ISLAS

BAHAMAS   **O C É A N O   A T L Á N T I C O**

La Habana ✪

CUBA

A   20°

N   **REPÚBLICA**
T   **DOMINICANA**
I
L   **HAITÍ**
L   San Juan
A   **JAMAICA** ✪   ✪   ✪
S   Kingston   Port-au-   Santo   **PUERTO**
              Prince   Domingo   **RICO**
M
A
Y   15°
O
R
E
S   *M A R   C A R I B E*